제5판

예비 · 현직 교사를 위한

교육과정과 교육평가

김재춘, 부재율, 소경희, 양길석

교육과학사

'세월이 유수와 같다'는 속담이 있다. 세월이 흐르는 물과 같이 매우 빨리 지나감을 이르는 말이다. 「교육과정과 교육평가」 초판을 발행한 지 벌써 20년이 다 되어 간다. 옛말에 10년이면 강산도 변한다고 하지 않았던가? 제4차 산업혁명 시대에는 산술적인 변화가 급격한 변화를 뜻하는 지수적인 변화로 대체될 것이라고 전망하지 않던가? 이 책도 드디어 제5판을 발행하게 되었다.

그동안 우리 교육도 참 많이 바뀌었다. 초판 발행 때 '제7차 교육과정'이 막 적용되기 시작하였는데, 2017년 현재 제10차 교육과정에 해당하는 '2015 개정 교육과정'이 학교 현장에 적용되고 있다. 학생들이 중간고사나 기말고사 같은 일제식 고사를 보지 않고, 자신의 꿈과 끼를 찾아 관심 있는 활동을 하도록 권장하는 자유학기제가 도입된 지 5년이 되었다. 2017년 현재 자유학기제를 자유학년제로 확대하는 방안을 넘어 자유학교제를 도입하는 방안까지 논의되고 있다.

교육평가 역시 많이 바뀌었다. 표집평가로 실시하였던 국가수준 학업성취도 평가가 초・중・고의 모든 학생을 대상으로 하는 전수평가로 확대되었다가 박근혜 정부에서는 초등학교 평가가 폐지되었고, 문재인 정부에서는 중・고등학교의 전수평가도 폐지되었다. 대학수학능력시험도 올해 치러지는 2018년도 수능부터는 영어시험이 절대평가로 바뀌었고, 2021년부터 치러질 수능에서는 절대평가가 확대될 가능성이 있다. 내신 성적도 상대평가 대신 절대평가의 일종인 성취평가제가 도입・운영되고 있고, 고등학교의 경우에는 과도기적으로 병행하고 있는 석차 9등급제를 폐지하고 전면 성취평가제만 적용하는 방안이 심각하게 검토되고 있다.

'교육과정과 교육평가'라는 교직과목은 '교육과정'과 '교육평가'로 분리되었다. 그럼에도 불구하고 많은 사람들이 아직도 이 「교육과정과 교육평가」라는 책을 애용하고 있다. 진심으로 감사드린다. 감사한 마음으로 이번 개정 작업을 시작하였다. 그동안 많은 교수님, 강사님, 학생들이 이 책을 사랑해주었다. 이번 개정 작업에서는 그동안의 사랑에 보답하는 차원에서 이 책의 골격을 가급적 그대로 유지하고자 하였다. 다만 시대 변화에 따라 바뀐 내용을 반영하면서 필요한 부분만을 개정하였다.

교육과정 부문에서는 '2015 개정 교육과정'에 대한 부분이 추가되었다. 그리고 교육평가에서는 '과정 중심 평가'와 '성취평가제'가 추가되었다. 그리고 내용이 지나치게 어렵거나 보충 설명이 필요한 부분에 대해서는 이해를 돕는 내용을 첨가하였다. 이 외에도 이전에 미진한 부분에 대해 많은 보완과 수정이 있었다. 이런 과정을 거쳤기 때문에 제5판은 제4판보다 완성도가 높을 것으로 기대한다. 그럼에도 불구하고 미진한 부분이 있다면 이는 전적으로 필자들의 역량의 한계 때문이다.

이 「교육과정과 교육평가」가 교육학을 공부하는 모든 사람들에게, 특히 교사가 되기를 희망하는 사람들에게 큰 도움이 되기를 바란다. 한국교육을 이해하는 데 도움이 될 뿐만 아니라 교육에 종사할 사람으로서 필요한 이론적 관점과 실천적 전략 및 기법을 습득할 수 있기를 바란다. 제5판 개정 작업을 정성껏 수행해 준 교육과학사 관계자분들께도 진심으로 감사하는 마음을 전한다.

2017. 7. 1.

저자 일동

차 례

Contents

Contents

Contents

CHAPTER 01

교육과정 영역 개관

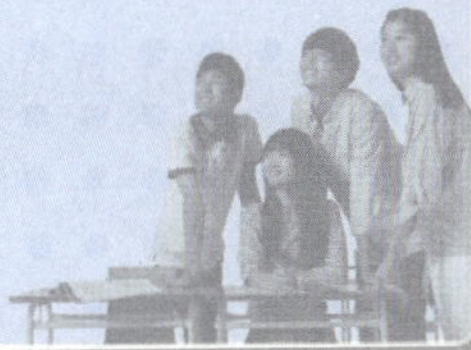

최근 들어 우리는 교육과정이라는 말을 비교적 자주 접하게 된다. 학교에 몸담고 있는 사람들은 교육부가 발행한 「교육과정」이라는 문서에 익숙할 것이다. 새 교육과정이 고시될 때마다 교육부는 「교육과정」을 발행하여 각급 학교에 보급하기 때문이다. 대학생들은 매 학기마다 수강 신청할 때, 대학이 발행한 '교육과정'이라는 책자를 뒤적거린다. 교육과정은 또한 대학에서 교육학의 전공 과목 중의 하나로 또는 교직 과목 중의 하나로 자리잡고 있다. 사범대학과 교육대학에 재학 중인 학생들이나 교직을 이수하는 학생들은 '교육과정' 또는 '교육과정과 교육평가'라는 강좌를 이수한다. 우리나라에는 50년의 역사를 지닌 한국교육과정학회가 있고, 이 학회는 '교육과정연구'라는 학술지를 매년 네 차례씩 주기적으로 발간하고 있다. 20여 년 전에는 '한국교육과정평가원'이라는 이름의 정부 출연 연구기관이 출범하였으며, 우리나라의 교육과정, 교과서, 평가에 대한 연구 · 개발을 종합적으로 수행하고 있다.

교육에 조금이라도 관심을 가진 사람이라면 이제 교육과정이라는 단어가 더 이상 낯설게 느껴지지 않을 것이다. 특히 제7차 교육과정의 실행과정에서 각 이해집단간의 잦은 의견의 충돌과 갈등으로 인하여 교육과정은 전 국민적 관심사가 되었으며, 제7차 교육과정 개정 이후 국가 교육과정 개정 때마다 교과목의 신설과 폐지, 교과목별 수업 시수의 증감 논란 등으로 사회 각계의 많은 국민들은 국가 교육과정의 존재를 알게 되었다. 그러나 교육과정이라는 용어의 이와 같은 빈번한 사용과는 반대로 교육과정이 무엇을 뜻하는지 알고 있는 사람은 의외로 적다. 교육과정이라는 말의 뜻을 제대로 이해하지 못한다는 지적은 일반인에게만 제한적으로 적용되는 말은 아니다. 대학에서 '교육과정'이라는 강좌를 가르치고 있는 교수들을 대상으로 조사한 한 연구에 따르면, 교육과정 담당 교수들의 대부분이 교육과정이라는 강좌에서 무엇을 가르쳐야 할 것인가에 대하여 의견이 분분함을 알 수 있다. 교육과정 영역에서 주요 학자나 주요 이론에 대한 조사에서도 교육과정 교수들이 서로 다른 생각을 하고 있음이 드러났다. 이는 교육과정을 업으로 삼고 있는 사람들조차 교육과정에 대하여 일치된 이해를 갖고 있지 않음을 극명하게 보여주는 사례이다.

교육과정에 대해 이처럼 의견의 일치를 구하기 어려운 상황에서 우리는 두 가지 서로 다른 태도를 취할 수 있다. 하나는 교육과정의 올바른 또는 정확한 의미를 찾기 위해 부단한 노력을 경주하는 것이고, 다른 하나는 교육과정을 일의적인 의미로 규정하려고 노력하는 대신에 상황이나 맥락에 따라 다른 의미를 부여하는 즉 교육과정의 다의성을 수용하는 것이다. 이 책에서는 교육과정의 의미에 대하여 후자의 입장을 취하고 있다. 왜냐하면 교육과정이라는 용어의 의미에 대한 합의를 구한다는 것은 사실상 불가능할 뿐만 아니라, 필자가 교육과정의 '유일한' 의미라고 생각하는 것을 제시한다고 하더라도 제시된 의미에 동의하지 않는 사람들은 그 '유일한' 의미조차도 교육과정의 여러 가능한 의미 중의 하나로 간주할 것이기 때문이다.

교육과정이 언제부터 학문적 탐구의 대상으로 등장하게 되었는지를 정확히 파악하는 것은 쉽지 않다. 대체로 프랭클린 보빗(Flanklin Bobbitt)이라는 사람이 최초로 「교육과정」이라는 책을 발간한 1918년을 교육과정이라는 학문의 출발점으로 삼는다. 약 100여 년의 역사를 지닌 교육과정 영역에서는 시간이 거듭함에 따라 교육과정의 의미가 합의를 통하여 하나의 완전한 의미로 수렴되어왔다기보다는 의미의 다양화 또는 다중화가 부단히 진행되어 왔다고 볼 수 있다.

교육과정은, 교육학의 다른 하위 영역과는 달리, 교육과정이라는 영역 또는 범주의 경계 자체가 분명하지 않다는 특징을 지닌다. 이 글에서는 교육과정의 영역을 개관하기 위한 목적에서 다음과 같은 순서로 교육과정의 경계를 더듬어 보고자 한다. 첫째, 전통적인 교육과정 논의에서 교육과정의 대상으로 간주되어 온 영역은 무엇인지를 살펴본 다음, 둘째, 교육과정 개념의 다의성과 교육과정 관점의 다양성을 분석해보고자 한다. 셋째, 교육과정의 역사를 간략히 살펴본 다음, 넷째, 교육과정과 관련해서 제기되는 주요 쟁점 몇 가지를 소개하고자 한다.

1 전통적인 의미의 교육과정 영역

교육과정이란 무엇인가? 교육과정은 영어의 커리큘럼(curriculum)의 번역어이다. 커리큘럼은 원래 라틴어인 '쿠레레(currere)'에서 유래한 것으로, '경마장에서 말이 뛰는 길'(course of race)을 뜻한다. 경마장에서 말이 뛰는 길은 정해져 있으며, 다른 길로 뛰는 것은 허용되지 않는다. 따라서 교육과정은 공부하는 학생들이 '마땅히 따라가야 할 길 또는 코스'를 의미한다고 볼 수 있다.

교육과정이라는 말은 영어권 국가에서는 학교 밖의 일과 관련해서도 종종 사용된다. 일상생활에서 흔히 사용되는 영어 어귀 중에 What's today's curriculum?이라는 표현이 있는데, 이는 오늘 할 일, 즉 가야 할 길이 무엇이냐를 묻는 말이다. 이처럼 영어의 교육과정이라는 말은 학교교육과 관련해서 뿐만 아니라 학교 밖의 교육 또는 일상생활에서도 종종 사용된다. 그러나 우리나라에서는, 영어권 국가들의 경우와 달리, 교육과정이 일상어가 아니라 전문적인 번역어이기 때문에 특정한 맥락에서만 사용된다. 즉 교육과정은 학교교육과 밀접히 관련되어 사용된다. 이런 이유로 우리나라에서는 학교교육과정(school curriculum)과 교육과정(curriculum)이 구분되지 않고, 거의 동일한 의미로 사용되고 있다.

그러면 교육과정이란 무엇을 의미하는가? 교육과정은 학교라는 맥락을 전제하고 있기 때문에 '가르치는 일'과 밀접히 관련되어 있다. 일단 교육과정은 '무엇을, 어떻게, 왜 가르칠 것인가'라는 질문을 다루는 학문 또는 실천 영역이라고 볼 수 있다. 교육과정이 어떤 학문 영역 또는 실천 영역인가를 살펴보기 위해서 다음의 예를 분석해 보자.

> 어느 시골, 고요하고 한적한 마을에 검치 호랑이가 나타났다. 자주 마을 논밭에 내려와 채소와 곡식을 상하게 하였다. 특히 마을 사람들은 어린이들이 호랑이에게 다칠까봐 걱정하게 되었다. 마을 회의가 열리고 호랑이 퇴치법을 개발하여 마을의 모든 어린이에게 호랑이 퇴치법을 가르치기로 의견을 모았다. 다음 날부터 마을의 어린이들은 동네 회관에 모여 호랑이 발자국 탐지법, 호랑이 회피법, 호랑이 퇴치법 등에 대하여 배우게 되었다.

위의 에피소드는 해롤드 벤자민(Harold Benjamin)이 쓴 「검치 호랑이 교육과정」(The Saber-tooth Curriculum)에 나오는 이야기를 논의의 편의를 위하여 간단히 각색한 것이다. 이 에피소드에 나타난 교육 행위를 분석하면서 교육과정이 어떤 종류의 학문 또는 실천 영역인가를 살펴보자.

무엇을 가르칠 것인가? 이 마을에서 애들에게 가르칠 것은 무수히 많다고 볼 수 있다. 친구들과 사이좋게 지내는 방법, 물고기 잡는 방법, 새 잡는 방법, 채소 재배하는 방법, 가축 기르는 방법 등 이루 헤아릴 수 없을 것이다. 그러나 이 마을에서 현재 가장 큰 관심거리는 위에서 언급한 어떤 것보다도 검치 호랑이의 피해를 예방하는 것이다. 따라서 학생들에게 검치 호랑이 다루는 법을 가르칠 필요가 있다.

검치 호랑이 다루는 법을 가르친다고 할 때, 구체적으로 어떤 내용을 가르쳐야 하는가? 검치 호랑이 피하는 법을 주로 가르칠 것인가? 아니면 검치 호랑이를 공격하여 퇴치하는 법을 가르칠 것인가? 이처럼 무엇을 가르칠 것인가 하는 문제는 교육과정의 핵심적인 문제 중의 하나인 내용 선정과 관련되어 있다.

어떻게 가르칠 것인가? 이 질문은 내용 선정과도 밀접히 관련되어 있지만, 내용 선정을 넘어서 내용을 조직하여 전달하는 행위와 더 직접적으로 관련되어 있다. 즉 선정한 내용을 어떻게 조직하여 제시할 것인가가 주요 관심사로 등장한다. 검치 호랑이 다루는 법을 가르친다고 할 때, 어떤 방식으로 가르칠 것인가? 애들의 나이에 따라 서로 다른 내용을 가르쳐야 하는가 아니면 나이에 상관없이 동일한 내용을 가르쳐야 하는가? 여자 애들과 남자 애들에게 서로 다른 내용을 가르칠 것인가? 신체가 허약한 애와 강한 애에게 동일한 방식으로 가르칠 것인가? 어떻게 가르칠 때, 모든 애들이 가장 효과적으로 학습할 수 있는가? 이처럼 검치 호랑이 다루는 법을 가르친다고 하더라도 애들의 나이, 성별, 신체 조건, 경험 등에 따라 어떤 방식으로 조직하여 가르쳐야 가장 효과적인가라는 질문은 여전히 중요한 교육과정의 문제이다.

왜 가르쳐야 하는가? 이 질문은 이미 선정된 내용에 대한 정당화 논리를 개발하거나 아니면 내용을 새로 선정해야 하는 논리를 제공하는 일과 관련되어 있다. 예를 들어, 검치 호랑이 에피소드에서 시간이 흘러 새로운 빙하기를 거치면서 그 마을 근처에서 검치 호랑이가 사라지고 곰이 그 자리를 대신했다고 가정하자. 마을 회관에서 이루어지는 검치 호랑이 다루는 법을 계속 가르쳐야 하느냐는 논란이 있을 수 있다. 어떤 사람들은 검치 호랑이가 사라졌기 때문에 이제 더 이상 검치 호랑이 다루는 법을 가르칠 필요가 없다고 주장한다. 어떤 사람들은 새로 이주해 온 곰을 잡거나 피하는 방법을 가르쳐야 한다고 주장한다. 또 어떤 사람들은 검치 호랑이 다루는 법은 검치 호랑이뿐만 아니라 다른 사나운 맹수를 다루는 데도 유용하기 때문에 계속해서 가르쳐야 한다고 주장한다. 또 다른 사람들은 검치 호랑이 다루는 법이 이 마을의 전통, 즉 성년식의 일부로 간주되고 있는 한, 가르치는 내용의 실용성 여부와 상관없이 이 마을의 성원으로 살아가기 위해서는 반드시 검치 호랑이 다루는 법을 가르쳐야 한다고 주장한다. 이처럼 왜 가르쳐야 하는가에 대한 이유를 탐색하고, 가르칠 내용에 대한 정당화 논리를 구성, 분석, 비판, 재구성하는 것이 교육과정의 중요한 과업 중의 하나이다.

지금까지 살펴 본 것처럼, 전통적으로 교육과정은 주로 학교교육과정을 의미하고, 학교교육과정은 '무엇을', '어떻게', '왜' 가르칠 것인가라는 질문을 다루는 학문 영역 또는 실천 영역을 뜻하는 것으로 간주되어 왔다. 이처럼 무엇을, 어떻게, 왜 '가르칠 것인가'를 중심으로 규정되어 온 전통적인 의미의 교육과정 영역은 1960년대 후반과 1970년대 초반을 거치면서 무엇을, 어떻게, 왜 '가르치고 배우고 있는가'를 다양한 인문사회학적 관점에서 이해하려는 노력을 일컫는 개념으로 전환되어 왔다. 다음 절에서 교육과정이라는 개념의 발전과 분화 과정을 살펴보자.

2 교육과정 개념의 다의성과 관점의 다양성

교육과정이 전공인 필자는 '교육과정을 전공하다니, 도대체 무엇을 공부한다는 말입니까?'라는 질문을 종종 받는다. 일반인들로부터 제기되는 이러한 질문에 대답해야 하는 상황에 처할 때, 필자는 당혹스러움을 느낀다. 교육과정에 대해 몇 마디의 일상어로 뭐라고 설명할 수 있겠는가? 몇 마디의 일상어로 답하기 곤란함을 느끼는 필자는 임기응변으로 다음과 같이 답하곤 했다: 학교에서 학생들에게 '수학'을 가르칠 것인가 또는 바둑을 가르칠 것인가? 교과서는 어떻게 만드는 것이 좋은가, 어떻게 가르치고 평가할 것인가 등을 총괄하여 연구하는 영역이라고.

먼저 교육과정이라는 개념이 어떤 의미로 사용되고 있는지를 살펴보자.

가. 교육과정 개념의 다의성

교육과정이라는 용어가 우리의 일상생활이나 교육학 논의 맥락에서 사용되는 방식을 분석해 보면, 교육과정이라는 말이 일관성 있게 사용되고 있지 않음을 발견하게 된다. 교육과정이라는 용어가 교육계 안팎에서 어떤 의미로 사용되고 있는지를 분석함으로써, 먼저 교육과정의 몇 가지 의미를 살펴보자.

문서로서의 교육과정: 계획된 교육과정

교육과정은 일반적으로 무엇을, 어떻게, 왜 가르칠 것인가에 대한 계획을 담고 있는 문서를 가르치는 용어로 사용된다. 예를 들면, 초등학교 때 수학이라는 교과를 가르쳐야 하는가, 가르친다면 몇 학년 때 가르칠 것인가, 필수 교과로 가르칠 것인가 선택 교과로 가르칠 것인가, 일주일에 몇 시간 가르칠 것인가, 어떤 내용을 가르칠 것인가, 어떻게 가르칠 것인가? 어떻게 평가할 것인가 등에 관한 내용을 담고 있는 문서가 바로 교육과정이다.

이러한 문서로서의 교육과정은 우리나라의 경우 편성하고 운영하는 주체에 따라 국가, 지역, 학교교육과정이라는 세 종류로 구분된다. 국가 교육과정은 교육부 장관의 이름으로 고시되는 '초 · 중등학교 교육과정' 문서를 의미한다. 우리나라의 경우, 해방 이후 열 차례에 걸쳐 교육과정 개정이 이루어져 왔다. 2017년 현재 2015 개정 교육과정이 고시되어 있으며, 올 3월부터 초등학교 1, 2학년에 적용되기 시작하였다. 국가 교육과정은 총론과 각론(교과 교육과정)으로 이루어져 있으며, 총론에는 교육과정의 성격, 교육과정 구성의 방향, 학교급별 교육과정 편성 · 운영의 기준, 학교 교육과정 편성 · 운영, 학교 교육과정 지원이 포함되어 있고, 각론에 성격, 목표, 내용체계 및 성취기준, 교수 · 학습 및 평가의 방향 등이 포함되어 있다.

지역 교육과정은 고시된 국가 교육과정을 기초로 하여 17개 시 · 도(1개 특별시, 6개 광역시, 1개 행정중심복합도시 및 9개 도) 교육청이 관내 학교를 위하여 마련한 '교육과정 편성 · 운영 지침'을 의미한다. 교육과정이 중앙집중적이던 시절에는 교육과정 편성과 운영의 세세한 부분조차도 국가에 의해 획일적으로 규정되었기 때문에 각 시 · 도가 교육과정을 편성하고 운영하는데 있어서 재량권이라는 것이 사실상 없었다. 그러나 6-7차 교육과정 개정 과정에서 교육과정의 지역화와 분권화가 특히 강조되었다. 그 결과, 각 시 · 도 교육청의 교육과정 편성과 운영의 재량권이 상대적으로 확대되었고, 지역 교육과정이 우리 교육에서 그만큼 더 중요성을 띠게 되었다.

학교교육과정은 국가 교육과정과 지역 교육과정을 근거로 하여 편성한 '학교 운영 계획'을 일컫는다. 학교교육과정에는 교사와 학생 조직, 연간 수업시간표, 개학일, 중간고사, 기말고사, 방학일, 졸업식, 기타 행사 계획 등 학사일정이 제시되어 있다. 이러한 학교교육과정에 따라 학교에서의 하루하루의 수업이 진행된다.

지금까지 살펴 본 문서로서의 교육과정의 특징을 표로 제시하면 다음과 같다.

〈표 1-1〉 문서로서의 교육과정의 수준과 주요 역할

수 준	주요 역할	비 고
교육부	국가 수준 교육과정 기준 고시	
시·도 교육청	지역 수준 교육과정 편성·운영 지침 작성 제시	
학 교	학교교육과정 편성·운영	

이처럼 국가, 지역, 학교교육과정은 학교에서 진행될 교육활동을 구체적으로 규정하는 공식적인 문서의 형태를 띠고 있으며, 일상생활에서 이 문서의 공식적인 이름이 교육과정이다. 이러한 문서화된 교육과정은 교사들이 수업을 계획하고 학생들을 평가하는 교수-학습 활동의 근거가 되며, 교사들의 교수 활동에 대한 장학과 교육과정의 실행과 결과에 대해 책무성을 묻는 토대로서 작용한다.

그러나 학교의 교육은 항상 계획된 문서대로 진행되지는 않는다. 문서는 하나의 형식에 불과하고, 학교에서 하루하루의 생활은 계획과 전혀 다른 방식으로 진행될 수도 있다. 예를 들면, 우리나라 고등학교에서 상당한 기간 동안 지속되어 온 이중시간표 작성과 이중적인 교육과정 운영이 대표적인 경우이다. 국가 및 지역 교육과정의 편성과 운영 지침에 따라 학교교육과정을 작성하되, 실제 수업은 학생들의 대학 진학에 유리한 방식으로 운영하곤 했다. 계획과 실행 사이에 존재하는 괴리로 인하여 교육과정은 문서를 가리킬 뿐만 아니라 교육의 실천을 가리키는 용어로 사용되기도 한다.

실천으로서의 교육과정: 전개된 교육과정

교육과정은 무엇을, 어떻게, 왜 가르칠 것인가를 규정하고 있는 문서를 의미하기도 하지만, 학교에서 실제로 실천되고 있는 교육활동을 가리키는 용어로 사용되기도 한다. 비록 국가, 지역, 학교교육과정이라는 삼중의 교육과정 문서가 있기는 하지만, 학교 또는 교실에서의 교육활동은 공식적인 문서와 다르게 이루어지는 경우가 있다. 교실에서 교사가 실제로 가르치는 것, 즉 교사에 의해 해석되어 실행된 교수 활동이 바로 실천으로서의 교육과정이다.

문서로서의 교육과정은 교사의 해석을 통하여 실행에 옮겨질 때 실천으로서의 교육과정이 된다. 교사는 자신의 지식, 신념, 가치관, 태도 등에 의하여 공식적인 교육과정을 '읽게' 되고, 그 읽어낸 의미에 따라 교수하기 때문에 교사가 실제로 수업하는 실천으로서의 교육과정은 공식적인 문서로서의 교육과정과 구별된다. 즉 계획된 교육과정으로 불리는 문서로서의 교육과정과 전개된 교육과정으로 불리기도 하는 실천으로서의 교육과정은 서로 구분될 수 있고, 구분되어야 한다.

실천으로서의 교육과정은 문서로서의 교육과정보다 일반적으로 학생들에게 더 큰 영향을 미친다. 문서로서의 교육과정 자체가 현장 적합성이 결여되어 있기 때문에 학교에서 교육과정이 문서에 제시된 계획과 다르게 전개되는 경우도 있고, 교육과정 자체는 비교적 충실하더라도 교수-학습 상황 자체가 워낙 유동적이어서 실천으로서의 교육과정이 문서로서의 교육과정과 다른 경우도 있다.

교육과정은 문서로서 계획되거나 실천으로서 전개된 교육활동에만 적용되는 용어는 아니다. 학생들이 교육의 과정에서 경험하거나 성취한 내용도 교육과정으로 개념화될 수 있다. 다음에서는 이러한 의미의 교육과정에 대해 살펴보자.

성과/산출로서의 교육과정: 실현된 교육과정

교육과정은 맥락에 따라 공식적인 문서(문서로서의 교육과정)나 실제로 행해지는 교육 활동(실천으로서의 교육과정)을 가리키기도 하지만, 교육의 결과로 나타나는 성과나 산출(성과/산출로서의 교육과정)을 의미하는 것으로 이해되기도 한다. 성과/산출로서의 교육과정은 교수-학습 활동에 참여한 결과 학생들이 실제로 갖게 되는 경험이나 성취를 뜻한다. 동일하게 계획되거나 전개된 수업 상황 속에서도 학생들은 자신의 여러 조건, 즉 지적 능력, 흥미와 관심, 개인의 삶의 역사, 경험, 진로 등에 따라 서로 다른 교육적 경험을 하게 된다. 서로 다른 교육적 경험의 결과 학생들은 서로 다른 산출물을 드러내 보인다. 이처럼 학생 차원에서 실제로 경험된 것 또는 성취된 것을 일컫기 위해 성과/산출로서의 교육과정이라는 말을 사용하기도 한다.

지금까지 살펴 본, 시간의 경과에 따라 서로 달리 규정되는 교육과정 개념간의 관계를 그림으로 제시하면 다음과 같다.

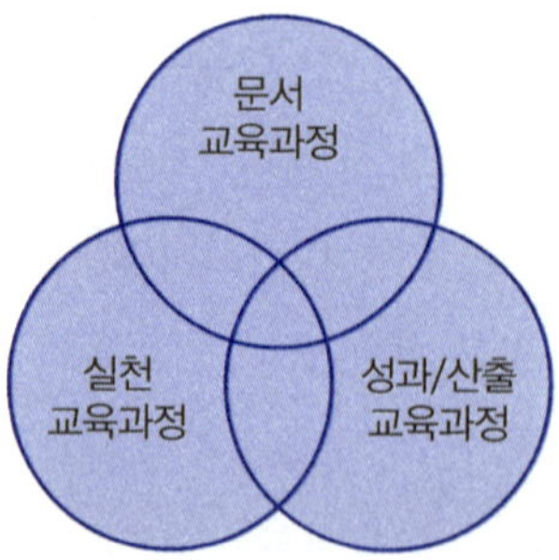

[그림 1-1] 문서, 실천, 성과/산출 교육과정 개념간의 관계

※ 위 그림에서 문서 교육과정은 '계획된 교육과정'을, 실천 교육과정은 '전개된 교육과정'을, 성과/산출 교육과정은 '실현된 교육과정'을 뜻함.

의도되지 않은 산출로서의 교육과정: 잠재적 교육과정

학교에서 계획하거나 의도하지 않았음에도 불구하고 학생들은 학교 생활을 통하여 많은 것들을 경험하게 된다. 이처럼 의도되거나 계획되지 않은 경험을 교육과정으로 개념화하는 용어가 있다. 이것이 바로 잠재적 교육과정(latent curriculum)이다.

잠재적 교육과정은 비유컨대 문서로서의 교육과정의 그림자라고 볼 수 있다. 교육과정 문서에 명시적으로 계획되거나 의도되어 있지도 않고, 교육의 과정에서 의도적으로 실행되지도 않았지만, 학생들이 학교의 공식적인 또는 실천적인 교육의 과정에 참여하는 가운데 얻게 되는 경험이나 산출을 가리킨다. 예를 들면, 학교에서 명시적으로 가르치려고 결코 의도하지 않지만 학생들은 학교에 들어감으로써 집단생활에 대하여, 상벌관계에 대하여, 권력 관계 등에 대하여 배우게 되며, 이러한 관계 속에서 살아남는 방법도 학습하게 된다. 이처럼 공식적인 교육과정의 그림자처럼 따라다니는 잠재적 교육과정은 주로 정의적인 측면이나 태도 또는 무의식적인 생활 습관 등과 밀접히 관련되어 있다. 이러한 잠재적 교육과정의 내용은 오랜 기간에 걸쳐 학습되며, 한 번 학습된 내용은 오랫동안 잊혀지지 않는다는 특징을 지닌다.

다른 한편으로 잠재적 교육과정을 학교교육의 이데올로기 기능과 관련지어 설명하는 학자들이 있다. 이들에 의하면, 의도됐든 의도되지 않았든 간에, 학교는 학교 내에서의 일상생활이나 학교의 공식적인 지식 전달을 통하여 불평등한 사회 구조를 유지·재생산하는 역할을 수행한다. 학교교육은 표면적으로는 민주적 시민 양성과 평등한 민주 사회 건설을 교육의 이상으로 내걸고 있지만, 실지로는 불평등한 사회 구조를 효과적으로 재생산하고 있다는 것이다. 이런 맥락에서 잠재적 교육과정은 불평등한 사회 구조를 재생산해내는 학교교육의 숨겨진 기능을 일컫는다는 의미에서 '숨겨진 교육과정'(hidden curriculum)으로 개념화되기도 한다.

배제로서의 교육과정: 영 교육과정

의도적으로 가르치지 않았는데도 학습하는 현상을 개념화한 잠재적 교육과정과는 달리, 꼭 필요한 교육과정의 내용인데도 불구하고 생략되어 가르쳐지지 않아서 학생들이 배우지 못한 경우를 쉽게 상정해 볼 수 있다. 이처럼 필요한 교육내용인데 학교에서 배제된 경우를 영 교육과정(null curriculum)으로 개념화하기도 한다.[1)]

1) 이하에서는 김재춘(2016). 「교육과정: 이론과 실제를 겸비한 인재 양성 지도서」

아이즈너는 "실제로 존재하지 않는 교육과정"(Eisner, 1979)을 영 교육과정으로 개념화하였다. 이 교육과정은 실제로 존재하지 않기 때문에 아무 것도 없다는 의미에서 수학의 0 즉 '영'이라는 접두어를 붙여서 '영 교육과정'(null curriculum)이라고 명명했다. 여기서 아이즈너는 "학교가 가르치려고 의도했던 것보다 때로는 … 더 적게 가르치"(Eisner, 1979)는 것을 영 교육과정이라고 보았다.

아이즈너가 최초로 사용한 '영 교육과정'이라는 말의 의미를 좀 더 알기 쉽게 설명하면 다음과 같다. 영 교육과정은 ① 학교가 설정한 교육목표에 부합하고(조건 1) ② 학습자에게 가르칠 만한 가치가 있는 내용(조건 2)인데도 불구하고 ③ 학교가 가르치지 않아 학습자가 배울 기회를 갖지 못하는 것(조건 3)을 뜻한다. 예컨대, 세계에 대한 심미적 이해 능력을 기르는 것은 학교가 추구하는 교육목표에 부합할(조건 1) 뿐만 아니라 학습자에게 가르칠 만한 가치가 있는 내용(조건 2)이다. 그럼에도 불구하고 학교가 심미적 이해와 관련된 내용을 가르치지 않아 학습자가 이를 배울 기회를 갖지 못한다(조건 3)면 이는 영 교육과정에 해당한다.

아이즈너는 영 교육과정과 관련하여 다음과 같은 두 가지 측면을 지적한다. 첫째, 학교가 강조하는 지적 과정과 학교가 무시하는 지적 과정의 구분이고, 둘째, 학교 교육과정에서 가르치고 있는 내용/교과와 가르치고 있지 않는 내용/교과의 구분이다. 여기서 아이즈너는 ① 학교가 무시하는 지적 과정, ② 학교 교육과정에서 가르치고 있지 않는 내용/교과를 영 교육과정의 예로 제시한다.

요컨대, 학교는 학교가 가르치는 것에 의해서 뿐 아니라 학교가 가르쳐야 할 것을 소홀히 한 것에 의해서도 학생에게 어떤 영향을 미친다. 학생들이 고려할 수 없는 사실들, 학생들이 알지 못하는 사실, 또는 학생들이 활용할 수 없는 방법 등은 그들이 영위하는 삶에 영향을 준다. 바로 이런 이유 때문에 아이즈너는 교육과정학자들이 영 교육과정, 즉 학교가 가르

의 12장과 홍은숙 외(2016). 「교육학에의 초대」의 7장 내용 중 '영 교육과정'에 대한 내용을 활용하였다.

치지 않는 것 또는 '실제로 존재하지 않는 교육과정'에 대해서도 관심을 가져야 한다고 말한다.

나. 교육과정 관점의 다양성

교육과정은 무엇을, 어떻게, 왜 가르칠 것인가라는 질문을 다루는 학문 영역 또는 실천 영역이라고 볼 때, 교육과정의 구체적인 내용은 교육과정을 바라보는 관점에 따라 달라지게 된다. 현존하는 사회가 바람직한 것이므로 현재의 사회 제도와 체제를 유지하고 발전시키기 위해서 인류 문명의 압축물로 간주되는 전통적인 교과를 적극적으로 가르쳐야 한다는 관점이 있을 수 있다. 교육과정의 일차적인 관심을 사회보다는 학생 개개인에게 두고, 학생 개인의 경험의 계속적인 성장에 일차적인 관심을 갖는 관점도 있을 수 있다. 또 한편 현재의 사회는 매우 불평등하고 억압적이기 때문에 모두가 더불어 함께 잘 살 수 있는 사회로의 변혁을 이루기 위한 목적으로 교육을 실시해야 한다는 관점이 있을 수 있다. 이러한 각각의 관점에서 구체화된 교육과정은 보수주의적 교육과정, 진보주의적 교육과정, 급진주의적 교육과정으로 명명될 수 있다. 이들 각각에 대해 좀더 자세히 살펴보자.

보수주의적 교육과정: 교과/학문 중심 교육과정

보수주의적 교육과정은 교육을 통해 한 사회의 지배적인 규범이나 문화를 후 세대에 전달하여 줌으로써 사회를 안정적으로 유지해 나가고자 노력한다. 이러한 보수주의적 교육과정에서는 현재의 사회를 유지하는 데 필요한 지식, 기능, 가치, 태도 등을 중요시한다. 교육은 이러한 내용들을 학생들에게 전달하는 과정으로 규정되며, 사회화 또는 문화화 기제를 통하여 학생들을 기존 사회 체제에 효율적으로 편입시키고자 노력한다. 보수주의적 교육과정은 대체로 전통적으로 가르쳐오던 교과 중심의 교육을 중시하며, 학생들을 본능적인 수준의 삶에서 문명화된 삶의 수준으로 이끌어 올리기 위해서 가능하면

엄하게 다루면서 훈육해야 할 상대로 간주하는 경향이 있다.

보수주의적 교육과정은 교육을 일방적인 전달 활동(transmission)으로 규정하는 경향이 있다. 사회의 대변인 또는 지식의 축적자로 간주되는 교사가 텅빈 머리나 마음을 지닌 것으로 상정되는 학생에게 필요한 지식, 기능, 태도 등을 전달하는 것을 교육으로 간주한다. 이 경우, 학습은 학생이 교재를 암기하거나 교사의 설명을 들을 때 가장 효과적으로 일어난다. 교육을 전달활동으로 보는 관점에서는 주어진 지식, 기능, 태도 등에 대해 의문을 제기한다거나 비판적인 사고를 수행하는 것이 권장되지 않는다. 왜냐하면 사회나 교사가 가치있다고 판단하는 내용을 효율적으로 학생들에게 전달해 주는 것이 교육의 가장 중요한 임무이기 때문이다.

진보주의적 교육과정: 경험/인간 중심 교육과정

진보주의적 교육과정은, 보수주의적 교육과정이 가르쳐야 할 내용 즉 전통적인 교과를 강조하는 것과는 달리, 배움의 주체가 되는 학생을 강조한다. 이러한 관점에 의하면, 교육은 교과나 특정 내용을 가르치는 것보다 바로 학생을 가르치는 것을 강조한다. 따라서 교육 활동에 있어서 학생들의 다양한 특성을 파악하는 것이 무엇보다도 중요하다. 학생의 학업 성취 수준, 관심, 흥미, 이전의 경험, 개인의 성장 과정, 인지 양식, 학습 스타일 등을 고려하여 교육의 내용과 방법을 제공하고자 한다. 흔히 아동의 경험을 중시하는 교육 활동이나 학습자 중심 교육은 이러한 진보주의적 교육과정의 관점을 전제한다.

진보주의적 교육과정은 교육을 상호작용 활동(transaction)으로 간주한다. 따라서 교사로부터 학생에게로 일방적인 전달만을 강조하는 보수주의적 교육과정과는 달리, 진보주의적 교육과정은 교사와 학생의 상호작용을 중시한다. 이 관점에서는 주로 교사나 학생간의 대화를 통한 문제해결이나 구성적인 탐구활동을 중시한다. 학생은 자신만의 독특한 인식체계를 지니고 있기 때문에 학생의 인지구조를 고려하지 않거나 무시한 교육 활동은 실패할 수밖에 없다. 따라서 교육은 반드시 학생 스스로 사고하고 생각할 수 있도록 배려해야 하고, 학생의 눈높이에 맞추어 진행되어야 한다.

급진주의적 교육과정: 변혁 중심 교육과정

급진주의적 교육과정은, 보수주의적 교육과정이나 진보주의적 교육과정과는 달리, 교육의 정치적인 성격을 강조한다. 이들에 의하면, 보수주의적 교육과정은 사회화를 통한 사회 구조의 재생산을 적극적으로 추진한다는 점에서 '현상유지론적' 관점이며, 진보주의적 교육과정은 아동의 관심과 흥미에 기초한 교육적 경험의 성장만을 추구하고, 아동의 교육 활동을 둘러싼 정치, 경제, 사회, 문화적 권력 관계의 분석을 등한시함으로 인하여 궁극적으로 사회 변혁에 이르지 못하고 사회 구조의 재생산에 기여하게 된다는 점에서 사회 변화에 대한 '낭만적인' 관점이다. 급진주의적 교육과정의 관점에 따를 때, 학교교육은 어느 경우에나 정치적인 성격을 띨 수밖에 없다. 따라서 학교교육은 언제나 교육의 정치성에 주의를 기울일 필요가 있다. 교육에서 중요한 것은 특정 교육활동이 정치적인가 정치적이지 않은가 라는 문제가 아니라, 특정 교육 활동이 어떤 정치적 색채를 띠고 있는가라는 문제이다. 어차피 교육에서 정치성을 배제할 수 없다면, 교육은 사회적 약자의 입장에 서서 교육의 내용과 방법 속에 가정된 지배적인 정치 이념을 들추어낼 수 있는 대항 헤게모니(counter-hegemony)를 발전시킴으로써 불평등한 사회 구조를 해체하고, 보다 인간적이며, 정의롭고, 평등한 사회의 건설에 기여할 수 있도록 노력할 필요가 있다.

급진주의적 교육과정은 교육을 변혁 활동(reform/transformation)으로 간주한다. 급진주의적 교육과정은 '변혁'을 일차적으로 추구한다는 점에서 '전달'을 강조하는 보수주의적 관점이나 '상호작용'을 강조하는 진보주의적 관점과 구분된다. 여기서 변혁 활동은 기본적으로 불평등한 사회 구조가 보다 평등한 사회 구조로 바뀌는 것을 의미한다. 현존하는 사회는 근본적으로 다양한 층위의 억압 기제로 구성되어 있다고 본다. 따라서 사회의 구조적인 모순을 인식할 수 있는 비판적인 문해력을 지닌 인간을 길러 냄으로써 사회의 변혁을 추구하고자 한다. 요컨대, 학교교육은 현존하는 불평등한 또는 불공정한 사회 구조를 재생산하는 대신에 보다 정의롭고 평등한 사회 구조의 창출을 추구해야 한다.

3 교육과정의 역사 개관

교육과정이 무엇을, 왜, 어떻게 가르칠 것인가와 관련된 영역이라면 교육과정은 학교가 출현한 이래로 계속해서 존속해 왔을 것으로 추정해 볼 수 있다. 근대 학교가 출현하기 이전에도 동양과 서양의 각 학교에서는 나름의 교육과정을 운영해 왔다. 동양에서는 동양 고전인 사서삼경(사서: 대학, 논어, 맹자, 중용; 삼경: 시경, 서경, 주역)을 교과 삼아 가르쳤으며, 서양에서는 3학 4과(3학: 문법, 논리학, 수사학; 4과: 대수학, 기하학, 천문학, 음악)로 구성된 7자유학과를 교과 삼아 가르쳤다. 이들 교과에 대해서는 주로 전달과 암기를 통해 교수·학습이 이루어졌으며, 이들 교과를 왜 가르쳐야 하는가에 대해서는 질문 자체가 제기되지 않았다. 왜냐하면 이들 교과들은 모두 동양과 서양에서 오랜 동안 가르쳐져 온 고전 교과였기 때문이었다. 요컨대, 근대 이전의 사회와 학교에서는 무엇을, 왜, 어떻게 가르쳐야 하는가가 너무나 분명했기 때문에 교육계 안팎의 사람들이 교육과정에 별다른 관심을 갖지 않았다고 볼 수 있다.

그러나 근대 학교 체제가 등장하면서 상황은 달라지기 시작하였다. 미국에서는 19세기 중반에 초등학교 무상의무교육 운동이, 그리고 19세기 후반에 중등학교 무상의무교육 운동이 본격화되면서 점점 많은 사람들이 교육과정에 더 많은 관심을 갖게 되었다. 무상의무교육 이전에는 소수의 학생들만이 당시에 중등학교인 문법학교(grammar school)에 다녔다. 소수의 자원한 학생들만이 학교에 다니던 시절에는 학교에서 전통적인 고전 교과인 3학 4과를 가르치는 것이 전혀 문제되지 않았다. 그러나 1900년대를 전후하여 중등학교의 무상의무교육 체제가 안정적으로 정착되면서 점점 많은 학생들이 학교에 다니기 시작하였다. 전통적인 고전 교과를 공부할 관심도, 능력도 없는 학생들이 점점 많이 학교에 오게 되면서 교사들은 전통적인 고전 교과를 학생들에게 가르친다는 것이 쉽지 않음을 깨닫게 되었다. 특히 고등학교에 진학하는 학생들이 많아지면서 고등학교교육의 성격이 달라질 수밖에 없었다. 왜냐하면 대다수의 학생들은 고등학교를 졸업한 다음에 이전처럼 대학에 진학하기보다는 사회에 진출했기 때문이었다. 이런 맥락과 상황에서 다음과 같은 근본적인 질문이 제기되었다. 전통적인 고전 교과를 공부할 관심도, 능력도 없는 학생들에게, 그리고 학교를 졸업한 다음 곧바로 사회에 진출할 학생들에게 무엇을, 왜, 어떻게 가르쳐야 하는가?

1900년대 초반 미국에서 고등학교 진학률이 점점 늘어나면서 교육과정 개발과 관련한 이런 질문들이 정말로 심각하게 제기되기 시작하였다. 이러한 질문에 대해 한편에서는 교육학자인 보빗(F. Bobbitt)이 「교육과정」이라는 제목의 저술을 통해 해답을 찾고자 했으며, 다른 한편에서는 교육관계자들이 공동의 정책 연구(the cardinal principles of secondary education)를 통해서 이 문제에 대한 답을 찾고자 하였다. 이 두 연구를 전후하여 학교에서 무엇을, 왜, 어떻게 가르칠 것인가에 대한 연구가 본격화되었으며, 이른바 '교육과정 개발' 연구가 교육과정의 주류 패러다임으로 등장하였다.

가. 교육과정 개발 패러다임

교육과정 개발 패러다임은 보빗(F. Bobbitt), 타일러(R. Tyler), 블룸(B. Bloom)으로 연결되면서 발전되었다. 교육과정 개발 패러다임에 속한 이들은 교육과정 연구자는 학교교육과정을 개선하기 원하는 교육실천가에게 도움을 주기 위한 목적에서 새로운 교육과정을 개발하거나 기존 교육과정을 개선하는 데에 일차적인 관심을 가져야 한다고 주장하였다. 보빗은 교육과정 전문가의 과업이 학교의 교육과정을 개선하는 것이라고 보았다. 그는 각종 직업에 종사하는 사람들의 직무능력 분석을 통하여 표준화된 교육과정을 만들 필요가 있음을 주장했다. '교육과정은 현 사회의 요구에 부응해야 한다'고 확신한 보빗은 학생들이 사회에 나가서 종사하게 될 직무 활동을 분석하여 교육 목표와 내용을 설정함으로써 표준화된 교육과정을 만들고자 시도하였다. 보빗이 활동했던 20세기 초반은 미국의 역사에 있어서 이주민 유입의 급증기, 경제의 과속 성장기, 보수적인 국가 정책의 시행기로서 교육과정의 표준화와 중앙집권화를 통하여 학교와 교육과정 운영의 효율화를 추구하는 것이 사회적 선으로 간주되던 시기였다.

타일러는 보빗의 학교교육과정의 개선에 대한 실천적 관심을 그대로 받아들이면서 교육과정 개발에 대한 보빗의 이론을 더욱 심화 발전시켰다. 보빗이 제시한 교육과정 개발의 두 단계 ① 교육 목표 설정, ② 학습 경험 선정을 타일러는 ① 교육 목표 설정, ② 학습 경험 선정, ③ 학습 경험 조직, ④ 평가의 네 단계로 확대 발전시켰다. 타일러에 의하면, 교육과정 개발은 교육목표 설정에서 시작하며, 설정된 목표 달성을 위해 필요한 교육 내용의 선정과 조직, 평가를 통한 교육목표의 달성도 확인이라는 합리적이고 체계적인 절차를 따라야 한다. 타일러가 교육과정과 수업의 기본 원리로 제시한 이러한 네 단계의 교육과정 개발 절차는 오늘날 '타일러 합리성'(Tyler's rationale)으로 묘사되며, 이는 교육과정 개발의 고전적 모형으로 간주된다.

타일러의 교육과정 개발 패러다임을 계승하여 발전시킨 사람으로는 블룸(B. Bloom), 메이거(R. Mager), 타바(H. Taba) 등이 있다. 교육과정 개발에서 가장 중요한 요소가 교육 목표 설정이라는 점에 감명받은 블룸과 메이거는 교육 목표를 '의미있게' 설정할 수 있는 방법을 평생에 걸쳐 연구하였다. 블룸과 그의 동료들은 「교육목표 분류학」이라는 저서에서 교육 목표 또는 수업 목표를 제시할 때 학습의 결과로 학생들이 드러내 보일 행동의 수준을 명료화하는 것을 중요시 하였다. 블룸은 교육 목표를 인지적 영역, 정의적 영역, 심동적 영역으로 구분한 다음, 각 영역별로 목표 수준을 세분화하고자 노력하였다. 특히 블룸은 인지적 영역의 교육 목표를 지식, 이해, 적용, 분석, 종합, 평가의 6단계로 세분하였다. 블룸 등이 이처럼 목표를 세분화하려고 한 이유는 목표를 종횡으로 세분화하여 제시함으로써 교육관계자들 사이에 의사소통을 원활하게 하고 교육의 결과를 평가하고 확인하는 데 도움을 주기 위해서였다.

블룸이 교육 목표를 포괄적이고 체계적으로 분류하여 제시하는 데에 주된 관심이 있었던 반면에 메이거는 수업 장면에서 수업 목표를 어떻게 진술하는 것이 바람직한가에 주된 관심을 가졌다. 메이거는 수업 활동 후 목표 달성 정도를 확인하기 위해서는 수업 목표를 매우 구체적으로 진술해야 함을 강조하였다. 메이거는 좋은 수업 목표 진술의 조건으로 첫째, 도착점 행동, 둘째, 상황조건(그 행동이 나타나는 상황이나 조건을 나타내는 것), 셋째, 수락준거를 제시하였다.

타일러의 교육과정 개발 모형을 발전시킨 또 한 사람으로는 타바가 있다. 타바는 타일러의 교육과정의 개발 절차를 그대로 수용하면서, 다만 교육과정 개발에서 교육내용 자체에 대한 아이디어(즉 교육과정의 논리적 조직)와 학습자를 고려한 교육내용에 대한 아이디어(교육과정의 심리적 조직)를 이원적으로 고려해야 함을 제안하였다. 이러한 원칙하에서 타바는 타일러의 네 단계의 교육과정 개발 과정을 일곱 단계의 교육과정 개발 과정으로 확대 발전시켰다. 타바에 의하면, 교육과정 개발은 ① 요구의 진단, ② 목표의 설정, ③ 내용의 선정, ④ 내용의 조직, ⑤ 학습경험의 선정, ⑥ 학습경험의 조직, ⑦ 평가내용, 방법 및 수단의 결정의 일곱 단계를 거친다.

나. 교육과정 이해 패러다임

교육과정 개발을 통한 학교교육의 개선에 일차적인 관심을 갖는 '교육과정 개발' 패러다임이 1970년대를 전후해서 교육과정학자들의 관심에서 멀어지게 되었고, '교육과정 이해'라는 새로운 패러다임이 대안으로 부상하였다. 교육과정학자들이 개발의 패러다임에서 이해의 패러다임에로 옮아가는 데는 여러 가지 이유가 있었다. 첫째, 개발 패러다임에 기초한 교육적 처방이 학교교육과정과 관련된 문제들을 제대로 해결해주지 못했다는 판단 때문이었다. 예컨대, 행동적 목표 진술하기, 표준화된 검사 도구를 이용한 평가, 선형적인 교과 지도 등은 학교교육과정 개선과 관련된 문제를 적절하게 해결해주지 못했다. 둘째, 교육과정학자들이 학교교육의 실제를 충분히 이해하고 적절한 처방을 하기에는 근본적인 한계가 있다는 자각이 있었다. 교육과정학자들이 학교교육의 실제에 많은 관심을 가지고 학교교육과정을 개선하려고 노력하였지만, 학교교육과정은 교육과정학자들의 아이디어보다는 정치, 경제, 사회, 문화적 변화에 더 민감하게 반응할 뿐만 아니라 현장교사들이 자신들의 문제를 교육과정학자들보다 더 잘 이해하고 해결할 수도 있다는 것을 깨달았다. 셋째, 브루너의 학문 중심 교육과정이라는 아이디어가 등장하면서 교육과정 개발 과정에서 교과 전문가가 중심 인물로 부상하고, 교육과정학자는 주변인으로 밀려났기 때문이다. 즉 교육과정 개발에 교과전문가가 대거 참여하게 되면서, 교육과정학자는 교육과정 개발과 관련해서 할 일이 거의 없어졌기 때문이다.

새로 등장한 교육과정 이해의 패러다임에 의하면 교육과정을 연구한다는 것은 학교에서 적용할 교육과정을 개발하는 것을 의미하기보다는 교육과정을 다양한 안목으로 이해하기 위한 활동을 의미한다. 예컨대, 교육과정을 연구한다는 것이 초등학교 4학년 학생들에게 어떤 '수학'을 어떻게 가르쳐야 하는가에 대한 답을 찾는 활동이라기보다는 초등학교 4학년 학생에게 수학을 어떻게 가르치고 있으며, 도대체 이들에게 수학을 가르친다는 것이 무엇을 의미하는가를 다양한 관점에서 이해하고자 연구하는 것이다. 이런 맥락에서 교육과정 이해론자들은 교육과정의 문제를 더 이상 기술공학적인 문제 즉 방법이나 개발의 문제라기보다는 다양한 관점에서의 인식과 관련된 이해의 문제라고 보았다.

1970년대를 전후하여 기술공학적 관심에 의해 주도되는 교육과정 개발의 관점을 해체하고 교육과정을 이해하는 데에 관심을 가진 교육과정학자들은 종종 재개념주의자(reconceptualists)로 불렸다. 이들은 교육과정이 독자적인 학문의 영역으로 출범할 때부터 견지해 왔던 개발의 관점을 해체하고, 다양한 인문·사회과학적 관점에서 교육과정을 새롭게 개념화할 것을 요구했기 때문이다. 교육과정의 의미를 새롭게 재해석하려는 재개념주의자들은 다음과 같은 세 가지의 두드러진 특징을 지닌다: ① 타일러 합리성에 대한 불만, ② 교육과정을 연구하는 데 절충적인 관점의 활용, ③ 교육과정에 대한 다양한 담론의 생산. 교육과정을 이해하려는 관심을 가진 학자들은 워낙 서로 다른 지적 전통에 서 있기 때문에 이들을 간단히 소개하는 것은 쉽지 않다.

교육과정 이해 패러다임에 속한 교육과정학자들은 인문학이나 사회과학의 다양한 지적 전통을 받아들여서 교육과정에 대한 새로운 담론을 형성해 왔다. 대표적인 담론 몇 가지를 소개하면 다음과 같다. 애플(M. Apple), 지루(H. Giroux), 맥클라렌(P. McLaren) 등을 중심으로 전개되는 교육과정에 대한 정치적인 담론, 파이너(W. Piner), 반 마넨(M. van Manen), 아오키(T. Aoki), 구루메(M. Grumet) 등을 중심으로 전개되는 현상학적 담론, 아이즈너(E. Eisner) 등을 중심으로 전개되는 미학적 담론, 밀러(J. Miller), 시어즈(J. Sears) 등을 중심으로 전개되는 여성해방적 담론, 체리홈스(C. Cherryholmes), 레이더(P. Lather), 돌(M. Doll) 등을 중심으로 전개되는 탈근대성의 담론 등이 있다.

교육과정 이해로 재개념화된 교육과정 연구가 어떤 성격을 지니는가를 맛볼 수 있도록 몇 가지 담론을 간략히 소개하면 다음과 같다. 교육과정에 대한 정치학적 이해를 추구하였던 애플은 학교교육과정이 중립적이라기보다는 정치적이라고 보았다. 그는 권력의 작동에 따른 선택적 전통을 통해 특정 지식은 공식적인 지식으로 간주되고 다른 지식은 학교 지식의 권위를 인정받을 수 없음을 주장하였다. 학교교육이 지닌 이런 이데올로기적 성격을 드러내고 평등하고 정의로운 사회를 이루기 위해서는 교육과정에 대한 이데올로기 비판이 필요하며, 기존 헤게모니를 대체할 대항 헤게모니를 발달시킬 필요가 있음을 주장하였다. 교육과정에 대한 미학적 이해를 추구하였던 아이즈너는 교육을 제대로 이해하기 위해서는 과학이나 공학적인 접근보다는 예술적인 접근이 필요함을 주장하였다. 예술적인 관점으로 교육을 이해하기 위해서는 수업의 목표를 행동적으로 진술하기보다는 표현 목표나 문제해결형 목표를 진술할 필요가 있음을 주장하였다. 더 나아가 평가 역시 미리 제시된 행동적 목표의 달성 정도를 수량화하여 확인하는 것보다는 전문가의 감식안과 비평을 통해 예술 작품을 평가하는 것과 유사한 방식으로 교육 평가가 이루어져야 함을 주장했다. 교육과정에 대한 문학적 접근을 강조했던 파이너는 이른바 과학적인 논리와는 구분되는 개인적인 삶의 이야기의 중요성을 강조했다. 교육활동에 대한 개인의 의미 부여나 의미 이해가 가능한 개인적이고 실제적인 지식이 중시될 때, 교육에 참여하는 교사나 학생의 이야기 즉 내러티브가 중요한 의미를 지니게 된다. 이런 맥락에서 개인의 이야기는 단순히 한 개인의 자의적인 이야기로 그치는 대신에 공식적인 기록, 자료, 역사적 문서로 보충되는 생애사 연구로 발전되었고, 이런 생애사 연구는 다시 자기 반성과 사회역사적 맥락에 기반한 메타이론적 의식을 창출하는 자서적인 방법으로 발전되어 나아갔다.

구미 사회에서 오늘날 교육과정을 공부한다는 것은 교육과정 분야에서 다양한 학자들이 펼치고 있는 다양한 담론들을 섭렵하고, 이들의 아이디어를 계기로 삼아 자신의 교육에 대한 생각과 경험을 숙고하는 것을 의미한다. 달리 말하면, 교육과정학자들이 사용하고 있는 다양한 언어, 담론들을 접하고 분석하여, 자신이 하고 있는 교육활동에 대한 다양한 시사점을 얻는 것이 교육과정 분야에서 가장 중요한 것으로 간주된다.

4 교육과정의 항구적인 쟁점들

앞에서 다룬 교육과정에 관한 논의에서 암시되었듯이, 교육과정과 관련하여 수많은 쟁점들이 존재한다. 이러한 쟁점들은 어느 천재적인 학자의 출현에 의해 단번에 말끔하게 해결될 수 있는 성질의 문제라기보다는 학자 개인이나 교육 당국의 주관적 신념에 따라 서로 다른 태도를 취할 수 밖에 없게 한다는 점에서 영원히 해결 불가능한 쟁점들이다. 즉 개인의 세계관, 인생관, 가치관, 교육관 등에 따라 어느 한 쪽을 선호하게 된다. 따라서 우리는 이러한 쟁점들을 해결하려고 헛되이 노력하기보다는 의사결정 주체들이 각각의 쟁점이 무엇인지를 보다 분명히 파악하고, 현명한 결정을 내릴 수 있도록 도와줄 필요가 있다. 다음에서는 교육과정과 관련하여 항구적인 쟁점이라고 볼 수 있는 학생 대 교과, 내재적 가치 대 실용적 가치, 현상 유지 및 사회 변혁, 교육과정 개발 대 교육과정 이해를 중심으로 간략히 논의를 전개하고자 한다.

가. 학생 대 교과

교육 행위는 반드시 가르칠 대상인 학생과 가르칠 내용인 교과의 존재를 가정한다. 달리 말하면, '가르친다'라는 말은, 우리말에서나 영어를 비롯한 외국어에서나 마찬가지로, '○○에게 ○○을 가르친다'에서처럼 두 개의 목적어를 필요로 한다. 예를 들면, '학생'을 가르친다는 말도 성립하고 '교과'를 가르친다는 말도 성립한다. 따라서 교육은 어느 경우에나 '○○에게 ○○을 가르친다'는 형식을 띠게 된다.

이처럼 교육이 두 개의 목적어를 지니고 있다는 자명한 사실이 교육의 구체적인 실천 장면에 들어가면 해결하기 쉽지 않은 문제들을 불러일으킨다. 교사가 학생에게 교과를 가르치는 것이 사실이지만, 교사가 구체적인 교육활동을 수행하고자 할 때 '학생을 가르치는 것'과 '교과를 가르치는 것' 중 어느 것에 일차적인 의미를 부여할 것인지를 결정해야 한다. 왜냐하면, '불완전한' 인간이 학생과 교과에 동차적인 의미를 부여하면서 가르친다고 하는 것은 이론적인 차원에서는 가능할지 몰라도 실제적인 교육활동에서는 불가능하기 때문이다. 일차적으로 '학생'을 가르친다고 가정할 때, 뒤따르는 제반 교육 활동은 학생의 현재의 경험, 관심, 흥미 등을 존중하면서 이에 적합한 교육 내용과 방법을 탐색하게 된다. 일차적으로

'교과'를 가르치는 것을 강조할 때, 후속되는 교육활동은 주어진 교과를 효과적이고 효율적으로 가르치는 방법 개발에 많은 시간과 정력을 할애하게 된다.

교육사적 맥락에서 볼 때, 주로 보수적인 교육자들은 교과를 가르치는 것에 일차적인 의미를 두었다. 아동이 빈 항아리나 백지 상태(tabula rasa)와 같다는 주장은 곧 아동들에게 교과를 가르침으로 '인간'을 만들어간다는 가정에 입각하고 있다. 학생을 가르치는 일에 일차적인 의미를 부여하는 진보적인 교육자들은 아동이 빈 항아리나 백지 상태라기보다는 성장하는 생물과 같다고 보며, 아동들은 내적 충동과 성장의 욕구를 지니고 있기 때문에 이러한 아동의 관심과 흥미를 존중하여 교육을 수행해야 한다고 주장한다. 요컨대, 교과를 가르칠 것인가 아니면 학생을 가르칠 것인가 라는 질문에 대한 대답 여하에 따라 교육과정 체제나 내용 구성 방식이 달라질 것이기 때문에 이 문제는 교육과정을 연구하는 자들에게 항구적인, 하나의 중요한 쟁점으로 남아있게 될 것이다.

나. 내재적 가치 대 실용적 가치

교육과정의 중요한 질문 중의 하나는 '왜 가르칠 것인가'라는 것이다. 여기서 '왜'는 가르치고자 하는 내용을 선정한 이유를 묻는 질문이다. 교육 내용의 선정 이유와 관련하여 크게 두 가지 다른 입장이 존재한다. 즉, 교육 내용이 지닌 내재적 가치와 외재적 가치에 의한 정당화 방식이다. 가장 이상적인 교육 내용은 내재적 가치와 외재적 가치 모두를 겸비한 경우라고 볼 수 있다. 그러나 많은 경우, 교육 내용은 내재적 가치 아니면 외재적 가치 둘 중 어느 하나에 의해 일차적으로 정당화되곤 한다. 이 경우 우리는 내용의 가치 정당화에 대한 두 가지 방식 중 어느 하나를 선택해야만 한다. '특정 내용을, 왜', 또는 '왜, 특정 내용을' 가르쳐야만 하는가?

먼저 내재적 가치의 경우를 살펴보자. 내재적 가치는 실제적인 유용성과 무관하게 특정 내용의 가치를 그 자체의 가치로 추구하는 경우이다. 교육의 맥락에서 이러한 내재적 가치는 크게 두 가지 방식에 의해 설명되어 왔다. 첫째는 듀이(Dewey)식의 내재적 가치이다. 듀이는 교육의 내재적 가치를 설명하면서 교육에 임하는 학습자의 마음 자세와 관련짓고 있다. 학생이 수학을 공부하는 이유가 공부 즉 문제 푸는 것이 재미있기 때문이라면, 학생은 내재적인 가치 때문에 수학을 공부한다고 볼 수 있다. 반대로 학생이 수학을 공부하는 이유가 좋은 대학을 진학하기 위해서라면, 학생은 외재적 가치 때문에 수학을 공부한다고 볼 수 있다. 이 경우, 내재적 가치와 외재적 가치를 구분하는 기준은 학습자의 마음의 동기 즉 심리적인 상태라고 볼 수 있다.

또 다른 종류의 내재적 가치가 있다. 이는 피터즈(Peters)식의 내재적 가치이다. 피터즈는 교육 내용으로서의 교과 또는 학문의 가치를 설명하면서 교과 자체가 차지하는 인류 문명사적 위치와 교과가 함의하고 있는 인간다운 삶의 양식 때문에 교과는 파생적인 실용적 가치와 상관없이 그 자체로서 내재적 가치를 지니고 있다고 본다. 이 경우, 내재적 가치는 학습자의 심리 상태와는 무관하게 교육 내용이 그 자체로서 지니는 가치(이를 듀이식의 '심리적인 동기'와 구분하여 '논리적 이유'라고도 부름)로 정의한다. 예를 들면, 수학은 학생이 개인적으로 좋아하든 싫어하든 간에 인간다운 삶의 형식을 구성하는 지식의 형식(교과) 중의 하나로서 내재적 가치를 지니기 때문에 모든 학생들이 인간다운 삶을 살기 위해서 수학을 공부해야 한다고 주장한다.

이러한 내재적 가치와는 달리, 교육 내용이 지니고 있는 외재적인 가치 때문에 특정 내용을 가르쳐야 한다는 주장이 있다. 초등학교에서 수학을 가르치는 이유는 일상생활에서 남에게 속지 않고 물건을 사고 팔며 살아가기 위해서는 덧셈과 뺄셈, 곱셈과 나눗셈 등을 수행할 수 있어야 하기 때문이다. 중등학교에서 수학을 가르치는 이유는 이공계열 대학에 진학할 학생들의 차후 학업에 대수나 기하, 해석학의 내용 등이 필요하기 때문이다. 이처럼 교육 내용을 외재적 또는 실용적 가치 때문에 가르쳐야 한다고 볼 경우, 실용적 가치를 지니지 않은 교육 내용은 교육적 적합성을 지니고 있지 않기 때문에 교육 내용에서 배제될 필요가 있다.

'특정 내용을, 왜' 가르쳐야만 하는가라는 질문에 답하는데 있어서 내재적 가치 대 실용적 가치의 쟁점을 더욱 복잡하게 하는 것은 실용성의 다양한 의미 규정 방식이다. 실용성의 의미는 즉각적인 실용성에서부터 넓은 의미의 실용성에 이르기까지 다양한 방식으로 규정 가능하다. 게다가 물리적인 생존에 필요하다는 의미에서의 실용성도 있고, 정신적으로 풍요로운 삶을 누리기 위해서 필요하다는 의미에서의 실용성도 있다. 이처럼 실용성의 의미가 확장되면, 실용적(또는 외재적) 가치와 내재적 가치의 구분이 생각만큼 쉽지 않게 된다. 요컨대, 교육 내용의 선정 또는 정당화와 관련해서 내재적 가치 대 실용적 가치의 대립문제는 계속 교육 관련자들에게 하나의 중요한 쟁점으로 남아있게 될 것이다.

다. 현상 유지 대 사회 변혁

교육과정의 기본 성격과 목적을 설정하는 데 있어서 사회의 현상 유지를 강조할 것인가 아니면 사회 변혁을 강조할 것인가 라는 문제는 매우 중요하다. 교육은 논의의 맥락에 따라 한편으로 현상 유지를 위해서 노력할 필요가 있으며, 다른 한편으로 변혁을 통한 새로운 사회 재건을 위해 노력할 필요도 있다. 따라서 우리가 새로운 교육과정을 설계하거나 기존의 교육과정을 개정하고자 할 때, 현상 유지를 원하는가 아니면 사회 변혁을 원하는가를 먼저 분명히 할 필요가 있다.

현상 유지를 강조하는 사람들의 경우, 현재의 정치, 경제, 사회, 문화 구조에는 근본적인 결함이 없다고 가정한다. 다만 문제가 있다면, 이는 운용상의 문제일 뿐이다. 따라서 현재의 정치, 경제, 사회, 문화 구조는 그대로 유지하되, 학생들의 기본 생활 습관과 의식을 올바르게 형성시켜 줌으로써 현존하는 정치, 경제, 사회, 문화 체제가 제대로 기능하도록 도와주는 것이 교육의 주된 임무가 된다. 이러한 교육은 전통적으로 '사회화'와 동일시되어 왔다. 학생들은 현재의 사회 규범, 가치, 태도 등을 내면화하여 사회인으로 성장해나가야 한다. 왜냐하면 올바른 사회인은 오늘날 우리가 흔히 목도하는 부도덕한 일들을 범하지 않을 것이기 때문이다.

사회 변혁을 강조하는 사람들은 주로 현존하는 정치, 경제, 사회, 문화 체제가 구조적인 문제를 안고 있다고 주장한다. 따라서 교육의 일차적인 임무는 이러한 구조적인 문제를 해결하기 위하여 보다 정의롭고 민주적인 정치, 경제, 사회, 문화 구조를 창출하는 일이다. 이를 위하여 불평등한 사회 구조를 재생산하고 현상 유지에 기여하는 학교교육의 이데올로기적 요소들을 밝혀내고, 모두가 더불어 함께 잘 살 수 있는 정치, 경제, 사회, 문화 구조의 창출에 힘써야 한다. 특히, 최근 들어 사회 변혁을 강조하는 사람들은 현재의 사회 구조 속에서 개인의 의식이 어떻게 형성되고 작용하는가를 밝혀냄으로써, 개인의 의식이 사회 구조의 단순한 반영물에 그치지 않을 뿐만 아니라 더 나아가 개인의 의식의 변화를 통하여 사회 구조의 변화를 가능하게 하자는 논의의 흐름을 형성하고 있다.

라. 교육과정 개발 대 교육과정 이해

교육학의 성격을 어떻게 규정할 것인가와 관련하여 '처방적인'(prescriptive) 학문으로 보는 관점과 '기술적인'(descriptive) 학문으로 보는 관점이 있다. 이 점에 있어서는 교육과정도 마찬가지이다. 교육과정을 처방적인 학문 영역으로 규정할 때, 교육과정의 주된 내용은 무엇을, 언제, 어떻게 가르칠 것인가에 대한 상세한 지침을 개발하는 것이 될 것이다. 이러한 관점의 대표자격인 타일러의 교육과정 개발 모형에 의하면, 교육과정은 교육목표의 설정, 학습 경험의 선정, 학습 경험의 조직, 평가의 요소로 구성된다. 따라서 교육과정과 관련하여 가장 중요한 임무는 이러한 각 요소들의 내용을 엄밀하면서도 체계적으로 설계하여 제시하는 일이다. 이런 관점에서는 교육과정 전문가란 교육과정 '개발' 전문가를 의미한다.

교육과정을 처방적인 학문의 영역으로 여기기보다는 기술적인 학문의 영역으로 여기는 관점이 있다. 미국의 경우, 교육과정을 처방적인 성격을 지니는 것으로 간주하는 교육과정 개발의 관점은 60년대에 종말을 고했고, 70년대 이래 교육과정의 기술적인 성격을 강조하는 교육과정 이해의 관점이 지배적인 지위를 차지하고 있다. 교육과정 개발의 관점은 무엇을, 왜, 어떻게 '가르칠 것인가'와 같은 방식으로 교육과정의 문제를 설정(problematization)함으로써, 처방적인 관점에서 해답을 찾는 반면에, 교육과정 이해의 관점은 인문학 또는 사회과학에서 도입된 수많은 담론들을 적용하여 학교에서 어떤 내용을, 왜, 어떻게 '가르치고 있는가'를 이해하는 일에 일차적인 관심을 둔다. 이러한 이해의 관점에서 볼 때, '무엇을, 왜, 어떻게 가르칠 것인가'라는 질문은 처방적인 관점에서 형성된 개발형 질문이기 때문에 교육과정의 주된 질문을 '무엇을, 왜, 어떻게 가르치고 있는가'와 같은 이해형 질문으로 대체할 필요가 있다. 즉 교육과정은 교육현실을 처방하기 위한 원리나 규칙 개발에 앞서 교육현상을 관찰, 기술, 분석하고 다양한 담론들을 도입하여 교육과정을 보다 체계적으로 이해하고자 노력할 필요가 있다는 것이다.

교육과정 개발 대 교육과정 이해의 관계를 달리 표현하면, 교육과정은 공식적인 문서로서의 의미와 상징적인 체계로서의 의미를 동시에 지닌다. 공식적인 문서로서의 교육과정에 관심을 가질 때 교육과정 개발이 강조되며, 상징적인 체계로서의 교육과정에 관심을 가질 때 교육과정 이해가 강조된다. 최근 구미에서 교육과정을 이해한다는 것은 교육과정을 하나의 텍스트로 가정하고, 다양한 방식의 텍스트 읽기를 시도하는 것을 말한다. 교육과정은 제도적인 텍스트로 읽힐 수도 있지만, 포스트모던 텍스트, 성관련 텍스트, 미학적 텍스트, 신학적 텍스트, 자서전적 텍스트 등으로 읽힐 수도 있다. 이렇게 볼 때, 교육과정의 정체성은 '개발'에 놓여있다기보다는 '이해'에 놓여 있다고 볼 수 있다. 이런 관점에서 교육과정 전문가란 교육과정 '이해' 전문가를 의미한다. 교육과정의 일차적인 관심이 '개발'에 있어야 하는가 아니면 '이해'에 있어야 하는가라는 문제는 교육과정이라는 학문 또는 실천 영역의 정체성과 관련하여 항구적인 그러나 중요한 하나의 쟁점으로 남아있게 될 것이다.

CHAPTER 02

우리나라 교육과정의 역사적 변천

현재 우리나라의 초·중등 교육은 교육법에 의거하여 운영하도록 되어 있다. 초·중등교육법 제23조 제2항은 초·중등학교의 교육과정을 교육부 장관이 정하도록 규정하고 있다. 그리하여 초·중등학교의 교육과정은 교육부가 결정해서 문서로 고시한 「교육과정」에 따라 편성·운영되고 있다. 말하자면 우리나라는 '국가 수준의 교육과정'이 문서로서 존재하며, 고등학교 이하 각급 학교의 교육과정은 바로 이러한 국가 수준 문서의 통제 하에 운영되고 있다고 할 수 있다. 따라서 우리나라 교육과정의 전체적인 흐름을 파악하는 데 있어서 가장 기초가 되는 것은 국가 수준에서 고시된 문서인 「교육과정」을 검토하는 일이라고 할 수 있다.

우리나라에는 해방 후 고시된 제1차 교육과정을 시작으로 하여 2015년 9월 23일에 고시된 '2015 개정 교육과정'에 이르기까지 여러 차례에 걸쳐 개정 고시된 국가 수준의 교육과정 문서가 있다. 그러나 현재와 같은 문서화된 「교육과정」의 토대가 되었던 제1차 교육과정이 고시되기 전에도 국가 수준의 교육과정은 있었다. 말하자면 해방 전의 전통 사회와 근대 사회에 있어서도 형식적인 학교교육이 행해졌으며, 그에 따라 국가 수준의 교육과정이 존재했었다.

이하에서는 해방 전의 교육과정을 간략하게 개괄하고, 해방 후부터 현재까지의 교육과정 흐름과 2017년도부터 단계적으로 적용되고 있는 '2015 개정 교육과정'의 모습을 국가 수준에서 고시(공포)된 「교육과정」을 중심으로 검토해 본다.

1 해방 전 교육과정

교육 활동은 어느 사회에서나 사회의 기본 기능으로 이루어져 왔으며, 광의건 협의건 간에 교육 활동이 있는 곳이면 반드시 그 활동의 내용이라고 할 수 있는 교육과정이 있었다. 기록에 의하면, 우리나라에 형식적 혹은 의도적 교육 기관이 생긴 것은 삼국시대부터이다. 당시 고구려, 신라, 백제 등 삼국의 교육 기관에서 가르쳤던 것은 중국의 교육 내용을 모방한 것이었다. 예컨대 고구려의 교육 기관이었던 태학(太學)에서는 중국의 주요 경전이었던 오경(五經: 시경, 서경, 역경, 예기, 춘추)과 삼사(三史: 사기, 한서, 후한서)를 중요한 교육과정으로 삼았다. 즉 당시 교육 기관에서는 중국의 주요 교육 내용이었던 유교의 경전이 교육과정의 중심이었다. 이러한 유교 경전 중심의 교육과정은 고려 시대와 조선 시대를 거쳐 19세기 후반 근대 학교 체제가 성립될 때까지 우리나라 학교교육의 일관된 흐름이었다.

우리나라 교육과정에 변화가 생긴 것은 갑오개혁(1894년)을 전후로 하여 설립되기 시작한 근대 학교로부터이다. 19세기 후반 우리나라는 서양 문화의 유입에 따라 세계 여러 나라와의 교섭에 필요한 통역 요원의 양성이 필요했으며, 이에 따라 국가에서는 이를 목적으로 한 관립학교를 설립했다. 이들 학교들은 서구식 교과목을 도입했다. 예컨대 1886년에 정부에 의해 설립된 육영공원(育英公院: Royal English School)은 관립 학교로서는 최초로 서양의 교육과정을 따른 것으로 기록되고 있다. 이 학교의 규칙에 명시된 교과목 명을 보면 전통적인 교과목 외에도 '읽기', '쓰기', '셈하기', '문법'에서부터 '수학', '외국어', '농업기술'을 포함한 실용 학문과 '자연과학', '지리학', '세계정치사' 등의 교과목을 포함하고 있었다(유봉호, 1992).

19세기 후반에는 관립학교 이외에도 기독교의 전파를 위해 내한한 선교사들에 의해 기독교계 사립학교들이 설립되었는데, 광혜원, 배재 학당,

이화 학당, 언더우드 학당 등이 이에 해당한다. 이들 기독교계 사립학교들도 역시 우리의 전통적인 교과와 더불어 서구식 교과들을 가르쳤다. 예컨대 1890년에 제정된 배재 학당의 규칙에는 '한문', '영어', '천문', '지리', '생리', '수학', '수공', '성경' 등이 명시되어 있었다(유봉호, 1992).

이상에서 언급한 소수의 관립학교와 기독교계 사립학교의 교육과정은 우리나라에 오늘날과 같은 교과목을 도입시켰다는 점에서 그 의의가 있으며, 이러한 교육과정은 그 후에 단행된 갑오개혁을 통해서 근대 학교교육과정으로서 제도화되었다.

우리나라의 전통 교육 및 그에 따른 전통적 교육과정은 갑오개혁을 통해 전면적으로 수정된다. 갑오개혁은 국가적인 차원에서 전통적인 교육 형태를 벗어나 근대 교육 체제로 나아가기 위한 교육 개혁을 포함하고 있었다. 즉 갑오개혁을 통해 전통적인 관리양성 제도였던 과거제가 폐지되고, 성균관을 제외한 과거의 교육 기관이 전폐되었으며, 국가적 차원에서 근대 학교 법령이 정비되고 그에 따라 근대적 학제에 따른 관립학교가 세워졌다. 그리고 각급 학교에서 가르쳐야 할 교과목도 법으로 규정되었다.

당시 각급 학교 교육과정상에 나타난 교과목들을 보면, 전통적인 교과목들이 서구식 교과목들로 대체되면서 근대적 교과 영역의 전부를 포괄하고 있음을 볼 수 있다. 예컨대 지금의 초등학교에 해당하는 소학교의 교과목은 '수신', '독서', '작문', '습자', '산술', '체조', '역사', '지리', '도화'(圖畵), '외국어', '수과'(數科), '이과'(理科), '재봉' 등이었다. 그리고 중학교의 교과목은 '윤리', '독서', '작문', '역사', '지리', '산술', '경제', '박물', '물리', '화학', '외국어', '체조', '법률', '정치', '공업', '농업', '상업', '의학', '측량' 등이었다.

근대적 형태의 교육과정은 부분적인 변화가 있긴 하였지만 우리나라가 일본의 식민지가 된 이후에도 지속된다. 다만 일본의 식민지 통치가 강화되면서 점차 일본어를 '국어'로 호칭하면서 수업 시수를 늘려나가고, 우리의 '지리'와 '역사' 대신에 일본의 '지리', '역사'를 가르치게 되었다.

2 해방 직후 교육과정 ~ 제5차 교육과정

가. 해방 직후 과도기 및 교수요목기

해방 후, 우리나라는 미군정의 통치를 받았으며, 교육과정에 관한 정책도 미군정청 학무국의 통제를 받았다. 이러한 미군정기(1945~1948)의 교육과정은 그 성격상 과도기와 교수요목기로 구분해 볼 수 있다. 과도기란 임시 교과목 편제와 시간 배당표가 발표된 전후 시기를 말하며, 교수요목기란 1946년 9월 다시 수정된 교과목 편제와 시간 배당표가 발표된 후 교수요목을 정하고 교과서를 편찬한 시기라고 할 수 있다.

해방 후, 우리에게 무엇보다도 가장 시급한 교육 문제는 휴교 상태에 있었던 학교를 개교하는 일이었다. 당시 미군정청 산하 학무국에서는 각급 학교 개학을 위한 응급조치로서 1945년 9월 '신조선의 조선인을 위한 교육'이라는 교육방침을 발표하였다. 이 교육방침에서는 주로 일제 잔재의 불식, 평화와 질서의 유지, 생활의 실제에 적합한 지식 기능의 연마 등을 강조하였다(유봉호, 1992). 당시 초등학교의 교과 및 주당 수업 시간 배당을 보면 〈표 2-1〉과 같다.

〈표 2-1〉 초등학교 교과 편제 및 시간 배당(1945. 9)

학년 \ 교과	공민	국어	지리 · 역사	산술	이과	음악 · 체육	계
1~3	2	8	1	5	1	3	20
4	2	7	1	4	3	3	20
5~6	2	6	2	3	2	3	18
고 등 과	2	6	2	2	2	3	17

* 이 표는 공휴일을 제외한 1주 6일간의 학년별 수업시간이다.
'고등과'는 일제시대 학제에 따른 것이며, 초등학교가 다시 개교된 후 폐지되었다.

〈표 2-1〉에 제시된 교과 편제 및 시간 배당은 일제 말기의 심상 소학

교 교과목 및 수업 시간표를 근간으로 개정된 임시 방편의 것이라고 할 수 있다. 그러나 이 시수표는 '수신'과를 폐지하고 새로운 민주 시민 양성 교과로서의 '공민'과를 신설한 점, 일본어 중심의 '국어'를 우리말과 글 중심의 '국어'로 바꾼 점, 일본 역사를 폐지하고 우리 역사 교육을 시행한 점 등에서 일제의 황민화 교육을 말살하고 신생 민주 국가로서 가져야 할 교육 내용을 취하려는 의지를 담고 있는 것이라고 할 수 있다.

위의 교과 편제나 시간 배당은 해방 직후 초등학교를 개교하기에 앞서 갑작스럽게 정한 것이어서 어떤 일관된 철학적 입장도 세우지 못한 채, 다만 일제의 잔재를 없애고 우리 민족의 손으로 자주적 교육을 하려는 염원 아래 마련된 임시방편적인 것이었다. 그리하여 그 뒤 얼마 가지 않아서 초등학교의 교과 편제 및 시간 배당은 다시 수정되면서 '습자', '도화 · 공작', '요리 · 재봉', '실과'가 추가된다.

초등학교의 교육 방침에 이어 미군정청 학무국은 1945년 10월 1일을 기해 중등학교 이상의 학교에 대해서도 개교할 것을 지시하고, 이에 앞서 9월 30일 중등학교의 교과 편제 및 시간 배당표를 발표하였다. 중등학교에서 1주일의 수업 시간은 32시간에서 34시간까지로, 하루 평균 5, 6시간을 수업하게 되는데 중등학교의 교과 편제 및 과목별 주당 시간 수는 〈표 2-2〉와 같다.

〈표 2-2〉 중등학교 교과 편제 및 시간 배당(1945. 9. 30)

교과 / 학년	공민	국어	지리 역사	수학	물리 · 화학 생물	가사	재봉	영어	체육	음악	습자	도화	수예	실업	계
1 중학	2	7	3	4	4	-	-	5	3	1	1	1	-	1	32
고녀	2	7	3	3	3	2	2	4	2	2	1	1	1	-	33
2 중학	2	7	3	4	4	-	-	5	3	1	1	1	-	1	32
고녀	2	7	3	3	3	2	3	4	2	2	-	-	1	-	32
3 중학	2	6	4	4	5	-	-	5	3	2	-	1	-	2	34
고녀	2	6	3	2	4	4	3	4	2	2	-	1	1	1	35
4 중학	2	5	4	4	5	-	-	5	3	2	-	-	-	3	33
고녀	2	5	3	3	4	4	4	4	2	2	-	1	1	1	36

* 중학=남자 중학교, 고녀(고등 여학교)=여자 중학교

임시로 정해진 초·중등학교 교과 편제와 시간 배당표는 발표된 지 1년 후인, 1946년 9월 1일부터 다시 바뀌었다. 미군정청이 1946년 9월 발표한 교과 편제에는 미국의 아동 중심 교육 사조의 영향이 나타나 있다. 즉 이 교과 편제에서는 초·중등학교에서 모두 '공민', '역사', '지리'를 통합하여 '사회생활'과라는 교과를 새롭게 등장시키고 있는데 이는 바로 아동 중심 교육 사조에서 주장하는 통합 교육과정의 초보적 형태라고 할 수 있는 것이다.

이 시기에는 각급 학교 교육과정의 교과 편제 및 시간 배당과 함께 각 교과를 가르치기 위한 교수요목이 제정되었다. 당시 교수요목은 대부분의 교과에서 단원명, 제재명, 내용 요소 등 가르칠 주제만을 열거하고 있다는 점에서 이후에 공포된 교육과정에 비하면 전개 체제, 내용 등의 면에서 미흡한 점이 많다고 할 수 있다. 즉 당시 교육과정은 각급 학교의 교과 편제 및 시간 배당과 함께 작성된 교수요목을 말하며, 현재와 같은 교육과정의 체계를 갖추고 있지 않았다. 이 점에서 이러한 교육과정이 적용되는 시기를 '교수요목기'라고 한다.

나 제1차 교육과정

제1차 교육과정은 1954년 4월 20일 공포된 「교육과정 시간 배당 기준령」과 그 이듬해인 1955년 8월 1일 공포된 초·중·고·사범학교 「교과과정」으로서, 1963년에 공포된 제2차 교육과정이 적용될 때까지 시행된 교육과정이다. 이 시기에는 이후에 공포된 교육과정과 달리 각급 학교 교육과정 시간 배당과 교육과정이 별도로 공포되었으며, 국가 수준에서 공포된 교육과정에 관한 문서가 교육과정이 아닌 「교과과정」이라는 이름으로 되어 있었다.

제1차 교육과정은 6·25사변으로 인해 혼란스런 상황 속에서 공포된 것으로, 당시의 시대적 상황을 많이 반영하고 있다. 교수요목기부터 유입되기 시작한 미국의 아동 중심 교육 사조는 6·25전쟁 동안 교육과정에 대한 연구에 영향을 주었으며, 특히 1952년 내한한 미국 교육사절단은 경험 중심 교육과정을 직접 소개하기 시작했다. 이러한 미국 교육과정 이론의 영향으로 제1차 교육과정에는 교육과정을 종래의 교수 내용의 나열을 의미하는 교수요목이 아닌 경험영역으로 보려는 시각이 일부 반영되어 있다.

제1차 교육과정기의 각급 학교 교육과정의 두드러진 특징을 몇 가지 지적해 보면 다음과 같다. 첫째, '특별활동'이 교육과정의 한 영역으로 설정되어 있다. 초·중·고등학교에서 모두 교과 활동과 별도로 하나의 영역으로서 특별활동 시간이 배당되어 있는 것이다. 이것은 바로 미국의 경험 중심 교육과정 사조의 영향에 의한 것으로, 교과외의 교육 활동인 특별활동을 통해 전인 교육을 강조하기 위한 조치라고 볼 수 있다. 교육과정을 교과 활동과 특별활동의 두 영역으로 제시한 교육과정 편제는 이후 오랫동안 우리나라 교육과정을 제시하는 기본 틀이 되었다.

둘째, 현재의 '도덕' 교과 교육에 해당하는 '도의' 교육이 당시의 시대적 요구로서 강화되어 있다. 초등학교의 경우에는 각 학년의 총 이수 시간 수의 범위 내에서 연간 35시간 이상의 시수를 확보하여 전 교과와 학교 전체의 교육 활동을 통하여 도덕 교육을 행하도록 하고 있다. 중학교의 경우도 '사회생활'에 배당된 시간 수 중 연간 35시간 이상을 도의 교육에 충당하도록 하고 있으며, 고등학교에서도 사회 교과 내에 '도덕'이라는 과목을 두어 연간 35시간을 하도록 하고 있다.

이상에서 검토해 본 제1차 교육과정은 우리가 만든 최초의 교육과정이며, 경험 중심 교육과정의 시각이 반영되어 있다는 점에서 의의가 있다. 그러나 이 교육과정은 교육과정령으로서의 체제, 진술, 형식 등 여러 면에서 미흡한 점이 많았다. 즉 제1차 교육과정은 법적으로는 처음으로 '교육과정'이라는 용어를 사용하였으나(1955년의 문서는 「교과과정」으로 나왔으나, 1954년의 시간 배당 기준령을 공포할 때는 '교육과정'이라는 용어를 사용했음), 여전히 교육과정의 의미를 '가르칠 내용의 열거'라는 교수요목의 의미로 간주하고 있었다. 이것은 시간배당 기준령과 교과과정이 별도로 결정, 공포된 점으로 미루어보아 알 수 있다. 말하자면 당시에는 미국의 경험 중심 교육과정의 영향으로 교육과정에 대한 인식이 새롭게 전개되긴 했지만 그에 대한 충분한 개념 정립이 부족했었다고 볼 수 있다. 따라서 제1차 교육과정은 교수요목기에 완성하지 못했던 각과 교수요목 작업을 마무리하는 정도에 그쳤다고 볼 수 있다.

다. 제2차 교육과정

제2차 교육과정은 1963년 2월 15일 초등학교 교육과정이 공포된 이후 1973년에 공포된 제3차 교육과정이 적용될 때까지 시행된 교육과정이다. 제2차 교육과정은 제1차 교육과정에서 별도로 공포했던 「교육과정 시간배당 기준령」과 「교과과정」을 합쳐 일련의 체계를 갖춘 교육과정으로 공포함으로써 교육과정 기준령으로서의 체계를 갖추고 있다. 그리고 국가수준에서 제시한 문서도 그 명칭이 제1차 교육과정 때의 「교과과정」에서 「교육과정」으로 바뀌어, 교육과정이 교과 활동뿐만 아니라, 학교교육의 전 활동과 관련되는 것임을 분명히 하고 있다.

제2차 교육과정의 전체적인 특징은 교과목으로 조직된 내용보다 학생들의 경험을 중요하게 생각하는 교육의 개념을 전적으로 받아들인 '경험 중심' 또는 '생활 중심' 교육과정이라는 점이다. 이는 당시 「교육과정」 문서에도 나타나 있다. 즉 당시 「교육과정」 문서에서는 교육과정의 개념을 '학생들이 학교의 지도하에 경험하는 모든 학습 활동의 총화'로 정의내리고 있다. 이 시기 교육과정의 두드러진 특징은 다음과 같다.

첫째, 교수요목기부터 형식적이고 초보적인 형태로 반영된 경험 중심 교육과정의 영향이 교과 내용을 조직하는 데에 충실히 반영되었다. 예컨대 중학교의 경우, 제1차 교육과정에서 '사회생활'과는 지리, 역사, 공민, 도의가 1학년에서 3학년까지 매 학년마다 병렬되어 전체로서 '사회생활'과를 구성하고 있었다. 그러나 '사회생활'의 이러한 구성은 영역들 각각의 지식 체계를 여전히 존중하는 방식이어서 영역들 간을 횡적으로 관련짓지 못했다. 그리하여 학생들은 매주 네 사람의 다른 교사에게서 '사회생활'을 배우게 되어 있었다(유봉호, 1992). 제2차 교육과정에서는 이 교과의 명칭이 '사회'로 바뀌면서 '사회'과 내의 지리, 역사, 공민 영역이 횡적으로 유기적인 관련을 가지고 통합 조직되었다. 그리고 이러한 교육내용 조직 방식은 '과학'과에도 적용되었다.

둘째, 초등학교와 중학교 교육과정에서 '반공 · 도덕'이 하나의 교육과정 영역으로 새로이 설정되었다. 이것은 구 교육과정에서 강조되었던 '도의' 교육이 하나의 교육과정 영역으로 들어온 것이라고 볼 수 있다. 그리하여 교육과정은 교과 활동, 반공 · 도덕, 그리고 특별활동의 세 영역으로 구성되었다.

셋째, 고등학교 교육과정에 처음으로 '단위제'가 도입되었다. 단위제는 학년별로 시간 배당 기준을 제시하는 시수제와 달리, 고등학교 3년간에 이수해야 할 교과별 단위 수를 기준으로 제시해 주고, 학교가 이에 따라 학년별 교육과정 계획을 수립할 수 있게 하는 것이다. 1단위는 매주 50분 수업을 기준으로 하여 1학기동안 이수하는 수업량을 말한다. 단위제를 실시함으로써 학교는 학기별로 단위를 배당하는데 있어서 교과의 계속성, 계열성, 통합성은 물론 학교 교사의 배정 현황과 학교 시설 등을 고려할 수 있게 되었다.

넷째, 고등학교 교육과정에 '과정'을 도입하여 학생의 진로와 직업 선택에 따라 2학년부터 인문과정, 자연과정, 직업과정, 예능과정 등으로 구분하여 지도할 수 있도록 하였다. 즉 제2차 교육과정에서는 진학하는 학생과 진학하지 않고 곧장 사회에 진출하는 학생을 위해서, 그리고 진학할 경우에도 적성에 맞는 과정을 선택하여 진학할 수 있도록 하기 위한 장치를 마련하였다.

이상에서 검토한 제2차 교육과정은 전체적으로 볼 때, 해방 후에 도입된 진보주의에서 강조하는 생활 중심, 경험 중심 이론을 교육 실천면에서 받아들이려고 노력했던 교육과정이라고 할 수 있다.

라. 제3차 교육과정

제3차 교육과정은 1973년 2월에 초등학교 교육과정이 공포된 이후 1981년 공포된 제4차 교육과정이 적용될 때까지 시행된 교육과정이다. 이 교육과정은 교육의 방향면에서는 1968년에 선포된 '국민교육헌장'의 이념 및 1972년에 선언된 유신 이념의 구현을, 그리고 교육의 방법 및 원리면에서는 1960년대부터 미국에서 새롭게 대두된 학문 중심 교육과정의 도입을 배경으로 하여 개정된 것이다.

제3차 교육과정의 기본 이념이자 방향이 되었던 국민교육헌장은 1960년대 이후 우리의 전통을 존중하고 주체성을 창조하자는 취지에 따라 선언된 것으로 '국적 있는 교육'을 하기 위한 것이었다. 그러나 이 헌장은 후에 이 헌장이 갖는 전체적인 분위기가 국가주의, 나아가 국수주의적 색채가 있다고 하여 비판받기도 하였으며, 1990년대 남북한이 화해 분위기로 접어들면서 이 헌장에 들어 있는 '반공 정신'은 무의미해 지기도 했다.

국민교육헌장의 이념과 함께 제3차 교육과정을 이끈 것은 학문 중심 교육과정이다. 제3차 교육과정의 기본 방침 중의 하나인 '지식·기술 교육의 쇄신'이라는 항목에서는 "기본 개념 파악: 지식의 구조를 이루는 기본 개념과 그 관계를 이해하고 지적인 탐구 방법을 익힐 수 있도록 지도 내용을 정선하여야 한다."고 하여 학문 중심 교육과정의 성격을 분명히 드러내고 있다. 이에 따라 제3차 교육과정에서 각 교과의 내용은 교과가 기초하는 학문의 기본 개념과 원리를 토대로 하여 그것을 학년이 올라갈수록 점차 심화 확대해 나가는 나선형 교육과정의 조직 형태를 취하고 있으며, 교육 방법에 있어서는 발견 학습이나 탐구 학습을 강조하고 있다. 이 시기 교육과정의 두드러진 특징은 다음과 같다.

첫째, 초등학교와 중학교에 있어서 교육과정의 하나의 독립된 영역이었던 '반공·도덕' 영역이 교과 활동에 포함되면서 '도덕'이라는 교과가 새롭게 등장했다. 그리하여 교육과정은 다시 크게 교과 활동과 특별활동의 두 영역으로 구성되었으며, '반공·도덕'은 '도덕'이라는 하나의 독립된 교과로서 교과 활동에 포함되었다. 말하자면 현재 학생들이 배우는 '도덕'이라는 교과는 제3차 교육과정에서 비롯된 것이라고 할 수 있다.

둘째, 몇 개의 교과가 신설되었다. 중학교의 경우, 앞에서 언급한 '도덕'과 이외에도 '국사'가 교과로서 독립, 신설되었다. '국사'과의 신설은 당시 교육과정 개정의 방향을 반영한 것으로, 우리 민족의 주체적인 가치관의 확립을 명분으로 한 것이었다. 고등학교의 경우는 '자유 선택 교과목'이 신설되었다. 이것은 국가 수준에서 획일적으로 모든 교과를 처방하던 종래의 방식에서 벗어나 단위 학교에 교과 선택의 자유를 주었다는 점에서 획기적인 방안이라고 할 수 있다. 그러나 이 교과에 설정된 최저 단위가 '0'으로 되어 있어 학교 현장에서는 이 교과에 대한 수업 시간을 실질적으로 확보하지 못한 경우가 많았다.

전체적으로 볼 때, 제3차 교육과정은 정치적으로는 유신 과업의 추진을, 방향면에서는 국민교육헌장의 이념을, 그리고 이론적으로는 학문 중심 교육과정을 반영하는 특징을 가지고 있다. 그러나 이 교육과정은 지식의 학문적 성격을 지나치게 강조함으로써 여러 가지 문제점을 야기하게 되었다. 즉 학습 내용의 과다, '수학', '과학' 등 일부 교과에서의 지나치게 어려운 학습 내용, 아동의 흥미와 무관한 교과목 위주의 분과 교육, 일반 교육의 소홀, 전인 교육의 도외시 등이 문제점으로 지적되었다. 그리고 이러한 문제점은 제4차 교육과정 개정 작업을 서두르게 했다.

마. 제4차 교육과정

제4차 교육과정은 1981년 12월 31일에 공포된 후 1987년 공포된 제5차 교육과정이 적용될 때까지 시행된 교육과정이다. 이 교육과정은 앞에서 언급한 바 있는 제3차 교육과정의 문제점을 보완하고, 제5 공화국 출범에 따른 교육 개혁 조치들을 반영하며, 급변하는 정치 · 사회적 현실과 여기서 파생되는 제 요구를 반영하기 위해 개정되었다.

이 교육과정은 전체적으로 볼 때, 어느 한 사조나 이념만을 반영하는 교육과정이 아닌 종합적이고 복합적인 성격을 지니고 있다. 즉 이 교육과정은 제3차 교육과정이 학문적 성격을 지나치게 강조한 데 대해, 개인적인 측면을 강조하는 인간 중심 교육과정의 성격을 강조한 면이 없지 않으나, 그 성격상 어느 한 측면에 치우치지 않고 개인, 사회, 학문을 고루 강조한 교육과정으로 해석되고 있다. 이 시기 교육과정의 두드러진 특징은 다음과 같다.

첫째, 초등학교 1, 2학년에 처음으로 통합 교육과정이 도입되었다. 즉 초등학교 1, 2학년의 경우, 교육과정 편제표 상에 각 교과별로 시간 배당을 하지 않고 몇 개의 교과를 묶어서 시간 배당을 했다. 예컨대 '도덕', '국어', '사회'가 하나로 묶여서 시간 배당이 되었으며, '산수'는 '자연'과 묶여서 시간 배당이 되었고, '체육'은 '음악', '미술'과 묶여서 시간 배당이 되었다. 초등학교 1, 2학년에서의 교과간의 통합 시간 배당은 실제 운영할 때 '교과서의 통합'으로 나타났다. 즉 '도덕', '국어', '사회'는 '바른 생활', '산수', '자연'은 '슬기로운 생활', 그리고 '체육', '음악', '미술'은 '즐거운 생활'이라는 교과서를 통해 운영되었다. 이로써 우리나라는 통합 교과를 통한 통합 교육과정을 실시하기 위한 첫걸음을 내딛게 되었다.

둘째, 중학교에 '자유 선택 과목'이 신설되었다. '자유 선택 과목'이 신설된 취지는 학교와 지역 사회의 실정 및 학생들의 희망에 따라 학교장의 재량으로 학생에게 도움이 되는 교육내용을 선정하여 지도할 수 있도록 하기 위한 것이었다. 이것은 국가 수준의 획일적인 교육과정 결정 방식을 극복하기 위한 것이었으나, 제3차 교육과정 때의 고등학교의 경우에서와 마찬가지로 이 과목에 배당된 최저 시간 수가 '0'으로 되어 있어 학교 현장에서 실질적인 의미를 갖지 못했다.

전체적으로 볼 때, 제4차 교육과정은 미래 사회의 인간상을 그리면서 전인 교육을 강조한 것으로 보이나 교육 실제에 있어서는 큰 변화를 가져오지 못했다. 학생의 부담을 줄이려고 학과목을 축소하고, 주당 수업 시간 수도 다소 줄였으나, 실제 각 학교에서는 입시 과목을 위주로 하는 교육과정을 운영하였으며, 중·고등학교의 경우는 '자율 학습'이라는 명목으로 여전히 학생들에게 밤늦게까지 남아있을 것을 강요하였다. 또한 전인 교육을 한다는 명목 하에 중학교에 '자유 선택 과목'을 신설하고, 고등학교에도 이 교과에 제3차 교육과정 때보다 단위 배당을 증가시켜 놓았지만 여전히 최소 시간이나 단위가 '0'으로 규정되어 있어 이 과목은 유명무실한 것이 되었다.

바. 제5차 교육과정

제5차 교육과정은 1987년 초·중학교 교육과정이 공포된 후 1992년 공포된 제6차 교육과정이 적용될 때까지 시행된 교육과정이다. 이 교육과정은 제4차 교육과정의 기본적인 성격을 유지하면서 개선이 필요한 부분만 개정하는 것을 원칙으로 하여 개정되었다. 따라서 전체적으로 볼 때, 이 교육과정은 교과 중심, 생활 중심, 학문 중심 등과 같은 어떤 특정의 교육과정 색깔을 드러내기보다는 제4차 교육과정과 마찬가지로 종합적인 성격을 띤다.

제5차 교육과정의 특징은 당시 개정 방침으로 정했던 것에 잘 나타나 있다. 당시 문교부는 교육과정 개정의 방침으로 교육과정의 적정화, 교육과정의 내실화, 교육과정의 지역화를 들었다. 이 중 특히 '교육과정의 지역화'는 이제까지의 교육과정과는 상당히 다른 의미를 부여해 주는 방침이라고 할 수 있다. 이에 따르면, 각 시·도 교육위원회 또는 단위 학교는 자신의 특수 사정에 적합한 새로운 단원을 설정하여 원래의 교육과정 내용을 대치하거나 또는 그에 첨가하여 가르칠 수 있는 것이 가능하였다. 이것은 당시까지 우리나라 교육과정 개발의 특징이었던 국가 수준에서 교육과정에 관한 모든 것을 규정해 주던 방식에서 탈피하여 지역에 교육과정 개발의 권한을 일부 부여하려는 것이라고 볼 수 있다. 따라서 제5차 교육과정은 최근 강조되고 있는 지역, 학교, 학급 수준의 교육과정 개발을 활성화시키기 위한 하나의 출발점을 제공해 주었다고 할 수 있다. 이 시기 교육과정의 두드러진 특징은 다음과 같다.

첫째, 초등학교 1, 2학년의 통합 교과 운영 체제가 바뀌었다. 이미 언급되었던 바와 같이, 제4차 교육과정에서는 초등학교의 9개 교과가 교육과정 편제표 상에서는 분리, 독립되어 있으면서 인접한 교과들이 3개 교과군으로 묶여서 시간 배당이 되고, 실제 운영에 있어서는 교과군별 통합 교과서를 사용하는 방식이 취해졌다. 말하자면 통합 대상의 교과들이 교육과정 상에는 분리된 채, 교과서로만 통합되어 있었던 것이다. 이러한 교과의 통합 운영 체제는 제5차 교육과정에 이르러 교과서뿐만 아니라 교육과정도 통합되는 통합 교육과정의 체제로 바뀌었다. 그리하여 교과 활동은 '국어', '산수', '바른 생활', '슬기로운 생활', '즐거운 생활'의 5개 교과로 편성되었으며, 1학년의 경우는 여기에 '우리들은 1학년'이라는 교과가 추가되었다.

'국어'와 '산수'가 제4차 교육과정 때와 달리 통합 교육과정에서 분리되어 독립된 교과로 나오게 된 것은, '국어'와 '산수'에서 다루어지는 읽고, 쓰고, 셈하는 능력이 모든 교육의 가장 기초가 되는 것이므로 이에 대한 체계적인 지도가 별도로 필요하다는 요구 때문이었다. 그리고 1학년에 신설된 '우리들은 1학년'은 1학년초 1개월간에 적용되는 것으로 처음 입학한 아동들로 하여금 학교 생활을 쉽게 익히게 하고, 재미있는 활동거리를 제공해주며, 기본적인 학습 기능과 태도를 길러주기 위한 것이었다.

둘째, 초등학교 교육과정에서 교육과정 사상 처음으로 '1교과 다교과서 체제'를 도입했다(유봉호, 1992). 이로써 초등학교의 교과서는 과거의 1교과 1교과서 체제보다 교과서의 종류와 책 수가 대폭 늘어나게 되었다. 즉 '국어' 교과는 말하기, 듣기, 읽기, '산수' 교과는 산수, 산수 익힘책, '바른 생활' 교과는 바른 생활, 바른 생활 이야기, '슬기로운 생활' 교과는 슬기로운 생활, 관찰, '즐거운 생활'은 즐거운 생활, '도덕'은 도덕, 생활의 길잡이, '사회'는 사회, 사회 탐구, '자연'은 자연, 실험 관찰, '실과'는 실과, 실습의 길잡이 등의 교과서로 운영되었다.

셋째, 초등학교 '사회'과 4학년 교과서에서 처음으로 지역별(시 · 도 단위) 교과서가 개발되었다. 이는 제5차 교육과정의 개정 방침 중의 하나인 교육과정의 지역화를 뚜렷하게 실현한 것으로, 처음으로 국가 수준이 아닌 지역 수준의 교육과정이 개발되어 운영되었다는 점에서 획기적인 의미를 지닌다.

넷째, 고등학교 교육과정에서 제3차 교육과정 때부터 설정되었으나 이제까지 유명무실하게 존재해 왔던 '자유 선택'이 실질적으로 운영될 수 있게 되었다. 즉 제5차 교육과정에서는 '자유 선택'이 '교양 선택'이라는 이름으로 최소 2단위가 배당되어 있어서 '교양 선택'의 시간이 실질적으로 확보되었던 것이다. 이것은 입시 위주의 교육에서 벗어나 참다운 의미의 전인적 교육을 도모하겠다는 뜻의 표현으로 볼 수 있다. 교양 선택은 교육학, 논리학, 심리학, 철학, 생활 경제, 종교 중에서 학생의 필요, 학교와 지역 사회의 실정 등을 고려하여 학교장 재량으로 선택할 수 있는 과목이다. 따라서 제5차 교육과정기에 고등학교를 다닌 학생들은 교양 선택 과목 중 어느 한 과목을 선택해서 이수했었다고 볼 수 있다.

전체적으로 볼 때, 제5차 교육과정은 초등학교 일부 교과 단원에 지역의 특성을 반영한다든지, 고등학교에서 학교 실정에 따른 교양 선택 교과의 운영을 실질적으로 할 수 있는 길을 열어 준 점에서 이후 교육과정에서 강조되고 있는 지역이나 학교 수준의 특성을 살리는 교육과정 운영의 계기를 마련해 주었다고 할 수 있다.

3 제6차 교육과정

제6차 교육과정은 문민 정권에서 만든 최초의 교육과정으로, 1992년 학교급별로 고시되어 시행되었던 교육과정이다.[1)] 제6차 교육과정의 가장 큰 특징은 중앙 집중적인 교육과정을 지방 분권형 교육과정으로 전환하여, 시·도 교육청과 학교의 자율 재량권을 확대하였다는 점이다. 지금

1) 제6차 교육과정의 연도별 적용은 다음과 같았다.
1995년: 초 1, 2학년, 중 1학년
1996년: 초 3, 4학년, 중 2학년, 고 1학년
1997년: 초 5, 6학년, 중 3학년, 고 2학년
1998년: 고 3학년

까지의 교육과정은 국가에서 교육과정에 관한 모든 사항을 규정해주고 각 지역의 학교들은 이에 전적으로 의존함으로써 실제로 학교 현장에서 운영되는 교육과정은 지역이나 학교의 특색을 반영하지 못한 채 전국적으로 획일화된 모습을 띠었다. 제6차 교육과정에서는 당시 교육부가 전담해 왔던 교육과정 편성·운영권을 교육부, 시·도 교육청, 그리고 학교가 각각 역할 분담하여 가질 수 있도록 하였다. 즉 교육부는 국가 수준의 기준을 「교육과정」 문서로 고시하고, 시·도 교육청은 국가 기준을 근거로 시·도 「교육과정 편성·운영 지침」을 작성하여 각 학교에 제시하며, 각 학교는 국가 기준과 시·도의 지침을 근거로 학교 실정에 맞게 「학교교육과정」을 편성·운영하도록 제도화하였다.

제5차 교육과정 때까지는 교육부의 교육과정 기준이 곧 시·도 교육청 교육과정 기준이 되고, 또 학교의 교육과정이 되며, 나아가 교사의 교육과정이 되었다. 그러나 국가에서 고시한 문서인 「교육과정」은 국가 수준에서 정한 전국 공통적·일반적 기준이기 때문에, 각 시·도의 특성과 실정, 필요, 요구는 물론이고, 각 학교의 특성, 학생, 학부모, 교원의 요구나 각 지역의 교육 기반 등의 제 요인을 충분히 고려하기가 어려웠다. 이 점을 고려하여 제6차 교육과정에서는 시·도 교육청과 학교에 교육과정 편성·운영 지침 작성권을 부여하였으며, 이에 따라 시·도 교육청과 학교의 특성에 따른 다양한 교육과정이 편성·운영될 수 있게 되었다(교육부, 1997).

다음에서는 이러한 제6차 교육과정의 특징이 각급 학교 교육과정에 구체적으로 어떻게 반영되어 있는지를 살펴본다.

가. 초등학교 교육과정

초등학교의 교육과정 시간 배당 기준은 〈표 2-3〉과 같다. 초등학교 교육과정 편제는 제2차 교육과정을 제외하고는 '교과 활동'과 '특별활동'의 2대 영역으로 나누어져 왔다. 그러나 〈표 2-3〉에서 볼 수 있는 바와 같이, 제6차 교육과정에서는 교육과정을 '교과', '특별활동', '학교 재량 시간'의 3대 영역으로 편성하고 있다. 이것은 학교 재량 시간이 확보됨에 따른 것이다.

〈표 2-3〉 초등학교 교육과정 시간 배당 기준(1992. 9. 30)

<table>
<tr><th colspan="2">학 년
구 분</th><th>1학년</th><th>2학년</th><th>3학년</th><th>4학년</th><th>5학년</th><th>6학년</th></tr>
<tr><td rowspan="9">교
과</td><td>도 덕</td><td colspan="2">바 른 생 활
60 68</td><td>34</td><td>34</td><td>34</td><td>34</td></tr>
<tr><td>국 어</td><td>210</td><td>238</td><td>238</td><td>204</td><td>204</td><td>204</td></tr>
<tr><td>수 학</td><td>120</td><td>136</td><td>136</td><td>136</td><td>170</td><td>170</td></tr>
<tr><td>사 회</td><td colspan="2" rowspan="2">슬기로운 생활
120 136</td><td>102</td><td>102</td><td>136</td><td>136</td></tr>
<tr><td>자 연</td><td>102</td><td>136</td><td>136</td><td>136</td></tr>
<tr><td>체 육</td><td colspan="2" rowspan="3">즐거운 생활
180 238</td><td>102</td><td>102</td><td>102</td><td>102</td></tr>
<tr><td>음 악</td><td>68</td><td>68</td><td>68</td><td>68</td></tr>
<tr><td>미 술</td><td>68</td><td>68</td><td>68</td><td>68</td></tr>
<tr><td>실 과</td><td>·</td><td>·</td><td>34</td><td>34</td><td>34</td><td>34</td></tr>
<tr><td colspan="2">특 별 활 동</td><td>30</td><td>34</td><td>34</td><td>68</td><td>68</td><td>68</td></tr>
<tr><td colspan="2">학교 재량 시간</td><td>·</td><td>·</td><td>34</td><td>34</td><td>34</td><td>34</td></tr>
<tr><td colspan="2">연간 수업 시간 수</td><td>790(70)</td><td>850</td><td>952</td><td>986</td><td>1,054</td><td>1,054</td></tr>
</table>

① 이 표의 시간 수는 34주를 기준으로 한 연간 최소 시간 수임(1학년은 30주로 함)
② 1단위 시간은 40분을 원칙으로 함
③ 1학년 연간 수업 시간 수 790시간 중 70시간은 입학 초기 학교 적응 활동(3월)에 배당하여야 함

제6차 초등학교 교육과정의 구체적인 특징은 다음과 같다.

첫째, 제6차 교육과정이 추구하고 있는 교육과정 결정의 분권화 및 교육과정 운영의 다양화가 구체적으로 실현되어 있다. 제5차 교육과정에서 신설되었던 '우리들은 1학년'은 지금까지 국가 수준 교육과정에서 그 목표와 내용을 획일적으로 제시하였다. 그러나 제6차 교육과정에서는 이것에 대한 교육과정 편성 · 운영권 자체를 전체적으로 시 · 도 교육청에 이

관하였다. 그리하여 초등학교 1학년 학생들은 지역별로 신입생들의 생활 경험, 성장 배경, 능력 수준, 지역 특성, 학교 실정 등을 고려하여 개발된 교육과정을 가지고 '입학 초기 학교 적응 활동'을 하게 되었다. 또한, 우리나라 교육과정 편제상 처음으로 '학교 재량 시간'이 설정되었다. 즉 3학년 이상을 대상으로 연간 34시간의 학교 재량 시간이 신설되어 교육과정 편제에 제시된 교과나 특별활동을 보충 · 심화하거나 학교의 독특한 교육적 필요 및 학생의 요구 등에 따른 창의적인 교육 활동을 할 수 있는 길이 열리게 되었다. 그러나 1995년의 교육과정 부분 개정으로 1997년도 초등학교 3학년부터 '영어'가 새로이 도입되면서, 학교 재량 시간은 0~34시간으로 축소되었다.

둘째, 1, 2학년의 통합 교과가 조정, 체계화되었다. 제5차 교육과정에서 '바른 생활'의 내용은 주로 '도덕'과 '사회' 요소를 통합한 것으로, 공동생활에 필요한 바람직한 태도의 형성과 주변의 사회 현상에 대한 이해에 중점을 두고 구성된 것이었다. 그러나 제6차 교육과정에서는 사회 현상에 관한 요소를 '슬기로운 생활'로 편입시키고, '바른 생활'은 저학년 학생들의 일상 생활에서 요구되는 실천 위주의 기본 예절, 기본 생활 습관, 공중도덕, 안전 교육, 환경 교육 등을 통합적으로 반영하는 새로운 교과로 독립시켰다. 또 '슬기로운 생활'은 제5차 교육과정에서의 자연 현상 중심의 내용에서 사회 현상과 자연 현상을 하나의 주변 환경으로 인식하여 통합적으로 접근하는 새로운 통합 교과로 구성하였다.

셋째, '산수' 교과의 명칭이 '수학'으로 변경되었다. 지금까지 사용되어 온 '산수'라는 명칭은 산술로서의 셈하기에 근거를 둔 것이며, 이로 인해 학교에서도 계산 위주의 수업과 수동적인 학습 활동이 전개되는 경향을 띠었다. 그러나 우리가 '수학'이라고 할 때, 수학 교육의 주 목적은 수학적인 사고와 활동의 기회를 많이 줌으로써 그 사고 활동을 통하여 논리적인 사고 능력을 기르려는 것이다. 이 점에서 제6차 교육과정은 계산 중심의 '산수'가 아니라 사고 중심의 '수학'으로의 전환을 꾀하는 것이라고 할 수 있다.

나. 중학교 교육과정

중학교의 교육과정 시간 배당 기준은 〈표 2-4〉와 같다.

〈표 2-4〉 중학교 교육과정 시간 배당 기준(1992. 6. 30)

구분 \ 학년		1 학년	2 학년	3 학년
필수 교과	도 덕	68	68	68
	국 어	136	170	170
	수 학	136	136	136
	사 회	102	136	136
	과 학	136	136	136
	체 육	102	102	102
	음 악	68	34~68	34~68
	미 술	68	34~68	34~68
	가 정	68	34	34
	기술·산업	34	68	68
	영 어	136	136	136
선택 교과	한 문 컴 퓨 터 환 경 기 타	34~68	34~68	34~68
특 별 활 동		34~68	34~68	34~68
연간 수업 시간 수		1,156	1,156	1,156

① 이 표의 시간 수는 34주를 기준으로 한 연간 최소 시간 수임
② 1단위 시간은 45분을 원칙으로 함

제6차 중학교 교육과정의 구체적인 특징은 다음과 같다.

첫째, 선택 교과제가 도입되었다. 이는 시대적·사회적·개인적 요구에 따른 교육과정의 다양성과 적합성을 높이기 위한 것이라고 볼 수 있다.

새로 마련된 선택 교과에서는 '한문', '컴퓨터', '환경'의 세 개 교과 혹은 그 외 필요한 교과를 지역과 학교의 독특한 특성과 필요에 맞게 설정하여 운영할 수 있게 하였다.

둘째, 제5차 교육과정에서 각각 독립 교과로 설정되어 있던 '국사'와 '사회'를 '사회' 교과로 통합하였다. 또한 종래 7개 과목(생활기술, 가정, 농업, 공업, 상업, 수산업, 가사)으로 구성되어 선택하도록 했던 '실업 · 가정'을 '기술 · 산업'과 '가정' 두 개의 교과로 통합 개편하고 남녀 공통 필수로 지정하여, 이수 내용에 따른 남녀 성차별을 철폐하였다.

다、 고등학교 교육과정

고등학교 교육과정의 단위 배당 기준을 일반계 보통 교과만 제시해 보면 〈표 2-5〉와 같다. 〈표 2-5〉에 따르면, 교육과정 편제는 제5차 교육과정과 마찬가지로 교과 활동과 특별활동으로 구성되어 있다. 교과는 보통 교과와 전문 교과로 되어 있으며, 보통 교과에는 고등학교의 모든 학생이 이수하는 공통 필수 과목과 각 과정에 알맞게 이수하는 과정별 필수 과목 및 선택 과목을 두고 있다.

제6차 고등학교 교육과정의 구체적인 특징은 다음과 같다.

첫째, 교육과정 결정의 분권화 모습을 잘 반영하고 있다. 즉 일반 교양 교육을 위한 보통 교과(70과목) 중 계열과 과정에 관계없이 모든 학생이 이수해야 할 '공통 필수 과목'(10과목)만 교육부가 지정해 주고, '과정별 필수 과목'은 시 · 도 교육청에서, 그리고 '과정별 선택 과목'은 각 고등학교에서 필요에 따라 선택할 수 있게 하였다. 또한 지금까지 일반계 고등학교에서는 3개 과정(인문 · 사회 과정, 자연 과정, 직업 과정)만 설치 · 운영하였으나, 제6차 교육과정에서는 시 · 도 교육청에서 지역 특성, 학교 실정, 학생의 요구 등을 고려하여 기타 필요한 과정을 설치하여 각 학교에 제시할 수 있도록 하였다.

둘째, 공통 필수 과목을 정선하여 종전의 12과목에서 10과목으로 줄이

〈표 2-5〉 고등학교 교육과정 단위 배당 기준–'보통 교과'(1992. 10. 30)

교 과	공통 필수 과목	과정별 필수 과목	과정별 선택 과목
1. 윤 리	윤 리(6)		과정별 필수 과목에서 제외된 교과목 중에서 선택(8)
2. 국 어	국 어(10)	화법(4), 독서(4), 작문(6), 문법(4), 문학(8)	
3. 한 문		한문 Ⅰ(6), 한문 Ⅱ(4)	
4. 수 학	공통 수학(8)	수학 Ⅰ(10), 수학 Ⅱ(10), 실용 수학(8)	
5. 사 회	공통 사회(8) 국 사(6)	정치(4), 경제(4), 사회·문화(4), 세계사(6), 세계 지리(6)	
6. 과 학	공통 과학(8)	물리 Ⅰ(4), 물리 Ⅱ(8), 화학 Ⅰ(4), 화학 Ⅱ(8), 생물 Ⅰ(4), 생물 Ⅱ(8), 지구 과학 Ⅰ(4), 지구 과학 Ⅱ(8)	
7. 체 육	체 육 Ⅰ(8)	체육 Ⅱ(6)	
8. 교 련		교련(6)	
9. 음 악	음 악 Ⅰ(4)	음악 Ⅱ(4)	
10. 미 술	미 술 Ⅰ(4)	미술 Ⅱ(4)	
11. 실업·가정		기술(8), 가정(8), 농업(6), 공업(6), 상업(6), 수산업(6), 가사(6), 정보 산업(6), 진로·직업(6)	
12. 외국어	공통 영어(8)	영어 Ⅰ(8), 영어 Ⅱ(8), 영어 독해(6), 영어 회화(6), 실무 영어(6), 독일어 Ⅰ(6), 독일어 Ⅱ(6), 프랑스 어 Ⅰ(6), 프랑스 어 Ⅱ(6), 에스파냐 어 Ⅰ(6), 에스파냐 어 Ⅱ(6), 중국어 Ⅰ(6), 중국어 Ⅱ(6), 일본어 Ⅰ(6), 일본어 Ⅱ(6), 러시아 어 Ⅰ(6), 러시아 어 Ⅱ(6),	
13. 교양 선택			철학, 논리학, 심리학, 교육학, 생활 경제, 종교, 환경 과학, 기타 중에서 선택(4)
이수 단위	70	106	12

특별활동	학급 활동 (12) 클럽 활동 단체 활동 (4)		

① 보통 교육을 주로 하는 일반계 고등학교는 2학년부터 인문·사회 과정, 자연 과정, 직업 과정 및 기타 필요한 과정을 둘 수 있다. 단, 직업 과정으로의 변경은 3학년에서도 가능하다.
② ( )안의 숫자는 단위 수이며, 1단위는 매주 50분 수업을 기준으로 하여 1학기(17주)동안 이수하는 수업량을 말한다.
③ 체육II, 음악II, 미술II는 체육, 예술에 관한 전문 과목 중에서 선택한다.

고, 선택 과목을 34과목에서 60과목으로 대폭 확대하였으며, 나아가 일반계 고등학교에서도 필요에 따라 전문 교과를 선택하여 편성·운영할 수 있게 하였다. 또한 고등학교 교육과정 편제를 일반계, 실업계, 기타계 등으로 폐쇄 고정시키는 체제에서 개방형 통합 체제로 개선하여 보통 교과(70과목)와 전문 교과(378과목)로만 구분 제시함으로써, 고등학교의 설립 목적과 성격, 교육적 요구에 따라 필요한 과목을 융통성 있게 선택하여 편성·운영할 수 있게 하였다. 따라서 전문 교육을 주로 하는 고등학교를 보다 다양하게 설치할 수 있게 되었고, 수시로 변화하는 산업계와 사회 요구에 맞는 학과를 유연하게 조정·설치할 수 있게 되었다.

이상에서 검토해 본 제6차 교육과정의 가장 큰 의미는 해방 후 지속되어 왔던 중앙 집중적인 교육과정 운영 방식을 탈피하여 지역 및 학교에 교육과정 운영의 재량권을 대폭 이양한 점이라고 할 수 있다. 즉 제6차 교육과정에서는 지역의 실정에 알맞도록 학교교육과정을 편성·운영하거나, 교재(교과서)를 재구성하여 활용하는 것을 권장함은 물론, 학교 재량 시간을 설정하여 학교 나름대로 교과목을 선택하고 내용을 구성하여 자율적으로 교육과정을 결정하고 운영할 수 있는 기회를 갖게 하였다.

4 제7차 교육과정

제7차 교육과정은 1997년 12월 30일 고시되어 2000년도부터 단계적으로 적용된 교육과정이다.[2] 이 교육과정은 21세기 사회를 염두에 두고

2) 제7차 교육과정의 연도별 적용은 다음과 같았다.
2000년: 초 1, 2학년
2001년: 초 3, 4학년, 중 1학년
2002년: 초 5, 6학년, 중 2학년, 고 1학년
2003년: 중 3학년, 고 2학년
2004년: 고 3학년

개발된 것으로, 21세기 정보화·세계화 시대에 세계를 주도하는 경쟁력 있는 인간을 효과적으로 양성해 내는 것을 목적으로 한 것이다.

제7차 교육과정은 우리 교육 체제가 소품종 대량생산 체제에서 다품종 소량생산 체제로 변화될 것을 전제로 개발된 교육과정이다. 제7차 교육과정에서는 획일성으로 특징지워진 학교교육을 다양성을 존중하는 학교교육으로 전환하기 위하여 '학생 중심 교육과정'을 표방하였다. 그 결과, 제7차 교육과정은 국민 공통 기본 교육과정을 도입한 것 외에도 수준별 교육과정, 재량활동 그리고 선택중심 교육과정의 편성이라는 특징을 지니게 되었다. 다음에서는 제7차 교육과정의 모습을 구체적으로 검토해 본다.

가、국민 공통 기본 교육과정

제7차 교육과정에서는 우리나라 모든 국민에게 동일한 기간 동안 동일한 교육내용을 가르치기 위해서 국민 공통 기본 교육과정을 도입하고 있다. 이에 따라 제7차 교육과정은 이제까지의 교육과정 편제와 달리 학교급을 초월하여 초등학교에서부터 고등학교까지의 교육을 12학년제의 개념으로 보고 〈표 2-6〉과 같은 교육과정 시간 배당표를 제시하고 있다.

〈표 2-6〉에 따르면, 초등학교 1학년에서 고등학교 1학년까지의 10년은 국민 공통 기본 교육 기간이다. 이러한 기간의 설정은 학교급별 차이에 따른 연속성이나 연계성의 부족 문제를 극복하고 10년 동안 체계적인 교육을 실시하기 위한 것이다. 그리고 국민 공통 기본 교육과정 동안 이수해야 할 교과 수는 10개로 제한되어 있다. 그 교과는 국어, 도덕, 사회, 수학, 과학, 실과(기술·가정), 체육, 음악, 미술, 외국어(영어)이다. 교과목 수를 이와 같이 10개로 제한하는 것은 적어도 국민 공통 기본 교육 기간에는 최소한의 공통 필수 교과만을 제시함으로써 학생들이 이수해야 할 교과목 수를 축소하기 위한 것이다.

제7차 교육과정의 기본 편제표와 관련하여 다음과 같은 두 가지 변화에 주목할 필요가 있다. 첫째, 제7차 교육과정에서 선임 교과가 국어로 바뀌

〈표 2-6〉 국민 공통 기본 교육과정(1997. 12. 30)

<table>
<tr><th colspan="2" rowspan="2">학교
학년
구분</th><th colspan="6">초등학교</th><th colspan="3">중학교</th><th colspan="3">고등학교</th></tr>
<tr><th>1</th><th>2</th><th>3</th><th>4</th><th>5</th><th>6</th><th>7</th><th>8</th><th>9</th><th>10</th><th>11</th><th>12</th></tr>
<tr><td rowspan="10">교
과</td><td>국어</td><td colspan="2" rowspan="10">국어
210 238

수학
120 136

바른 생활
60 68

슬기로운 생활
90 102

즐거운 생활
180 204

우리들은 1학년
80</td><td>238</td><td>204</td><td>204</td><td>204</td><td>170</td><td>136</td><td>136</td><td>136</td><td colspan="2" rowspan="11">선
택
과
목</td></tr>
<tr><td>도덕</td><td>34</td><td>34</td><td>34</td><td>34</td><td>68</td><td>68</td><td>34</td><td>34</td></tr>
<tr><td>사회</td><td>102</td><td>102</td><td>102</td><td>102</td><td>102</td><td>102</td><td>136</td><td>170
(국사68)</td></tr>
<tr><td>수학</td><td>136</td><td>136</td><td>136</td><td>136</td><td>136</td><td>136</td><td>102</td><td>136</td></tr>
<tr><td>과학</td><td>102</td><td>102</td><td>102</td><td>102</td><td>102</td><td>136</td><td>136</td><td>102</td></tr>
<tr><td>실과</td><td>·</td><td>·</td><td>68</td><td>68</td><td colspan="4">기술·가정
68 | 102 | 102 | 102</td></tr>
<tr><td>체육</td><td>102</td><td>102</td><td>102</td><td>102</td><td>102</td><td>102</td><td>68</td><td>68</td></tr>
<tr><td>음악</td><td>68</td><td>68</td><td>68</td><td>68</td><td>68</td><td>34</td><td>34</td><td>34</td></tr>
<tr><td>미술</td><td>68</td><td>68</td><td>68</td><td>68</td><td>34</td><td>34</td><td>68</td><td>34</td></tr>
<tr><td>외국어
(영어)</td><td>34</td><td>34</td><td>68</td><td>68</td><td>102</td><td>102</td><td>136</td><td>136</td></tr>
<tr><td colspan="2">재량활동</td><td>60</td><td>68</td><td>68</td><td>68</td><td>68</td><td>68</td><td>136</td><td>136</td><td>136</td><td>204</td></tr>
<tr><td colspan="2">특별활동</td><td>30</td><td>34</td><td>34</td><td>68</td><td>68</td><td>68</td><td>68</td><td>68</td><td>68</td><td>68</td><td colspan="2">8단위</td></tr>
<tr><td colspan="2">연간 수업
시간 수</td><td>830</td><td>850</td><td>986</td><td>986</td><td>1,088</td><td>1,088</td><td>1,156</td><td>1,156</td><td>1,156</td><td>1,224</td><td colspan="2">144
단위</td></tr>
</table>

① 이 표의 국민 공통 기본 교육 기간에 제시된 시간 수는 34주를 기준으로 한 연간 최소 수업 시간 수이다.
② 1학년의 교과, 재량활동, 특별활동에 배당된 시간 수는 30주를 기준으로 한 것이며, '우리들은 1학년'에 배당된 시간 수는 3월 한 달 동안의 수업 시간 수를 제시한 것이다.
③ 1시간의 수업은 초등학교 40분, 중학교 45분, 고등학교 50분을 원칙으로 한다. 다만 기후, 계절, 학생의 발달 정도, 학습 내용의 성격 등을 고려하여 실정에 알맞도록 조절할 수 있다.
④ 11, 12학년의 특별활동과 연간 수업 시간 수에 제시된 숫자는 2년 동안 이수하여야 할 단위 수이다.

었다는 점이다. 제3차 교육과정에서 도덕 교과가 신설된 이래로 도덕 교과는 줄곧 선임 교과의 자리를 차지해왔다. 그러나 제7차 교육과정에서는 민족 정신과 민족 문화를 강조한다는 차원에서 도덕 교과 대신에 국어 교과를 선임 교과로 제시하였다. 그 결과 편제표의 교과명 제시 순서는 제6차 교육과정의 도덕, 국어, 사회 순으로부터 제7차 교육과정의 국어, 도덕, 사회 순으로 바뀌었다. 둘째, 초등학교에서 '자연' 교과의 명칭이 '과학' 교과로 바뀌었다. 이는 제6차 교육과정에서 초등학교 '산수' 교과 명칭이 '수학' 교과로 바뀐 것과 유사하다. 제7차 교육과정에서는 초등학생들도 자연을 학습하도록 교육한다기보다는 자연에 대한 체계적인 사유 활동을 학습하도록 교육한다는 의미에서 교과 명칭을 자연에서 과학으로 바꾸었다.

나 수준별 교육과정

수준별 교육과정이란 "학생들의 능력 수준에 따라 교육의 내용이나 방법을 달리하는 교육과정"(허경철, 1996)을 가리킨다. 즉 우수 학생에게는 그들의 수준에 맞는 교육 내용과 방법을 제공함으로써 학습에 있어서의 그들의 잠재적 가능성을 최대로 실현시키도록 하고, 부진 학생에게도 역시 그들의 수준에 가장 적합한 교육 내용과 방법을 제공함으로써 그들 수준에서 이룰 수 있는 최고의 학습을 이루게 하자는 것이다. 이러한 수준별 교육과정은 첫째, 학생의 흥미, 관심, 적성, 학습 능력과 학습의 요구에 상응하는 교육의 내용, 방법, 기회를 제공할 수 있고, 둘째, 자기 주도적 개별화 학습 기회를 제공할 수 있으며, 셋째, 교육의 수월성을 추구할 수 있고, 넷째, 학습 부진과 결손을 줄일 수 있다는 점에서 도입하였다.

제7차 교육과정에서 수준별 교육과정은 국민 공통 기본 교육 기간(10년)과 고등학교 2-3학년의 선택 중심 교육 기간(2년)에 걸쳐 편성 · 운영하도록 되어 있었다. 수준별 교육과정은 교과의 성격이나 학교급(학년)의 특징에 따라 단계형, 심화 · 보충형, 그리고 과목 선택형 수준별 교육과정으로 구분하여 편성 · 운영되었다.

단계형 수준별 교육과정은 교과의 내용 요소 간의 위계가 비교적 분명하여 학습자의 이전 학습에서의 결손이 이후 학습에 큰 영향을 미칠 것으로 예상되는 수학이나 중등영어 교과에 적용되었다. 수학은 1~10학년까지 학기를 단위로 총 20단계, 영어는 7~10학년까지 학기를 단위로 총 8단계가 편성되어 운영되었다. 단계형 수준별 교육과정은 학생들이 한 단계의 내용을 일정 수준 이상 이해한 이후에야 다음 단계로 진급할 수 있도록 의도된 것이었다. 따라서 단계형 수준별 교육과정이 적용되는 수학과 중등영어에서 학생들은 학기말에 각 단계의 성공적인 이수 여부를 확인하기 위한 평가를 받고, 그 결과에 따라 다음 학기에 새로운 단계로 진급하거나 이전 단계를 재이수해야 했다.

심화 · 보충형 수준별 교육과정은 내용 요소 간의 위계가 그다지 분명하지 않은 국어, 사회, 과학, 초등영어 교과에 적용되었다. 국어는 1~10학년, 사회와 과학은 3~10학년, 영어는 3~6학년에서 운영되었으며, 교육과정은 학생의 능력 또는 흥미에 따라 학습의 깊이와 폭을 달리할 수 있도록 기본 과정과 심화 과정으로 편성되었다. 심화 · 보충형 수준별 교육과정은 학생들에게 기본 내용을 공통으로 가르친 다음, 학생들의 이해 정도에 따라 심화 내용이나 보충 내용을 가르치도록 의도된 것이었다.

과목선택형 수준별 교육과정은 고등학교 2~3학년의 전 교과에 적용되는 것으로, 다양한 종류의 교과목들을 개설하여 학생들로 하여금 자신의 능력, 관심과 흥미, 진로에 맞는 교과목을 선택할 수 있게 한 것이었다. 이에 따라 학교는 학생들에게 동일 교과에서 위계가 다른 여러 과목을 제시하여, 학생들이 자신의 수준에 맞는 교과목을 선택하여 이수하게 해야 했다.

그러나 수준별 교육과정은 학교 여건상 실제 운영에 어려움이 많았으며, 이에 따라 학교 현장에서는 애초 의도한 바대로 수준별 교육과정을 적용한 경우가 거의 없었다. 따라서 제7차 교육과정이 적용되고 있던 2006년 8월 29일 당시 교육인적자원부는 제7차 교육과정의 부분 개정 고시를 통해 수준별 교육과정과 관련된 조항을 삭제하고, "국어, 사회, 수학, 과학, 영어 교과에서는 수준별 수업을 권장한다."라는 조항으로 대체하였다. 이로써 제7차 교육과정에서 의욕적으로 도입되었던 수준별 교육과정은 수준별 수업 정도로 그 의미가 축소되었다.

다、재량활동

제7차 교육과정에서는 학생의 자기 주도적 학습 능력을 신장하고, 학교 교육과정 편성 · 운영의 자율성 및 학생의 선택권을 부여하기 위해 '재량활동'을 하나의 교육과정 영역으로 학교급에 따라 신설 혹은 확대하였다. 초등학교의 경우는 제6차 교육과정에서 이미 3-6학년에 주당 1시간 정도로 신설되었던 '학교 재량 시간'을 전학년으로 확대하면서 주당 2시간으로 증가시켰다. 중학교와 고등학교의 경우는 재량활동 영역을 처음으로 신설하여 중학교는 학년별로 주당 4시간을 배당하고, 고등학교는 1학년에만 12단위를 배당하였다.

제7차 교육과정에서 재량활동은 교과 재량활동과 창의적 재량활동으로 구분되었다. 교과 재량활동은 중등학교의 선택 과목 학습과 국민 공통 기본 교과의 심화 · 보충 학습을 위한 것이며, 창의적 재량활동은 학교의 독특한 교육적 필요, 학생의 요구 등에 따른 범교과 학습과 자기 주도적 학습을 위한 것이다. 재량활동 영역이 설정됨으로써 학교는 교과를 심화 보충하거나 학교 나름의 창의적 활동을 할 수 있는 시간을 확보하게 되었다.

각 학교급별 재량활동의 시수, 활용 방안 등을 간략히 제시하면 다음과 같다.

초등학교 재량활동

- 매 학년 68시간(주당 평균 2시간) 배정
- 주로 창의적 재량활동에 활용할 것을 권장함

중학교 재량활동

- 매 학년 136시간(주당 평균 4시간) 배정
- 교과 재량활동에 102시간 활용(주당 평균 3시간): 선택과목 학습에 일정 시간을 우선 활용하고, 나머지 시간은 기본 교과 심화 · 보충 학습에 활용할 것을 권장함

- 창의적 재량활동에 34시간 활용(주당 평균 1시간)

고등학교 재량활동

- 고등학교 1학년에서 12단위(주당 평균 6시간) 배정
- 교과 재량활동에 10단위(주당 평균 5시간) 활용: 국민 공통 기본 교과의 심화·보충 학습과 선택중심 교육과정의 선택 과목 학습 각각에 4~6단위씩 활용
- 창의적 재량활동에 2단위(주당 평균 1시간) 활용

라、 고교 2-3학년의 선택중심 교육과정

제7차 교육과정의 주요 특징 중의 하나는 11-12(고2-3)학년에 선택중심 교육과정을 도입한 점이었다. 이는 공급자 중심의 획일성, 경직성, 폐쇄성에서 벗어나 학습자 중심의 융통성, 적합성, 수월성을 추구하기 위한 교육과정 체제를 확립하기 위한 것으로서, 학생들이 다양하게 개설된 선택과목 가운데 자신들의 능력, 흥미, 관심, 적성, 진로 등에 따라 필요한 과목을 선택할 수 있도록 한 것이었다.

그러나 선택중심 교육과정을 도입한다고 해서 학생들이 모든 교과목을 자유로이 선택할 수 있는 것은 아니었다. 선택중심 교육과정은 선택과목을 교육청, 학교, 학생이 골고루 참여하여 선택하도록 함으로써 교육청, 학교, 학생이 함께 만들어가는 교육과정의 형태를 띠고 있었다. 선택중심 교육과정의 도입으로 고등학교 교육과정에서 교과목 선택의 주체가 얼마나 다양화되고, 선택의 주체인 교육부, 교육청, 학교, 학생 각각에게 어느 정도 선택의 권한이 제공되고 있는가를 알아보기 위해서 지난 제5차 교육과정부터 제7차 교육과정에 걸친 교과목 선택의 주체와 선택 폭을 살펴보면 〈표 2-7〉과 같다(김재춘 외, 2001).

〈표 2-7〉 고등학교 교육과정에서 교과목 선택 주체와 선택폭의 변화(5차~7차 교육과정)

<table>
<tr><th></th><th colspan="2">5차 교육과정</th><th colspan="3">6차 교육과정</th><th colspan="4">7차 교육과정</th></tr>
<tr><td>편제표 상의 보통 교과 구분 방식</td><td>공통 필수 (84)</td><td>과정별 선택 (104)</td><td>공통 필수 과목 (70)</td><td>과정별 필수 과목 (106)</td><td>과정 별 선택 과목 (12)</td><td>국민 공통 기본 교과 (56)</td><td colspan="3">일반선택과목 (24이상)
심화선택과목 (112이하)</td></tr>
<tr><td rowspan="2">선택의 주체</td><td>교육부</td><td>교육부 (72~78)
학교 (26~32)</td><td>교육부</td><td>교육청</td><td>학교</td><td>교육부</td><td>교육청 28단위 이상</td><td>학교 28단위 이상</td><td>학생 68단위 이하*</td></tr>
<tr><td colspan="2">이원화</td><td colspan="3">삼원화</td><td colspan="4">사원화</td></tr>
<tr><td>일차적인 선택의 주체</td><td colspan="2">교육부</td><td colspan="3">교육청</td><td colspan="4">학교/학생</td></tr>
</table>

* 장학지도를 통하여 학생선택을 최소 28단위 이상 제공하도록 권장하고 있음

위의 표에서 알 수 있듯이, 제5차 교육과정에서는 교육과정 선택의 주체가 교육부와 학교로 이원화되어 제시되어 있고, 일차적인 선택의 주체는 교육부였다. 제6차 교육과정에서는 교육과정 선택의 주체가 교육부, 교육청, 학교로 삼원화되어 제시되어 있고, 일차적인 선택의 주체는 교육청이었다. 제7차 교육과정에서는 교육과정 선택의 주체가 교육부, 교육청, 학교, 학생으로 사원화되어 제시되어 있고, 일차적인 선택의 주체는 학생이었다. 이를 통해 볼 때, 교육과정 선택의 주체는 점점 확대되어 왔으며, 일차적인 선택의 주체 또한 교육의 공급자에서 수요자 쪽으로 점점 이동되어 왔음을 알 수 있다.

제7차 교육과정에서 제시된 고교 2-3학년의 선택중심 교육과정을 보통 교과 중심으로 제시해 보면 〈표 2-8〉과 같다. 제7차 교육과정에서 선택중심 교육과정은 일반 선택 과목과 심화 선택 과목으로 구분되어 있었으며, 이전보다 더 많은 선택 과목이 개설되어 운영되었다. 여기서 일반 선택 과목은 교양 증진 및 실생활과 연관된 과목이며, 심화 선택 과목은 학생의 진로, 적성과 소질을 계발하는데 도움이 되는 과목이었다.

〈표 2-8〉 고등학교 선택중심 교육과정(1997. 12. 30)-보통 교과-

구 분		국민 공통 기본 교과	선 택 과 목	
			일반 선택 과목	심화 선택 과목
교과	국 어 도 덕 사 회	국어(8) 도덕(2) 사회(10) (국사 4)	국어 생활(4) 시민 윤리(4) 인간 사회와 환경(4)	화법(4), 독서(8), 작문(8), 문법(4), 문학(8), 윤리와 사상(4), 전통 윤리(4), 한국 지리(8), 세계 지리(8), 경제 지리(6), 한국 근·현대사(8), 세계사(8), 법과 사회(6), 정치(8), 경제(6), 사회·문화(8)
	수 학 과 학 기술·가정	수학(8) 과학(6)) 기술·가정	실용 수학(4) 생활과 과학(4) 정보사회와 컴퓨터(4)	수학Ⅰ(8), 수학Ⅱ(8), 미분과 적분(4), 확률과 통계(4), 이산 수학(4), 물리I(4), 화학Ⅰ(4), 생물Ⅰ(4), 지구 과학Ⅰ(4), 물리Ⅱ(6), 화학Ⅱ(6), 생물Ⅱ(6), 지구 과학Ⅱ(6), 농업 과학(6), 공업 기술(6), 기업 경영(6) 해양 과학(6), 가정 과학(6)
	체 육 음 악 미 술	체육(4) 음악(2) 미술(2)	체육과 건강(4) 음악과 생활(4) 미술과 생활(4)	체육 이론(4), 체육 실기(4 이상)* 음악 이론(4), 음악 실기(4 이상)* 미술 이론(4), 미술 실기(4 이상)
	외국어	영어(8)		영어Ⅰ(8), 영어Ⅱ, 영어 회화(8) 영어 독해(8), 영어 작문(8)
			독일어Ⅰ(6), 프랑스어Ⅰ(6) 스페인어Ⅰ(6), 중국어Ⅰ(6) 일본어Ⅰ(6), 러시아어Ⅰ(6) 아랍어Ⅰ(6)	독일어Ⅱ(6), 프랑스어Ⅱ(6) 스페인어Ⅱ(6), 중국어Ⅱ(6) 일본어Ⅱ(6), 러시아어Ⅱ(6) 아랍어Ⅱ(6)
	한 문 교 련 교 양		한문(6) 교련(6) 철학(4), 논리학(4), 심리학(4), 교육학(4), 생활 경제(4), 종교(4), 생태와 환경(4), 진로와 직업(4), 기타(4)	한문고전(6)
	이수 단위	(56)	24 이상	112 이하
재량활동		(12)		
특별활동		(4)	8	
총 이수 단위			216	

① ( )안의 숫자는 단위 수이며, 1단위는 매주 50분 수업을 기준으로 하여 1학기(17주) 동안 이수하는 수업량이다.
② 국민 공통 기본 교과와 재량활동에 배당된 단위 수 및 특별활동 4단위는 10학년에서 이수하도록 한 것이다.
③ *표시한 체육, 음악, 미술 교과의 심화 선택 과목은 체육, 예술에 관한 전문 교과의 과목 중에서 선택한다.
④ 교양 교과에서 심화 선택 과목이 필요한 경우 전문 교과의 과목 중에서 선택하거나 시·도 운영 지침에 의거, 새로운 과목을 신설할 수도 있다.

선택중심 교육과정이 도입됨에 따라 일반계 고등학교에서 종래 운영되던 '과정'은 폐지되었다. 이전에 일반계 고등학교는 2학년부터 '인문 · 사회 과정', '자연 과정', '직업 과정' 등을 두고 각 과정에 따른 교과목을 편성하여 운영하고 있었다. 그러나 제7차 교육과정에서는 특정 과정에 얽매임이 없이 학생이 자신의 능력, 적성, 진로 등에 따라 자유롭게 교과목을 선택하여 이수할 수 있도록 했다. 그리고 '과정' 폐지에 따른 학생들의 진로를 안내하기 위해서 교과들을 인문 · 사회 과목군(국어, 도덕, 사회), 과학 · 기술 과목군(수학, 과학, 기술 · 가정), 예 · 체능 과목군(체육, 음악, 미술), 외국어 과목군(외국어), 교양 과목군(한문, 교련, 교양)의 5개 과목군으로 범주화하여 제시하였다. 이에 따라 학생들은 자신의 능력, 적성, 진로 등에 따라 특정 과목군의 교과목을 집중적으로 이수할 수도 있고, 중도에 진로를 수정할 수도 있게 되었다.

전체적으로 볼 때, 제7차 교육과정은 이전의 교육과정과는 상당히 다른 의미를 가지고 있었다. 아마도 제7차 교육과정의 가장 큰 의의는 '수요자 중심의 교육과정'이 제도적으로 실현될 수 있는 길을 마련하였다는 점이라고 할 수 있을 것이다. 이러한 제7차 교육과정의 기본 방향은 이후의 교육과정 개정에서 더욱 확대됨을 볼 수 있다.

5 2007 개정 교육과정

2007 개정 교육과정은 2007년 2월 28일 고시된 것으로, 2009년부터 단계적으로 적용된 것이다.[3] 이 교육과정은 종전과 달리 "제○차 교육과

3) 2007 개정 교육과정의 연도별 적용 계획은 다음과 같았다. (※ 이 일정은 이후 2009 개정 교육과정으로 인해 수정되어야 했다.)
2009년: 초 1, 2학년
2010년: 초 3, 4학년, 중 1학년
2011년: 초 5, 6학년, 중 2학년, 고 1학년
2012년: 중 3학년, 고 2학년

정"이라는 명칭 대신에, 교육과정이 고시된 연도를 중심으로 명칭이 부여되었다. 제7차 교육과정까지, 우리나라 교육과정 개정은 주기적이고 전면적인 형태로 이루어졌다. 그러나 이러한 교육과정 개정 방식의 문제점이 드러나면서 당시 교육인적자원부는 2003년 10월 교육과정 수시 개정 체제 도입 계획을 발표하고, 그 구체적인 방안을 2005년 2월 25일 '교육과정 수시 개정 체제 운영 활성화 방안'이라는 이름으로 발표하게 된다. 이후 교육과정은 수시로 그리고 부분적으로 개정할 수 있게 되었으며, 개정된 교육과정은 과거의 주기적이고 전면적인 개정에 의거하여 부여되었던 명칭인 "제○차 교육과정" 대신에 새로운 교육과정이 고시된 연도를 드러내는 방식으로 표기하게 되었다. 2007 개정 교육과정은 공식적으로 이러한 수시 개정 체제를 따른 첫 번째 교육과정이라고 할 수 있으며(소경희, 2007), 명칭도 이에 따른 것이라고 할 수 있다.

2007 개정 교육과정은 제7차 교육과정 개정 이후 상당 기간이 지남에 따른 개정에 대한 기대와 압박, 제7차 교육과정의 적용상에 드러난 문제점 개선의 필요, 당시의 국가·사회적 요구 사항 반영 필요, 주 5일 수업제 실시에 대비할 필요 등의 이유로 개정되었다. 개정의 기본 방향은 제7차 교육과정의 기본 철학과 체제를 유지하는 것으로, 총론에 있어서의 기본 틀에는 큰 변화가 없었다. 즉 제7차 교육과정에서 제시되었던 10년 간의 국민 공통 기본 교육과정과 고 2, 3학년의 선택중심 교육과정, 수준별 수업, 재량활동 운영 등의 기본 기조는 유지되었다. 주요 개정 사항을 국민 공통 기본 교육과정과 선택중심 교육과정별로 제시하면 다음과 같다.

2013년: 고 3학년

단, 수학과 및 외국어과(영어)의 교육과정은 수준별 교육과정과 관련된 부분을 수정하여 2006년 8월 29일 개정 고시한 교육과정에 의거하여 다음과 같이 앞서 적용하도록 되어 있다.

2009년: 초 1, 2학년, 중 1학년, 고 1학년
2010년: 초 3, 4학년, 중 2학년, 고 2학년
2011년: 초 5, 6학년, 중 3학년, 고 3학년

가、 국민 공통 기본 교육과정의 개선

국민 공통 기본 교육과정에서는 기본적인 편제가 유지되는 가운데 수업 시수의 일부 조정, 과학 · 역사 교육의 강화, 재량활동 운영의 학교 자율권 확대 등의 변화가 있었다. 변화된 내용을 반영한 2007 개정 교육과정에 따른 국민 공통 기본 교육과정은 〈표 2-9〉와 같다.

2007 개정 교육과정에서 변화된 내용을 간략히 제시하면 다음과 같다.

첫째, 수업 시수에 일부 조정이 있었다. 2007 개정 교육과정에서는 주5일 수업제의 월2회 시행을 반영하여, 초 1, 2학년을 제외한 모든 학년에서 학교 자율로 주당 1시간(연간 34시간) 범위 내에서 수업 시수를 감축할 수 있도록 하였다. 이 경우, 국가 수준에서 어떤 교과의 시간을 감축할 것인가는 제시하지 않되, 초 3, 4학년은 교과에서, 그리고 중1~고1은 재량활동 중 교과재량활동에서 학교 자율적으로 시간을 감축할 수 있도록 했다.

둘째, 과학 · 역사 교육을 강화했다. 2007 개정 교육과정이 개발되던 당시에 국가적으로 미래 사회에서의 국가 경쟁력 확보를 위해 과학 교육이 강화될 필요가 있다는 요구가 있었다. 또한 당시 주변국들의 역사 왜곡에 대해 능동적으로 대처함과 동시에 세계화 시대에 적합한 역사 교육을 위해 역사 교육이 강화될 필요가 있다는 요구가 있었다. 이에 따라 2007 개정 교육과정에서는 이러한 국가 · 사회적 요구를 반영하여 고등학교 1학년 과학과 수업 시수를 주당 3시간에서 4시간으로 확대하였다. 또한 '사회'과 내에서 중등 '역사' 과목(국사+세계사)을 독립시키고, 고등학교 1학년 역사 과목 수업 시수를 주당 2시간에서 3시간으로 확대하였다.

셋째, 재량활동의 수업 시수를 감축하면서, 그 운영에 대한 학교 자율권을 확대했다. 2007 개정 교육과정에서 재량활동은 이전보다 수업 시수가 감축 운영되었다. 이것은 주5일 수업제 실시에 따른 수업 시수 조정과 함께 과학과 역사의 수업 시수 증가에 따른 것으로, 중학교 재량활동은 주당 4시간에서 3시간으로, 그리고 고등학교 재량활동은 12단위에서 6단위로 감축되었다. 그러나 중 · 고교의 경우, 2007 개정 교육과정에서는 이전과 달리 학교가 자율적으로 재량활동의 영역별 시간 배당을 하도록 했다.

〈표 2-9〉 국민 공통 기본 교육과정(2007. 02. 28)

<table>
<tr><th colspan="2" rowspan="2">학교
학년
구분</th><th colspan="6">초 등 학 교</th><th colspan="3">중 학 교</th><th>고등학교</th></tr>
<tr><th>1</th><th>2</th><th>3</th><th>4</th><th>5</th><th>6</th><th>7</th><th>8</th><th>9</th><th>10</th></tr>
<tr><td rowspan="14">교과</td><td>국 어</td><td colspan="2" rowspan="14">국 어
210 238

수 학
120 136

바른 생활
60 68

슬기로운 생활
90 102

즐거운 생활
180 204

우리들은 1학년
80 ·</td><td>238</td><td>204</td><td>204</td><td>204</td><td>170</td><td>136</td><td>136</td><td>136(8)</td></tr>
<tr><td>도 덕</td><td>34</td><td>34</td><td>34</td><td>34</td><td>68</td><td>68</td><td>34</td><td>34(2)</td></tr>
<tr><td rowspan="4">사 회</td><td rowspan="4">102</td><td rowspan="4">102</td><td rowspan="4">102</td><td rowspan="4">102</td><td colspan="4"><u>사 회</u></td></tr>
<tr><td><u>102</u></td><td><u>·</u></td><td><u>68</u></td><td><u>102(6)</u></td></tr>
<tr><td colspan="4"><u>역 사</u></td></tr>
<tr><td><u>·</u></td><td><u>102</u></td><td><u>68</u></td><td><u>102(6)</u></td></tr>
<tr><td>수 학</td><td>136</td><td>136</td><td>136</td><td>136</td><td>136</td><td>136</td><td>102</td><td>136(8)</td></tr>
<tr><td>과 학</td><td>102</td><td>102</td><td>102</td><td>102</td><td>102</td><td>136</td><td>136</td><td><u>136(8)</u></td></tr>
<tr><td rowspan="2">실 과</td><td rowspan="2">·</td><td rowspan="2">·</td><td rowspan="2">68</td><td rowspan="2">68</td><td colspan="4">기술·가정</td></tr>
<tr><td>68</td><td>102</td><td>102</td><td>102(6)</td></tr>
<tr><td>체 육</td><td>102</td><td>102</td><td>102</td><td>102</td><td>102</td><td>102</td><td>68</td><td>68(4)</td></tr>
<tr><td>음 악</td><td>68</td><td>68</td><td>68</td><td>68</td><td>68</td><td>34</td><td>34</td><td>34(2)</td></tr>
<tr><td>미 술</td><td>68</td><td>68</td><td>68</td><td>68</td><td>34</td><td>34</td><td>68</td><td>34(2)</td></tr>
<tr><td>외국어
(영어)</td><td>34</td><td>34</td><td>68</td><td>68</td><td>102</td><td>102</td><td>136</td><td>136(8)</td></tr>
<tr><td colspan="2">재량 활동</td><td>60</td><td>68</td><td>68</td><td>68</td><td>68</td><td>68</td><td><u>102</u></td><td><u>102</u></td><td><u>102</u></td><td><u>102(6)</u></td></tr>
<tr><td colspan="2">특별 활동</td><td>30</td><td>34</td><td>34</td><td>68</td><td>68</td><td>68</td><td>68</td><td>68</td><td>68</td><td>68(4)</td></tr>
<tr><td colspan="2">연간 총 수업
시간 수</td><td>830</td><td>850</td><td><u>952</u></td><td><u>952</u></td><td><u>1,054</u></td><td><u>1,054</u></td><td><u>1,122</u></td><td><u>1,122</u></td><td><u>1,122</u></td><td><u>1,190(70)</u></td></tr>
</table>

① 이 표의 국민 공통 기본 교육 기간에 제시된 시간 수는 34주를 기준으로 한 연간 최소 수업 시간 수이다. 단, 3~6학년의 연간 총 수업 시간 수는 주5일 수업에 따라 감축된 시간 수이므로 학교에서는 교과 수업 시간 수 중 연간 34시간의 범위 내에서 감축하여 운영한다.

② 1학년의 교과, 재량 활동, 특별 활동에 배당된 시간 수는 30주를 기준으로 한 것이며, '우리들은 1학년'에 배당된 시간 수는 3월 한 달 동안의 수업 시간 수를 제시한 것이다.

③ 1시간의 수업은 초등학교 40분, 중학교 45분, 고등학교 50분을 원칙으로 한다. 다만, 기후, 계절, 학생의 발달 정도, 학습 내용의 성격 등을 고려하여 실정에 알맞도록 조절할 수 있다.

④ 10학년의 ( )안에 제시된 숫자는 단위 수이다.

※ 밑줄 친 부분은 제7차 교육과정과 비교했을 때, 2007 개정 교육과정에서 변화된 부분을 나타낸다.

나. 선택중심 교육과정의 개선

2007 개정 교육과정에서는 제7차 교육과정에서 처음으로 도입되었던 선택중심 교육과정의 운영상의 문제점을 개선하고자 단위 학교의 선택과목 개설권 허용, 선택 과목 일원화, 선택 과목군의 조정 등의 몇 가지 변화를 시도하였다. 변화된 내용을 반영한 2007 개정 교육과정에 따른 선택중심 교육과정을 보통 교과를 중심으로 제시하면 〈표 2-10〉과 같다.

선택중심 교육과정에서 변화된 내용을 간략히 제시하면 다음과 같다.

첫째, 단위 학교에 선택 과목을 신설・개설할 수 있는 권한을 허용했다. 이는 단위 학교교육과정의 특성화를 촉진하고 교육과정 운영의 자율성을 확대하며 학습자 중심의 교육과정을 구현하기 위한 것이었다. 이에 따라 고등학교는 필요한 경우 시・도 교육감의 승인 하에 전문 교과 과목을 개설하거나 새로운 과목을 신설할 수 있게 되었다.

둘째, 선택 과목이 일원화되었다. 제7차 교육과정에서 선택 과목은 일반 선택 과목과 심화 선택 과목으로 구분되어 있었다. 그러나 "교양 증진 및 실생활 연관"이라는 일반 선택 과목의 개설 취지는 90% 이상의 학생이 대학에 진학하는 우리나라 현실에서 그 실효성을 확보하기가 어려웠다. 따라서 2007 개정 교육과정에서는 일반 선택 과목과 심화 선택 과목을 일원화하여 선택 과목이라고 명명하였으며, 이에 따라 과목들도 일부 조정하였다.

셋째, 선택 과목군을 조정하였다. 제7차 교육과정에서는 선택 과목 간의 균형적인 이수와 진로 안내를 위해 교과들을 5개 과목군으로 범주화하여 제시했었다. 그러나 실제 운영에 있어서 입시 위주 과목 중심의 편중 선택 현상이 나타났으며, 특히 음악과 미술의 선택이 저조했다. 2007 개정 교육과정에서는 종래의 예・체능과목군(체육, 음악, 미술)에서 음악과 미술을 독립시키고, 예・체능 과목군을 체육 과목군(체육)과 예술 과목군(음악, 미술)으로 구분하였다. 이에 따라 선택 과목군은 종전의 5개에서 6개로 늘어났으며, 학생들은 이들 선택 과목군에서 최소한 1개 이상(교양과목 군의 경우 2개 이상)의 과목을 이수함으로써 이전보다 선택 과목 간 균

〈표 2-10〉 고등학교 선택중심 교육과정(2007. 02. 28) -보통 교과-

<table>
<tr><th colspan="2">구 분</th><th>선 택 과 목</th></tr>
<tr><td rowspan="8">교
과</td><td>국 어
도 덕
사 회</td><td>화법(6), 독서(6), 작문(6), 문법(6), 문학(6), 매체 언어(6)
현대 생활과 윤리(6), 윤리와 사상(6), 전통 윤리(6)
한국 지리(6), 세계 지리(6), 경제 지리(6), 한국 문화사(6), 세계 역사의 이해(6), 동아시아사(6), 법과 사회(6), 정치(6), 경제(6), 사회·문화(6)</td></tr>
<tr><td>수 학
과 학
기술·가정</td><td>수학의 활용(6), 수학 I(6), 미적분과 통계 기본(6), 수학 II(6), 적분과 통계(6), 기하와 벡터(6)
물리 I(6), 화학 I(6), 생명 과학 I(6), 지구 과학 I(6),
물리 II(6), 화학 II(6), 생명 과학 II(6), 지구 과학 II(6)
농업 생명 과학(6), 공학 기술(6), 가정 과학(6), 창업과 경영(6), 해양 과학(6), 정보(6)</td></tr>
<tr><td>체 육</td><td>운동과 건강 생활(4), 스포츠 문화(4), 스포츠 과학(6)</td></tr>
<tr><td>음 악
미 술</td><td>음악 실기(4), 음악과 사회(4), 음악의 이해(6)
미술과 삶(4), 미술 감상(4), 미술 창작(6)</td></tr>
<tr><td>외국어</td><td>영어 I(6), 영어 II(6), 실용 영어 회화(6), 심화 영어 회화(6),
영어 독해와 작문(6), 심화 영어 독해와 작문(6)
독일어 I(6), 독일어 II(6), 프랑스어 I(6), 프랑스어 II(6), 스페인어 I(6), 스페인어 II(6), 중국어 I(6), 중국어 II(6), 일본어 I(6), 일본어 II(6), 러시아어 I(6), 러시아어 II(6), 아랍어 I(6), 아랍어 II(6)</td></tr>
<tr><td>한 문
교 양</td><td>한문 I(6), 한문 II(6)
생활과 철학(4), 생활과 논리(4), 생활과 심리(4), 생활과 교육(4), 생활과 종교(4), 생활 경제(4), 안전과 건강(4), 진로와 직업(4), 환경(4)</td></tr>
<tr><td>이수 단위</td><td>132</td></tr>
<tr><td colspan="2">특별 활동</td><td>8</td></tr>
<tr><td colspan="2">총 이수 단위</td><td>140</td></tr>
</table>

① ( ) 안의 숫자는 단위 수이며, 1단위는 매주 50분 수업을 기준으로 하여 1학기(17주) 동안 이수하는 수업량이다.

② 학교는 필요한 경우 시·도 교육감의 승인 하에 전문 교과 과목을 개설하거나 새로운 과목을 신설할 수 있다.

※ 밑줄 친 부분은 제7차 교육과정과 비교했을 때, 2007 개정 교육과정에서 변화된 부분을 나타낸다.

형적인 이수를 하게 되었다.

이상에서 검토해 본 2007 개정 교육과정은 교육과정 수시 개정 체제라는 정책적 기조 속에서 탄생한 것으로(소경희, 2007), 언뜻 보기에는 제7차 교육과정의 기본적인 골격을 유지하고 있다. 그러나 실제 각론, 즉 교과 교육과정은 전면적인 개정이 이루어져 2007 개정 교육과정 고시와 더불어 교과별 교육과정 개정 및 이에 따른 교과서 개발이 이루어졌다. 말하자면 2007 개정 교육과정의 경우, 총론은 부분 개정이고 각론은 전면 개정의 형태를 띠고 있는 셈이다. 따라서 총론의 입장에서 보면 총론의 전면적인 개정이 시급히 요구되었으며, 이는 서둘러 2009 개정 교육과정을 탄생시킨 계기가 되었다.

6 2009 개정 교육과정

2009 개정 교육과정은 2009년 12월 23일 고시된 것으로, 2011년부터 단계적으로 적용된 것이다.[4] 이 교육과정은 2007 개정 교육과정이 모든 학교급에 본격적으로 적용되기 전에 고시된 것으로, 이전과 달리 총론 중심으로 개편된 특징을 지닌다. 2009 개정 교육과정에 따른 각론은 2011년에 별도로 고시되었다.[5] 따라서 2009 개정 교육과정이 2011년부터 적용된다는 말은 주로 총론에 제시된 교과의 편제나 시간(단위) 배당의 변화

---

4) 2009 개정 교육과정의 연도별 적용 계획은 다음과 같다.
2011년: 초 1, 2학년, 중 1학년, 고 1학년
2012년: 초 3, 4학년, 중 2학년, 고 2학년
2013년: 초 5, 6학년, 중 3학년, 고 3학년

5) 2011년에 고시된 각론 교육과정의 연도별 적용은 다음과 같다.
2013년: 초 1, 2학년, 중 1학년, 고 1학년(영어)
2014년: 초 3, 4학년, 중 2학년, 고 1학년, 고 2학년(영어)
2015년: 초 5, 6학년, 중 3학년, 고 2학년, 고 3학년(영어)
2016년: 고등학교 3학년
단, 고등학교 '한국사' 과목의 필수 이수는 2012학년도 1학년부터 적용.

를 지칭하는 것으로 교과의 내용이 전면적으로 바뀐다는 의미는 아니었다. 다만 고등학교의 교과 편제는 2009 개정 교육과정 총론에 마련되어 있지 않아서 2011년 각론과 함께 고시되었다. 그리고 새로 개발된 교과별 교육과정은 2013년부터 단계적으로 적용되었다.

2009 개정 교육과정은 기존의 교과 운영에 획기적인 변화를 요구하는 것이었다. 개정의 기본 방향은 단위 학교 차원의 유연하고 자율적인 교육과정 운영을 통해 학생들의 학습 부담을 경감하고, 지나친 암기 중심의 교육에서 탈피하여 배려와 나눔을 실천하는 창의 인재를 양성하는 교육으로의 변화를 추구하는 데에 있다. 2009 개정 교육과정의 주요 개정 내용을 공통 사항과 학교급별 특징을 중심으로 제시하면 다음과 같다.[6)]

가. 주요 특징

2009 개정 교육과정의 주요 특징을 제시하면 다음과 같다.

첫째, 공통 교육과정과 선택 교육과정이 재설정되었다. 제7차 교육과정에서 설정된 초등학교 1학년부터 고등학교 1학년까지 10년 간의 '국민 공통 기본 교육과정'이 9년, 즉 중학교 3학년까지로 단축되면서 그 명칭도 '공통 교육과정'으로 바뀌었다. 이에 따라 종전의 고등학교 2~3학년의 '선택중심 교육과정'은 고등학교 전 학년으로 확대 적용되면서 그 명칭도 '선택 교육과정'으로 바뀌었다. 이는 학제와 의무교육기간을 일치시키는 한편으로, 초·중학교에서는 공통 교육에 대한 책무성을 공고히 하고, 고등학교에서는 학생들이 자신의 진로에 적합한 교과목을 선택해서 배울 기회를 좀 더 확대하기 위한 것이라고 할 수 있다.

둘째, 학년군 및 교과군의 도입을 통해 집중 이수를 활성화시킴으로써 학기당 이수 교과목 수를 축소하도록 하였다. 2009 개정 교육과정에서는 학생들의 학습 부담을 경감하기 위한 조처로 처음으로 '학년군' 및 '교과군'이라는 개념을 도입하였다. '학년군'이란 2~3개의 학년을 묶은 것을

6) 이하 2009 개정 교육과정에 관한 부분은 소경희 외(2010) 「2009 개정 초·중등학교 교육과정 적용모형 개발」 보고서의 2장을 재정리한 것임을 밝혀둔다.

말하며, '교과군'이란 기존의 교과들을 교육 목적상의 근접성, 학문 탐구 대상 또는 방법상의 인접성, 실제 생활 양식에서의 상호 연관성 등을 고려하여 광역군으로 유목화한 것이다. 이러한 학년군과 교과군의 도입은 교과목의 집중 이수를 통해 학기당 이수 과목 수를 축소하기 위한 것으로, 2009 개정 교육과정에서는 2~3개 학년을 하나의 학년군으로 묶고, 성격이 유사한 교과목을 교과군으로 묶어 학년군별 교과(군)별 시간 (단위) 배당을 하였다. 그리고 중·고등학교에서 학기 당 이수해야 할 과목 수를 8개 이내로 제한함으로써 학기당 이수 과목 수의 과다로 인한 학생들의 학습 부담을 경감시키고 토론과 실험 중심의 질 높은 수업을 유도하고자 했다.

〈표 2-11〉 2009 개정 교육과정에서의 학년군

학교급	초등학교			중학교	고등학교
학년군	1~2학년	3~4학년	5~6학년	7~9학년	10~12학년

〈표 2-12〉 2009 개정 교육과정에서의 교과군(초등학교의 경우)

국민공통 기본교과	국어	도덕	사회	과학	실과	체육	음악	미술	영어

⬇

교과(군)	국어	사회/도덕	과학/실과	체육	예술 (음악/미술)	영어

셋째, 교과(군)별 수업 시수 20% 자율증감을 허용했다. 2009 개정 교육과정에서는 단위 학교에 교육과정 편성·운영의 자율성을 부여하기 위해, 학교가 교과(군)별로 20% 범위 내에서 수업 시수를 자율적으로 증감할 수 있도록 허용했다. 따라서 학교는 각 교과(군)에 배당된 수업 시수를 최대한 존중하되, 학교의 여건과 학생의 진로 등을 고려하여 배당된 수업 시수의 20% 범위 내에서 증감하여 타 교과(군)에 전환하여 사용할 수 있게 되었다. 예컨대 국어에 비해 수학의 학업성취도가 떨어지는 학교의 경

우는 국어 수업 시간을 주당 1시간씩 줄이고 수학 시간을 주당 1시간씩 늘려서 운영할 수 있으며, 예술을 특성화하고자 하는 학교는 다른 교과(군)의 수업 시간을 감축하여 그 시간을 예술 교과에 증배하여 운영할 수 있게 되었다.

〈표 2-13〉 창의적 체험활동의 영역 및 영역별 활동

영 역	활 동	
자율활동	-적응 활동 -행사 활동	-자치 활동 -창의적 특색 활동 등
동아리활동	-학술 활동 -스포츠 활동 -청소년 단체 활동 등	-문화 예술 활동 -실습 노작 활동
봉사활동	-교내 봉사활동 -자연환경 보호 활동	-지역사회 봉사활동 -캠페인 활동 등
진로활동	-자기 이해 활동 -진로 계획 활동	-진로 정보 탐색 활동 -진로 체험 활동 등

넷째, 창의적 체험활동을 도입하였다. 창의적 체험활동은 기존의 특별활동과 창의적 재량활동을 통합한 것으로, 교과 외 활동을 그 본래의 취지를 살려 체험 중심으로 운영하기 위해 새롭게 강화된 것이다. 창의적 체험활동은 배려와 나눔을 실천하는 창의 인재 양성이라는 2009 개정 교육과정의 기본 방향을 적극적으로 구현하기 위한 활동으로, 초·중학교에는 주당 평균 3시간 이상, 고등학교에는 주당 평균 4시간 이상이 배당되어 있으며, 자율활동, 동아리활동, 봉사활동, 진로활동 등의 영역 중심으로 운영하도록 했다.

나. 초등학교 개정 내용

초등학교의 교육과정 시간 배당 기준은 〈표 2-14〉와 같으며, 주된 개정 내용을 종래의 교육과정과 비교하여 제시하면 다음과 같다.

〈표 2-14〉 초등학교 시간 배당 기준(2009. 12. 23)

<table>
<tr><th colspan="2">구 분</th><th>1~2학년</th><th>3~4학년</th><th>5~6학년</th></tr>
<tr><td rowspan="7">교
과
(군)</td><td>국어</td><td rowspan="7">국 어
448

수 학
256

바른 생활
128

슬기로운 생활
192

즐거운 생활
384</td><td>408</td><td>408</td></tr>
<tr><td>사회/도덕</td><td>272</td><td>272</td></tr>
<tr><td>수학</td><td>272</td><td>272</td></tr>
<tr><td>과학/실과</td><td>204</td><td>340</td></tr>
<tr><td>체육</td><td>204</td><td>204</td></tr>
<tr><td>예술(음악/미술)</td><td>272</td><td>272</td></tr>
<tr><td>영어</td><td>136</td><td>204</td></tr>
<tr><td colspan="2">창의적 체험활동</td><td>272</td><td>204</td><td>204</td></tr>
<tr><td colspan="2">학년군별 총 수업시간 수</td><td>1,680</td><td>1,972</td><td>2,176</td></tr>
</table>

① 이 표에서 1시간 수업은 40분을 원칙으로 하되, 기후 및 계절, 학생의 발달 정도, 학습 내용의 성격 등과 학교 실정을 고려하여 탄력적으로 편성·운영할 수 있다.
② 학년군 및 교과(군)별 시간 배당은 연간 34주를 기준으로 한 2년간의 기준수업시수를 나타낸 것이다.
③ 학년군별 총 수업시간 수는 최소 수업 시수를 나타낸 것이다.
④ 3~4학년의 국어과 기준수업시수는 주5일 수업에 따라 감축된 시간 수이므로 학교에서는 442시간을 기준수업시수로 운영할 수 있다.
⑤ 실과의 수업 시간은 5~6학년 과학/실과의 수업시수에만 포함된 것이다.

첫째, 기존 10개의 교과가 7개의 교과(군)로 재분류되어 제시되었다. 즉 교과(군)는 국어, 사회/도덕, 수학, 과학/실과, 체육, 예술(음악/미술), 영어로 구성되어 있다. 단, 통합교육과정이 적용되는 1, 2학년은 기존의 틀을 유지하되, '우리들은 1학년'이 폐지되었으며, 창의적 체험활동을 통해 적응교육을 실시하도록 했다.

둘째, 시간 배당이 학년군 및 교과(군)별로 제시되었다. 즉 6개 학년 총 수업 시간 수는 2007 개정 교육과정과 동일하나, 시간 배당을 학년군 및 교과(군)별로 제시하여 단위 학교에서 배당된 시수를 기준으로 자율적으로 학년별 교과별 수업 시수를 배당하도록 했다.

셋째, 창의적 체험활동을 도입하였다. 창의적 체험활동은 종래의 특별

활동과 재량활동을 통합하여 신설한 것으로, 이 시간은 정보 통신 활용 교육, 보건 교육, 한자 교육 등을 위해서도 활용될 수 있었다.

다. 중학교 개정 내용

중학교의 교육과정 시간 배당 기준은 〈표 2-15〉와 같으며, 주된 개정 내용을 종래의 교육과정과 비교하여 제시하면 다음과 같다.

〈표 2-15〉 중학교 시간 배당 기준(2009. 12. 23)

구분		1~3학년
교과(군)	국어	442
	사회(역사 포함)/도덕	510
	수학	374
	과학/기술 · 가정	646
	체육	272
	예술(음악/미술)	272
	영어	340
	선택	204
창의적 체험활동		306
총 수업시간 수		3,366

① 이 표에서 1시간 수업은 45분을 원칙으로, 기후 및 계절, 학생의 발달 정도, 학습 내용의 성격 등과 학교 실정을 고려하여 탄력적으로 편성 · 운영할 수 있다.
② 학년군 및 교과(군)별 시간 배당은 연간 34주를 기준으로 한 3년간의 기준수업시수를 나타낸 것이다.
③ 총 수업시간 수는 3년간의 최소 수업 시수를 나타낸 것이다.

첫째, 기존 국민 공통 기본 교과 10개와 선택 교과가 8개 교과(군)로 재분류되어 제시되었다. 즉 교과(군)는 국어, 사회(역사 포함)/도덕, 수학, 과학/기술 · 가정, 체육, 예술(음악/미술), 선택으로 구성되어 있다. 선택은 한문, 정보, 환경, 생활 외국어(독일어, 프랑스어, 스페인어, 중국어,

일본어, 러시아어, 아랍어), 보건, 진로와 직업 등의 선택 과목으로 이루어진다. 이 가운데 '진로와 직업'은 신설된 것으로, 선택 교육과정이 고등학교 1학년부터 적용됨에 따라 중학교 단계에서 진로 교육을 강화하자는 차원에서 마련된 것이다.

둘째, 시간 배당이 학년군 및 교과(군)별로 제시되었다. 3개 학년의 총 수업 시간 수는 2007 개정 교육과정과 동일하나, 3개 학년을 묶어 하나의 학년군으로 설정하고 학년군 및 교과(군)별로 기준 수업 시수를 제시하여 단위 학교가 자율적으로 학년별 교과별 수업 시수를 배당하도록 했다.

셋째, 학생의 학기당 이수 과목 수를 8개 이내로 편성하도록 했다. 이는 모든 교과를 '매학년 매학기 이수'하는 것에서 탈피하여, 학생들이 한 학기에 8개 이내 과목을 집중 이수하도록 함으로써 학생들의 학습 부담을 경감시켜 주기 위한 것이었다. 따라서 단위 학교에서는 교과(군)에 배당된 수업 시수를 특정 학기 또는 학년 단위로 집중 편성하여 학생들이 한 학기에 8개 이내로 이수하는 방안을 자율적으로 모색해야만 했다. 다만, 선택 과목 가운데 교양 과목의 성격을 갖는 환경, 보건, 진로와 직업 등은 '학기당 이수 교과목 수 8개 이내 편성' 대상 과목에서 제외시켰다.

라. 고등학교 개정 내용

고등학교의 교육과정 단위 배당 기준은 〈표 2-16〉과 같으며, 주된 개정 내용을 종래의 교육과정과 비교하여 제시하면 다음과 같다.

첫째, 교육과정 편제가 4개의 교과 영역 및 8개의 교과(군)로 재분류되어 제시되었다. 교과 영역은 기초, 탐구, 체육·예술, 생활·교양으로 구성되며, 교과(군)는 국어, 수학, 영어, 사회(역사/도덕 포함), 과학, 체육, 예술(음악/미술), 기술·가정/제2외국어/한문/교양으로 구성되어 있다.

〈표 2-16〉 고등학교 단위 배당 기준(2009. 12. 23)

<table>
<tr><th rowspan="2"></th><th rowspan="2">교과 영역</th><th rowspan="2">교과(군)</th><th colspan="2">필수 이수 단위</th><th rowspan="2">학교자율 과정</th></tr>
<tr><th>교과(군)</th><th>교과 영역</th></tr>
<tr><td rowspan="9">교과(군)</td><td rowspan="3">기초</td><td>국어</td><td>15(10)</td><td rowspan="3">45(30)</td><td rowspan="8">학생의 적성과 진로를 고려하여 편성</td></tr>
<tr><td>수학</td><td>15(10)</td></tr>
<tr><td>영어</td><td>15(10)</td></tr>
<tr><td rowspan="2">탐구</td><td>사회(역사/도덕 포함)</td><td>15(10)</td><td rowspan="2">35(20)</td></tr>
<tr><td>과학</td><td>15(10)</td></tr>
<tr><td rowspan="2">체육 · 예술</td><td>체육</td><td>10(5)</td><td rowspan="2">20(10)</td></tr>
<tr><td>예술(음악/미술)</td><td>10(5)</td></tr>
<tr><td>생활 · 교양</td><td>기술 · 가정/제2외국어/한문/교양</td><td>16(12)</td><td>16(12)</td></tr>
<tr><td colspan="2">소 계</td><td colspan="2">116(72)</td><td>64</td></tr>
<tr><td colspan="3">창의적 체험활동</td><td colspan="3">24</td></tr>
<tr><td colspan="3">총 이수 단위</td><td colspan="3">204</td></tr>
</table>

① 1단위는 50분을 기준으로 하여 17회를 이수하는 수업량이다.
② 1시간의 수업은 50분을 원칙으로 하되, 기후 및 계절, 학생의 발달 정도, 학습 내용의 성격 등과 학교 실정을 고려하여 탄력적으로 편성 · 운영할 수 있다.
③ 필수이수단위의 교과(군) 및 교과 영역 단위 수는 해당 교과(군) 및 교과 영역의 '최소 이수 단위'를 가리킨다.
④ 필수이수단위의 ( ) 안의 숫자는 전문교육을 주로 하는 학교, 예체능 등 교육과정 편성 · 운영의 자율권을 인정받은 학교가 이수할 것을 권장한다.
⑤ 총 이수 단위 수는 교과(군)과 창의적 체험 활동의 이수 단위를 합한 것으로, 고등학교 졸업에 필요한 '최소 이수 단위'를 가리킨다.

둘째, 총 이수 단위가 축소되었으며, 단위 배당 방식이 바뀌었다. 3년간에 걸친 총 이수 단위가 종래의 210단위에서 204단위로 축소되었으며, 이는 교과(군)에 180단위, 창의적 체험활동에 24단위로 나뉘어 편성되어 있다. 3학년 전 과정이 선택 교육과정으로 운영되면서, 국가 수준의 공통 필수 과목은 지정하지 않고, 교과(군) 및 교과 영역별 최소 필수 이수 단위의 수만을 지정함으로써 학교가 학생 수준 및 진로 등을 고려하여 구체적인 교과목 및 그 이수 시기와 단위를 자율적으로 정할 수 있도록 했다.

또한 교과(군)에 배당된 180단위 가운데 64단위를 학교자율과정에 배당하여, 학교가 학생의 적성과 진로를 고려한 교과목을 자율적으로 편성·운영할 수 있도록 했다.

셋째, 학교가 교과목을 개설할 수 있는 권한이 확대되었다. 학교는 필요에 따라 2009 개정 교육과정에 제시되어 있는 과목 외에 새로운 과목을 개설할 수 있으며, 대학과목 선이수제의 과목을 개설하거나 국제적으로 공인받은 교육과정과 과목을 개설할 수도 있게 되었다.

넷째, 학생의 학기당 이수 과목 수를 8개 이내로 편성하도록 했다. 이는 중학교의 경우에서와 마찬가지로 한 학기에 8개 이내의 과목을 집중 이수하도록 함으로써 학생들의 학습 부담을 경감시켜 주기 위한 것이었다. 다만, 선택 과목 가운데 교양 과목의 성격을 갖는 생활과 철학, 생활과 논리, 생활과 심리, 생활과 교육, 생활과 종교, 생활 경제, 안전과 건강, 진로와 직업, 보건, 환경과 녹색성장 등은 '학기당 이수 교과목 수 8개 이내 편성' 대상 과목에서 제외시켰다.

한편, 2011년에 고시된 고등학교의 보통 교과 편제는 〈표 2-17〉과 같다.[7]

〈표 2-17〉 고등학교 보통교과(2011. 8. 9)

교과영역	교과(군)	과목		
		기본	일반	심화
기초	국어		국어Ⅰ, 국어Ⅱ, 화법과 작문, 독서와 문법, 문학, 고전	
	수학	기초 수학	수학Ⅰ, 수학Ⅱ, 확률과 통계, 미적분Ⅰ, 미적분Ⅱ, 기하와 벡터	고급 수학Ⅰ, 고급 수학Ⅱ
	영어	기초 영어	실용 영어Ⅰ, 실용 영어Ⅱ, 실용 영어 회화, 실용 영어 독해와 작문, 영어Ⅰ, 영어Ⅱ, 영어 회화, 영어 독해와 작문	심화 영어, 심화 영어 회화Ⅰ, 심화 영어 회화Ⅱ, 심화 영어 독해Ⅰ, 심화 영어 독해Ⅱ, 심화 영어 작문

7) 이 부분은 소경희(2017). 「교육과정의 이해」(파주: 교육과학사) 8장의 관련 내용을 반영한 것임을 밝혀둔다.

교과 영역	교과(군)	과목 기본	과목 일반	과목 심화
탐구	사회 (역사/도덕 포함)		한국 지리, 세계 지리, 한국사, 동아시아사, 세계사, 경제, 법과 정치, 사회·문화	국제 정치, 국제 경제, 국제 관계와 국제 기구, 세계 문제, 비교 문화, 사회 과학 방법론, 한국의 사회와 문화, 국제법, 지역 이해, 인류의 미래 사회, 과제 연구
			생활과 윤리, 윤리와 사상	
	과학		과학, 물리Ⅰ, 물리Ⅱ, 화학Ⅰ, 화학Ⅱ, 생명 과학Ⅰ, 생명 과학Ⅱ, 지구 과학Ⅰ, 지구 과학Ⅱ	고급 물리, 물리 실험, 고급 화학, 화학 실험, 고급 생명 과학, 생명 과학 실험, 고급 지구 과학, 지구 과학 실험, 환경 과학, 과학사 및 과학 철학, 정보 과학, 과제 연구
체육 · 예술	체육		운동과 건강 생활, 스포츠 문화, 스포츠 과학	스포츠 개론, 체육과 진로 탐구, 육상 운동, 체조 운동, 수상 운동, 개인 및 대인 운동, 단체 운동, 체력 운동, 투기 운동, 빙상 및 설상 운동, 표현 및 창작 운동, 스포츠경기 체력, 스포츠경기 기술, 스포츠경기 실습, 코칭론, 스포츠경영·행정, 체육 전공 실기, 전공 지도 실습
	예술 - 예술 (음악/미술)		음악과 생활, 음악과 진로	음악 이론, 음악사, 시창·청음, 음악 전공 실기, 합창·합주, 공연 실습, 음악과 매체, 교양 실기
			미술창작, 미술문화	드로잉, 미술 이론, 미술사, 평면 조형, 입체 조형, 디자인·공예, 영상 미술, 미술 전공 실기
	예술 - 예술			무용의 이해, 기초 한국 무용, 기초 발레, 기초 현대 무용, 무용 전공 실기, 무용 음악, 무용 감상과 비평, 안무
				문학 개론, 문장론, 고전 문학 감상, 현대 문학 감상, 시 창작 입문, 소설 창작 입문, 문예 창작 전공 실기
				연극의 이해, 연기, 무대 기술, 연극 제작 실습, 연극 감상과 비평, 영화의 이해, 영화기술, 영화 창작과 표현, 영화 제작 실습, 영화 감상과 비평
				사진의 이해, 기초 촬영, 중급 촬영, 암실 실기, 사진 편집, 디지털 사진 촬영, 디지털 사진 표현 기법, 사진 감상과 비평
생활	기술·가		기술·가정	농업 생명 과학, 공학 기술, 가정 과학,

교과 영역	교과(군)	과목		
		기본	일반	심화
· 교양	정/ 제2외국어/ 한문/ 교양			경영 일반, 해양 과학, 정보
			독일어 Ⅰ, 독일어 Ⅱ	독일어 회화 Ⅰ, 독일어 회화 Ⅱ, 독일어 독해 Ⅰ, 독일어 독해 Ⅱ, 독일어 작문, 독일어권 문화
			프랑스어 Ⅰ, 프랑스어 Ⅱ,	프랑스어 회화 Ⅰ, 프랑스어 회화 Ⅱ, 프랑스어 독해 Ⅰ, 프랑스어 독해 Ⅱ, 프랑스어 작문, 프랑스어권 문화
			스페인어 Ⅰ, 스페인어 Ⅱ,	스페인어 회화 Ⅰ, 스페인어 회화 Ⅱ, 스페인어 독해 Ⅰ, 스페인어 독해 Ⅱ, 스페인어 작문, 스페인어권 문화
			중국어 Ⅰ, 중국어 Ⅱ,	중국어 회화 Ⅰ, 중국어 회화 Ⅱ, 중국어 독해 Ⅰ, 중국어 독해 Ⅱ, 중국어 작문, 중국 문화
			일본어 Ⅰ, 일본어 Ⅱ,	일본어 회화 Ⅰ, 일본어 회화 Ⅱ, 일본어 독해 Ⅰ, 일본어 독해 Ⅱ, 일본어 작문, 일본 문화
			러시아어 Ⅰ, 러시아어 Ⅱ,	러시아어 회화 Ⅰ, 러시아어 회화 Ⅱ, 러시아어 독해 Ⅰ, 러시아어 독해 Ⅱ, 러시아어 작문, 러시아 문화
			아랍어 Ⅰ, 아랍어 Ⅱ	아랍어 회화 Ⅰ, 아랍어 회화 Ⅱ, 아랍어 독해 Ⅰ, 아랍어 독해 Ⅱ, 아랍어 작문, 아랍 문화
			베트남어 Ⅰ, 베트남어 Ⅱ	베트남어 회화 Ⅰ, 베트남어 회화 Ⅱ, 베트남어 독해 Ⅰ, 베트남어 독해 Ⅱ, 베트남어 작문, 베트남 문화
			한문 Ⅰ, 한문 Ⅱ	
			철학, 논리학, 심리학, 교육학, 종교학, 진로와 직업, 보건, 환경과 녹색성장	

① 일반 과목의 기본 단위 수는 5단위이고, 각 과목별로 1단위 범위 내에서 증감 운영이 가능하며, 가능한 한 한 학기에 이수하도록 한다.
② 기본 과목과 심화 과목의 이수 단위는 시 · 도 교육감이 정한다.
③ 위 표에 제시된 과목 중 사회(역사/도덕 포함) 교과(군)의 '한국사'는 반드시 이수한다.
④ 예술계열 고등학교 이외의 고등학교에서 예술(음악/미술)은 음악과 미술 교과를 중심으로 편성 · 운영한다.

〈표 2-17〉의 고등학교 교과 편제는 〈표 2-16〉에 제시된 교과를 학교에서 실제로 편성할 때 개설할 수 있는 과목을 나열해 놓은 것이다. 예컨대 〈표 2-16〉에서 국어는 15단위를 필수로 이수하도록 지정되어 있는데, 이는 〈표 2-17〉의 국어에 편제되어 있는 과목들, 예컨대 '국어 Ⅰ' '화법과 작문' '고전' 등을 각각 5단위로 개설함으로써 이수할 수 있다. 이러한 교과 편제는 2007 개정 교육과정과 비교해서 크게 두 가지가 변화된 것이다. 첫째, 선택 과목이 세 수준, 즉 기본, 일반, 심화로 나누어 제시되었다. 2007 개정 교육과정에서는 그 이전에 나뉘어 있었던 일반과 심화 과목 간의 구분을 없애고 선택 과목을 일원화하여 제시하였다. 그러나 2009 개정 교육과정에서는 일반과 심화 간의 구분을 되살렸을 뿐만 아니라 기본 과목이라는 범주를 새로이 설정하여 수학과 영어에 있어서 일반 과목을 이수하기 어려운 학생들을 고려하였다.

둘째, 종전에 과학, 체육, 예술, 외국어, 국제 계열의 전문 교과에 속해 있었던 과목들을 보통 교과의 심화 과목으로 편성하였다. 이는 일반계 고등학교에서 이들 교과에 해당하는 과목들을 좀 더 풍성하게 개설할 수 있는 여지를 제공할 뿐만 아니라, 이들 과목들을 대상으로 중점학교를 운영할 수 있는 기반을 제공해 주기 위한 것이라고 할 수 있다.

2009 개정 교육과정은 2007 개정 교과별 교육과정을 유지한 채 총론 중심으로 서둘러 고시됨으로써 이후 여러 차례에 걸친 수정이 이루어져야 했다. 이 가운데 가장 마지막에 이루어진 2013년 12월 18일자 개정은 특히 고등학교 교육과정에 많은 변화를 담고 있는 바(〈표 2-18〉 참조), 그 주요 내용을 몇 가지로 정리하여 제시하면 다음과 같다.

첫째, 일반고 교육과정의 자율권을 확대하기 위해 필수 이수 단위를 축소하고, 과목별 이수 단위 증감 범위를 확대하였다. 즉 교육과정 필수 이수 단위를 116단위에서 86단위로 축소하여 학교자율과정 이수 범위를 64단위에서 94단위로 확대했다. 또한 과목별 이수 단위의 증감 범위도 5±1단위에서 5±3단위로 하여 과목 개설 및 교육과정 편성의 유연성을 확보할 수 있도록 하였다. 자율형 공립고의 필수 이수 단위도 일반고와 동일하게 적용하도록 하였으며, 특목고와 자율형 사립고의 경우는 설립 취지를

〈표 2-18〉 개정된 고등학교 단위 배당 기준(2013. 12. 18)

<table>
<tr><th></th><th>교과
영역</th><th>교과(군)</th><th>필수 이수 단위</th><th>학교 자율 과정</th></tr>
<tr><td rowspan="10">교
과
(군)</td><td rowspan="3">기초</td><td>국어</td><td>10</td><td rowspan="9">학생의 적성과
진로를 고려하여
편성</td></tr>
<tr><td>수학</td><td>10</td></tr>
<tr><td>영어</td><td>10</td></tr>
<tr><td rowspan="2">탐구</td><td>사회(역사/도덕 포함)</td><td>10</td></tr>
<tr><td>과학</td><td>10</td></tr>
<tr><td rowspan="2">체육 · 예술</td><td>체육</td><td>10</td></tr>
<tr><td>예술(음악/미술)</td><td>10(5)</td></tr>
<tr><td>생활 · 교양</td><td>기술 · 가정/제2외국어/
한문/교양</td><td>16(12)</td></tr>
<tr><td colspan="2">소 계</td><td>86(77)</td><td>94(103)</td></tr>
<tr><td colspan="3">창의적 체험활동</td><td colspan="2">24(408시간)</td></tr>
<tr><td colspan="3">총 이수 단위</td><td colspan="2">204</td></tr>
</table>

① 1단위는 50분을 기준으로 하여 17회를 이수하는 수업량이다.
② 1시간의 수업은 50분을 원칙으로 하되, 기후 및 계절, 학생의 발달 정도, 학습 내용의 성격 등과 학교 실정을 고려하여 탄력적으로 편성 · 운영할 수 있다.
③ 필수 이수 단위의 단위 수는 해당 교과(군)의 '최소 이수 단위'를 가리킨다.
④ ( )안의 숫자는 특수 목적 고등학교와 자율형 사립고등학교가 이수할 것을 권장한다.
⑤ 창의적 체험활동의 단위는 최소 이수 단위 이며 ( )안의 숫자는 이수 단위를 이수 시간 수로 환산한 것이다.
⑥ 총 이수 단위 수는 고등학교 3년간 이수해야 할 '최소 이수 단위'를 가리킨다.
⑦ 기초 교과 이수 단위가 교과 총 이수 단위의 50%를 초과하지 않도록 한다. 단, 자율형 사립고등학교의 경우에는 이 규정을 권장한다.

고려하여 필수 이수 단위를 72단위에서 77단위(체육5단위 → 10단위)로 조정하였다. 다만, 교육과정 자율성 확대에 따라 기초 교과(국 · 영 · 수)가 과중하게 편성될 우려가 있어서 기초 교과 이수 단위는 교과 총 이수 단위의 50%를 초과하지 않도록 하였다.

둘째, 역사 교육을 강화하였다. 고등학교에서의 한국사 교육을 강화하기 위해 '한국사' 필수이수 기준을 5단위 1개 학기에서, 6단위 이상 2개 학기 이상 편성으로 확대하였다. 따라서 2014년 입학생부터는 모든 고등학교가 한국사를 2개 학기 이상 편성해야 했다.

셋째, 학생들의 체력 향상을 위해 학교 체육을 강화했다. 즉 모든 고등학교(일반고, 자율고, 특목고, 특성화고 등)가 체육의 필수 이수 단위를 10단위 이상으로 조정하고, 매학기 편성하도록 하였다.

넷째, 논술 기초 교육을 강화하기 위해 고등학교에 논술 과목을 신설하였다. 즉 공교육을 통해 논술의 기초 능력을 갖출 수 있도록 하기 위해 고등학교의 교양 선택 과목으로 논술 과목을 신설하고, 그 내용은 학생들의 요구를 반영하여 학교에서 정하도록 하였다.

7 2015 개정 교육과정[8)]

2015 개정 교육과정(교육부, 2015a)은 2015년 9월 23일 고시된 것으로, 2017년부터 단계적으로 적용된다.[9)] 2015 개정 교육과정에서는 우리 교육이 추구해야 할 인간상으로 '창의융합형 인재상'을 제시하였다. 교육부는 창의융합형 인재의 의미를 "인문학적 상상력, 과학기술 창조력을 갖추고 바른 인성을 겸비하여 새로운 지식을 창조하고 다양한 지식을 융합하여 새로운 가치를 창출할 수 있는 사람"(교육부, 2015b: 3)이라고 밝히고 있다. 2015 개정 교육과정의 총론에서는 창의융합형 인재가 갖추어야 할 핵심역량으로 자기관리 역량, 지식정보처리 역량, 창의적 사고 역량, 심미적 감성 역량, 의사소통 역량, 공동체 역량 등을 열거하고, 이들 역량

8) 이 부분은 소경희(2017). 「교육과정의 이해」(파주: 교육과학사) 8장의 관련 내용을 반영한 것임을 밝혀둔다.

9) 2015 개정 교육과정의 연도별 적용은 다음과 같다.
2017년 3월: 초 1, 2학년
2018년 3월: 초 3, 4학년, 중 1학년, 고 1학년
2019년 3월: 초 5, 6학년, 중 2학년, 고 2학년
2020년 3월: 중 3학년, 고 3학년
단, 중학교 사회 교과(군)의 '역사' 및 고등학교 기초 교과 영역의 '한국사' 과목은 2017년 3월 1일부터 적용.

이 교과 교육을 포함한 학교교육 전 과정을 통해 중점적으로 길러져야 한다고 제시했다.

2015 개정 교육과정의 주요 개정 방향과 특징은 다음과 같다(교육부, 2015b). 첫째, 인문·사회·과학기술에 관한 기초 소양 교육을 강화하고자 했다. 이를 위해 특히 고등학교에 문·이과 구분 없이 모든 학생이 배우는 공통 과목을 도입하고, 통합적 사고력을 키우는 '통합사회' 및 '통합과학' 과목을 신설하였다. 둘째, 학생들의 "꿈과 끼"를 키울 수 있는 교육과정을 마련하고자 했다. 이를 위해 단위 학교의 교육과정 편성·운영의 자율성을 확대하여 학생의 진로와 적성을 고려한 다양한 선택 과목 개설이 가능하도록 하고, 중학교의 한 학기를 '자유학기'로 운영할 수 있는 근거를 마련하였다. 셋째, 미래 사회가 요구하는 핵심 역량의 함양이 가능한 교육과정을 마련하고자 했다. 이를 위해 교과별로 꼭 배워야 할 핵심 개념과 원리 중심으로 학습 내용을 정선하여 감축하고, 교수·학습 및 평가 방법을 개선하여 학생들이 학습 부담에서 벗어나 진정한 배움의 즐거움을 느낄 수 있도록 하였다. 학교급별 주요 개정 사항은 아래와 같다.

가. 초등학교 교육과정

초등학교의 시간 배당 기준은 〈표 2-19〉와 같으며, 주된 개정 내용을 종래의 교육과정과 비교하여 제시하면 다음과 같다.

첫째, 1-2학년군의 수업 시수가 이전에 비해 주당 평균 1시간 늘어났다. 이는 우리나라 초등학교 저학년 학생들의 수업 시수가 다른 나라에 비해 현저하게 적고, 유치원 누리과정의 교육 운영 시간보다도 적다는 지적을 반영한 것이었다.

〈표 2-19〉 초등학교 시간 배당 기준(2015. 9. 23)

<table>
<tr><th colspan="2">구 분</th><th>1~2학년</th><th>3~4학년</th><th>5~6학년</th></tr>
<tr><td rowspan="8">교
과
(군)</td><td>국어</td><td rowspan="2">국어 448</td><td>408</td><td>408</td></tr>
<tr><td>사회/도덕</td><td>272</td><td>272</td></tr>
<tr><td>수학</td><td>수학 256</td><td>272</td><td>272</td></tr>
<tr><td>과학/실과</td><td rowspan="2">바른 생활 128</td><td>204</td><td>340</td></tr>
<tr><td>체육</td><td>204</td><td>204</td></tr>
<tr><td>예술(음악/미술)</td><td>슬기로운 생활 192</td><td>272</td><td>272</td></tr>
<tr><td>영어</td><td>즐거운 생활 384</td><td>136</td><td>204</td></tr>
<tr><td>소계</td><td>1,408</td><td>1,768</td><td>1,972</td></tr>
<tr><td colspan="2">창의적 체험활동</td><td>336
안전한 생활 (64)</td><td>204</td><td>204</td></tr>
<tr><td colspan="2">학년군별 총 수업 시간 수</td><td>1,744</td><td>1,972</td><td>2,176</td></tr>
</table>

① 이 표에서 1시간 수업은 40분을 원칙으로 하되, 기후 및 계절, 학생의 발달 정도, 학습 내용의 성격, 학교 실정 등을 고려하여 탄력적으로 편성·운영할 수 있다.
② 학년군 및 교과(군)별 시간 배당은 연간 34주를 기준으로 한 2년간의 기준 수업 시수를 나타낸 것이다.
③ 학년군별 총 수업 시간 수는 최소 수업 시수를 나타낸 것이다.
④ 실과의 수업 시간은 5~6학년 과학/실과의 수업 시수에만 포함된 것이다.

둘째, '안전한 생활'이 신설되었다. 이는 2015 개정 교육과정이 개발되는 과정 중에 일어난 세월호 사건으로 인해 부각된 안전 교육에 대한 요구를 반영한 것이었다. '안전한 생활'은 교과로 도입되기 보다는 초등학교 1-2학년군의 창의적 체험활동 속에서 하나의 영역으로서 주당 평균 1시간씩 2년간 총 64시간을 체험 중심으로 운영하도록 했다. 말하자면 초등학교 1-2학년에서 늘어난 주당 평균 1시간은 창의적 체험활동에 새로이 신설된 '안전한 생활'을 위해 활용될 수 있도록 했다.

나. 중학교 교육과정

중학교의 시간 배당 기준은 <표 2-20>과 같으며, 주된 개정 내용을 종래의 교육과정과 비교하여 제시하면 다음과 같다.

<표 2-20> 중학교 시간 배당 기준(2015. 9. 23)

구 분		1~3학년
교과(군)	국어	442
	사회(역사 포함)/도덕	510
	수학	374
	과학/기술·가정/정보	680
	체육	272
	예술(음악/미술)	272
	영어	340
	선택	170
	소계	3,060
창의적 체험활동		306
총 수업 시간 수		3,366

① 이 표에서 1시간 수업은 45분을 원칙으로 하되, 기후 및 계절, 학생의 발달 정도, 학습 내용의 성격, 학교 실정 등을 고려하여 탄력적으로 편성·운영할 수 있다.
② 학년군 및 교과(군)별 시간 배당은 연간 34주를 기준으로 한 3년간의 기준 수업 시수를 나타낸 것이다.
③ 총 수업 시간 수는 3년간의 최소 수업 시수를 나타낸 것이다.
④ 정보 과목은 34시간을 기준으로 편성·운영한다.

첫째, 중학교의 한 학기를 '자유학기'로 운영할 수 있도록 이와 관련된 편성·운영 지침을 새로이 마련했다. 자유학기제는 우리나라 학교교육의 체질을 근본적으로 개선하기 위한 획기적인 시도로서, 2016년부터 전국의 모든 중학교에서 시행되고 있다. 2015 개정 교육과정은 중학교의 경우, 2018년도 신입생부터 적용될 예정이나, 자유학기에 대한 편성·운영 지침은 2016년부터 우선 적용하도록 하고 있다. 2015 개정 교육과정에서 제시한 자유학기 편성·운영 관련 지침은 다음과 같다.

- 중학교 과정 중 한 학기는 자유학기로 운영한다.
- 자유학기에는 해당 학기의 교과 및 창의적 체험활동을 자유학기의 취지에 부합하도록 편성·운영한다.
- 자유학기에는 지역 사회와 연계하여 진로 탐색 활동, 주제 선택 활동, 동아리 활동, 예술·체육 활동 등 다양한 체험 중심의 자유학기 활동을 운영한다.
- 자유학기에는 협동 학습, 토의·토론 학습, 프로젝트 학습 등 학생 참여형 수업을 강화한다.
- 자유학기에는 중간·기말 고사 등 일제식 지필평가는 실시하지 않으며, 학생의 학습과 성장을 지원하는 과정 중심의 평가를 실시한다.
- 자유학기에는 학교 내외의 다양한 자원을 활용하여 진로 탐색 및 설계를 지원한다.
- 학교는 자유학기의 운영 취지가 타 학기·학년에도 연계될 수 있도록 노력한다.

둘째, '정보' 과목을 필수로 지정했다. 이는 중학교 학생들이 소프트웨어에 대한 기초 소양을 갖출 수 있도록 하기 위한 것이었다. 이를 위해 기존에 선택 교과군에 속했던 '정보'를 '과학/기술·가정' 교과군으로 통합시키고 이 과목에 34시간을 배당하도록 했다. 이에 따라 '과학/기술·가정' 교과군은 '과학/기술·가정/정보' 교과군으로 조정되었으며, 시간도 34시간이 증배되었다. 반면 선택 교과군은 정보가 빠져나가면서 34시간이 감축되었다.

다. 고등학교 교육과정

고등학교의 단위 배당 기준은 〈표 2-21〉 및 〈표 2-22〉와 같으며, 주된 개정 내용을 종래의 교육과정과 비교하여 제시하면 다음과 같다.

〈표 2-21〉 일반 고등학교(자율 고등학교 포함)와 특수목적 고등학교(산업수요 맞춤형 고등학교 제외) 단위 배당 기준(2015. 9. 23)

<table>
<tr><th></th><th>교과 영역</th><th>교과(군)</th><th>공통 과목(단위)</th><th>필수 이수 단위</th><th>자율 편성 단위</th></tr>
<tr><td rowspan="10">교과(군)</td><td rowspan="4">기초</td><td>국어</td><td>국어(8)</td><td>10</td><td rowspan="9">학생의 적성과 진로를 고려하여 편성</td></tr>
<tr><td>수학</td><td>수학(8)</td><td>10</td></tr>
<tr><td>영어</td><td>영어(8)</td><td>10</td></tr>
<tr><td>한국사</td><td>한국사(6)</td><td>6</td></tr>
<tr><td rowspan="2">탐구</td><td>사회
(역사/도덕 포함)</td><td>통합사회(8)</td><td>10</td></tr>
<tr><td>과학</td><td>통합과학(8)
과학탐구실험(2)</td><td>12</td></tr>
<tr><td rowspan="2">체육 · 예술</td><td>체육</td><td></td><td>10</td></tr>
<tr><td>예술</td><td></td><td>10</td></tr>
<tr><td>생활 · 교양</td><td>기술 · 가정/
제2외국어/
한문/교양</td><td></td><td>16</td></tr>
<tr><td colspan="3">소계</td><td>94</td><td>86</td></tr>
<tr><td colspan="4">창의적 체험활동</td><td colspan="2">24(408시간)</td></tr>
<tr><td colspan="4">총 이수 단위</td><td colspan="2">204</td></tr>
</table>

① 1단위는 50분을 기준으로 하여 17회를 이수하는 수업량이다.
② 1시간의 수업은 50분을 원칙으로 하되, 기후 및 계절, 학생의 발달 정도, 학습 내용의 성격, 학교 실정 등을 고려하여 탄력적으로 편성 · 운영할 수 있다.
③ 공통 과목은 2단위 범위 내에서 감하여 편성 · 운영할 수 있다. 단, 한국사는 6단위 이상 이수하되 2개 학기 이상 편성하도록 한다.
④ 과학탐구실험은 이수 단위 증감 없이 편성 · 운영하는 것을 원칙으로 하되, 과학 계열, 체육 계열, 예술 계열 고등학교의 경우 학교 실정에 따라 탄력적으로 운영할 수 있다.
⑤ 필수 이수 단위의 단위 수는 해당 교과(군)의 '최소 이수 단위'로 공통 과목 단위 수를 포함한다. 특수 목적 고등학교와 자율형 사립고등학교의 경우 예술 교과(군)는 5단위 이상, 생활 · 교양 영역은 12단위 이상 이수할 것을 권장한다.
⑥ 기초 교과 영역 이수 단위 총합은 교과 총 이수 단위의 50%를 초과하지 않도록 한다.
⑦ 창의적 체험활동의 단위는 최소 이수 단위이며 ( )안의 숫자는 이수 단위를 이수 시간 수로 환산한 것이다.
⑧ 총 이수 단위 수는 고등학교 3년간 이수해야 할 '최소 이수 단위'를 의미한다.

〈표 2-22〉 고등학교 보통 교과(2015. 9. 23)

교과 영역	교과(군)	공통 과목	선택 과목	
			일반 선택	진로 선택
기초	국어	국어	화법과 작문, 독서, 언어와 매체, 문학	실용 국어, 심화 국어, 고전 읽기
	수학	수학	수학Ⅰ, 수학Ⅱ, 미적분, 확률과 통계	실용 수학, 기하, 경제 수학, 수학과제 탐구
	영어	영어	영어 회화, 영어Ⅰ, 영어 독해와 작문, 영어Ⅱ	실용 영어, 영어권 문화, 진로 영어, 영미 문학 읽기
	한국사	한국사		
탐구	사회(역사/도덕 포함)	통합사회	한국지리, 세계지리, 세계사, 동아시아사, 경제, 정치와 법, 사회·문화, 생활과 윤리, 윤리와 사상	여행지리, 사회문제 탐구, 고전과 윤리
	과학	통합과학 과학탐구실험	물리학Ⅰ, 화학Ⅰ, 생명과학Ⅰ, 지구과학Ⅰ	물리학Ⅱ, 화학Ⅱ, 생명과학Ⅱ, 지구과학Ⅱ, 과학사, 생활과 과학, 융합과학
체육·예술	체육		체육, 운동과 건강	스포츠 생활, 체육 탐구
	예술		음악, 미술, 연극	음악 연주, 음악 감상과 비평 미술 창작, 미술 감상과 비평
생활·교양	기술·가정		기술·가정, 정보	농업 생명 과학, 공학 일반, 창의 경영, 해양 문화와 기술, 가정과학, 지식 재산 일반
	제2외국어		독일어Ⅰ 일본어Ⅰ 프랑스어Ⅰ 러시아어Ⅰ 스페인어Ⅰ 아랍어Ⅰ 중국어Ⅰ 베트남어Ⅰ	독일어Ⅱ 일본어Ⅱ 프랑스어Ⅱ 러시아어Ⅱ 스페인어Ⅱ 아랍어Ⅱ 중국어Ⅱ 베트남어Ⅱ
	한문		한문Ⅰ	한문Ⅱ
	교양		철학, 논리학, 심리학, 교육학, 종교학, 진로와 직업, 보건, 환경, 실용 경제, 논술	

① 선택 과목의 기본 단위 수는 5단위이다.
② 교양 교과목을 제외한 일반 선택 과목은 2단위 범위 내에서 증감하여 편성·운영할 수 있다.
③ 교양 교과목과 진로 선택 과목은 3단위 범위 내에서 증감하여 편성·운영할 수 있다.
④ 체육 교과는 매 학기 편성하도록 한다. 단, 특성화 고등학교와 산업수요 맞춤형 고등학교의 경우, 현장 실습이 있는 학년에는 탄력적으로 운영할 수 있다.

첫째, 공통 기초 소양 함양을 위해 '공통 과목'을 신설했다. 2009 개정 교육과정에서는 처음으로 고등학교 전 학년에 걸쳐 선택 교육과정이 운영되었으나, 2015 개정 교육과정에서는 모든 학생들이 공통적으로 이수해야 할 '공통 과목'을 다시 고등학교에 도입했다. 이는 제7차 교육과정부터 종래의 '과정' 운영에 대한 규정을 폐지하였음에도 불구하고, 실제 학교 현장에서는 여전히 문과와 이과로 교육과정을 구분하여 운영하고 있는 폐단을 제도적으로 막기 위한 것이었다. 즉 2015 개정 교육과정에서는 문과와 이과라는 과정 구분에 따른 고등학생들의 지식 편식을 막고 균형 있는 지식 습득을 보장하기 위해서 국어, 수학, 영어, 사회, 과학 교과에서 고등학교 단계에서 반드시 배워야 할 내용으로 구성된 '공통 과목'을 개발하고 그것을 모든 학생이 이수하도록 하였다. '한국사'와 새로 신설된 '과학탐구실험'도 공통 과목으로 분류되었다.

둘째, 사회 교과와 과학 교과의 공통 과목으로 각각 '통합사회'와 '통합과학'을 개발하여 모든 학생들이 이수하도록 하였다. 통합사회는 학생들이 삶 속에서 중요하게 다루어야 하는 9개의 대주제(행복, 자연환경, 생활공간, 인권, 시장, 정의, 문화, 세계화, 지속가능한 삶)를 선정하고 각각의 주제에 대해 시간적, 공간적, 사회적, 윤리적 측면에서 다각도로 사고할 수 있도록 구성되었다. 통합과학은 자연 현상에 대한 핵심 개념(물질의 규칙성, 시스템과 상호작용, 변화와 다양성, 환경과 에너지)을 중심으로 융복합적 사고력 신장이 가능하도록 구성되었다.

셋째, 필수 이수 단위가 늘어나고 이에 따라 학교자율과정에 배당된 단위는 감소하였다. 2009 개정 교육과정에서는 교과 총 이수 단위인 180단위 가운데 필수 이수 단위가 86단위였으며, 나머지 94단위는 학교자율과정에 배당되었다. 그러나 2015 개정 교육과정에서는 이와 반대로 필수 이수 단위가 94단위로 늘어나면서 학교자율과정은 86단위로 축소되었다. 이것은 공통 과목으로 '한국사' 6단위와 '과학탐구실험' 2단위가 신설되면서 필수 이수 단위가 이전보다 8단위 증배되었기 때문이다. 이로써 학교가 자율적으로 교육과정을 편성할 수 있는 여지는 이전보다 줄어들었다고 할 수 있다.

넷째, 기초 교과 영역, 즉 국어, 수학, 영어, 한국사의 이수 단위 총합이 교과 총 이수 단위의 50%를 초과하지 않도록 했다. 이는 고등학교 교육이 이들 교과에 지나치게 편중되는 것을 방지하기 위한 것이다. 이러한 규정은 2009 개정 교육과정을 부분 개정해서 2013년 12월 18일자로 고시했던 교육과정에서도 볼 수 있었던 것이다. 그러나 이때는 이 규정이 국어, 수학, 영어에 한해서만 적용되었으나, 2015 개정 교육과정에서는 이들 교과에 한국사를 추가함으로써 국어, 수학, 영어 교과의 실제적인 최대 편성 범위가 이전보다 축소되었다고 할 수 있다. 즉 이전 교육과정에서는 고등학교 교과 총 이수 단위인 180단위 가운데 국어, 수학, 영어에 최대 90단위를 편성할 수 있었으나, 2015 개정 교육과정에서는 이 규정에 한국사 6단위가 포함되어서 국어, 수학, 영어에는 최대 84단위까지만 편성 가능하게 되었다. 또한 이전과 달리 이 규정은 자율형 사립고등학교도 반드시 지키도록 의무화되었다.

다섯째, 선택 과목을 일반 선택과 진로 선택으로 구분하였다. 2009 개정 교육과정에서 선택 과목은 기본, 일반, 심화로 구분되었다. 그러나 2015 개정 교육과정에서 선택 과목은 일반 선택 과목과 진로 선택 과목으로 구분되었다. 일반 선택 과목은 교과별 주요 학습 영역을 일반적인 수준에서 다루는 과목으로서, 고등학교 단계에서 필요한 각 교과별 학문의 기본적 이해를 바탕으로 한 과목으로 구성된 것이다. '진로 선택 과목'은 교과 융합학습, 진로 안내학습, 교과별 심화학습, 실생활 체험학습 등이 가능한 과목으로 구성된 것이다. 진로 선택 과목의 경우는 반드시 3개 이상 이수하도록 규정되어 있다. 한편, 종래에 보통 교과의 심화 과목으로 편성되었던 과학, 체육, 예술, 외국어, 국제 계열의 과목들은 다시 전문 교과로 복귀되었다.

참고문헌

교육과학기술부(2009). 초·중등학교교육과정 총론.

교육과학기술부(2010). 초·중등학교 교육과정 개정 고시.

교육과학기술부(2011). 초·중등학교 교육과정 총론.

교육과학기술부(2012a). 초·중등학교 교육과정 총론.

교육과학기술부(2012b). 초·중등학교 교육과정 총론.

교육과학기술부(2012c). 초·중등학교 교육과정 총론.교육부(1955). 교과과정.

교육부(1963). 교육과정.

교육부(1973). 교육과정.

교육부(1981). 교육과정.

교육부(1987). 교육과정.

교육부(1992). 교육과정.

교육부(1997). 교육과정.

교육부(1997). 초등학교 교육과정 해설(Ⅰ).

교육부(2015a). 초·중등학교 교육과정 총론.

교육부(2015b). 2015 개정 교육과정 총론 및 각론 확정·발표. 교육부 보도자료('15. 09. 23.).

교육인적자원부(2006). 초·중등학교교육과정.

교육인적자원부(2007). 초·중등학교교육과정.

김재춘(2000). **증보판 수준별 교육과정의 이해**. 서울: 교육과학사.

김재춘, 박소영, 이상신, 이상승, 길만철(2001). **일반계 고등학교 선택중심 교육과정의 효율적인 적용방안 연구**. 교육부 정책연구보고서.

김재춘, 박소영, 김병주(2004). **제7차 교육과정 개발·적용 과정 분석**. 교육부 정책연구보고서.

소경희(2007). 국가 교육과정 개혁 과제 탐색: '2007 교육과정'의 검토와 반성. **아시아 교육연구**, 8(2). 135-159.

소경희(2017). **교육과정의 이해**. 파주: 교육과학사.

소경희 외(2010). 2009 개정 초·중등학교 교육과정 적용모형 개발. 서울특별시교육연구정보원 위탁과제 보고서.

유봉호(1992). **한국교육과정사연구**. 서울: 교학연구사.

조난심, 김재춘, 허경철, 박순경, 홍후조(1997). **제7차 교육과정 개정에 따른 수준별 교육과정 편성 및 운영 방안 연구**. 한국교육개발원 연구보고서.

허경철(1996). 수준별 교육과정의 필요와 개발 방향. **교육과정연구**, 14(2). 1-19.

CHAPTER 03

교과 활동(Ⅰ)-지식과 교육

"도저히 부인할 수 없는 것은, 우리가 고전을 읽고, 수학 문제를 열심히 풀고, 철학 책을 읽고 고민하고 생각할 때, 말로는 표현이 안되는 기쁨이나 희열을 느낄 수 있다는 것이다. 사실, 우리가 이런 문제를 머리 아프게 열심히 생각하는 이유도, 지식교육을 받아 왔고, 그러한 교육에 기초했기 때문인지도 모르겠다. …… 대학에서 처음 느낀 가장 유쾌한 일은 내 사고의 틀이 깨지는 것이었다. 책을 통해 다양한 생각들을 접하면서, 기존의 틀이 무수히 깨지고 부서져도 그러한 느낌이 나는 좋았다. 무엇 때문에 이 일을 하는지, 이것이 삶의 질을 위한 것인지는 나도 모르겠다. 하지만, 이로 인해 정신적인 풍요로움을 느끼는 것을 부인할 수는 없다."

—사대 교직 과목 수강생의 글

전통적으로 학생들은 교과를 통해서 교육을 받아왔다. 교과에는 흔히 가치로운 '지식'이 담겨 있을 것이라고 가정되어 왔다. 그러나 최근 '지식' 중심 교육의 문제점을 심각하게 제기하면서, 지식 대신에 '경험' 중심의 교육이 이루어져야 한다는 주장이 많은 사람들에게 설득력 있게 받아들여지고 있다.

사실, 다음 장에 소개될 경험 중심 교육과정이란 최근에 주장된 새로운 개념이 아니다. 그것은 이미 20세기 초반부터 학교교육에 강력한 영향력을 행사해 왔던 주장이다. 그러나 그것에 대한 인기와 열망에도 불구하고 경험 중심 교육과정은 현재까지도 학교교육에서 지식 중심 교육과정을 완전히 대치하지 못하고 있다. 이것의 이유는 어디에 있는가? 이 장에서는 전통적으로 학교교육을 지배해 왔던 지식 중심 교육과정을 개괄적으로 소개하고, 이러한 지식 중심 교육과정을 뒷받침하는 이론들을 차례로 제시하고자 한다.

1 지식 중심 교육의 역사 개관

지식 중심 교육과정은 "지식을 주된 내용으로 하여 구성되고 운영되는 교육과정"이다. 지식 중심 교육과정이란 용어는 1920-1930년대의 미국에서 종래의 교육과정에 대한 대안으로서 새로운 교육과정(즉, 경험 중심 교육과정)이 제안될 때 그 종래의 교육과정을 지칭하는 용어로 사용되었다(이홍우, 1991). 따라서 지식 중심 교육과정이란 전통적으로 학교에서 가르쳐 온 교육과정을 의미한다고 할 수 있다.

전통적으로 학교교육은 지식을 주된 내용으로 하는 교과를 통해서 이루어져 왔다. 따라서 학교 교과가 어떻게 성립되어 오늘날까지 그 명맥을 유지하고 있는가를 살펴보는 것은 지식 중심 교육과정의 전개 과정을 이해하는 데 도움이 될 것이다.

역사적으로 볼 때 초창기 학교 교과는 '실용적 가치'가 아닌 '학문적 가치'에 터해서 성립하고 발전해 온 것으로 보인다. 이것은 초창기 학교가 유한 귀족 계급에 의해 독점되고, 사물이 아니라 언어, 신체적 행위가 아니라 마음, 구체적 생활 사태가 아니라 추상적 관념을 중심으로 교과와 교수 방법이 방향지워졌기 때문이라고 할 수 있다. 고대 그리스 아테네에서는 인간의 성품이나 덕을 함양하는 교육에 초점을 두었으며, 수사학, 문법, 수학, 음악, 철학, 지리, 자연사, 체조(체육) 등이 이러한 함양을 이끌 것으로 가정했다(Priestley & Biesta, 2013). 이러한 교과들은 중세의 '7자유학과'(seven liberal arts)로 이어졌다.

그리스 시대에 뿌리를 둔 7자유학과는 문법, 논리학, 수사학, 대수학, 기하학, 천문학, 음악으로 구성되어 있었다. 7자유학과 중 앞의 세 개 학문, 즉 문법, 논리학, 수사학은 삼과(三科: trivium)라 불리는 것으로, 본래 아테네의 시민들이 정치적 활동을 할 때 의사를 바르게 표현하고 논리에 맞는 토론을 전개하며 대중을 설득시킬 수 있는 능력을 필요로 한 데서 유래한 것으로 알려져 있다. 그러나 이러한 정치적 유용성 말고도 그리스인들은 그것이 인간의 마음(이성)을 발달시키는 도구라고 믿고 있었다.

7자유학과 중 나머지 네 개 학문, 즉 대수학, 기하학, 천문학, 음악은 사과(四科 : quadrivium)로 불리는 것으로, 이것은 마음 밖의 세계를 지배하는 질서와 법칙에 관한 교과로 간주되었다. 이 중에서 대수학과 기하학은 특히 다른 교과보다 더 중요하게 여겨졌다. 그것은 이 두 교과들이 여러 가지 방식으로 생산적 실용성을 지닌 활동에 응용되기도 하지만, 그것보다는 구체적인 실제에 대한 언급 없이도 추상적으로 사고할 수 있도록 해 줌으로써 진리의 세계에 가장 직접적으로 접근할 수 있게 한다고 보았기 때문이었다(이돈희, 1992).

물론, 그리스 시대에도 지리학, 물리학, 의학 등의 과학 분야를 학교 교과에 포함시켜야 한다는 주장이 대두되기도 하였다. 그러나 대다수 그리스인들은 과학 교과의 가치를 별로 인식하지 못하였다. 그것은 과학이 구체적 사물을 연구하는 것이며, 지성만이 아니라 감각에도 의존하기 때문에 정확한 진리를 말해주지 못한다고 보았기 때문이었다(이돈희, 1992).

7자유학과는 중세기 학교의 핵심적인 교육 내용이었다. 중세기에 삼학(三學)은 기독교의 철학을 연구하는 데에 필요한 도구로 인식되었고 교육과정의 중요한 부분을 점하게 되었다. 르네상스 시대에 이르러 7자유학과는 '인문교과'(humanities)로 계승, 발전되었다. 인문교과는 주로 고전(古典)과 문학, 역사, 종교, 철학 등으로 구성되어 있었으며, 이과 교육이나 직업 교육을 구성하는 교과에서 강조하는 것과는 구별되는 것을 추구하였다. 즉 인문교과들은 사회적 유용성이나 생산성과는 무관하게 '자유 교육'(liberal education)의 정신을 가르치는 특성을 지녔다.

7자유학과나 인문교과는 그에 포함된 교과의 성격으로 보아 자유교육을 지향한다고 볼 수 있다. 자유교육은 본질상 "돈벌이와 무관하게 그 자체를 목적으로 추구되는 교육, 인간을 기계적으로 만들지 않고 자유롭게 하는 교육, 지나치게 전문화됨이 없이 사물에 관한 폭넓은 이해를 발전시키는 교육"(김수천, 1999)이라고 할 수 있다.

영국의 철학자 허스트(P. Hirst)는 희랍인들의 자유교육에 대한 생각을 제시한 바 있는데, 이는 자유교육이 본래 추구하고자 했던 바를 잘 드러내 준다. 허스트에 의하면, 희랍인들은 지식을 추구하는 것이 바로 인간 정신의 고유한 활동이라고 보고, 그것이 곧 정신적 선(善)의 추구이며 따라서 행복한 생활의 본질적 요소라고 생각하였다. 그들은 또 이성을 바르게 사용함으로써 마음이 사물의 본질을 알게 되고 궁극적이고 불변하는 실재를 파악하게 되며, 그에 따라 거짓투성이의 현상이나 의심스러운 견해와 신념에서 해방되어 올바른 삶의 모습과 방향을 따를 수 있게 된다고 보았다(Hirst, 1974). 이러한 자유교육의 원리에 비추어 보면, 자유교육의 전통을 따르는 교과에 담긴 지식은 진리에 기초한 것이며, 이러한 진리를 추구하는 것은 인간의 고유한 활동인 동시에 행복한 삶의 본질적 요소이기 때문에 그 자체 가치가 있다고 할 수 있다.

이와 같이 초창기 학교 교과는 자유교육의 이념 하에 그 교과가 가지고 있는 학문적 가치 때문에 성립하고 발전되어 왔다. 학문적 가치에 터한 이러한 교과 성립의 방식은 사실상 역사를 통하여 줄기차게 이어져 온 것으로 현재에도 하나의 큰 흐름을 이루고 있다.

그러나 학문적인 가치에 근거해서 성립·발달해온 전통적 7자유학과나 르네상스 시대의 인문교과는 17세기 이후 실학주의·범지주의·자연주의·공리주의·진보주의로 이어지는 경험적·실용적 교육론자들에 의해 심한 비판을 받게 된다. 베이컨(F. Bacon) 등에 의해 경험주의 인식론과 공리주의적 지식관이 제시되자 교육에 있어서도 근본적인 변혁을 요구하는 소리가 높아졌던 것이다. 코메니우스(J. A. Comenius)의 「대교수학」은 감각 경험의 중요성과 "모든 사람에게 필요한 모든 것을 가르치는 모든 기술"을 추구했고, 루소(J. J. Rousseau)의 「에밀」은 아동의 본성과 발달 과정에 맞는 교육을 강조하면서 인위보다 자연, 언어보다 사물, 교양보다 생활, 귀족적 시민보다 자유로운 개인, 주형보다 파형을 외쳤다. 한 마디로 모든 것을 뒤엎으면 옳게 될 것으로 생각했던 것이다(김수천, 1987).

다른 한편으로, 교과 성립의 기반으로서 학문적 가치는 중세기 후반에 성립된 중산 계급의 가치관이 교육에 침투하게 되면서부터 도전을 받게 되었다. 이러한 도전은 시민 혁명과 산업 혁명의 전개, 과학과 기술의 발달, 그리고 생산적인 노동의 가치에 대한 인식의 변화 등의 영향으로 더욱 거세게 전개되었다. 고대나 중세 초기까지 사회적으로 그 세력이 보잘것 없었던 중산 계급은, 십자군 전쟁 이후에 경제적 수준과 사회적 세력을 크게 증대시켰다. 중산 계급의 사람들은, 지식을 획득하거나 탐구하는 일을 그 자체로서 가치있다고 여기기보다는(즉, 지식의 본질적 가치보다는) 오히려 그것의 도구적 성격을 중시하려는 경향을 지니고 있었다. 그리하여 학교 교과의 가치를 판단하는 기준으로서 '실용적 가치'가 중요하게 고려되었다.

특히 산업 혁명은 학교가 산업 사회에서 요구되는 실제적 지식을 가르치도록 하는 데에 결정적인 역할을 하였다. 그리하여 산업 혁명 후에는 실제적 지식, 유용한 지식이 중요시되었다. 이것은 새로운 교과의 도입을 초래하였을 뿐만 아니라 기존 교과의 내용에도 변화를 가져왔다. 예컨대 수학 교과의 경우, 종래에는 학생들에게 사회의 지도자로서 갖추어야 할 적절한 정신 도야를 위해서 논리적으로 생각하고 추론하는 방법을 가르쳐 왔으나, 기능적인 것을 가르쳐야 한다는 주장에 의해서 도전을 받게 되었다.

이러한 가운데 스펜서(H. Spencer)가 교과의 가치를 판단하는 기준으로 제시한 '생활에의 유용성'이라는 준거는 종래 학교에서 가르쳐 온 교과에 대한 전면적인 재검토를 요청하였다. 스펜서는 전통적인 자유학과나 인문교과들이 실제 생활과는 관계가 먼 장식적 지식으로 가득차 있다고 비판하고, 교과의 가치를 판단하는 기준으로 생활 영역에의 유용성을 제시하고 그 생활 영역에 유용한 지식을 가르쳐야 한다고 주장하였다.

스펜서에 의하면 학교에서 가르쳐야 하는 지식은 ① 인간의 자기 보존에 직접 관계되는 활동에 관한 지식, ② 생활 필수품을 획득하는 수단으로서 인간의 자기 보존에 직·간접적으로 관계되는 활동에 관한 지식, ③ 자녀양육과 교육에 관계되는 활동에 관한 지식, ④ 적절한 사회적·정치적

관계를 유지하는데 필요한 활동에 관한 지식, ⑤ 개인적 기호와 취미를 만족시키기 위한 여러 가지 여가 활동에 관한 지식 등이다. 그는 특히 자연과학의 가치를 강조하고 그것은 실용적 가치만 가지는 것이 아니라 도야적 가치도 가지고 있다고 주장함으로써 전통적 인문교과들의 뿌리를 흔들어 놓았다.

이러한 흐름은 19세기 들어 미국인의 자유주의·개척정신과 결합되어 소위 진보주의 교육 운동으로 이어졌다. 진보주의자들은 대체로 학교를 학생들의 요구에 맞게 전환시키고 그들의 생활 개선과 사회 발전에 이용하려 했다.

19세기와 20세기에는 학교 교과를 무엇으로 할 것인가에 대한 논란이 미국의 국가적 관심사가 되었던 시기였다. 이 시기에도 여전히 학문적 가치를 가진 전통적 교과를 가르쳐야 한다는 입장과 실용적 가치를 가진 교과를 가르쳐야 한다는 입장이 경쟁하였다. 19세기에도 여전히 전통적 교과를 주장하는 사람들은 당시 자연과학과 실용적 교과의 출현에 직면해서 전통적인 인문교과를 옹호하기 위한 주장을 피력했다.

그러나 르네상스 시대의 유럽, 더 거슬러 올라가면 희랍 시대에 그 기원을 둔 전통적인 인문교과가 새로운 산업사회의 요구에 적절할 수 있을 것인가에 대해서 많은 의문이 제기되었다. 더군다나 1890년대 이후로 많은 학생들이 중등학교에 대량 유입되면서 전통적 인문교과는 도전을 받게 되었다.

미국에서 오늘날과 같은 형태의 학교 교과는 진보주의 시대(1880~1920)의 급격한 사회·정치적 변화 과정에서 출발하였다고 할 수 있다(Popkewitz, 1987). 이 시기에 종래 강조되었던 라틴어와 같은 교과는 새로운 범주의 교과, 즉 과학이나 외국어로 대치되면서 오늘날 미국 학교의 일반적인 교과 범주, 즉 수학, 읽기, 과학, 사회, 언어, 예술 등과 같은 범주가 명료하게 출현하기 시작했다.

19세기 후반 이래 학교의 교과는 교과명만을 고려해 볼 때 온건하게 변해온 것으로 보인다. 예컨대 번스(G. T. Burns)의 연구에 따르면, 1899년의 미국의 중등학교 교과였던 영어, 외국어, 역사(공민, 경제 포함), 수학,

과학 등은 1983년에도 여전히 중등학교의 교과로 존재해 있으며, 여기에 예술과 컴퓨터만이 추가되었을 뿐이다(Burns, 1988). 그리고 최근까지도 19세기 후반에 중등학교에서 가르쳐져 왔던 교과들은 여전히 학교교육의 '기본 교과'(basics)를 형성하고 있다. 다만 몇 개의 새로운 교과들만이 추가되었을 뿐이다. 오늘날에도 전통적인 교과는 여전히 학교의 기본 교과로 남아 있으며, 일부는 새로운 명칭으로 잔존해 있는 것이다.

이상에서 검토해 본 바와 같이 지식을 중심으로 조직된 지식 중심 교육과정은 희랍 시대에 그 뿌리를 둔 중세기 '7자유학과'로부터 출발하여 르네상스 시대의 '인문교과'를 거쳐 최근까지도 학교교육의 '기본 교과'로서 그 명맥을 유지해 오고 있다. 요컨대 실용적인 가치가 중요시되는 현대에 있어서도 7자유학과로부터 비롯된 지식 중심의 교육과정은 계속 남아 있을 뿐만 아니라 일반적으로 인정된 규범적 지위, 즉 학교의 '기본 교과'로서의 지위를 누리고 있다.

2 지식 중심 교육과정 이론

학교에서는 전통적으로 지식 중심 교육을 해왔다. 특히 학교에서 가르쳐 온 교과는 이런 지식 교육을 위한 주요한 도구였다. 그러나 19세기에 이르러 이러한 전통적인 교과의 가치에 대해 의문을 제기하고, 대신에 실용적인 교과를 가르쳐야 한다는 주장이 대두되었다. 이후 지식 중심의 전통적인 교과는 많은 사람들에 의해 비판의 대상이 되어 왔다.

지식 중심 교육과정 이론은 이러한 도전에 대하여 지식을 중심으로 한 교육 내용, 즉 교과의 가치 및 그 성격을 드러내려는 이론들이다. 이러한 이론들로는 정신 도야론, 교과의 구조론, 지식의 형식론이 있다. 이하에서는 이 이론들에 대해 살펴본다.

가. 정신 도야론

정신 도야론(the doctrine of mental discipline)의 기원

정신 도야론은 학교에서 무엇을 가르쳐야 하며, 그것은 왜 그러한가에 대해 최초의 답을 제공한 이론이라고 할 수 있다. 즉 정신 도야론은 전통적으로 학교에서 가르쳐 온 교과의 성립 및 발달을 설명해 줄 수 있는 최초의 이론이라고 할 수 있다. 그러나 정신 도야론이 하나의 이론으로 본격적으로 대두된 것은 19세기에 이르러서라고 할 수 있다. 즉, 정신 도야론은 처음부터 학교에서 가르칠 수 있는 교과를 선정하기 위한 하나의 원리로서 등장한 것이 아니라, 이미 성립되어 가르쳐 온 교과의 가치를 의심하는 사람들에게 전통적 교과의 가치를 잘 설명해주기 위해서 뒤늦게 등장한 이론인 것이다.

19세기는 전통적인 사회가 산업 사회로 바뀌는 급격한 사회 변화 과정에 놓여있던 시기로, 이러한 급격한 사회 변화에 직면해서 학교에서 무엇을 가르쳐야 하는가에 대한 문제가 심각하게 제기되었다(Kliebard, 1987). 당시 일부에서는 종래의 교육 내용이었던 전통적인 교과 대신에 사회 변화에 부응하는 새로운 종류의 교육 내용이 필요하다는 주장이 있었다. 이러한 사태는 종래의 교육을 옹호하는 사람들에게 하나의 도전으로 간주되었다. 정신 도야론은 이 도전에 대하여 종래의 교육 내용이었던 고전어와 수학의 가치를 옹호하려는 목적에서 등장하였다.

19세기 정신 도야론의 주장을 가장 잘 나타내는 문서는 1828년의 예일 대학교 교수단의 보고서이다. 이 보고서는 당시에 대두되기 시작한 자연과학과 실용적인 교과의 출현에 직면해서 전통 교육과 인문주의적인 가치를 열렬히 옹호했다. 이 보고서에서는 교육의 두 가지 기능을 마음의 능력을 강화시키는 것(즉 사고 능력의 개발)과, 마음을 내용으로 채우는 것(즉 지식과 기능의 획득)으로 보았으나, 이 중에서 전자를 더 중요한 기능으로 봄으로써 정신 도야론의 입장을 취했다.

정신 도야론은 19세기 말경 미국 대학의 통일된 대학 입학 요건을 만들기 위해 설립된 NEA(National Education Association) 산하 10인 위원회의 의장이자 하버드 대학 총장인 엘리어트(Charles Eliot)에 의해서도 지지되었다. 당시 엘리어트는 종래에 가르쳐온 전통적 교과 외에도 다른 현대적 교과를 주장했다. 그러나 그것은 그러한 현대적 교과 역시 전통적 교과와 같은 도야적 가치를 가질 수 있다고 보았기 때문이었다. 그리고 그는 이러한 교과들이 대학에 가든 가지 않든 간에 모든 고등학생이 배워야 할 공통 교육과정이 되어야 한다고 주장했다. 그 결과 19세기 말경 미국 정규 학교의 교과서는 정신 도야론에 입각하여 채택되고 가르쳐졌다.

정신 도야론의 주장

교육과정 이론으로서 정신 도야론의 뿌리는 플라톤의 견해에까지 거슬러 올라갈 수 있지만, 19세기에 등장한 정신 도야론은 18세기 독일 심리학자 울프(C. Wolff)의 주장으로부터 추론된 것이다(Kliebard, 1987). 그는 인간 정신(mind)이 세밀하게 위계화된 능력들(faculties)로 구성되어 있다고 주장한 바 있다. 정신 도야론은 울프의 심리학에 기초해서, 인간의 정신을 구성하는 제 능력들, 즉 지각, 기억, 상상, 추리 등의 능력을 도야하는 데에 관심을 갖는다.

정신 도야론은 정신(mind)과 신체(body)의 비유를 통해 교육과정의 근본적인 문제, 즉 무엇을 가르쳐야 하는가에 대한 명쾌한 해결책을 제공한다. 정신 도야론의 주장은 다음과 같다. 인간의 신체가 근육으로 구성되어 있는 것처럼, 인간의 정신도 서로 뚜렷이 구분되는 몇 가지 '능력'으로 구성되어 있다. 그 능력들은 지각, 기억, 상상, 추리, 감정, 그리고 의지 등이다. 인간의 마음에 들어 있는 이러한 정신 능력들은 마치 신체의 근육이 운동을 통해 단련될 수 있는 것처럼, 훈련 또는 도야(discipline)를 통해서 단련될 수 있다.

교육 내용은 바로 이러한 정신에 들어있는 능력을 도야시키는 것이어야 한다. 정신 도야론자들에 의하면, 특정 교과는 이러한 정신 능력을 도야시키는 힘을 가지고 있다. 예컨대 수학은 기억 내지 추리력을 기르는데 적합하며, 음악은 감정을 도야하는데 적합하다는 것이다. 따라서 학교에서 가르쳐야 하는 것은 인간의 정신 속에 들어 있는 여러 가지 능력을 도야시킬 수 있는 교과이다.

로마 시대와 중세기의 대표적인 교과였던 '7자유학과', 즉 문법, 수사학, 논리학, 대수학, 기하학, 음악, 천문학은 특히 도야적 가치가 큰 것으로 인정된 교과이다. 전통적으로 우리 학교교육에서 다루어져 왔던 교과들, 특히 국어, 수학, 음악 등은 바로 이러한 이유에서 가르쳐져 왔다고 볼 수 있다. 말하자면 수학이 교과로서 가치를 가지는 것은 그것이 기억이나 추리력과 같은 정신 능력을 도야한다는 데에 있다.

정신 도야론자에 따르면, 특정 교과가 학교에서 가르쳐져야 하는 이유는 그 교과에 담겨져 있는 구체적인 '내용' 때문이 아니라, 그 내용을 배움으로써 얻게 될 '정신 능력' 때문이다. 다시 말하면, 무엇을 기억하고 추리하는가가 문제가 아니라, 기억되고 추리되는 것이 무엇이든지 간에 그것을 기억하고 추리한다는 사실이 중요한 것이다. 그러므로 정신 도야론에서 특정 교과가 중요시되는 이유는 그 교과가 담고 있는 내용 자체가 중요하기 때문이 아니라, 그것이 정신 능력을 도야할 기회를 제공해 주기 때문이라고 볼 수 있다(이홍우, 1996).

정신 도야론에서 정신 도야를 중요시하는 이유는 교과의 학습을 통해 도야된 정신 능력은 어떤 내용이거나 상관없이 그 능력을 요구하는 사태에 일반적으로 전이될 수 있다고 보기 때문이다. 이러한 정신 도야론의 주장은 이들의 교육 방법을 암시한다. 즉 정신 도야론에서는 마치 신체의 근육이 단련을 통해 발달되듯이, 특정 교과가 나타내고 있는 정신 능력들도 반복적인 연습(drill)을 통해 발달한다고 봄으로써 교육의 방법으로서 교과 내용의 반복적인 암기를 주장하고 있는 것이다. 이는 교과 내용의 반복적인 암기를 통해서 모든 사태에 적용가능한 일반적인 정신 능력이 습득될 수 있다고 보았기 때문이다.

마음을 신체에 비유하는 이러한 설명 방식은 오랫동안 우리가 무엇을 가르쳐야 하며, 그것을 어떻게 가르쳐야 하는가에 대한 설명을 제공해 주었다. 정신 도야론의 주장이 오늘날에는 설득력을 상실해 가고 있지만,

전혀 도외시할 수 없는 부분이 있다. 이 점은, 유행하는 베스트셀러 작품이나 대중가요가 범람하고 있음에도 불구하고, 흔히 '고전'으로 불리는 문학 작품과 음악이 여전히 많은 사람들의 사랑을 받고 있는 데서 발견할 수 있다. '고전'이 여전히 사람들의 관심을 끄는 것은 그것에 담긴 내용 그 자체의 유용성 때문이라고 보기 어렵다. 오히려 그것은 고전 작품을 읽거나 들음으로써 도야된 정신 능력이 인간 관계나 사물에 관하여 판단하고 추리하는 데에 유용하기 때문이라고 보아야 할 것이다. 이 점은 적어도 정신 도야론이 전통적인 지식 위주의 교과의 가치를 설명하는데 어느 정도 설득력이 있음을 보여주는 것이라고 할 수 있다.

정신 도야론에 대한 비판

1890년대에 정신 도야론은 문제점이 있는 이론으로 지적되기 시작했다. 정신 도야론의 문제점은 당시 심리학자인 제임스(W. James)와 쏜다이크(E. L. Thorndike)의 경험적인 실험을 통해서도 드러났지만, 실패의 좀 더 직접적인 원인은 정신 도야론이 당시의 새로운 산업 사회의 요구에 적절한 교육과정을 제시하지 못한다는 점 때문이었다(Kliebard, 1987).

심리학자 제임스와 쏜다이크의 경험적인 실험은 여러 책에서 소개된 바 있다(이홍우, 1996: 김종서 외, 1998). 이들의 실험은 정신 도야론에서 주장한 바 있는 정신 능력이 모든 사태에 전이될 수 있는가와, 특정 교과가 과연 다른 교과에 비해 정신 능력을 도야하는데 적합한가를 검증하는데 초점이 있었다. 이들의 실험 결과에 의하면, 특정 교과를 통해서 도야된 정신 능력이 일반적인 사태에 전이가 되지 않을 뿐만 아니라, 특정 교과(예: 역사, 기하, 라틴어)가 다른 교과(예: 부기, 속기, 타자)에 비해 일반적인 정신 능력을 개발하는데 더 적합한 것도 아니었다.

정신 도야론에 대한 좀 더 결정적인 비판은 당시의 변화하는 산업 사회 및 중등교육 수혜 인구의 대량적인 유입과 밀접한 관련이 있다. 19세기 후반, 많은 사람들은 정신 도야론에 입각한 전통적 인문교과가 새로운 산업 사회의 요구에 적절할 수 있는가 하는 의문을 제기하기 시작했다. 이와 함께 새로운 산업 사회에서 가르쳐야 할 지식에 대한 다양한 입장이 출현했다.

예컨대 홀(G. S. Hall)은 모든 학생이 진로와 상관없이 동일한 교과를 배워야 한다거나, 대학 입학을 위한 학구적 교과가 곧 생활 적응을 위한 교과가 될 수 있다는 주장에 대해 반대했다. 그가 보기에 전통적인 학구적 교과는 대학에 가기 위한 일부 고등학교 학생들에게만 적절한 것이었다. 그리하여 홀은 교육 내용 선정의 기준으로서 교과의 도야적 가치보다는 아동의 발달 단계에 더 관심을 가졌다. 그에 의하면, 학교에서 무엇을 가르쳐야 할 것인가 하는 문제는 아동이 각 발달 단계에서 무엇을 필요로 하는지를 과학적으로 연구 분석한 결과를 토대로 하여 그 답을 모색해야 한다.

홀 이외에도 라이스(J. M. Rice)와 워드(L. F. Ward) 등은 각각 산업 사회에 직면하여 과학적 경영 기술에 입각한 교육과정 운영이나 정의로운 사회를 위한 학교교육의 역할에 초점을 두고 종래의 정신 도야론에 입각한 교육을 비판하였다. 이러한 비판들은 듀이(J. Dewey)에게도 영향을 미쳐, 20세기 초반 듀이는 지식 중심 교육과정과 대비되는 경험 중심 교육과정을 주장하게 된다.

나. 교과의 구조론[1]

2차 세계대전 이후 세계는 자본주의와 공산주의라는 양극 체제로 갈라서기 시작했지만, 당시 세계 총 생산량의 50% 정도를 차지하는 미국의 영향력으로 인하여 미국 중심의 평화 체제(Pax Americana)가 구축되었다. 미국의 경제적인 풍요 속에서 미국인들은 지상의 천국에 가까운 삶을 누리고 있었다. 1900년대를 전후하여 급속한 발전을 이룬 아동발달심리학과 듀이의 아동중심 교육이론, 1930년대에 수행된 '8년 연구' 등의 영향으로 미국에서는 아동중심교육과 생활중심교육이 학교교육의 큰 흐름을 형성하고 있었다.

1) 이 부분은 김재춘·박순경·이동주(2010)의 「교육과정과 교육평가」(한국방송통신대학교출판부)의 2장 2절의 내용을 재편집한 것임을 밝혀둔다.

1957년 10월 4일, 가난한 농업국가로 간주되었던 소련이 스푸트닉(Sputnik Ⅰ)이라 불리는 인공위성을 발사하였다. 당시 미국은 인공위성 발사에 대한 연구에서 진척이 전혀 이루어지지 않은 상황이었다. 소련의 인공위성 발사로 미국인들은 대혼란에 빠졌다. 세계 최고의 경제 부국인 미국도 해내지 못한 일을 가난한 농업국가인 소련이 해 냈다는 것에 대한 미국 국민의 자존감 손상과 동시에 냉전 이데올로기 대치 상황에서 미국에 대한 소련의 군사력 우위에 관한 우려가 겹쳐졌다. 도대체 왜 이런 상황이 발생했단 말인가? 이런 사태에 대해 누군가는 책임을 져야 하지 않는가? 미국인들은 여기서 희생양을 찾아야 했고 결국 당시 학교에서 진행되었던 아동중심, 생활중심의 진보주의 교육이 희생양으로 지목되었다.

학교에서 학생들에게 학문을 가르치지 않고 놀린다는 보수언론의 학교교육에 대한 비판이 이어졌고, 소련의 인공위성 발사로 군사적 위기를 느낀 미국 국방부는 학교교육을 바꾸기 위한 시도에 착수하였다. 당시 진보주의 교육이 가장 소홀히 여겼다고 판단한 수학, 과학, 외국어 교육을 강화하기 위하여 미국 국방부는 거대한 규모의 연구비를 마련하여 해당 학문 분야의 최고 전문가들로 하여금 학생들이 초·중등학교에서 학문을 공부할 수 있는 교육과정과 교수·학습 자료를 개발하도록 하였다. 바로 이런 연유로 이 때 개발된 교육과정을 '학문중심 교육과정'이라고 부른다.

당시 미국 국방부의 연구 지원하에 수학과 과학 교육과정을 개발하던 연구자들이 매사추세츠주의 우즈 호울(Woods Hole)에 모여 새로운 학문중심 교육과정을 어떻게 개발할 것인가에 대한 워크숍을 며칠 동안 진행하였다. 이 워크숍에서 미국 교육의 문제가 여러 형태로 진단되었으며, 이러한 문제들을 극복하기 위한 대안으로 '지식의 구조'라는 개념이 제안되었다. 이 워크숍에 인지심리학자 자격으로 참석한 브루너(J. Bruner)가 워크숍에서 논의된 내용을 정리하여 출판한 책이 바로「교육의 과정」(The process of education)이다. 이 책이 이후에 전 세계적으로 학문중심 교육과정이라는 사조를 형성하는 데 큰 영향을 미쳤다.

스푸트닉 인공위성 발사와 관련한 뒷이야기

2차 세계대전이 끝난 후 미국과 소련 간의 이데올로기 냉전 체제에서 군비 경쟁이 가속화되었다. 그렇다면 왜 소련이 인공위성을 더 먼저 발사할 수 있었을까? 여기에는 두 가지 이유가 있다. 첫째, 소련의 인공위성 발사 프로젝트의 책임을 맡았던 꾸랼료프는 자신이 인류 역사상 첫 번째 인공위성을 쏘아 올리는 데 가장 큰 기여를 한 사람으로 기억되기를 바랐을 뿐만 아니라 인공위성 발사 경쟁에서 미국을 이기기를 강력히 희망했다. 따라서 그는 소련 정부에 **무제한적인 경제적 지원을 요청**했고 이것을 소련 정부가 받아들였다. 둘째, 동독에서 소련으로 넘어간 독일 과학자들이 인공위성 발사 연구에 참여하여 과학기술적인 측면에서 많은 공헌을 하였다.

약 12년 뒤, 1969년 7월 16일 미국은 유인선인 아폴로 11호를 인류 최초로 달에 보내게 되었다. 그렇다면 인공위성 발사에서 소련에 비해 그렇게 뒤처졌던 미국이 어떻게 12년 만에 인간을 먼저 달에 보낼 수 있었을까? 그 답은 플로리다 주에 위치한 케네디 스페이스 센터에 있다. 스페이스 센터에 케네디란 이름을 붙인 것은 바로 케네디 대통령이 인간을 달에 보내기 위해 **미국 정부의 무제한적인 재정 지원을 약속**했고, 그 후 매년 GNP의 약 5% 정도를 인공위성 발사 연구에 투자하였다. 이처럼 엄청난 재정 지원을 해 준 케네디 대통령에게 감사하는 마음으로 플로리다의 스페이스 센터에 케네디의 이름을 붙여 케네디 스페이스 센터라고 부른다.

소련과 미국의 사례에서 공히 드러나듯이, 인공위성 발사와 학교교육은 어떠한 특별한 관련도 맺고 있지 않았다. 인공위성 발사 성공에 결정적이었던 것은 이 연구에 필요한 엄청난 재정 지원의 문제였다. 그러나 미국의 보수적인 정치인들은 미국이 인공위성 발사 경쟁에서 소련에게 밀린 것을 잘못된 학교교육 즉 진보주의 교육 때문이라고 비난하였다. 그렇다면 미국이 학교교육을 개혁하자마자 곧바로 효과가 나타나서 미국이 소련보다 먼저 인간을 달에 보낼 수 있었다고 해석할 수 있는가? 이는 어불성설이다. 왜냐하면 새로운 학문중심 교육과정이 적용되기 시작한 것이 1960년대 중반이며, 그조차도 대부분의 학교에서 실패하여 새로운 교육과정이 제대로 적용된 곳이 많지 않았기 때문이다.

미국뿐만 아니라 우리나라를 포함한 전 세계의 정치인들은 자신들의 정치 활동의 실패로 문제가 발생하고 희생양이 필요할 때면 항상 언제나 학교교육을 지목하는 경향이 있다. 교육에 종사하는 사람들은 이 점을 염두에 두고, 교육이 더 이상 정치적인 희생양이 되지 않도록 주의할 필요가 있다.

무엇을 가르칠 것인가?: 지식의 구조

학교에서 무엇을 가르칠 것인가? 이 질문에 대한 브루너의 답은 비교적 명쾌하다. 브루너는 우리가 학생들에게 가르치는 교육내용은 '교과의 구조'(또는 '학문의 구조', '지식의 구조')이어야 한다고 주장한다. 왜냐하면 구조가 중요하기 때문이다. 그렇다면 구조가 왜 중요한지 브루너의 설명을 들어보자.

> 이러한 사업이 달성하고자 하는 주요 목표는 교과를 효과적으로 제시하고자 하는 것이다. 교과를 효과적으로 제시한다는 말은 곧 그 교과의 범위뿐만 아니라 교과가 나타내고 있는 구조도 충분히 고려하여 교과를 제시한다는 뜻이다. … 수학이건 역사건 간에 한 교과의 구조를 강조한다는 것은 무슨 뜻이며, 어떤 점에서 중요한가? 학생들에게 어떤 특정한 학습의 기본적인 아이디어를 될 수 있는 대로 빨리 전달하도록 교과를 구조화한다는 것은 무엇을 의미하는가?(Bruner, 1960).

브루너는 교과의 구조를 가르치는 것의 중요성과 필요성을 자신있게 이야기한다. 브루너의 이런 주장이 어떤 의미를 지니는가를 이해하기 위해서는 브루너가 설명하고 있는 당시의 미국 교육의 상황에 귀 기울여보자.

> 「교육의 과정」이란 책이 나온 시기를 다시 생각해 보자. 1959년은 당시 학교들의 병폐로 여겨지던 지적인 무목적성에 관해 관심이 높았던 시기이다. 많은 지식의 분야에서 커다란 진전이 있었음에도 이러한 진전이 학교에서 가르치는 내용에는 반영되지 못하고 있었다. 학문의 대열에서 머리(학자)와 꼬리(학생)라고 불릴 수 있는 양자 사이에는 커다란 격차가 벌어지고 있었다. … 스푸트닉 발사 직후 매사추세츠 캠브리지 대학에 있던 나의 동료 중 일부는 오늘날 미국이 당면한 커다란 문제는 현대 물리학과 수학의 성과가 중등학교교육과정에 반영되지 않고 있기 때문이라고 주장하였다(Bruner, 1971).

당시의 미국 교육 상황을 고려할 때 교과의 구조를 가르쳐야 한다는 브루너의 주장은 매우 설득력이 있어 보인다. 그렇다면 교과의 구조란 무엇인가? 교과의 구조가 무엇인가에 대해서 브루너는 명확하게 설명하고 있지 않다. 브루너는 대신에 교과의 구조라는 말이 무슨 뜻인가를 설명하기 위해서 생물학, 수학, 언어에 대한 예시를 제시하고 있다. 생물학에서는 자벌레의 위로 기어 올라가는 성향을 통해 단순한 조직의 유기체에는 어느 것에나 이런 성향이 있다는 원리를 깨닫는 것이 중요하다. 그리고 이런 성향의 원리에 비추어 여러 생물학적 현상을 이해할 수 있게 된다. 구조를 학습하는 것은 사물이나 현상이 어떻게 관련되어 있는가를 학습하는 것이다. 수학에서는 학생들이 교환, 분배, 결합 법칙에 스며있는 아이디어를 이해하게 되면, 현재 풀려고 하는 방정식은 전혀 새로운 방정식이 아니라 자기가 늘 알고 있던 방정식의 한 가지 변용에 불과한 것에 지나지 않음을 깨닫게 된다. 여기서 중요한 것은 법칙의 이름을 아는 것이 아니라 그 법칙을 사용할 줄 아는 것이다. 언어 학습에서는 어린이가 일단 한 문장의 미묘한 구조를 파악하거나 변형의 규칙을 배우고 나면, 급속도로 많은 문장을 만들어낼 수 있으며, 문장을 여러 형태로 바꿀 수 있게 된다. 어린이가 이러한 언어의 구조상의 규칙을 올바로 사용할 줄 안다고 해서 반드시 그 규칙의 이름을 안다고는 할 수 없다.

브루너가 제시하는 교과의 구조의 예시를 통해서 우리는 교과의 구조가 무엇인지를 추측해 볼 수 있다. 교과의 '구조'란 '사실이나 현상을 엮어주는 핵심적인 개념과 원리'를 뜻하며, 따라서 '교과의 구조'란 '각 학문의 기저를 이루고 있는 핵심적인 개념과 원리'를 뜻한다고 볼 수 있다. 말하자면 교과의 구조란 단순한 사실들이나 잡다한 정보의 더미라기보다는 이러한 사실이나 정보를 서로 관련짓고 체계화하는 주요 개념이나 원리들의 체계라고 볼 수 있다.

그렇다면 학교에서 이러한 교과의 구조를 가르쳐야 하는 이유는 무엇인가? 브루너는 교과의 구조가 갖는 다음과 같은 네 가지 이점 때문이라고 설명한다. 교과의 구조를 학습한 사람은 학습한 내용을 ① 쉽게 이해할 수 있고, ② 오래 기억할 수 있으며, ③ 학습 이외의 사태에 적용할 수 있고, ④ 고등지식과 초보지식 사이의 간극을 좁힐 수 있기 때문이다(Bruner, 1960).

브루너가 제안한 '교과의 구조'라는 아이디어를 브루너보다 더 잘 이해한 사람이 이홍우 교수이다(이홍우, 1996). 그는 구조를 기능과 대비되는 용어(예컨대, 우산의 구조와 기능을 생각해 보라)로 설명하면서, 교과의 구조를 탐색하고자 하였다. 이홍우 교수는 브루너의 교과의 구조라는 개념이 사람들에게 이른바 '혁명적인' 것으로 다가오는 이유는 교과의 구조가 지니는 네 번째 특징의 이점 때문이라고 본다(이홍우, 1996). 브루너에 따르면, "학자가 자기 학문의 최전선에서 하는 일과 어린이가 그 학문을 처음으로 공부할 때 하는 일 사이에는 연속적인 관계가 있다"(Bruner, 1960). 이처럼 어린이가 교과의 구조를 학습함으로써 어린이들은 해당 학문 분야의 첨단에서 그 학문을 발전시키는 학자들이 하는 일이나 그 일의 성과를 알 수 있게 된다. 이 점은 뒤에서 곧 다룰 브루너의 대담한 가설과 관련된다. "어떤 교과든지 지적으로 올바른 형식으로 표현하면 어떤 발달 단계에 있는 어떤 아동에게도 효과적으로 가르칠 수 있다"(Bruner, 1960)고 주장하였다.

요컨대, 브루너는 어떻게 하면 보통의 교사가 보통의 학생들을 가르침에 있어서 여러 가지 학문 분야의 근저에 있는 기본적인 원리를 명확하게 반영할 수 있도록 교육과정을 구성할 수 있는가를 묻는다. 그리고 이에 대해서는 다음과 같이 두 단계로 나누어 스스로 답한다. 첫째, 교과에 관련된 기본적이고 강력한 아이디어나 태도를 가장 잘 드러낼 수 있도록 기본 교과를 다시 고쳐 쓰고 교수자료를 다시 짜 맞추어야 한다. 둘째, 능력과 학년이 서로 다른 학생들에게 맞게 그 교수자료의 수준을 조절해야 한다(Bruner, 1960). 첫 번째 답을 풀어 설명하면, 각 교과의 구조 중심으로 교육과정의 판을 다시 짜라는 말이고, 두 번째 내용은 교과의 구조를 학생들의 수준에 맞게 번역하여 가르쳐야 한다는 말이다. 바로 이 말이 교과의 구조를 어떻게 조직하여 가르칠 것인가의 문제에로 우리를 이끈다.

어떻게 조직할 것인가?: 나선형 교육과정

나선형 교육과정이란 무엇을 의미하는가? '나선'이 무엇을 의미하는지 먼저 살펴보자. 나선이란 소라의 껍데기처럼 빙빙 비틀린 선 모양 즉 어떤 점의 둘레를 계속 돌면서 멀어지는 소용돌이 모양의 곡선을 의미한다. 그렇다면 교육과정을 나선형으로 조직한다는 것은 무엇을 의미하는가?

교육과정을 나선형으로 조직한다는 것은 각 교과의 핵심적인 아이디어인 지식의 구조를 반복하여 가르치되, 학생의 연령·학년이 증가함에 따라 이를 점점 폭넓고 깊이있게 가르칠 수 있도록 조직하는 것을 의미한다. 여기서 교육과정을 나선형으로 조직한다는 것은 첫째, 동일한 내용(교과의 구조에 해당하는 핵심적인 아이디어)을 반복하여 가르칠 수 있도록 조직한다는 점, 둘째, 이 내용을 "학생의 이해가 점점 명백하고 성숙된 형태를 취하도록" 점점 폭넓고 깊이있게 가르칠 수 있도록 조직하는 것을 말한다.

브루너에 의하면 "어른이 알아야 하는" 내용이나 "아이 때에 그것을 배우면 보다 훌륭한 어른"이 되는 데에 도움이 되는 내용이 교과의 구조에 해당하는 핵심적인 아이디어이며, 이런 내용을 초·중·고·대학 등의 교육 기관에서 각 발달 단계에 알맞은 형태로 가르쳐야 한다.

그렇다면 핵심적인 아이디어가 무엇이며, 이를 어떻게 가르친다는 것인지 브루너가 제시한 예를 들어보자. 문학의 핵심적인 아이디어 중의 하나가 "인간 비극의 의미와 그것에 대한 공명감을 가르쳐 주는 것"이라면, 어린 나이에서부터 시작하여 나이가 든 학생에게도 이것을 반복하여 가르칠 필요가 있다. 여기서 관건은 어린 학생들이 인간의 비극을 이해할 수 있도록 아동이 이해할 수 있는 말로 학습자료를 번역하여 제시하는 것이다. 그 결과 비극 문학에 대한 나중의 수업이 그전의 수업 위에 이루어져서 비극 문학에 대한 학생의 이해가 점점 명백하고 성숙된 형태를 취하도록 해야 한다. 브루너에 따르면, 모든 문학작품은 이러한 방법으로 가르칠 수 있으며, 또한 이런 방식으로 가르쳐야 한다.

과학에 있어도 마찬가지이다. 만약 수, 측정, 확률 등에 대한 이해가 과학을 공부하는 데 필수적으로 중요한 내용(교과의 구조)이라면, 이런 주제는 "아동의 사고방식에 알맞게, 되도록 지적으로 올바르게, 또 일찍부터 가르치기 시작"하여야 한다. 그리고 "그런 주제는 고학년에 가서 몇 번이고 다시 전개되어야 한다."(Bruner, 1960).

브루너의 이런 나선형 교육과정에 대한 아이디어는 그의 교과의 구조와 교수방법에 대한 '대담한 가설'에 기반하고 있다. "어떤 교과든지 지적으로 올바른 형식으로 표현하면 어떤 발달 단계에 있는 어떤 아동에게도 효과적으로 가르칠 수 있다"(Bruner, 1960)는 가설과 "지식의 최전선에서 새로운 지식을 만들어내는 학자들이 하는 것이거나 초등학교 3학년 학생이 하는 것이거나를 막론하고 모든 지적 활동은 근본적으로 동일하다"는 가설이 바로 그것들이다.

이러한 브루너의 나선형 교육과정에 대한 아이디어는 교육내용을 종적으로 조직하는 원리인 타일러의 '계속성'과 '계열성'의 원리와 어떻게 다른가라는 질문이 제기될 수 있다. 타일러의 계속성은 한 가지 교육 내용이 학년 수준이 높아지더라도 계속해서 반복적으로 다루어져야 한다는 것을 의미하며, 계열성은 그렇게 계속적으로 다루어지는 내용이 점점 광범하게 또 심화되어 다루어져야 한다는 것을 의미한다. 교육내용 조직의 원리라는 측면에서 나선형 교육과정은 교과의 구조 즉 핵심적인 아이디어를 계속성과 계열성의 원리에 따라 조직하는 방식과 유사하다고 볼 수 있다. 다만 무엇을, 왜, 어떻게 가르칠 것인가라는 교육과정에 대한 사유·실천 패러다임이 서로 달라서 서로 다른 용어로 개념화한 것이라고 해석할 수 있다. 브루너와 타일러 간의 가장 큰 차이는 타일러가 행동목표를 달성하기 위하여 교육내용을 반복하여 조직해야 한다고 주장한 반면에 브루너는 교과의 구조 즉 핵심적인 아이디어를 반복하여 그러나 심화시키면서 가르쳐야 한다고 주장한 것이다. 요컨대, 브루너와 타일러는 교육내용의 조직 방식에서는 의견의 차이가 거의 없는 반면에 무엇을, 왜, 어떻게 교육내용으로 삼아 가르쳐야 하는가에 대해서는 너무나 다른 의견을 지니고 있다고 해석할 수 있다.

어떻게 가르칠 것인가?: 발견학습

브루너의 교수방법은 '발견학습' 또는 '탐구학습'이라는 것은 널리 알려져 있다. 이러한 발견학습은 그의 '핵심적 확신' 곧 "지식의 최전선에서 새로운 지식을 만들어 내는 학자들이 하는 일이나 초등학교 3학년 학생이 하는 일이나를 막론하고 모든 지적 활동은 근본적으로 동일하다."(Bruner, 1960)는 것에 근거한다. 즉 학생들이 과학 시간에 과학의 구조를 배우는 학습 활동은, 과학자가 자기 책상이나 실험실에서 하는 탐구활동과 본질상 동일하다는 것이다. 이런 활동들에서 차이는 하는 일의 종류에 있는 것이 아니라 지적 활동의 수준에 있다는 것이다. 요컨대, 물리학을 배우는 학생들은 물리학자들이 하듯이 물리 현상을 '탐구'한다.

그렇다면 이런 논리는 어떻게 정당화되는가? 브루너에 따르면, 교과를 학습할 때 세 가지 과정이 거의 동시에 일어난다. 첫째, 학생들이 새로운 지식을 '획득'하는 과정이고, 둘째, 획득한 지식을 '변형'하는 과정이며, 셋째, 그 지식을 '평가'하는 과정이다. 여기서 획득한 지식을 변형한다는 것은 획득한 지식을 새로운 문제 사태에 들어맞도록 조직하는 것, 즉 주어진 지식을 가지고 원래 주어진 상태 이상으로 그 지식을 다루어 나가는 방법을 말한다. 그리고 지식을 평가한다는 것은 우리가 지식을 다룬 방법이 그 문제 사태에 비추어 적합한가를 점검하는 것을 뜻한다. 브루너에게 있어서 학습과 관련된 이러한 세 가지 활동 즉 사실을 아는 '획득' 과정, 사실을 다루는 '변형' 과정, 자기의 아이디어를 점검하는 '평가' 과정이 동시에 일어나도록 하기 위해서는 발견학습을 해야 한다.

그렇다면 발견학습이 무엇인지 브루너의 예시를 살펴보자. 브루너는 인간 학습에 관한 기초적인 연구가 충분히 이루어지지 않았기 때문에 아직은 단언할 수 없다는 단서를 달기는 하지만, 발견학습이 무엇인지에 대해서는 비교적 분명한 의견을 가지고 있는 것 같다. 브루너에게 발견학습이란 "최소 필수의 사실을 먼저 제시하고, 그 다음에 그로 하여금 거기서 가장 풍부한 시사를 뽑아 내도록 하는 것"이다. 예컨대, 문명은 거의 대부분 비옥한 강 연안에서 발생했다는 사실(최소 필수의 사실) 하나만을 학생들에게 가르쳐 주고, 학생들로 하여금 토의를 통해서 왜 그러한가, 어째서 문명은 산악지방에서 시작되기 어려운가를 알아 내도록 하는 것이 발견학습의 방법이다. 이러한 발견학습의 방법은 첫째, 학생들이 스스로 지식을 만들어 내고, 둘째, 그 지식을 다시 원래의 지식에 비추어 점검 또는 평가하며, 셋째, 그러는 동안에 새로운 지식을 더 얻게 된다는 효과를 지닌다.

사실 브루너는 발견학습에 대한 설명에 많은 지면을 할애하고 있지 않다. 브루너에게 있어서 발견학습은 교육내용으로부터 동떨어진 교수방법이라기보다는 교과의 구조인 핵심적인 아이디어를 가르치는 방법상의 전략이라고 볼 수 있다. 따라서 브루너에게 있어서는 무엇을 가르칠 것인가의 문제가 가장 중요하며, 교육내용의 조직 방법(즉 나선형 교육과정)이나 교수방법(즉 발견학습)은 전략적인 차원에서의 중요성 이상을 지닌다고 보기 어렵다.

교과의 구조론의 영향

브루너의 「교육의 과정」은 출판되자마자 전 세계적으로 큰 호응을 얻었다. 교육과정 개발에서 교과의 구조가 강조되면서 교육과정 개발 전문가의 자리를 오랫동안 차지해 왔던 일반 교육과정학자들이 주변부로 밀려나고 각 학문의 구조를 가장 잘 파악하고 있는 것으로 간주되는 교과전문가들이 교육과정 개발의 중심 인물로 등장하기 시작하였다. 요컨대, 교과의 구조를 강조하는 이른바 '학문중심 교육과정'(discipline-centered curriculum)의 등장으로 인하여 교육과정 개발 권력의 지형이 바뀌게 되었다. 교과전문가가 교육과정 개발의 주체로 등장한 것이다.

미국에서 아이디어가 제안되고 활발한 논의가 시작된 학문중심 교육과정은 미국에서조차 성공했다고 보기 어렵다. 각 교과의 핵심적인 아이디어를 중심으로 개발된 학문중심 교육과정은 한편으로 교사에게는 가르치기 어렵다는 이유로, 학생에게는 배우기 어렵다는 이유로 외면당하였고, 다른 한편으로 당시 미국사회가 직면한 정치, 경제, 사회 문제 등(예, 흑인 및 여성의 인권, 계층 문제 등)으로 인하여 교육계의 관심은 더 이상 학문중심 교육과정에 머물러 있지 못했다.

브루너 자신도 「교육의 과정」이 출판된 지 10년 후에 저술한 '「교육의 과정」의 재음미'라는 회고 글에서 자신이 당시에 교과의 구조에 지나치게 경도되어 교육과정의 올바른 방향을 제시하지 못했다고 반성했다.

> 우리는 끝내 교육이란 중립적으로 논의할 수 있는 주제도 아니요, 따로 떼어내 논의할 수 있는 주제도 아니라는 것을 분명히 알아야 한다. 교육은 어떤 사람에게는 장래를 보장해 주고 또 그렇게 함으로써 어떤 사람을 밀어내어 버린다는 점에서 근본적으로 정치적 문제이다. 만약 지금 내가 1970년대의 교육과정 개발사업을 선택할 수 있다면, 나는 그 주제로서 사회를 올바른 가치관과 인생철학으로 되돌리는 방법이 무엇인가 하는 것을 선택하고 싶다. 속죄고백은 아니지만, 그때 나는 기꺼이 역사의 구조, 물리학의 구조, 수학적 일관성의 성격 등에 관해서는 강조를 줄여야 한다고 선언하고, 그 보다는 오히려 우리가 당면하고 있는 여러 가지 사회적 문제와의 관련에서 교육과정을 다루게 될 것이다(Bruner, 1971).

우리나라의 경우 학문중심 교육과정은 1970년대에 본격적으로 소개되기 시작하여 1973년에 개정된 제3차 교육과정의 이론적 기반이 되었다. 그 이래로 여러 번의 교육과정 개정을 거쳐 이를 극복하려는 움직임이 있었지만, 교과전문가들의 교과의 구조에 대한 관심과 열정은 21세기인 2010년대에도 식을 줄을 모르고 있다. 최근 들어 미국에서 유행하는, 큰 아이디어(big ideas)라는 개념으로 대표되는 '이해를 위한 교육'(education for understanding) 운동은 브루너의 '교과의 구조'를 의미하는 핵심적인 아이디어가 다른 옷을 입고 나타난 것으로 해석할 수 있다.

다、 지식의 형식론

지식의 형식론의 주장 배경

브루너의 「교육의 과정」이 교육계에 막강한 영향력을 행사할 즈음, 영국에서도 종래 가르쳐 왔던 전통적인 교과의 가치를 옹호하는 입장이 있었다. 영국은 본래 고전적인 인문 교육의 전통이 깊은 나라이며, 상대적으로 미국에 비해 진보주의의 도전이 거세지 않았다. 그러나 전세계적으로 일고 있는 전통적인 교과에 대한 도전에 직면하여 영국에서는 이 전통적인 교과의 가치를 옹호하려는 학자들이 있었다.

전통적인 교과의 가치를 옹호한 대표적인 학자는 오늘날까지도 많은 사람들에게 영향을 미치고 있는 피터즈(R. S. Peters)와 허스트(P. H. Hirst)이다. 이들은 전통적인 교과 대신에 '실용적 가치'를 가진 교과를 가르쳐야 한다는 당시의 일부 주장에 대해, 전통적인 교과가 가지고 있는 '내재적 가치'를 논리적으로 설명함으로써 교과가 실용적인 목적만이 아닌 그 자체의 가치에 의해서도 정당화될 수 있음을 보여주려고 했다.

지식의 형식론은 바로 전통적인 교과의 가치를 정당화하려고 한 피터즈와 허스트의 주장을 지칭하는 것이다. 따라서 지식의 형식론 역시 정신도야론과 마찬가지로, 처음부터 학교에서 가르칠 수 있는 교과를 선정하기 위한 하나의 원리로서 등장한 것이 아니라, 종래 가르쳐 온 교과, 즉 주지 교과의 가치를 설득력 있게 드러내기 위해서 주장된 이론이라고 할 수 있다.

지식의 형식론의 주장

피터즈와 허스트는 학교에서 전통적으로 가르쳐 온 교과, 즉 주지 교과의 가치를 정당화하는데 있어서 '지식의 형식'(forms of knowledge)이라는 용어를 사용한다. 이들에 의하면, 지식의 형식이란 "인간의 경험을 일반적으로 인정되는 방식으로 분류해 놓은 것"으로서 논리학과 수학, 자연

과학, 인간과학, 역사, 종교, 문학과 예술, 철학, 도덕적 지식 등이 이에 해당한다(Peters & Hirst, 1970). 예컨대 우리의 삶 속에서 경험하는 수학적 내용은 수학이라는 지식의 형식으로 분류될 수 있으며, 자연과학적 경험은 자연과학이라는 지식의 형식으로 분류될 수 있다. 지식의 형식간의 구분 기준은 각 형식이 다른 형식과 구분되는 그 자체의 고유한 개념과 탐구 방법을 가지고 있는가의 여부에 따른 것이다. 이를테면 수학에 속한 개념과 탐구 방법은 자연과학에 속한 개념과 탐구 방법과는 분명하게 구분되며, 이 점에서 수학과 자연과학은 상이한 종류의 지식의 형식인 것이다.

피터즈와 허스트가 제안한 지식의 형식을 좀 더 이해하기 쉽도록 예를 들어 설명하면 다음과 같다.

① 삼각형의 내각의 합은 180도이다.
② 물은 100도에서 끓는다.
③ 거짓말하는 것은 나쁘다.
④ 모든 사람은 죄인이다.
⑤ 모가지가 길어서 슬픈 짐승이여

위의 다섯 개의 문장은 서로 다른 지식의 형식에 속한다. ①은 수학적 지식에 속한다. 따라서 수학적 지식에 적합한 방식(논리적인 증명)을 통하여 명제의 진위 여부를 판단할 수 있다. ②는 과학적 지식에 속한다. 따라서 과학적 맥락에서 실험과 관찰을 통하여 명제의 진위를 판단할 수 있다. ③은 도덕적 지식에 속한다. 도덕적 지식은 수학이나 과학적 지식과 다른 종류의 지식이며, 따라서 다른 가치 판단 기준을 지닌다. ④는 종교적 지식에 속하며, ⑤는 미학적 지식에 속한다. 종교적 지식이나 미학적 지식은 수학적 지식, 과학적 지식, 도덕적 지식과는 구분되는 지식의 형식으로, 각각 종교적 지식과 미학적 지식의 가치 기준에 따라 진위 여부를 판단할 수 있다.

피터즈와 허스트에 의하면, 삶의 형식은 8개의 지식의 형식(논리학과 수학, 자연과학, 인간과학, 역사, 종교, 문학과 예술, 철학, 도덕적 지식)으로 구성되어 있다. 따라서 인간다운 삶으로 입문하기 위해서는 8개의 지식의 형식에 입문되어야 하며, 이를 위해서 학생들은 서로 다른 지식의 형식을 공부할 필요가 있다. 어린 학생들이나 교육받지 못한 사람들은 위에서 살펴 본 지식들(명제들)이 서로 다른 형식에 속한다는 사실을, 즉 각 문장의 진정한 의미를 제대로 이해할 수 없다. 학생들은 교과를 배움으로써 서로 다른 지식의 형식들을 구별할 수 있게 되고, 그 결과 지식의 형식과 삶의 형식에 입문할 수 있게 된다.

피터즈와 허스트가 분류한 8가지 지식의 형식은 대략 전통적인 학문의 분류와 유사함을 볼 수 있다. 즉 위에 제시한 지식의 형식은 개념이나 탐구 방법 측면에서 성격이 비슷한 지식을 묶어서 열거해 놓은 것이다. 이러한 지식의 형식에 어떤 것이 포함될 수 있는가 하는 것은 학문을 어떻게 분류하는가에 따라 약간씩 달라질 수 있다. 그러나 지식의 형식을 어떻게 분류하든 간에 주목해야 할 것은 이들 지식의 형식에 포함된 지식은 대체로 공통된 특징을 가지고 있다는 점이다. 그것은 지식의 형식에 포함된 지식은 전통적으로 학교 교과의 주축을 이루어 온 이론적 지식이며, 수많은 사람들에게 그 실용적 가치가 의심스러운 지식이라는 점이다(이홍우, 1991).

피터즈와 허스트는 실용적 가치가 없는 것으로 보이는 지식의 형식, 곧 전통적인 교과를 왜 가르쳐야 한다고 보는가? 이들은 전통적인 교과를 그것이 자체적으로 가지고 있는 중요한 의미와 역할을 드러냄으로써 정당화하려고 한다. 피터즈와 허스트가 전통적인 교과의 가치를 정당화하기 위해 사용한 설명 방식은, 여러 책에서 널리 소개한 바 있는 '내재적 가치'와 '선험적 정당화' 논의이다.

내재적 가치란 어떤 다른 목적을 위한 수단으로서가 아닌, 활동 그 자체에 들어 있는 가치를 말한다. 어떤 활동이 내재적 가치가 있다는 것은, 그 활동의 가치가 그 활동과 개념상으로 무관한 다른 어떤 것에 의해서가 아니라, 그 활동 자체에 의해서 규정될 수 있는 경우를 말한다. 따라서 내재적 가치에 관심을 가질 경우에는 내재적 가치가 있는 활동이 어떤 것이며, 왜 그것이 가치가 있는가를 설명하는 데 관심을 갖게 된다.

피터즈와 허스트는 그들이 제시한 지식의 형식이 바로 이러한 내재적 가치를 가진다고 본다. 그리고 이들은 모든 학생들이 그들이 심리적으로 좋아하든 싫어하든 간에 이러한 내재적 가치가 있는 지식의 형식을 배워야 한다고 주장한다. 이러한 주장에 대해 이들이 제시한 지식의 형식이 과연 내재적 가치를 가지고 있는지, 왜 모든 학생들이 이러한 지식의 형식을 배워야만 하는지 등의 의문을 제기할 수 있다. 이 의문에 대해 피터즈와 허스트는 선험적 정당화 논의를 사용하여 답한다.

선험적 정당화란 개인이 받아들이는가 아닌가와 무관하게 성립하는 그러한 정당화이다. 피터즈와 허스트에 의하면, 지식의 형식의 내재적 가치는 다음과 같이 선험적으로 정당화된다. 논리학과 수학, 자연과학 등 여러 지식의 형식들은 인간이 장구한 세월 동안 누적적으로 발전시켜온 경험의 상이한 측면을 각각 개념적으로 체계화한 것이다. 이미 지적한 바 있듯이, 수학은 우리 삶 속에서 경험하는 수학적 내용을 체계화한 것이며, 자연과학은 자연과학적 경험을 체계화한 것이다. 이러한 체계화는 특정 개인의 취향에 의해서 이루어 진 것이 아니라 인류가 오랫동안 공동으로 발전시키고 엄밀하게 정련시켜온 것이라는 점에서 공적(公的)인 성격을 지닌다. 다시 말하면 여러 지식의 형식들은 우리 삶의 공적 전통을 체계화한 것이라고 할 수 있다. 따라서 우리가 이 세상에서 살아가기 위해서는 좋아하든 싫어하든 간에 우선적으로 이 공적 전통의 체계, 즉 지식의 형식을 알 필요가 있다. 여기서 공적 전통의 체계라고 할 수 있는 지식의 형식은 우리의 선호와 상관없이 우리 삶에 이미 주어진 것이라는 점에서, 그리고 이에 입문되지 않으면 주어진 삶을 원만하게 살아갈 수 없다는 점에서 우리 삶의 선험적·논리적 전제 조건이라고 할 수 있다. 이 점에서 전통적으로 가르쳐온 지식의 형식은 그 자체의 가치를 가지고 있으며, 이 세상을 살아가는 사람들은 이 지식의 형식에 입문되지 않으면 안된다.

피터즈와 허스트가 지식의 형식으로 제시한 것은 전통적으로 가르쳐온 교과의 범주와 크게 다르지 않다. 말하자면 지식의 형식은 바로 피터즈와 허스트가 내재적 가치에 의하여 규정된다고 보는 교과를 가리켜 부르는 이름인 것이다. 이 점에서 지식의 형식론은 학교교육과정에 제시되어 온 전통적 교과(즉, 주지 교과)를 정당화하는 이론이라고 할 수 있다.

지식의 형식론에 대한 비판

피터즈와 허스트의 지식의 형식론은 전통적으로 학교에서 가르쳐 온 주지 교과의 가치를 정당화하는데 기여해 왔다. 특히 이들은 고대 희랍 시대 이후 서양의 중요한 교육 전통으로 계승되어 온 '자유교육'(liberal education)의 정신을 현대의 상황에서도 살려 내려고 노력하였다. 이들의 주장은 아직도 전통적인 교과가 학교의 주요 교과로 남아있고, 자유교육의 이상을 그리워하는 사람들이 여전히 존재하고 있다는 점에서 교과의 가치를 설명하는 하나의 이론으로 계속 영향력을 행사할 가능성이 있다.

그러나 다른 한편으로, 최근 급속도로 변화하고 있는 학교교육 환경과의 관계 속에서 볼 때, 피터즈와 허스트가 주장하는 지식의 형식론은 많은 한계를 가지고 있다는 비판이 있다. 지식의 형식론에 대한 비판은 크게 다음 두 가지로 요약해 볼 수 있다. 첫째, 지식의 형식론은 주지 교과에 특권적 지위를 부여한다는 비판이 있다. 지식의 형식론에서는 내재적으로 가치가 있는 지식의 형식으로 주로 주지 교과(즉, 이론적 교과)를 포함시키고 있으나, 주지 교과만이 내재적인 가치를 지니고 있다고 볼 수 없다는 것이다(홍은숙, 1999). 이 비판에 의하면, 모든 사회적 인간 활동은 그 나름의 고유한 목적과 가치를 지니고 있으며, 이 점에서 주지 교과만이 아닌 다른 다양한 기술이나 지식, 혹은 활동도 그 자체로 학교에서 동등하게 취급될 필요가 있다는 것이다.

둘째, 지식의 형식론에서 주장하는 선험적 정당화 논의는 실제 작용하고 있는 학교교육의 역동적인 양상에 대해서 충분한 설명을 제공하지 못한다는 비판이 있다(소경희, 1997). 지식의 형식론이 주장하는 선험적 정당화 논의는 지식의 형식의 내재적 가치를 논리적 혹은 개념적으로 설명하려는 특징을 지닌다. 따라서 지식의 형식론에서는 지식의 형식을 우리의 삶이 가능하기 위한 논리적 가정으로 받아들여야 한다는 점을 논증하는 데 관심을 둘 뿐, 실제 우리 삶에 구체적으로 또는 사실적으로 작용하고 있는 역동적인 양상, 예컨대 사회 변화, 교육 여건, 학습자들의 흥미 등에 대해서는 관심을 기울이고 있지 않다. 그 결과 지식의 형식론은 학교라는 구체적 맥락에서 특정 교과가 실제로 어떻게 채택되어 가르쳐지고 있는지에 대한 충분한 설명을 제공하지 못할 뿐만 아니라 학교에서 가르쳐야 할 교육내용을 특정한 형태의 교과로 고착화시키는 경향이 있다.

참고문헌

김종서 외(1998). **교육과정과 교육평가**. 서울: 교육과학사.

김수천(1987). 교육과정이론과 교과. 윤팔중 외. **교육과정이론의 쟁점**. 서울: 교육과학사.

김수천(1999). **교육과정과 교과**. 서울: 교육과학사.

김재춘(1988). 교과의 성격에 비추어 본 교육과정 통합의 의미와 가능성 탐색. 서울대학교 석사학위논문.

소경희(1997). 현대교육과정이론에 대한 인식론적 고찰. **교육과정 연구**, 15(1), 241-266.

이돈희(1992). **교육정의론**. 서울: 고려원.

이홍우(1991). 지식중심 교육과정의 재조명. 이영덕(편). **인간교육을 위한 교육과정과 수업의 탐구**. 서울: 교육과학사.

이홍우(1996). **증보 교육과정탐구**. 서울: 박영사.

홍은숙(1999). **지식과 교육**. 서울: 교육과학사.

Atkin, J., & House, E.(1981). The federal role in curriculum development, 1950-80. *Educational Evaluation and Policy Analysis*. 5. 5-36.

Bruner, J. S.(1960). *The Process of education*. New York: Vintage.

Bruner, J. S.(1971). The process of education revisited. *Phi Delta Kappan*, 52(1). 18-21.

Burns, G. T.(1988). Tradition and revolution in the American secondary curriculum: The cambridge high school case. *Journal of Curriculum Studies, 20*(2). 90-118.

Hirst, P. H.(1974). *Knowledge and the curriculum*. London: Routledge & Kegan Paul.

Kliebard, H.(1987). *The struggle for the American curriculum 1893-1958*. New

York: Routledge & Kegan Paul.

Peters, R. S & Hirst, P. H.(1970). *The logic of education*. London: Routledge & Kegan Paul.

Popkewitz, T. S.(1987). *The formation of school subjects: The struggle for creating an American institution.* New York: The Falmer Press.

Posner, G. J.(1992). *Analyzing the curriculum*. 김인식 외(공역)(1994). 교육과정비평. 서울: 교육과학사.

CHAPTER 04

교과 활동(Ⅱ)-경험과 교육

> 우리는 학생의 경험과 유리된 교과를 가르치는 대신에 학생의 경험의 성장을 위하여 학생의 흥미와 관심에 기초한 교육을 실시할 필요가 있다. 우리는 교과를 가르치는 것이 아니라 학생을 가르쳐야 한다. 교육에서 가장 중요한 것은 학생의 경험이 계속적으로 성장하는 것이기 때문이다. 즉 교육의 중심이 교과에서 학생으로 바뀌어야 함을 의미한다. 교육의 중심을 '교과'에서 '학생'으로 바꾸는 일은 지구 중심의 천동설을 태양 중심의 지동설로 대체했을 때 나타난 변화만큼이나 우리 교육에서 많은 변화를 요청한다.

교육에 있어서 무엇보다도 중요한 개념은 바로 경험이고, 따라서 교육과정은 경험을 중심으로 구성되어야 한다. 이 장에서는 바로 이러한 믿음에 기초한 교육과정이론을 소개하고자 한다. 즉 앞 장에서 살펴 본 교과 중심의 교육을 비판하면서 교과 중심 교육의 대안으로 등장한 경험 중심의 교육에 대해 살펴보고자 한다. 이 장에서는 첫째, 경험 중심 교육이 등장하게 된 역사적 맥락을 간략히 살펴 본 다음, 둘째, 경험 중심 교육과정의 특징을 분석하고자 한다. 셋째, 경험 중심 교육의 이론적 기초를 제공해 주었을 뿐만 아니라 오늘날까지 경험 중심 교육을 찬성하는 자와 반대하는 자 모두의 관심을 끌고 있는 듀이의 경험과 교육의 관계를 좀더 심층적으로 살펴보고자 한다.

1 경험 중심 교육의 역사 개관

가. 진보주의 교육 운동의 기원

경험 중심 교육의 기원은 프뢰벨(Froebel)과 페스탈로치(Pestalozzi)를 지나 자연주의 교육자인 루소(Rousseau)에까지 거슬러 올라간다. 그러나 교육과정 논의 맥락에서 우리가 이야기하는 경험 중심 교육은 일반적으로 진보주의 교육 이론 또는 운동을 의미하며, 이러한 진보주의 교육 이론 또는 운동은 20세기 초 미국에서 형성된 진보주의학회에 의해 본격적으로 전개되었다.

미국에서 경험 중심 교육은, 문학과 역사와 같은 고전적인 교과가 교육의 중심이 되어야 함을 주장한 맥머리 형제(the McMurrys)의 교육 이론을, 유럽에서 들어온 헤르바르트(Herbart) 교육 이론에 근거하여 비판하면서 등장하였다. 진보주의 교육 이론은 한편으로는 19세기 후반에 아동 중심 교육 운동을 전개한 파커(Francis Parker) 대령의 영향과 다른 한편으로는 19세기 후반에 등장한 홀(G. Stanley Hall) 등의 아동 연구의 영향을 크게 받았다.

파커는 페스탈로치의 교육 방법과 프뢰벨의 아동 개념을 받아들여, 아동을 교육과정의 중심에 놓는 아동 중심 교육을 실시할 것을 주장하였다. 파커는 모든 교육 운동의 중심에 문학과 역사가 놓여야 한다고 주장하는 전통주의자들을 비판하면서, "아동이 중심이며, 교육적 가치는 아동이 필요로 하는 것에 의해 결정되어야 한다."고 거듭 강조했다(Cremin, 1964). 파커의 이러한 주장이 후에 진보주의 교육 운동에 큰 영향을 미쳤기 때문에 듀이는 파커를 진보주의의 아버지라고 묘사한 적이 있다.

진보주의 교육 운동에 심대한 영향을 미친 파커가 아동 중심 교육 개혁가라면, 홀은 아동 심리학자로 볼 수 있다. 홀은 아동의 발달에 관한, 오늘날로 말하자면 발달 단계 이론이라고 일컬어질 수 있는 심리 이론을 제시한 사람으로서, 연령에 따른 학년 조직의 이론적 기초를 제시한 사람이다. 홀은 아동 연구를 수행하는 데 있어서 측정과 수량화를 중시하는 실험심리학적 연구 방법을 강조함으로써 능력심리학에 기초를 두고 있었던, 당시에 당연한 것으로 간주되었던 교과 중심 교육의 기본 가정들을 거부했다는 점에서 급진적인 사상가로 볼 수 있다.

파커와 홀의 영향 아래 아동 중심 교육이 실험적으로 시도되는 상황에서 '미국의 철학자'로 일컬어지는 듀이(J. Dewey)가 출현하였다. 듀이는 당시 아동 중심 교육을 주장하는 교육자들과 마찬가지로 아동의 경험이 교육과정의 기초를 형성해야 한다고 믿었다. 듀이는 전통적인 교육에서 아동과 교과(즉 교육과정)를 적대적인 대립관계로, 즉 양자택일의 관계로 파악하는 관점을 극복하고자 노력했으며, 학교와 사회의 긴밀한 관계를 명료화하기 위해 노력했을 뿐만 아니라 민주주의와 교육의 관계를 확립함으로써 진보주의의 이론적 기초를 확립하였다.

듀이에 의하면, 교육의 과정에서 아동 자신의 경험을 존중하는 것이 매우 중요하지만, 아동의 교육 활동에서 성인의 세심한 지도 또한 필수적이다. 그리고 학교와 사회는 긴밀하게 연결되어야 한다. 즉 학생들은 의미 있는 사회 변혁에 관해서 토론하고, 사회 변혁을 계획하고 실천하고자 노력해야 한다. 듀이는 민주적인 공동체인 학교에서 민주주의를 경험한 학생들이 사회에 나가게 되면 우리 사회는 민주적으로 변화될 것이라고 믿었다. 그리고 교육은 아동에게 있어서 삶 그 자체이지, 미래 삶을 위한 준비가 아니라고 주장했다.

나. 진보주의 교육학회의 창립

이러한 듀이의 아이디어를 확산시키기 위하여 1919년에 진보주의교육촉진학회(후에 진보주의 교육학회로 개명함)가 창립되었다. 진보주의 교육학회의 창립 목적은 "정신적, 신체적, 영적, 그리고 사회적인 특성과 필요에 대한 과학적인 연구 결과에 근거하여 개개인을 최대한 자유롭고 완전하게 발달시키는 것"이었다(Saylor, Alexander, & Lewis, 1981). 듀이의 교육 이론을 확산시키기 위하여 진보주의 교육학회가 창립되었지만, 이 학회의 초대 명예 회장은 듀이가 아니라 하버드대학 총장을 지냈으며 십인위원회 회장이었던 엘리어트(Charles Eliot)였다. 듀이 자신은 진보주의 교육학회에 참석하기를 꺼려했다. 학회 창립 초기에는 주로 중산층 학생들이 다니는 소규모 사립학교 교장들이 회원으로 활동했으며, 이들의 관심은 대부분의 경우 중등학교보다는 초등학교의 교육에 있었다.

진보주의 교육학회가 창립 당시 내걸었던 7대 강령은 다음과 같다(Pinar et. al., 1995).

① 학생들은 자연적으로 발달할 수 있는 자유를 지닌다.
② 흥미와 관심이 모든 활동의 동기가 되어야 한다.
③ 교사는 안내자이지 문제해결자가 아니다.
④ 학생 발달에 관한 과학적인 연구가 수행되어야 한다.
⑤ 아동의 신체적 발달에 영향을 미치는 모든 것에 더 큰 주의가 주어져야 한다.
⑥ 아동의 생활의 필요를 만족시키기 위해서는 학교와 가정간의 협력이 필요하다.
⑦ 진보주의 학교가 교육 개혁 운동의 지도자가 되어야 한다.

다. 킬패트릭의 프로젝트 학습법

보빗(Franklin Bobbitt)이 인류 역사상 최초로 「교육과정」이라는 책을 집필함으로써 교육과정에 관한 학문적 기원을 열었던 1918년, 고전어와 수학 등의 전통적인 교과 중심 교육을 졸업 후 사회 생활 적응 준비 교육으로 대체하는 시발점이 되었던 중등 교육 개혁을 위한 핵심원리(Cardinal Principles)가 발표되었던 1918년에 킬패트릭(William Kilpatrick)은 '프로젝트 학습법'(the project method, 일반적으로 '구안법'으로 번역됨)을 발표하였다. 킬패트릭은, 20세기 초반 미국 교육 개혁의 또 다른 흐름을 형성하고 있었던 보빗과 차터스(W. Charters) 중심의 사회 효율성 운동이 점점 세력을 확대해 나아가는 것에 대해 경계하면서 '듀이의 교육과정 철학의 구체적인 형상물'로서 프로젝트 학습법을 발표하였다. 프로젝트 학습법은 20세기 전환기에 파커와 듀이가 학교에서 부분적으로 활용하던 교육 방법을 체계화시킨 것이다.

그렇다면 프로젝트 학습법이란 무엇인가? 킬패트릭에 의하면, 프로젝트 학습법은 하나의 교육 방법이지 그 자체로서 완벽한 교육과정 이론은 아니다. 여기서 프로젝트란 '사회 환경에서 진행되는 전심전력한 유목적적인 활동'을 가리킨다. 프로젝트 학습법이라는 교수법의 특징을 살펴보기 위해 킬패트릭이 제시하고 있는 '연 만드는 것'과 관련된 예를 들어보자.

> 두 학생이 연을 만들고 있다고 가정하자. 갑이라는 학생은 연을 날려보고 싶은 마음에 전심 전력을 다하여 연을 만들고 있는데 반하여, 을이라는 학생은 수업 시간에 과제로 부과되었기 때문에 연을 만들고 있다. 이 경우 갑과 을은 최종적인 산물로 연을 만들어 내기는 하겠지만, 연을 만드는 과정에서 갑과 을이 경험하고 배운 바는 완전히 다를 것이라고 추정할 수 있다. 갑은 잘 날 수 있는 연을 만들겠다는 목적의식에 충실하게 학습하는데 반하여, 을은 외부에서 자신에게 부과된 요구와 기준을 충족시키기 위한 목적에서 일을 수행한다. 연을 만드는 과정에서 갑은 새로운 것을 찾아 행하면서 배우는 경험을 하는 반면에, 을은 자신에게 부과된 요구와 기준에 잘 들어맞지 않을지도 모른다는 긴장과 불안 속에서 수동적인 방식으로 시간을 보내게 된다.

프로젝트 학습법에서 킬패트릭이 특별히 강조하고 있는 것은 아동의 유목적적인 활동이다. 전통적인 교과 중심 교육에서는 학생이 아무런 목적의식 없이 외부에서 부과된 교과 내용을 수동적으로 암기하는데 반하여, 아동 중심 교육에서는 교과 중심 교육에서 무시되거나 낭비되었던 아동의 선천적인 능력을 최대한 개발하기 위해서 학생의 유목적적인 활동을 강조하는 프로젝트 학습법을 활용하였다.

킬패트릭이 듀이의 교육철학과 쏜다이크(Edward Lee Thorndike)의 교육심리학을 결합하여 만들어낸 프로젝트 학습법은 그 당시 '과학적'으로 간주되었던 패러다임에 근거하고 있다. 교육과정의 조직 원리인 프로젝트 학습법에 따르면, 학생들은 학습 프로젝트의 네 단계(목적 설정 단계, 계획 단계, 실행 단계, 판단/평가 단계) 모두에서 적극적인 유목적적 행위를 수행해야 한다. 즉 학생들은 학습의 전 과정을 자기 주도적으로 이끌어가야 한다.

킬패트릭의 프로젝트 학습법은 짧은 기간 동안에 널리 확산되었고, 그 결과 프로젝트 학습법에 대한 비판도 거세게 일었다. 프로젝트 학습법에 대한 가장 전형적인 비판은 조작적인 활동 중심의 수업으로 인하여 고등사고 능력 개발보다는 저급한 인지적 활동만을 강조하게 될 가능성이 많다는 점이었다. 킬패트릭의 프로젝트 학습법은 빠르게 확산된 것만큼이나, 프로젝트 학습법에 대한 비판이 일어남과 동시에 교육의 현장에서 빠르게 사라졌다.

라. 생활 적응 교육의 등장

1945년 제2차 세계 대전이 끝남에 따라 20세기 초반에 등장하였던 진보주의 교육 운동이 '생활 적응 교육'(life adjustment education)이라는 이름으로 부활하였다. 1945년에 처음 등장한 생활 적응 교육이라는 말은 그러나 대학에 진학하지 않는, 절반이 넘는 고등학교 학생들에 대해 염려하는 한 직업 교육 담당 교사가 만들어냈다. 대학에 진학할 생각도 없으면서 직업 교육도 받지 않는 학생들, 즉 종합고등학교의 중간 트랙(middle track)에 있는 학생들에 대한 걱정이 이만 저만이 아니었다. 중간 트랙에 있는 학생들은 대학 진학 프로그램이나 직업 교육 프로그램 그 어떤 것을 통해서도 제대로 된 교육을 받을 수가 없었다. 그 결과 학생들은 학교를 중도에 그만두게 되었다. 1940년대 초반에는 학생들의 약 절반 가까이가 중도 탈락하였다.

교육의 적합성 부족, 그리고 이로 인한 중도 탈락생의 증가가 교육의 주된 '문제거리'로 등장하자, 주로 중등교육 전문가와 직업교육 전문가들이 이 문제를 해결하기 위하여 수차례 회합을 가졌다. 그 결과 1946년에 이들은 생활 적응 교육을 실시하기로 의견을 모았다. 이들이 의미하는 생활 적응 교육은 다음과 같은 아홉 가지 초점을 강조했다.

① 현재 우리 학교에서는 생활 적응 교육이 시행되고 있지 않다.
② 생활 적응 교육을 지원할 여론을 형성할 수 있다.
③ 중등학교 학생들의 다양한 필요를 채워 줄 교육적 경험으로 구성된 교육과정을 제공해주어야 한다.
④ 교사는 모든 학생들에게 도움을 줄려는 넓은 시각과 진정한 욕망을 개발해야 한다.
⑤ 국가 차원에서의 노력뿐만 아니라 지역 자원들도 최대한 활용해야 한다.
⑥ 소위 실제적인 기예들, 즉 가정 생활, 건강, 시민 생활과 관련된 기능성 경험들이 모든 중등학교에서 제공되어야 한다.
⑦ 활동을 수행하는 과정에서 지도를 받는 것은 젊은이의 생활 적응에 필수적이다.
⑧ 소규모 교육구는 생활 적응 교육을 위한 교육과정 개혁에 행정적인 장애가 된다.
⑨ 친밀하고 종합적이며 계속적인 학생 상담 및 생활 지도 서비스를 통하여 생활 적응 교육을 제공하고자 모든 노력을 경주해야 한다.

1940년대 후반부터 50년대에 걸쳐 유행한 생활 적응 교육은 미국의 교육과 관련해서 크게 두 가지 점에 기여하였다. 첫째, 교육과정의 개념을 이론적인 학교 교과목을 넘어서는 것으로 이해하는 계기를 마련해 주었다. 둘째, 국가적인 차원에서 중도 탈락생들에 대한 관심을 갖도록 만들었다. 그러나 생활 적응 교육에 대한 관심이 대부분의 경우 학교교육과정의 실질적인 변화로는 연결되지 못했다. 생활 적응 교육으로 인해 나타난 실제적인 변화로는 첫째, 진로 지도 교사가 약간 증가되었고, 둘째, 역설적이게도 20세기 초 이래 지난 50여 년 동안 침묵을 지키고 있었던 교과 또는 학문 중심 교육이 재등장할 수 있는 사회적 여건을 마련하였다는 것이다.

2 경험 중심 교육과정의 주요 특징

> 교육과정은 아동의 경험 속에만 존재한다. 그것은 교과서에 있는 것도 아니요, 교수요목에 있는 것도 아니요, 교사의 의도 속에 있는 것도 아니다. …… 교육과정은 학습 내용 이상의 것이다. 쓸모 있는 정확한 내용의 선정은 교사의 중요한 책임이지만, 그 내용이 아동의 경험의 일부가 될 때까지는 교육과정을 구성하지 못한다. 한 아동에 대하여 교육과정이 될 수 있는 내용은 다른 아동을 위한 교육과정이 될 수 있는 것과는 다르다(Ragan, 1960).

위에 인용된 글은 경험 중심 교육과정의 핵심적인 아이디어를 압축적으로 보여준다. 경험 중심 교육과정은 교육과정의 의미를, 교과 중심 교육과정에서처럼 '학생들이 마땅히 따라야 하는 교수요목'으로 규정하는 대신에, '학교의 지도하에 학생들이 가지게 되는 모든 경험'으로 정의한다. 교수요목의 관점이 교육과정을 '모든 학생들을 위한 교육 계획을 담고 있는 문서'로 본다면, 경험의 관점은 교육과정을 '학생 개개인에 따라서 다르게 나타나는 경험 자체'라고 본다.

경험 중심 교육과정이 어떤 특징을 지니고 있는가를 살펴보자. 미국의 교육학자인 홉킨즈(L. T. Hopkins, 1934)는 경험 중심 교육과정의 특징을 다음과 같이 여덟 가지로 제시하고 있다.

① 교육과정의 중점을 교과에 두지 않고 학습자에 둔다.

② 교재를 가르치는 데 치중하지 않고, 학생의 바람직한 성장을 조성하는데 힘쓴다.
③ 교재는 사전에 조직되는 것이 아니라 학습 현장에서 결정된다.
④ 교육과정은 교사가 일방적으로 부과하는 것이 아니라 모든 학습자의 협동적인 참여로 구성된다.
⑤ 분산된 사실을 가르치는 것보다는 통합된 의미를 체험시키는 것을 더 중요시한다.
⑥ 교재와 결부된 교수법을 맹목적으로 따르기보다는 청소년의 학습법을 존중하여 지도한다.
⑦ 어린이 개개인의 창조적인 특성을 육성한다.
⑧ 교육을 교수라고 생각하기보다는 끊임없는 성장의 과정이라고 생각한다.

경험 중심 교육과정의 특징을 김종서는 다음과 같이 여섯 가지로 요약하여 제시한다(김종서 외, 1984).

① 교과활동에 못지 않게 과외활동을 중시한다.
② 생활인의 육성을 목표로 하고 있다.
③ 아동 중심 교육을 강조한다.
④ 사회의 급격한 변화에 적응하는 인간을 육성코자 한다.
⑤ 문제해결력의 함양을 강조한다.
⑥ 전인교육을 강조한다.

위에서 제시한 경험 중심 교육과정의 특징에서 알 수 있는 것처럼, 경험 중심 교육과정은 교육에 있어서 전통적인 교과목을 중요시하기보다는 인간 생활의 제 영역에서 발생하는 문제들을 중심으로 교육 내용을 조직하는 방식을 더 선호한다고 볼 수 있다. 이러한 경험 중심 교육과정은 일반적으로 우리나라 제2차 교육과정의 특징으로 일컬어지고 있다. 그러나 이러한 주장의 타당성은 경험적인 연구를 통하여 그 진리 여부가 확인될 필요가 있다. 왜냐하면 우리나라 제2차 교육과정은 경험중심 교육과정이 가정하고 있는 교육과정의 의미와 유사한 개념 규정은 따르고 있지만, 위에서 언급한 경험 중심 교육과정의 특징을 별로 지니고 있지 않다는 점에서 경험 중심 교육과정이라고 보기 어려운 측면이 있기 때문이다.

3 듀이의 경험과 교육과정

교육의 역사에서 우리는 많은 아이러니를 발견하게 된다. 목하 우리의 관심을 끄는 아이러니는 진보주의 교육학회가 듀이의 교육 이론을 확산 및 적용하기 위하여 결성되었음에도 불구하고, 듀이 자신은 진보주의 교육학회에 가입할 것을 거부했으며, 1930년대에 들어와서는 급기야 자신의 교육 이론과 진보주의 교육 이론이 서로 다른 것임을 「경험과 교육」이라는 저술(Dewey, 1938)을 통하여 주장하게 된다.

진보주의 교육에 대한 듀이 비판의 핵심은 다음과 같다. 듀이 자신은 아동과 교과(또는 교육과정)를 대립적인 것으로 보는 전통적인 교과 중심의 교육과정을 비판하면서 아동과 교과와의 연속성을 강조하였다. 그러나 자신의 이론을 오해한 진보주의 교육자들은 아동과 교과간의 연속성을 강조하기보다는 교과 중심 교육론자들과는 정반대의 극단으로 나아갔다. 즉 진보주의 교육자들은 교과를 완전히 무시하고, 오로지 아동의 즉각적인 흥미나 관심만을 존중하게 되었다는 것이다.

진보주의 교육 운동이 확산됨에 따라 듀이 교육 이론에 대한 비판이 증가하게 되었다. 이는 진보주의 교육자들의 듀이 교육 이론에 대한 오해 때문이었다. 경험 중심 교육의 의미를 올바르게 이해하기 위해서는 듀이의 교육 이론을 좀더 심각하게 분석해 볼 필요가 있다. 따라서 다음에서는 듀이의 경험과 교육에 관한 내용을 그의 교육과정에 대한 이해와 관련시켜 살펴보고자 한다.

가、듀이의 경험과 교육[2)]

듀이의 교육이론의 핵심 개념은 '경험'이다. 듀이에 의하면, 교육은 경험에 의한, 경험을 위한, 경험의 과정이다. 교육은 경험의 계속적인 재구성을 통한 경험의 성장이며, 그 외의 다른 목적은 지니고 있지 않다. 따라서 듀이의 교육에 대한 생각을 이해하기 위해서는 듀이의 경험이라는 개념을 이해할 필요가 있다.

듀이는 경험의 의미를 새롭게 해석함으로써 경험과 이성의 대립을 해소할 뿐만 아니라 희랍 철학 이래 지속되어온 온갖 종류의 이원론을 극복하고자 하였다. 그렇다면, 듀이에게 있어서 경험이란 무엇인가? 듀이에 의하면, 경험은 '해보는 것'(즉 경험의 능동적인 측면)과 '당하는 것'(즉 경험의 수동적인 측면)의 결합으로 이루어진다(Dewey, 1916). 예를 들면, 어린아이가 촛불에 손을 데는 경험을 했다고 하자. 어린아이가 촛불에 손을 데는 경험은 아이가 촛불에 손을 갖다 대는 측면(해보는 것)과 뜨거움을 느끼는 측면(당하는 것)의 결합으로 이루어진다. 여기서 경험의 가치는 '해보는 것'과 '당하는 것' 즉 경험의 능동적 측면과 수동적 측면의 관계를 파악하는 것에 달려 있다. 듀이에게 있어서 '사고한다'는 것은 바로 경험의 이러한 두 측면의 관계를 정확히 파악하려는 노력을 의미한다. 이렇게 볼 때, 듀이의 경험은 능동적 측면과 수동적 측면의 관계 파악을 한 부분으로 포함하고 있다는 점에서 경험 속에 사고를 포함하고 있다. 듀이에게 가치있는 경험은 경험 속에서 사고가 작동하는 경험이다.

경험 속에서 사고가 작동하는가 또는 작동하지 않는가에 따라 '반성적 경험'과 '시행착오적 경험'이 구분된다. 시행착오적 경험은 경험에도 불구하고 경험의 능동적 측면과 수동적 측면의 관련이 그다지 분명하게 파악되지 않아 이러이러한 행동이 이러이러한 결과와 연결되어 있다는 것을 파악할 수 없는 경험을 가리킨다. 이러한 시행착오적 경험에 내재되어 있던 사고가 능동과 수동 사이의 세밀한 관계를 파악하는 수준에 이르게 될

2) 이 절의 이하 내용은 김재춘(2016)의 「교육과정: 이론과 실제를 겸비한 인재 양성 지도서」(교육과학사)의 4장 내용의 일부를 재편집한 것이다.

때, 그 경험은 반성적 경험이라는 새로운 질의 경험으로 발전한다.

듀이는 경험의 두 측면 즉 능동적 측면과 수동적 측면을 설정하고 이 둘 간의 관계 파악을 강조함으로서 전통적으로 대립되는 것으로 이해되어 온 경험과 이성을 통합하고자 하였다. 희랍 철학에서 경험(empeiria)과 이성(logos)은 서로 대립된다. 경험은 종잡을 수 없이 변화하는 실제적 활동과 관련된 것으로 간주되는 데 반하여, 이성은 영원불변의 진리를 추구하는 데에 관심을 갖는 것으로 여겨진다. 그리고 이성은 경험 밖에 별도로 존재하며, 경험 속에는 이성이 머무를 자리가 없다.

그러나 듀이에 의하면, 경험은 인간 유기체와 환경 사이의 상호작용이라는 특징을 지닐 뿐만 아니라 하나의 경험이 다른 경험으로 계속해서 성장한다는 특징을 지닌다. 경험의 상호작용과 계속성의 원리가 듀이 경험 이론의 특징을 이룬다. 그러면 듀이의 경험의 상호작용의 원리와 계속성의 원리란 각각 어떤 것인가?

먼저 듀이의 경험의 '상호작용의 원리'에 대해 살펴보자. 듀이에 따르면 인간은 환경 속에 안주하는 존재라기보다는 환경과의 적극적인 상호작용을 통해서만 삶이 영위될 수 있는 존재이다. 환경은 매 순간 변화하면서 주체에게 이전의 상호작용 방식으로는 안정을 유지할 수 없는 난관과 문제 사태를 야기한다. 인간은 이전의 경험을 확대함으로써 환경이 초래한 난관과 문제 사태를 극복하고 새로운 평형상태를 획득하고자 노력한다. 듀이에게 있어서 경험은 이러한 문제 사태와 더불어 시작된다. 주체가 문제 사태를 지각하고, 이를 해결하기 위해 뛰어들게 될 때 경험은 비로소 시작된다.

여기서 우리는 경험의 상호작용의 원리를 분명히 이해할 필요가 있다. 유기체와 환경이 병렬적으로 존재하는 것만으로는 경험이 발생하지 않는다(유기체+환경=경험미발생). 유기체와 환경이 만나서 상호작용을 해야만 경험이 발생한다(유기체×환경=경험발생). 그리고 경험을 발생시키는 상호작용은 유기체와 환경 모두를 이전과는 다른 상태로 변화시킨다. 이런 의미에서 듀이의 경험을 상호작용의 결과라기보다는 '교변작용'의 결과로 해석하는 것이 더 적절하다는 주장도 있다(박철홍, 1995). 이렇게 볼 때, 유기체와 환경은 상호 대립적인 관계 속에 있지 않고 서로가 서로를 규정하거나 변화시키는 교변작용 속에서 존재한다고 볼 수 있다. 이러한 존재 방식을 일컬어 듀이는 '유기체와 환경이 연속성을 띠고 있다'고 표현한다. 이를 경험과 이성의 관계에 적용하면, 경험 밖에 별도로 존재하는, 경험과 대립하는 순수한 '이성'은 존재하지 않는다. 그래서 듀이는 전통적인 개념인 '이성'을 '지력'(intelligence)이라는 개념으로 대치한다. 지력은 더 이상 경험과 대치하는, 경험 밖에 존재하는 존재가 아니다. 지력은 경험에 내재하며, 경험 속에서 작용한다. 따라서 듀이에 따르면, 경험이 없이는 지력도 작동할 수 없다.

다음으로 듀이의 경험의 '계속성의 원리'에 대해 살펴보자. 듀이에 의하면 경험은 계속성 또는 연속성이라는 특징을 지닌다. 경험은 시작, 발전, 종결로 이루어진 하나의 활동이다. 하나의 경험이 시작되어 성장하고 종결된다. 그리고 하나의 경험의 종결은 또 다른 경험의 시작으로 이어진다. 한 개인이 지닌 기존의 경험으로 해결이 불가능한 문제 사태에 직면했을 때 새로운 경험은 시작된다. 하나의 경험은 충동이나 욕망에 의해 시작되지만, 곧 지력에 의해 인도되면서 '가시 목표'(end-in-view)를 달성하기 위한 노력으로 발전한다. 충동, 지력, 의지 등이 결합되어 주어진 문제 사태를 통일된 의미로 파악하게 되면 즉 문제 사태를 해결하게 되면, 경험은 종결 단계에 이르게 된다. 이처럼 주체가 경험을 시작하여 문제를 해결하고 종결 상태에 이르게 되는 일련의 과정을 가리켜 듀이는 주체가 '하나의 경험'(an experience)을 갖게 되었다고 기술한다(이돈희, 1992). 이러한 하나의 경험은 또 다른 경험의 토대가 되면서 경험에서 경험으로 이르는 계속적인 성장을 가능하게 한다. 경험의 이러한 특징 때문에 교육은 경험의 계속적인 성장으로 규정할 수 있다.

나. 교육자의 교과와 학습자의 교과

듀이는 「민주주의와 교육」에서 교과 중심 교육의 문제점을 지적하면서 서로 성격이 다른 두 종류의 교과를 구분한다(Dewey, 1916). 즉 '교육자의 교과'(subject-matter of educator)와 '학습자의 교과'(subject-matter of learner)를 구분한다. 듀이에 의하면 아동에게는 학습자의 교과를 통하여 교육할 때만 의미있는 교육이 이루어질 수 있다. 그러나 교과 중심 교육자들은 학생들에게 교육자의 교과를 통해서 교육을 수행함으로써 의미있는 교육의 시행에 실패한다.

교육자에게 이해되는 상태로서의 교과를 뜻하는 '교육자의 교과'는 추상적이고 이론적인 내용의 형식으로 존재하는 데 반하여, 학습자의 경험 안에서 발달되어 가는 '학습자의 교과'는 처음에는 구체적인 활동으로 존재하다가 점차 정련되고 체계화된 교과로 발달해 간다. 이렇게 볼 때, 학생의 발달 수준이 낮은 상태일수록 교육자의 교과와 학습자의 교과는 서로 멀리 떨어져 있게 된다. 전문가 또는 성인의 교과인 '교육자의 교과'는 아동의 교과인 '학습자의 교과'의 '가능태'일 뿐, 아동의 현재의 상태에 적합한 것은 아니다. 교육자의 교과는 전문가나 교사에게는 곧바로 이해될 수 있는 내용과 형식으로 구성된 교과이지만, 아동 학습자에게는 곧바로 이해될 수 없는 내용과 형식으로 구성된 교과이다. 듀이에 의하면, 교과 중심 교육은 교육자의 교과와 학습자의 교과간의 차이를 올바르게 파악하지도, 존중하지도 못했기 때문에 실패할 수밖에 없다.

듀이가 구분하는 교육자의 교과와 학습자의 교과의 차이는 '형식적 사고'(formal thinking)와 '실제적 사고'(actual thinking)의 차이에 의해 일정 부분 설명될 수 있다(Dewey, 1933). 형식적 사고란 내용에 상관없이 또는 내용과 무관하게 이루어지는 논리 형식에 따른 사고(예컨대, 삼단논법)를 뜻한다. 그리고 실제적 사고란 구체적인 사람이 구체적인 상황에서 실제로 행하는 사고를 가리킨다. 듀이는 전자를 '논리'(the logical)라고 명명하고, 후자를 '심리'(the psychological)라고 명명한다. 여기서 논리는 사고의 결과물의 정당성을 확인하는 '정당화의 맥락'에서 의미를 가지는 사고의 논리로서, 어떤 관념이나 결과의 타당함을 타인에게 논리적으로 설명하거나 정당화시키는 데에 활용된다. 이에 반하여, 심리는 사고의 실제적인 과정인 '발견의 맥락'에서 작동하는 것으로서, 모종의 결과물을 찾아내거나 결론을 이끌어내는 데에 활용된다. 따라서 형식적인 사고의 흐름을 따라 논리적으로 조직된 교육자의 교과는 이미 발견된 또는 선택된 특정 결론을 간단명료하게 진술하거나 논리적으로 설명하는 데에 적합한 교과 양식에 해당하는 데에 반하여, 실제적인 사고의 흐름을 따라 조직된 학습자의 교과는 문제를 해결하고자 의문을 갖고 탐구하는 상황에서 모종의 결론을 찾아내는 과정에 적합한 교과 양식에 해당한다.

결과로서의 논리적 형식이 교육에서 차지하는 위치를 설명하기 위해 듀이는 지도의 비유를 들고 있다(Dewey, 1933, 1938). 지도는 탐험가의 조사와 탐험의 과정을 거친 '결과'로 생산된다. 지도를 만드는 '과정'에서 지도제작자가 하는 조사나 탐험은, 지도라는 결과와는 다른, 과정 그 자체의 가치나 의미를 지닌다. 결과로서의 지도는 여행의 과정에서 여행자의 위치를 확인할 때는 유용하지만, 그가 여행의 과정에서 무엇을 탐험해야 하며 어디로 가야할 것인가를 결정하는 데는 어떤 도움도 줄 수 없다. 달리 말하면, 여행자가 세운 계획에 따라 정해진 목적지를 찾아가는 과정에서 지도가 위치 확인 등에 유용한 것은 사실이지만, 지도 자체가 여행자가 가야 할 곳이나 여행 방법 등을 정해 줄 수는 없다. 여행자가 가고 싶은 곳을 가기 위해 지도의 도움을 받아야지, 지도가 여행자가 가야 할 곳을 정해 주어서는 곤란하다. 지도가 여행자가 여행할 곳을 정해 준다면 여행의 본말이 전도된다. 여기서 지도는 교육자의 교과에 비유된다. 교육자의 교과는 정해진 목적지를 향해 가면서 학습자의 현재의 위치를 확인하는 데는 도움을 줄 수 있지만, 학습자가 무엇을 어떻게 학습해야 하는가를 정해 줄 수는 없다. 지도를 만드는 과정에서 지도제작자가 수행하는 조사나 탐험 활동 등으로 구성된 '학습자의 교과'가 아동의 교육을 이끌어야 한다. 교육의 '결과물'이 아니라 교육의 '과정'이 바로 학습자의 교과를 구성한다. 그리고 아동은 이러한 학습자의 교과를 가지고 교육이라는 여행을 떠난다.

지금까지 논의한 교육자의 교과와 학습자의 교과의 차이를 표로 제시하면 〈표 4-1〉과 같다.

〈표 4-1〉 교육자의 교과와 학습자의 교과의 특징 비교

교과 구분	교육자의 교과	학습자의 교과
교과 특징	• 교육자에게 이해되는 상태로서의 교과 • 형식적인 사고의 반영 • 교과 내용의 논리적 조직 • 사고의 결과 중시 • 정당화의 맥락 존중 • 결과를 설명하는 데 유용 • 탐험의 결과로서의 지도에 비유	• 학습자의 경험 안에서 발달되어 가는 교과 • 실제적인 사고의 반영 • 교과 내용의 심리적 조직 • 사고의 과정 중시 • 발견의 맥락 존중 • 결론에 도달하는 데 유용 • 탐험 과정 자체에 비유

듀이는 아동의 경험이 계속적으로 성장하도록 도와주기 위해서는 교과를 진보적으로 조직할 필요가 있음을 강조한다(Dewey, 1938). 교과를 진보적으로 조직한다는 말은, 첫째, 어떤 교과이든 처음에는 학습자의 경험 범위 안에 드는 자료를 가지고 시작해야 한다는 것을 뜻하며, 둘째, 그 자료를 점진적으로 확대하고 정련하여 전문학자를 상대로 하는 자료의 수준으로 이끌어 올려야 한다는 것이다(김재춘, 2005). 이러한 두 가지 원리는 학습자의 교과가 구체적으로 수업 사태에서 어떻게 드러나야 하는가를 시사해주고 있다. 요컨대, 듀이에 의하면, 의미있는 교육을 실시하기 위해서는 교과를 진보적으로 조직할 필요가 있으며, 교과를 진보적으로 조직한다는 말은 지식의 조직을 직접적이고 실제적인 것에서 추상적이고 이론적인 것으로 점차 바꾸어 간다는 것을 뜻한다.

듀이는 교육자의 교과와 학습자의 교과가 최종 발단 단계에서는 서로 일치한다고 주장한다. 듀이는 일원론자답게 교육자의 교과와 학습자의 교과를 구별하여 대립시키기보다는 이 둘 간의 연속성을 강조한다. 듀이에 따르면 학습자의 교과 발달의 마지막 단계에서는 과학자가 완성된 지식에 도달하고자 따랐던 심리적 또는 발달적 방법이 과학적 지식의 논리적 형식과 일치한다. 따라서 듀이에게 있어서 과학적 지식으로 구성된 교과를 가르친다는 것은 과학자가 완성된 지식에 도달한 심리적 또는 발달적 방법에 따라 가르친다는 것을 뜻함과 동시에 과학의 논리적 형식에 따라 가르친다는 것을 의미한다.

다、경험의 성장을 위한 교과 발달의 세 단계

듀이에게 있어서 교육은 경험의 계속적인 성장을 돕는 활동이다. 교육의 과정은 교육이라는 활동 이외의 다른 목적을 지니지 않으며, 교육 그 자체가 목적이다. 달리 말하면 교육의 과정은 경험의 끊임없는 재조직, 재구성, 변형의 과정이다. 현재의 경험에서 과거의 경험을 활용하고 미래의 경험에 방향을 제시해 주면서 경험은 계속적으로 성장한다. 성장에는 더 성장한다는 것 이외의 다른 목적은 없으며, 하나의 경험이 교육적인가 아닌가의 여부는 계속적인 성장을 가능하게 해주느냐에 달려 있다.

듀이에게 있어서 학교는 학생의 경험이 계속적으로 성장할 수 있도록 도와주기 위한 특수 환경이다. 의도적으로 꾸며진 교육 환경으로서의 학교는 본질상 사회 환경과 동일해야 하지만, 다음과 같은 세 가지 점에서 사회 환경과 구별되어야 한다(Dewey, 1916). 첫째, 학교는 사회 환경보다 '단순화된' 교육 환경이어야 한다. 오늘날 복잡한 문명은 학생들이 한꺼번에 소화해 낼 수 없기 때문에 학생들의 성장을 돕기 위해서는 보다 근본적이면서도 동시에 학생들의 적극적인 반응을 불러일으킬 수 있는 단순화된 환경을 설정해주어야 한다. 둘째, 학교는 사회 환경보다 '정화된' 행동 환경이어야 한다. 교육 환경으로서의 학교는 단순화되어야 할 뿐만 아니라 일반 사회 환경에서 무가치한 특성들이 제거된, 정화된 환경이어야 한다. 셋째, 학교는 '균형된' 환경이어야 한다. 교육 환경으로서의 학교는 사회 환경의 여러 요소들 사이의 균형을 유지하고, 각 개인이 태어난 사회 집단의 제약에서 벗어나 보다 넓은 환경과 산 접촉을 할 수 있는 균형된 환경이어야 한다.

듀이에 의하면, 아동에게 의미있는 교과는 세 개의 꽤 전형적인 단계로 구분된다(Dewey, 1916). 성장의 초기 단계는 무엇인가를 할 줄 알게 되면서 사물에 익숙해지는 단계이다. 두 번째 단계에서는 그 익숙해진 것이 언어화된 지식 또는 정보를 통하여 점차 그 의미가 풍부해지고 깊어진다. 마지막 단계에서는 익숙해진 것의 의미가 과학적이고 논리적으로 조직되어 교과 전문가가 지니고 있는 그런 종류의 지식이 된다. 듀이는 학습자의 발달과정을 존중해주는 교육은 반드시 학습자의 경험 속에서 교과가 성장해가는 이런 과정에 관심을 가져야 한다고 주장한다.

듀이에 의하면, 첫 번째 단계의 교과는 '놀이나 일'의 형태를 취한다. 일상적인 생활에서의 '놀이나 일'은 성장 초기 단계에서의 경험이 갖고 있는 특성에 그대로 상응한다. 최초의 지식이 목적을 달성하기 위하여 뭔가를 '하는' 형태를 취하는 만큼, 여기에 상응하여 교육과정의 초기 단계는 몸과 손을 움직여서 실제로 일을 해보는 놀이나 일로 구성되어야 한다. 따라서 학교에서 학생들은 몸과 손을 움직여서 하는 활동을 통하여 교육을 받아야 하며, 이 때 몸과 손을 움직이는 활동 그 자체는 보다 형식적인 교과에 들어가기 전의 원초적이고 일차적인 교과로 이해되어야 한다.

두 번째 단계의 교과는 '지리와 역사'의 형태를 취한다. 아동의 유목적적인 활동에는 사물을 상대로 하여 '몸과 손을 움직이는 활동'뿐만 아니라 사람을 상대로 하는 '의사소통활동'도 있다. 의사소통활동을 통하여 아동은 놀이나 일을 통해서와 마찬가지로 자신의 경험의 의미를 확장시킨다. 다른 사람과의 의사소통은 인류 전체의 경험 속에서 나온 정련된 결과를 개인의 직접적인 경험에 연결시켜 준다는 점에서 경험의 성장을 가능하게 하는 중요한 교과가 된다. 듀이에 의하면, '지리와 역사'는 개인적 행위나 단순한 기계적 숙달에 그치고 말 활동에 배경과 전망, 지적 조망을 부여하는 교과라는 점에서 개인의 경험의 성장을 가능케 하는 주요한 교과 자원이다. 지리를 배운다는 것은 일상적 행위의 공간적 관련을 지각하는 능력을 획득하는 것을 뜻이며, 역사를 배운다는 것은 역사 속에 나타난 인간관계의 모습을 지각하는 능력을 기르는 것을 뜻한다. 지리는 자연과의 관련을 드러내고, 역사는 인간적 의미를 드러낸다는 점에서 이 둘 간의 차이는 있지만, 지리와 역사는 개인이 접할 수 있는 시공의 한계를 극복하면서 경험을 확장시켜 줄 수 있는 교과라는 점에서 중요한 교육적 가치를 지닌다.

세 번째 단계의 교과는 '과학과 논리'의 형태를 취한다. 과학적 또는 논리적 지식은 듀이에게 있어서 교과 발달의 마지막 단계에 해당한다. 여기서 과학적 지식이라는 말은 '논리적인 체계를 따라 조직된 지식'을 뜻한다. 과학적 지식이 이상으로 삼는 조직은 하나의 생각과 진술이 그 앞의 것에서 논리적으로 따라 나오고, 또 그 다음 것으로 연결되는 그러한 조직이다. 이처럼 '다음으로 연결되고 앞의 것을 확인해주는' 이중의 관계가 바로 '논리적'이라든가 '합리적'이라는 말의 의미이다. 듀이는 이러한 합리적이며 논리적인 방법에 기초한 지식의 조직이 과학을 과학으로서 성립시키는 특징이라고 말한다.

듀이가 말하는 '학습자의 교과'의 발달 단계를 그림으로 나타내면 [그림 4-1]과 같다.

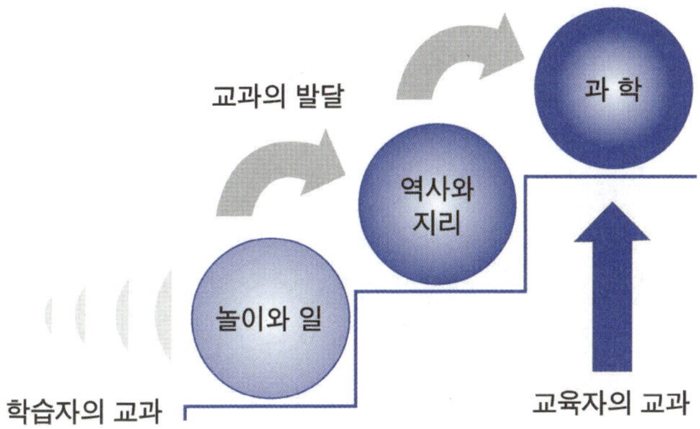

[그림 4-1] 학습자의 교과의 발달 단계

듀이의 '학습자의 교과'의 발달과 관련해서 우리는 듀이가 언급하는 역사와 지리, 과학이 오늘날 학교에서 가르치고 배우는 역사, 지리, 과학 교과를 뜻하는 것이 아니라는 사실을 유념할 필요가 있다. 듀이의 '학습자의 교과'의 발달의 두 번째 단계에 해당하는 '역사와 지리'는, '놀이나 일'에서처럼 구체적인 활동을 통한 직접적인 교섭은 이루어질 수 없지만, 언어적 상호작용인 의사소통을 통하여 공간적으로(지리) 그리고 시간적으로(역사) 학생의 경험을 확대시켜주는 교과 지식을 의미한다. 듀이의 교과 발달의 세 번째 단계에 해당하는 '과학과 논리'는 합리적인 사고를 통하여 학습이 가능한, 그리고 논리적인 형식을 따라 조직된 모든 교과를 뜻한다. 이렇게 볼 때, 듀이의 '학습자의 교과'의 발달 이론에서 중요한 것은 교과의 성격이 구체적인 활동에서 출발하여, 언어적인 상호작용과정을 거쳐, 합리적이고 논리적인 사고로 발전해 간다는 사실이다. 오늘날 학교에서 가르치는 역사와 지리 교과를 먼저 배운 다음에 과학 교과를 배워야 한다는 의미가 아님을 유념할 필요가 있다.

그렇다면 놀이와 일, 역사와 지리, 그리고 과학적이고 논리적인 지식은 어떻게 학습자의 경험 안에서 연속성을 지닐 수 있는가? 듀이에게 있어서, 교과는 성장의 '고정된' 표준이 아니라 '잠정적' 표준으로서의 의미를 지닌다(Dewey, 1916). 교과는 결코 완벽하지도 않고, 절대적인 지혜를 담고 있는 것도 아니다. 다만 교과는 아동의 경험의 계속적인 성장을 위하여 현재 상태에서 우리가 활용할 수 있는 최선의 것이며, 우리가 기존의 지식과 학문을 능가하기 위해서는 그 교과를 사용하지 않으면 안된다. 학습자의 교과는 아동발달의 각 수준에 있어서 학습자의 현재 경험에 활용되어 경험의 계속적인 성장을 가능하게 할 수 있어야 한다. 교과가 '현재의 환경'으로 활용될 때, 교과는 학생의 경험과 유리된 교육자의 교과가 아니라 학습자의 경험 안에서 성장하는 교과가 된다.

놀이와 일, 역사와 지리, 과학적이고 논리적인 지식이 학생의 현재의 경험을 계속적으로 성장하도록 하기 위해서는 경험의 방법적 원리를 따라야 한다. 놀이와 일을 교육내용으로 삼는다고 해서 아동들이 마구잡이로 또는 주먹구구식으로 경험한다는 것을 뜻하지 않는다. 오히려 몸과 손을 움직여서 실제로 일을 해보게 함으로써 여러 사물들에 대한 친근감을 형성하고 지적인 방식으로 사물을 다루는 방법을 축적하도록 할 수 있다. 정보 교과로서의 역사와 지리는 아동의 삶과는 유리된, 기이한 세계에 관한 백과사전식의 정보자료를 강제적으로 주입하기 위한 교과가 아니다. 오히려 역사와 지리는 이전의 인간 경험의 정련된 결과를 이용 가능한 형태로 압축시켜 놓은 교과로서, 문제 상황에서 우리가 의문에서 발견으로 나아가는 과정에서 효과적으로 활용할 수 있는 자료를 포함하고 있다. 이렇게 볼 때, 학습자의 교과로서의 놀이와 일, 역사와 지리는, 과학적이고 논리적인 지식과 마찬가지로, 아동의 경험을 계속적으로 성장하게 하는 자료로서의 의미를 지닌다. 따라서 놀이와 일, 역사와 지리, 과학적이고 논리적인 지식이라는 학습자의 교과는 학생의 경험을 계속적으로 재조직해 나가는 과정에서 과학적 사고 방법의 소재로 활용된다는 점에서 연속성을 갖는다.

지금까지 살펴 본 듀이의 '학습자의 교과'의 발달과 관련해서 다음과 같은 두 가지 점에 주의할 필요가 있다. 첫째, 듀이에게 있어서 활동으로서의 놀이와 일, 정보 교과로서의 역사와 지리, 과학적이고 논리적인 지식으로서의 교과는 학습자의 연령 발달 단계에 따른 교과 발달을 나타내고 있다(김재춘, 1988). 이 점에 주의할 때, 우리는 듀이가 그토록 강조한 '행함을 통한 학습'(learning by doing)의 의미를 보다 분명히 이해할 수 있다. 듀이의 '행함을 통한 학습'에서의 '행함'이 몸과 손을 움직이는 신체적인 활동을 의미한다면, '행함을 통한 학습'은 교과 발달의 첫 번째 단계인 '놀이나 일'에만 해당한다. 그러나 '행함'이 신체적인 활동을 넘어 추상적인 사유 활동까지를 포함한다면, 듀이가 제시하고 있는 모든 교과 발달의 단계에서 '행함을 통한 학습'이 일어난다고 볼 수 있다. '놀이나 일'의 단계에서는 신체적인 행함을 통하여 학습이 일어나고, '역사와 지리' 단계에서는 의사소통 행함을 통하여 학습이 진행되며, 과학적이고 논리적인 지식의 단계에서는 합리적인 사고 행함을 통하여 학습이 일어난다.

'행함을 통한 학습'은 진보주의 교육자들이 듀이를 오해한 부분임과 동시에 듀이가 가장 많은 비판을 받은 부분이다. 진보주의 교육자들은 듀이의 '행함을 통한 학습' 원리를 손과 발을 움직이는 '신체적인 활동'을 통한 행함만을 강조한 것으로 해석하여 학습의 모든 단계에서 학생들이 반드시 몸과 손을 움직이는 신체적인 활동을 통해 학습해야 한다고 주장하였다. 그 결과 진보주의 교육은 "고등 사고 능력을 기르는 데는 적합하지 않고, 저급한 인지 능력과 밀접히 관련되어 있는 조작적 활동만을 가르치는 교육 운동"으로 비판받았다(Pinar et. al., 1995). 또한 진보주의 교육은 몸과 손을 움직이는 교육만을 강조하고 언어나 사고를 활용하는 교육을 등한시한다는 비판도 받았다. 그러나 이러한 해석은 듀이에 대한 진보주의 교육자들의 오해이거나 진보주의 교육에 대한 보수적 교육자들의 오해이다.

참고문헌

김재춘(1988). 교과의 성격에 비추어 본 교육과정 통합의 의미와 가능성 탐색. 서울대학교 석사학위 논문.

김재춘(2106). 교육과정: 이론과 실제를 겸비한 인재 양성 지도서. 파주: 교육과학사.

김종서, 이영덕, 정원식(1984). 교육학개론. 서울: 교육과학사.

이돈희(1992). 존 듀이 교육론. 서울: 서울대학교 출판부.

홍은숙, 우용제, 이한규, 김재춘, 김영화, 김재웅(2016). 교육학에의 초대. 파주: 교육과학사.

Cremin, L.(1964). *The transformation of the school: Progressivism in American education 1876-1957.* New York: Vintage.

Dewey, J.(1902). *The Child and the Curriculum*. Chicago: The University of Chicago Press.

Dewey, J.(1915). *The School and Society*. Chicago: The University of Chicago Press.

Dewey, J.(1916). *Democracy and Education*. New York: The Macmillan Company.

Dewey, J.(1933). *How We Think*. Chicago: Henry Regency Company.

Dewey, J.(1938). *Experience and Education*. New York: The Macmillan Company.

Hopkins, L. T.(1934). *Curriculum Principles and Practice*. New York: Sandborn Co.

Pinar, W. F., Reynolds, W. M., Slattery, P., & Taubman, P. M.(1995). *Understanding Curriculum*. New York: Peter Lang.

Ragan, W. B.(1960). *Modern Elementary Curriculum.* New York: Henry Holt and Company.

Saylor, G., Alexander, W., & Lewis, A.(1981). *Curriculum Planning for better schools.* New York: Holt, Rinehart, & Winston.

CHAPTER 05

교과 활동(Ⅲ)-사회 변혁과 교육[1)]

앞에서 살펴 본 교과·학문 중심 교육과정과 경험·인간 중심 교육과정은 교육에 있어서 '교과'를 일차적으로 강조하느냐 '학생'을 일차적으로 강조하느냐라는 차이가 있었지만, 두 관점 모두 현존하는 사회 문제의 심각성을 인식하고 이를 재건 내지 변혁하려는 관심을 갖지는 않았다. 이 장에서 다룰 재건·변혁 중심 교육과정 이론은 학교교육의 중요한 사명을 사회를 재건 내지 변혁하는 것으로 본다는 점에서 교육과정에 대한 급진적인 관점이라고 볼 수 있다. 급진적인 관점은 기존의 학교교육의 사회 재생산 역할을 비판하면서 학교교육이 보다 정의롭고 온정적인 사회를 재건할 것을 강조하는 교육과정의 흐름이다. 이 장에서는 첫째, 사회 재건을 강조하는 교육과정 논의가 등장한 역사적 맥락을 간략히 살펴보고, 둘째, 학교교육이 불평등한 사회 구조를 재생산하는 것을 들춰 낸 재생산이론을 소개한 다음, 셋째, 학교교육의 변혁을 위해서 한편으로 '비판의 언어'를 다른 한편으로 '가능성의 언어'를 생산하고 유통할 것을 주장한 사회 재건·변혁 이론들을 살펴본다.

1 사회 재건 · 변혁을 위한 교육의 역사 개관

1920년대에 들어서면서 미국에서 중등학교가 보편화 단계에 접어들 즈음, 공교육을 엘리트 집단을 위한 교육이라고 비판하면서 노동자 자녀들을 위한 급진적인 교육을 실시할 것을 주장하는 흐름이 생겨났다. 공교

1) 이 장의 내용은 김재춘 · 박순경 · 이동주(2010)의 「교육과정과 교육평가」(한국방송통신대학교출판부)의 4장 내용을 재편집한 것임을 밝혀둔다.

육체제가 사회 통제와 효율성만을 추구하는 것을 비판하면서 급진주의자들은 공교육이 사회 문제를 해결하고 평등하고 정의로운 사회를 건설하는 데에 기여해야 함을 강조하였다. 공교육이 자본주의 체제에 복속되면서 개인주의와 경쟁만을 강조하는 데에 실망한 급진주의자들은 자신의 자녀들을 위한 '일요학교'(Sunday School)를 만들어 운영하기도 하였다. 일종의 급진적인 실험학교로 볼 수 있는 일요학교에서는 학생들의 사회의식을 불러일으키고, 개인주의와 경쟁을 배격하는 교육과정을 운영하고자 하였다(Stanley, 1992).

1929년 10월에 미국의 주식시장의 붕괴와 더불어 대공황이 본격화되면서 사회를 재건하려는 움직임이 교육과정의 철학으로 태동하였다. 사회 재건을 위한 교육 운동으로 일컬어지는 사회 재건·변혁 중심 교육과정은 카운츠(G. Counts)와 러그(H. Rugg)에 의해 주도되었다. 특히 1932년에 콜럼비아 대학의 교수였던 카운츠가 미국 진보주의 교육협회에서 행한 「학교는 새로운 사회적 질서를 감히 수립할 수 있겠는가?」(Dare the school build a new social order?)라는 연설은 큰 파장을 불러 일으켰다. 그는 학교가 당시의 심각한 사회 문제였던 인종문제, 계급문제, 실업문제 등을 해결할 수 있는 개혁 방안과 새로운 사회적 비전을 제시할 수 있는 학교교육의 역할을 강조하였다. 그는 더 나아가 당시의 진보주의 교육이 아동 중심 교육이라는 지나치게 개인적이고 낭만적인 생각에 갇혀 사회문제 의식이 결여된 인간만을 길러내고 있다고 비판하였다. 새로운 사회를 재건하기 위해서 카운츠는 학교교육과정에서 소수 민족이나 가난한 계층의 삶과 같은 일상적인 사회적 현실과 문제들을 가감없이 다루어야 함을 주장하였다(Counts, 1932a, 1932b).

카운츠의 동료 교수였던 콜럼비아 대학의 러그는 급진적인 사회과 교과서를 개발하여 주목을 끌었다. 러그는 학생들에게 사회 문제 의식을 길러 줄 수 있는 방식으로 사회과 교과서를 개발하였다(Rugg, 1929-1932, 1931). 예컨대, 러그는 사회과 교과서에서 중·상류층이 사는 거리와 빈민층이 사는 거리를 대조시킨 사진을 게재함으로써 경제적 부와 정치적 권력이 얼마나 불평등하게 분배되어 있는지를 극명하게 보여주고자 하였다. 그는 또한 제1차 세계대전을 다루면서 무역 등을 둘러싼 각종 이권경쟁이 전쟁의 도화선이 되었음을 강조할 뿐만 아니라 전쟁을 둘러싼 각종 음모와 밀약 등 비도덕적이고 비윤리적인 측면을 부각시켰다. 러그는 그가 쓴 사회 교과서에서 카운츠가 강조한 그날그날의 일상적인 사회적 삶과 문제들을 정말로 가감없이 다룸으로써 학생들에게 '사회비평의 정신'을 길러주고자 하였다.

사회 재건을 위한 교육과정 운동은 1950년대에 브라멜드(T. Brameld)에 의해 계승 발전되었다. 사회 재건주의 철학을 정립한 것으로 평가받는 브라멜드는 교사와 학생이 위기에 처한 사회를 개선하는 개혁 촉매자가 되어야 한다고 주장하였다(Brameld, 1956). 이를 위해서는 학교교육은 사회가 당면한 중요한 문제들을 분석하고, 가장 바람직한 해결 방안이 무엇인가를 찾으며, 해결책을 실천에 옮길 것을 강조해야 한다고 주장했다.

사회 재건을 강조하는 교육과정의 주요 특성을 정리하면 다음과 같다.

① 사회의 문화유산과 전체 문명을 비판적으로 검토한다.
② 논쟁이 되는 사회적 문제를 다루는 데 두려워하지 않는다.
③ 사회의 재건을 통한 변화를 가져오는 책무를 기꺼이 떠맡는다.
④ 세상의 현실을 고려하는 미래 계획 수립의 태도를 배양한다.
⑤ 문화혁신과 간문화주의(interculturalism)를 고양한다.
⑥ 교사는 사회적 변화, 문화갱신, 국제주의의 촉매자가 되어야 한다.

이러한 사회 재건주의자들은 학교가 학생들의 도덕과 지성을 재건함으로써 학교가 사회적 문제를 해결하는 데 영향력을 발휘할 수 있을 것이라고 믿었다. 그러나 이런 사회 재건주의자들의 주장은 뒤따르는 신마르크스주의자들에 의해 비판받았다. 신마르크주의자들은 미국과 같은 자본주의 사회에서는 억압과 착취가 사회구조의 근본적인 특징에서 유래되기 때문에 학교 안에서 교사의 노력만으로는 억압과 착취구조가 바뀔 수 없다고 보았다.

2 교육과정사회학의 전개와 재생산 이론

학교에서 가르치는 지식과 가르치는 과정을 사회학적으로 탐구하는 교육과정사회학(sociology of curriculum)이 1970년대 초반 영국에서 등장하였다. 교육과정사회학자들은 학교에서 가르치는 지식과 교육의 과정이 사회적 불평등을 매개하는 중요한 요인임을 지적하면서 지금까지 도외시되어 왔던 교육과정에 대한 사회학적 탐구에 초점을 맞추어야 한다고 주장하였다. 이러한 문제의식은 특히 영국의 교육과정사회학자인 영(M. Young)에 의해 분명하게 제시되었다.

영은 학교가 사람뿐만 아니라 지식도 선별 처리하기 때문에 학교에서 가르치는 지식과 가르치는 과정도 사회학적 탐구의 대상으로 삼아야 한다고 주장하였다. 영은 지식을 절대적인 자율성을 갖는, 고정되고 불변적인 어떤 것으로 보는 전통적인 교육관에 의문을 제기하였다. 그는 지식을 사회적 구성물로 간주했을 뿐만 아니라 특정 지식이 다른 지식보다 본질적으로 우수하거나 열등하다고 보는 입장을 비판하였다. 그는 지금까지 학교교육에서 '주어진 것'으로 받아들여 왔던 지식을 탐구 영역으로 삼아, '무엇을 지식으로 볼 것인가?', '지식의 사회적 분배는 어떻게 이루어지고 있는가?', '지식의 정통성은 어디에 근거하고 있는가'와 같은 질문들을 제기할 필요가 있음을 주장했다(Young, 1971). 이러한 영의 주장은 윌리암스(R. Williams)의 '선택적 전통'이라는 개념과 밀접히 관련되어 있다. 윌리암스는 학교교육의 내용이 될 수 있는 무수히 많은 과거와 현재의 지식 또는 의미체계 중에서 지배집단의 문화에 적합한 것만을 공식적인 지식으로 선별하여 정당화하고, 나머지는 학교의 공식적인 지식에서 배제한다고 주장했다. 요컨대, 영과 윌리암스는 한 사회의 지식, 가치, 문화 내용의 정통성은 그 사회의 정치, 경제, 사회적인 힘의 행사와 관련되어 있음을 주장한 것이다.

이글스톤(J. Eggleston) 역시 동일한 맥락에서 교육과정과 지식에 대한 사회학적 탐구가 필요함을 주장하였다. 그는 교육과정을 사회와 학교의 권력 및 권위 구조를 유지시키는 중심요소로 중시하며, 교육과정을 결정하는 과정이 사회 통제의 과정이라고 주장하였다. 이글스톤은 대중화된 영국 학교의 교육과정과 관련하여 "대중의 교육과정은 그들 자신이 아니라 엘리트 집단에 의해 규정되고 평가"되며, "엘리트 학교의 교육과정은 지도성을 강조했으나 대중의 교육과정은 복종을 강조하는 한편 격이 낮은 교과들로 구성함으로써 사회적 차이를 수용하도록 했다"(Eggleston, 1977)고 주장하였다.

영국의 교육과정사회학자들에 의해 학교교육과정에 대한 사회학적 탐구의 필요성과 연구 방향이 뚜렷이 부각되었다면, 미국의 비판적 교육과정론자들은 학교교육과정에 대한 체계적이고 구체적인 분석을 활발하게 시도하였다. 안욘(J. Anyon)은 미국 중등학교에서 사용하고 있는 17권의 역사 교과서 분석을 통해 교육 내용의 선정이 편파적으로 이루어지고 있음을 보여 주었다. 예컨대, 경제 성장에 대한 지배집단의 기여는 인정하면서도 노동자 계급의 기여는 외면하고 있었으며, 자본가와 경영자만을 경제의 주역으로 내세우고 노동자의 실체는 어디에서도 언급하지 않았다. 그리고 경제 문제 해결을 위한 정부의 정책은 적극 소개하면서도 노동자들이 제안하는 어떠한 진보적인 대안도 적극적으로 다루고 있지 않았다.

이하에서는 근대 학교교육 체제가 등장할 당시 학교가 학교에 기대되었던 사회 평등화에 기여하기보다는 사회 불평등의 재생산에 기여하고 있음을 주장한 연구들을 간략히 살펴보고자 한다. 먼저 보울즈와 긴티스(S. Bowles & H. Gintis)의 경제적 재생산 이론과 부르디외(P. Bourdieu)와 번스틴(B. Bernstein)의 문화적 재생산 이론을 살펴보고자 한다.

가. 경제적 재생산 이론

교육과정사회학자들이 주장하는 것처럼 학교가 사람뿐만 아니라 지식까지 선별 처리한다면, 그래서 학교가 사회 평등화 기능보다는 사회 불평등을 재생산하는 기능을 효율적으로 수행하고 있다면, 도대체 재생산의 메커니즘은 무엇인가? 학교라는 블랙박스 안에서 무슨 일이 일어나기에 학교교육을 통해 상류층 출신의 학생들은 상류층으로, 하류층 출신의 학생들은 하류층으로 재생산되는가? 이런 질문에 대한 답을 가장 먼저 제시한 사람들이 바로 보울즈와 긴티스이다. 이들은 재생산의 메커니즘을 경제적인 측면에서 설명하려고 했다는 점 때문에 이들의 이론은 '경제적 재생산 이론'으로 불린다.

보울즈와 긴티스는 미국 대중교육 제도의 역사적 기원과 발전, 실제 수행하고 있는 사회적 기능 등을 사회과학적으로 분석함으로써 자본주의 경제 체제가 유지 발전하는 데에 학교교육이 어떻게 기여해 왔는가를 경험적으로 확인하고자 하였다. 마르크스에 의하면 자본주의가 발전하기 위해서는 생산력의 발전과 더불어 생산관계의 발전 또한 필요하다. 보울즈와 긴티스에 따르면 학교교육은 자본주의 사회의 발전에 필요한 생산관계를 재생산하는 역할을 수행한다.

그렇다면 학교교육은 자본주의 사회의 발전에 필요한 생산관계를 어떻게 재생산하고 있는가? 보울즈와 긴티스는 '대응이론'(correspondence principle)을 통해 이를 설명한다(Bowles & Gintis, 1976). 학교는 자본주의 경제 체제를 유지 발전시키기 위하여 순종적인 노동력을 생산한다. 그렇다면 순종적인 노동력은 학교에서 어떻게 생산되는가? 보울즈와 긴티스는 이를 두 가지 방식으로 설명한다. 첫째, 학교에서의 사회적 관계와 직장에서의 사회적 관계가 일치함을 지적한다. 자본주의 사회의 직장에서 필요로 하는 인간관계와 가치, 규범, 태도 등의 성격 특성이 학교에서의 일상적인 삶 속에 그대로 반영되어 있다. 둘째, 학교는 직장에서의 위계적 관계를 유지 재생산하기 위하여 서로 다른 위치를 차지할 학생들에게 그 자리에 맞는 교육내용과 인간관계를 훈련시킨다. 예컨대, 중등학교에서는 학생들의 자율적 활동을 극히 제한하고, 전문대학에서는 좀 더 많은 자율적 활동을 허용하며, 4년제 대학에서는 학생들이 최대한 독립적으로 판단하고 활동할 것을 요구한다. 동일학교급인 고등학교에서도 직업계열 학생들에게는 규칙을 잘 따르도록 요구하고 관리감독을 강화하지만, 대학진학계열 학생들에게는 스스로 규범을 내면화하도록 개방적인 교육환경을 조성한다.

학교의 재생산 메커니즘을 경제적인 관점에서 설명한 보울즈와 긴티스의 경제적 재생산 이론은 학교와 직장간의 '숨겨진' 사회관계의 유사성을 들춰냈다는 성과는 있지만, 학교교육의 기능을 지나치게 작위적으로 해석했다는 비판을 받았다. 보울즈와 긴티스의 이론의 한계로는 다음과 같은 세 가지가 주로 언급된다(오욱환, 1996). 첫째, 경제적 재생산 이론은 학교를 경제적 기능만을 수행하는 기관으로 국한시켜 해석함으로써 학교교육의 다른 측면들(예컨대, 문화적 측면)을 무시하였다. 둘째, 경제적 재생산 이론은 학생들이 학교에서 가르치는 대로 '판 찍어지는' 수동적인 존재로 해석하였다. 셋째, 경제적 재생산 이론은 학교 안에서 일어나는 교수・학습과정을 '검은 상자'로 취급함으로써 교육이 일어나고 있는 생생한 과정과 영역을 무시하였다.

나、문화적 재생산 이론

학교는 경제적 기능을 수행하는 기관이라기보다는 문화적 기능을 수행하는 기관이다. 사실 학교는 문화의, 문화에 의한, 문화를 위한 기관이다. 그리고 학교는 학생들에게 순종과 복종을 직접적으로 가르치기보다는 이른바 '독립적이고 중립적인' 것으로 간주되는 학교교육을 통해 간접적으로 가르친다. 이런 점에 주목하여 학교의 불평등한 사회 구조의 재생산 현상을 설명하려는 것이 문화적 재생산 이론이다.

문화적 재생산 이론은 프랑스의 사회학자 부르디외(P. Bourdieu)에 의해 체계적으로 제시되었다. 그에 의하면 한 사회에는 여러 집단 또는 계급이 있고, 각 집단이나 계급은 자기들만의 특유한 문화를 지니고 있다. 학교는 이처럼 복수적인 문화 중에서 특정한 문화만을 가치있는 것으로 인정한다. 학교에서는 대체로 지배집단의 문화가 모두가 배워야 하는 보편적인 가치를 지닌 문화(즉 문화적 자본)로 선정되어 가르쳐진다. 그 결과

학교에서 가치있는 것으로 인정되는 문화에 소속된 학생들은 학교 공부에서 상대적으로 유리하며, 그렇지 않는 문화에 속한 학생들은 상대적으로 불리하게 된다.

지배 집단이나 문화에 속한 학생들은 가정 문화와 학교 문화 간의 동질성으로 인하여 학교에 잘 적응하며 학교공부에 있어서도 상대적으로 쉽게 우수성을 드러내는데 반하여, 학교 문화와 다른 집단이나 문화에 속한 학생들은 가정 문화와 학교 문화간의 이질성으로 인하여 학교에 적응하기도 어려울 뿐만 아니라 학교 공부에서도 우수성을 드러내기가 쉽지 않다. 왜냐하면 지배집단에 속하지 않는 학생들은 자신들의 문화가 학교에서 인정받지 못하기 때문에 가정에서와는 다른 문화를 학교에서 다시 배워야만 하기 때문이다. 이들은 가정에서는 자신이 속한 집단의 문화를 배우고 활용해야 하지만 학교에서는 지배집단의 문화를 배우고 활용해야 하는 이중의 부담을 지닌다. 달리 표현하면, 학교는 지배집단에 속하지 않는 학생들에게 그들의 문화가 진정한 문화가 아니기 때문에 그들의 문화를 버리고 가치있는 문화인 지배집단의 문화를 새로 배워야 한다고 강요함으로써 '상징적 폭력'(symbolic violence)을 행사한다.

번스틴(B. Bernstein) 역시 노동계급 학생들이 왜 학교에서 낮은 학업성취를 내고 있는지에 답하기 위해서 계층이 다른 가정의 학생들의 언어사회화 과정을 연구하였다(Bernstein, 1977). 상류층 가정의 학생들은 언어 사용에 있어서 '세련된 어법'을 구사하는 데 반하여 하류층 가정의 학생들은 '제한된 어법'을 활용하고 있음을 밝혀냈다. 번스틴에 의하면 학교의 언어와는 다른 어법의 언어를 사용하는 하류층 가정의 자녀들은 학교에서 또 다른 언어를 배워야만 하는 매우 불리한 입장에 놓일 수밖에 없다. 학교는 지배문화의 생산과 분배를 통하여 현존하는 권력관계를 재생산한다. 요컨대, 번스틴의 연구를 통해서 우리는 가정에서 습득한 언어사회화 과정의 특징이 학생의 학업성취 수준을 결정하는 주요 요인임을 알 수 있다.

부르디외 등의 문화적 재생산 이론은 권력의 불평등을 문화적 불평등으로 전환하여 학교교육에서 권력관계가 작동하고 있음을 숨기려는 '속임

수'를 쓰고 있음을 들춰냈다는 점에서 매우 중요한 의미를 지닌다. 그러나 문화적 재생산 이론은 첫째, 권력과 지배가 아무런 저항없이 일방적으로 이루어진다는 기계론적 해석에 근거하고 있고, 둘째, 학교의 교수·학습 장면에서 무슨 일이 어떻게 일어나는가에 대한 어떤 정보나 설명도 제공해주지 못한다는 한계를 지닌다.

3 학교교육과정에 대한 이데올로기 비판 및 생산이론

학교가 경제적, 문화적 재생산 역할을 성공적으로 수행하고 있기는 있지만 학교에서의 재생산 과정은 경제적, 문화적 재생산 이론가들이 주장하는 것처럼 그렇게 일방적으로 그리고 아무런 저항없이 이루어지지는 않는다. 학교가 수행하는 재생산 기능을 방해하는 여러 유형의 저항이 존재한다는 사실은 학교가 재생산만이 아니라 새로운 사회를 '생산'할 수도 있다는 점을 시사한다. 학교교육을 통해 새로운 사회를 건설하기 위해서는 기존의 불평등한 사회 구조에 대한 이데올로기 비판과 헤게모니 분석을 통한 대항 헤게모니 생산 작업을 시작할 필요가 있다.

앞에서 살펴 본 재생산 이론들은 학교에서 가르치는 것과 학생들이 배우는 것의 질적 차이를 인정하지 않지만, 윌리스(P. Willis)의 연구에 의하면 학교에서 가르치는 것과 학생들이 배우는 것과의 질적 불일치의 가능성이 열려 있다(오욱환, 1996). 윌리스는 영국의 중등학교에 재학 중인 노동계급의 학생들의 반학교적 저항 문화의 분석을 통해 노동계급의 학생들이 스스로의 선택에 의해 노동계급으로 재생산되는 현상을 밝혀냈다(Willis, 1977). 노동계급의 학생들은 학교가 제공하는 것을 그대로 받기만 하는 수동적인 존재가 아니라 학교의 교육을 비판하고 저항하고 거부하는 능동적 행위자라는 것이다. 학생들은 자신들의 복장이나 언어 스타일, 태도 등에 대한 학교의 규제나 비난에 굴하지 않고, 학교의 공식적 그리고 잠재적인 교육과정의 요구를 비판하거나 거부하기도 한다.

요컨대, 노동계급의 학생들은 학교교육을 통한 사회적 상승기제가 불평등하게 작동하고 있음을 '간파'한다는 점에서 재생산 이론이 가정하는 수동적 존재가 아니라 능동적인 존재임은 분명하지만, 간파를 통해 발견한 부조리한 현실을 개선하려는 보다 의식적이고 체계적인 노력은 하지 않음으로써 사회 재건/변혁에 이르지 못하는 '한계'를 지닌다.

이하에서는 윌리스의 저항이론을 토대로 삼아 학교가 재생산의 역할만이 아니라 생산의 역할도 수행할 수 있음을 강조한 교육과정사회학자들의 이론을 살펴보고자 한다. 이들은 '비판적 언어' 외에도 '가능성의 언어', '희망의 언어'의 생산과 유통을 강조하면서 새로운 생산 이론을 발전시키고자 노력해 왔다. 여기서는 애플(M. Apple)과 프레이리(P. Freire)의 교육과정사회학 이론을 간략히 살펴보고자 한다.

가. 애플의 이데올로기 비판과 헤게모니 분석

애플은 이제는 교육학의 고전 반열에 오른 「이데올로기와 교육과정」(Ideology and curriculum; 국내 번역서 제목은 '교육과 이데올로기'임)이라는 자신의 저서에서 교육은 결코 중립적인 활동이 아니라 본질적으로 정치적인 활동이라고 주장하였다(Apple, 1979). 학교 지식은 선택적 전통에 따라 선별된 것으로 정치적 권력관계, 경제적 이해관계, 사회통제의 원리 등과 복잡하게 얽혀있기 때문에 학교교육은 결코 중립적일 수 없다는 것이다. 이처럼 중립적이지 않은 학교교육의 성격을 드러내기 위한 노력으로 애플은 '관계분석'(relational analysis)을 제안했다. 그는 학교교육과 교육과정의 제반 특징을 자본주의 경제구조, 정치 및 국가 현상, 그리고 문화 및 이데올로기 현상과 관련시켜 분석할 필요가 있음을 주장하였다. 달리 말하면, 관계분석이란 학교 안에서 이루어지는 구체적이며 일상적인 삶의 경험을 사회의 경제적, 문화적, 정치적인 차원에서의 불평등 구조에 관련시켜 그 의미를 해석하며 동시에 불평등한 사회구조가 형성, 변화되는 과정을 학교 안의 삶의 경험에 관련시켜 분석하는 방법을 뜻한다(김기석, 1988).

애플은 현재의 학교교육 내용의 원천인 문화의 특정한 측면이 객관적이고 중립적인 지식인 양 다루어지는 측면을 드러내기 위한 목적에서 먼저 교육과정에 대한 이데올로기 비판을 수행할 것을 제안한다. 애플이 강조하는 교육과정에 대한 이데올로기 분석과 비판은 다음과 같은 세 가지 국면에서 이루어질 필요가 있다. 첫째, 학생들이 일상적 생활경험을 통해 실지로 배우고 있는 것 즉 '숨겨진 교육과정'(hidden curriculum)은 무엇인가에 대한 분석이다. 학생들은 학교의 일상적 생활경험을 통해 단순히 학교의 생태적 특징뿐만 아니라 학교교육을 가능하게 하는 전반적인 사회구조 즉 자본주의적 사회구조의 근본적인 특징을 내면화하기 때문이다. 둘째, 교육내용이 어떤 이데올로기를 대변하고 있는가에 대한 분석이다. 앞에 언급된 안욘(J. Anyon)의 연구에서 살펴보았듯이, 학교의 역사 교과서에 반영된 역사는 객관적이며 사실적인 역사가 아니라 역사의 특정 부분이 강조되고 그만큼 다른 부분은 누락되거나 왜곡된 역사일 수 있기 때문이다. 셋째, 교사들의 인식과 관점에 반영된 이데올로기는 무엇인가에 대한 분석이다. 교육과정 논의는 타일러에서처럼 기술공학적 관심만이 아니라 역사해석학적, 정치경제학적 관심과 안목에 터하여 전개될 필요가 있다. 이러한 이데올로기 비판을 통해 우리는 교육과정에 대한 '비판의 언어'를 생산하고 유통시킬 수 있게 된다.

다른 한편, 애플은 헤게모니란 관점에서 이데올로기 읽기를 제안한다. 이데올로기란 기계적으로 강제되어 중단 없이 재생산되는 것이라기보다는 늘 대안적인 이데올로기와 대립, 경쟁, 모순관계에 있다고 주장한다. 이처럼 대립, 경쟁, 모순관계에 있는 이데올로기가 재생산으로 연결될지 아니면 재생산의 거부로 이어질지는 사전에 미리 보장되지 않는다. 지배질서를 재생산할 가능성과 그것의 대안을 창출할 수 있는 가능성은 항상 병존한다. 요컨대, 학교교육의 장은 지배적 헤게모니와 대안적 헤게모니가 지배력을 획득하기 위해 다툼을 벌이고 있는 정치적인 장이라고 볼 수 있다(김기석, 1988).

이처럼 이데올로기를 헤게모니란 관점에서 읽게 될 경우 우리는 재생산 논의를 넘어 생산의 논의의 장에 참여할 수 있게 된다. 따라서 교육의 민주화를 이루기 위해서는 '비판의 언어' 뿐만 아니라 '가능성의 언어'가 필요하다(Apple, 1986; Aronowitz & Giroux, 1985). 애플은 민주교육을 실천하려는 교육운동이 결실을 맺으려면 자본주의 사회의 제반 사회 역동을 이해할 수 있는 복잡한 이론적 논의와 더불어 새로운 삶의 방식을 추구하려는 실천적 노력이 필요함을 강조하였다.

나. 프레이리의 문제제기식 교육[2)]

제1세계인 영국이나 미국에서의 사회 재건을 위한 교육과정 담론과는 다른 맥락에서 제3세계의 교육사상가인 프레이리(P. Freire)는 '의식화' (consciousness)라는 새로운 개념과 문제틀을 가지고 교육을 통한 사회 개건을 강조하였다. 프레이리는 인간을 객체화하여 통제하려는 기존의 교육관에 전제된 인간관을 비판하면서 인간을 새롭게 파악하고자 노력하였다. 프레이리(Freire, 1970)에 의하면 인간은 객체라기보다는 주체로 파악되어야 하며, 주체로서의 인간은 독립적인 존재이고 초월적인 존재이며 세계를 재창조할 수 있는 존재이다. 객체로서의 인간은 순응하는 인간이며, 순응하는 인간은 의식없는 동물들의 행동 특성을 드러내기 때문에 '비인간화된' 존재라고 볼 수 있다. 주체로서의 인간은 현실에 순응하기보다는 현실을 변화시키고 역사와 문화를 창조할 수 있는 진정한 인간이다.

프레이리에 의하면 교육은 다음과 같이 정의될 수 있다. 교육은 ① 억압자들에 의하여 조작된 침묵의 문화에 빠져 있는 피교육자들에게 ② 의식화를 통해 주체적 인간으로 변화시켜 ③ 사회적 변혁을 추구할 수 있는 인간으로 길러내는 활동이다. 프레이리는 '은행예금식 교육'(banking education)을 비판하고 대안으로 '문제제기식 교육'(problem-posing

2) 이 절의 이하 내용은 김재춘(2016)의 「교육과정: 이론과 지식을 겸비한 인재 양성 지도서」(교육과학사)의 7장 내용의 일부를 재편집한 것이다.

education)을 제시한다. 이를 연결시켜 보면, 억압자들은 피교육자들에게 은행예금식 교육을 통해 침묵의 문화에 빠져들게 함으로써 현 상황을 지속시키고자 하는 데 반하여, 프레이리는 피교육자들에게 문제제기식 교육을 통해 비판적 의식을 불러일으킴으로써 주체적 인간으로 길러내어 사회 변혁을 추구하고자 한다. 따라서 프레이리의 교육의 의미를 파악하기 위해서는 첫째, '은행예금식 교육'과 '침묵의 문화'가 무엇인지를 이해할 필요가 있으며, 둘째, '문제제기식 교육'과 '의식화'의 의미를 파악할 필요가 있다.

은행예금식 교육과 침묵의 문화

프레이리는 억압자들이 현재의 억압적인 체제 유지를 위하여 실시하는 정보의 전달과 축적 과정을 '은행예금식 교육'이라고 명명한다. 억압자들은 자신들의 지배 체제를 공고히 하기 위하여 지배 이데올로기를 강화할 필요가 있으며, 억눌린 자들에게 자신들이 억압받고 있는 상황에 대해 체념하게 함으로써 스스로에 대한 죄의식과 비난을 내면화시킬 필요가 있다. 프레이리에 의하면 억압자들의 이데올로기적 담론은 정신을 무감각하게 하고, 호기심을 흔들어 놓으며, 지각을 흐리게 함으로써 인간을 숙명론에 빠져들게 한다. 억압자들은 억눌린 자들이 현 체제를 불가피한 것, 바뀔 수 없는 것으로 받아들여서 현 체제에 자발적으로 적응하게 된다. 이처럼 억눌린 자들을 체제에 적응시키기 위한 교육이 바로 은행예금식 교육이다.

그렇다면 프레이리의 은행예금식 교육은 어떤 특징을 지니고 있는가? 프레이리의 말을 직접 인용하면 다음과 같다.

> 은행예금식 교육이란, 지식을 가지고 있다고 자처하는 사람들이 아는 것이 없다고 여기는 사람들에게 일방적으로 전달하는 교육이다. 이처럼 사람들이 절대적으로 무지하다고 가정하는 것은 억압 이데올로기의 한 특징이며, 탐구 과정으로서의 교육과 지식을 부정한다. 따라서

> 교사는 학생들과 필연적으로 대립 할 수밖에 없다. 교사는 학생들이 절대적으로 무지하다고 간주함으로써 자신의 존재를 정당화 한다. 또 학생들은 헤겔식 변증법에 나오는 노예들처럼 소외되어 자신의 무지를 교사의 존재에 대한 정당화로 받아들인다. 그러나 그 노예와는 달리 학생들은 실은 자신들이 교사를 교육하고 있다는 사실을 깨닫지 못한다 (Freire, 1972a : 91).

은행예금식 교육은 정신과 몸, 생각과 행동, 사회적 비판과 행동을 위한 프락시스를 각 항으로 분리시키는 이원론적 가정에 근거하고 있다. 이를 통해 은행예금식 교육은 학생들에게 사회를 바라보는 정확한 시각보다는 체제가 만들어놓은 지식을 단지 축적하게 함으로써 피동적 존재로 전락하게 할 뿐만 아니라 더 나아가서 숙명론적 인식을 갖게 한다. 피억압자들은 억압자가 만들어 낸 문화에 익숙해짐으로써 자신을 잃어가게 되고 결국은 침묵의 상태에 빠진다. 피억압자들은 주체로서 비판적으로 세계를 인식하고 자신의 목소리를 내기보다는 그가 속한 사회나 문화를 체념적으로 수용하는 '침묵의 문화'를 형성한다. 은행예금식 교육을 받은 학생들은 자신들의 존재양식이 그를 둘러싸고 있는 사회와 문화의 소산이라는 것을 제대로 이해하지 못한다. 따라서 현실이 억압자들에 의해 특정한 방식으로 구성된 억압체제라는 사실 즉 현실에 대해 객관적이고 비판적으로 인식할 수 없다. 요컨대, 프레이리에 의하면 은행예금식 교육은 억압적인 현 체제를 재생산해내는 성격을 지닌 교육이다.

그렇다면 프레이리가 은행예금식 교육을 비판하면서 이에 대한 대안으로 제시하고 있는 문제제기식 교육이란 무엇인가? 이에 대해서는 항을 달리하여 살펴보고자 한다.

문제제기식 교육과 의식화

문제제기식 교육이란 은행예금식 교육이 가진 문제를 극복하기 위하여 프레이리가 대안으로 제시한 교육 방법이다. 문제제기식 교육은 대화를 통해 피교육자들에게 비판적 의식을 불러일으킴으로써 주체적 인간으로 길러내어 사회 변혁을 추구하도록 하는 교육을 일컫는다. 따라서 문제제기식 교육이 무엇인지 이해하기 위해서는 ① 대화, ② 비판적 의식 또는 의식화, ③ 주체적 인간이 무엇인지를 파악할 필요가 있다.

프레이리에게 교사와 학습자의 관계는 대화적 관계여야 한다. 문제제기식 교육은 교사와 학습자가 서로 배우며 가르치는 대화적 관계를 기반으로 한다. 대화의 문제제기적 성격에 대한 프레이리의 말을 직접 인용하면 다음과 같다.

> 대화의 문제제기는 결코 어느 누구도 잠자도록 놓아두지 않는다. 대화는 지각을 일깨운다. 대화와 문제제기에서는 교육자이면서 피교육자인 사람과 피교육자이면서 교육자인 사람들이 함께 어울려 비판적 태도의 발전을 향해 나아간다. 이것은 지식과 그 연관 사항들과의 상호작용에 대한 인식을 가져온다. 이 지식은 세계를 해석하면서 그 세계 속에 그 세계와 더불어 실존하는 인간존재를 반영한다(Freire, 1982: 206).

교사는 가르치는 일만 하는 것이 아니라 학습자들과의 대화 속에서 자신도 배운다. 학습자는 교사와의 대화 속에서 비판적 능력을 가진 공동 탐구자가 된다. 요컨대, 문제제기식 교육은 교사의 가르치는 활동과 학습자의 배우는 활동을 이분하지 않으며, 교사는 교육내용을 자신만의 소유물이 아니라 교사와 학습자가 함께 사고하는 대상으로 받아들인다. 교사는 인식 대상에 대해 학습자와 함께 사고하면서 이전에 가지고 있던 자신의 생각을 재검토한다. 이러한 대화적 관계를 통해서 학습자는 대상에 대한 비판적 의식 즉 의식화(conscientization)에 이르게 된다.

프레이리가 대화를 통해 이르고자하는 의식화란 무엇인가? 의식화란 현실에 대한 참된 지식의 상태에 이르는 것을 의미한다. 그렇다면 참된 지식에 이른 상태란 무엇을 의미하는가? 프레이리는 현실에 대한 참된 지식에 이른 상태를 '비판적 의식'의 단계에 이른 상태라고 본다. 프레이리는 인간의 의식의 발달을 첫째, 자동사적/본능적 의식, 둘째, 불완전 자동사적/주술적 의식, 셋째, 순진한 타동사적/순진한 (변화가능적) 의식, 넷째, 비판적 (변화가능적) 의식의 단계로 구분하였다. '본능적 의식' 단계란 기본욕구 충족에 사로잡혀 사회나 문화에 대한 의식 자체가 형성되어 있지 않은 상태를 말한다. '주술적 의식' 단계란 사회문화적 환경을 주어진 것으로 받아들이며, 자신의 운명에 대한 숙명론적 자세를 가진 문화적 침묵 상태를 의미한다. '순진한 의식' 단계란 삶의 상황에 뭔가 잘못된 것이 있음을 느끼지만, 그 문제의식이 원시적이고 소박한 상태를 뜻한다. '비판적 의식' 단계란 막연히 뭔가 문제가 있다고 의식하는 순진한 의식의 상태를 넘어 억압자들이 덧씌운 허위의식을 극복하고 현실의 억압적인 구조를 지탱하고 있는 이데올로기를 격렬히 비판하며 현실 변화를 위해 개입하는 상태를 말한다.

요컨대, 프레이리는 학습자가 비판적 의식 즉 의식화의 단계에 이르러서야 사회 변혁을 추구하는 주체적 인간이 될 수 있다고 본다. 의식화란 본능적 또는 주술적 의식 상태의 피억압자가 객관적으로 세계를 바라보는 능력을 가짐으로써 주체적 인간으로 변화해가는 과정을 말한다. 따라서 프레이리에게는 의식화가 곧 교육의 핵이라고 볼 수 있다. 이런 의식화 활동을 통해 우리는 억압에서 해방된 자유로운 사회에 대한 희망을 가질 수 있으며, 이런 정의롭고 해방된 사회를 재건하려는 교육적 노력을 지속시킬 수 있다.

참고문헌

김기석(1988). 교육민주화 - 역자 논평. 교육논선. 서울: 교육과학사.

오욱환(1996). 학교교육과 불평등. 서울: 교육과학사.

이건만(1999). 교육과 사회사상. 서울: 문음사.

Apple, M.(1979). *Ideology and curriculum*. London: Routledge & Kegan Paul.

Apple, M.(1986). *Teachers & Texts*. London: Routledge & Kegan Paul.

Aronowitz, S. & Giroux, H.(1985). *Education under siege*. Mass.: Bergin & Garvey Publisgers.

Bernstein, B.(1977). *Class, codes, and control*, Vol.3. London: Routledge & Kegan Paul.

Bowles, S. & Gintis, H.(1976). *Schooling in capitalist America*. N.Y.: Basic Books.

Brameld, T.(1956). *Toward a reconstructed philosophy of education*. New York: Dryden Press.

Counts, G.(1932a). Dare progressive education be progressive?. *Progressive Education*, 9, 257-263.

Counts, G.(1932b). *Dare the school build a new social order?*. New Yok: John Day.

Eggleston, J.(1977). *Contemporary research in the sociology of education*. london: Methuer.

Freire, P.(1970). *Pedagogy of the oppressed*. New Yok: Seabury Press.

Rugg, H.(1929-1932). *Man and his changing society*. The Rugg social science series of the elementary school course(vols 1-6). Boston: Ginn.

Rugg, H.(1931). *An introduction to problems of American culture*. Boston: Ginn.

Stanley, W. B.(1992). *Curriculum for utopia: Social reconstructionism and critical pedagogy in the postmodern era.* N.Y.: SUNY Press.

Young, M.(1971). *Knowledge and control: New directions for the sociology of education*. London: Collier-Macmillan.

Willis, P.(1977). *Learning to labor: How working class kids get working class jobs*. New Yok: Columbia University Press.

CHAPTER 06

잠재적 교육과정

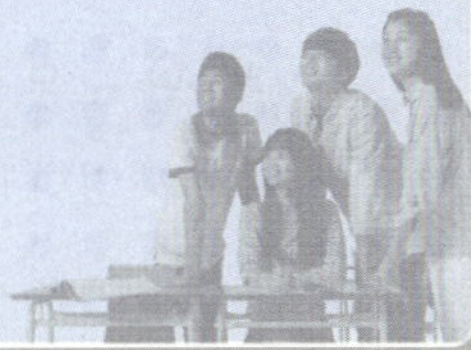

전통적으로 교육과정과 교육평가에 대한 관심은 학교에서 의도적으로 가르친 내용을 학생이 얼마나 이해하고 있는가를 파악하는데 있었다. 즉 교육과정에 대한 관심은 학교에서 '계획하거나 의도한 내용'을 가르치는 것에, 교육평가에 대한 관심은 학교에서 '의도한 목표를 얼마나 성취했는가'를 측정하는 것에 있었다. 달리 말하면, 교육자 및 교육학자들의 교육과정에 대한 관심은 계획되고 의도한 것에 한정되었으며, 교육평가에 대한 관심은 설정된 목표의 달성 여부의 파악에 제한되어 있었다.

1960-70년대에 들어서면서 교육과정과 교육평가를 보는 관점의 변화가 생기기 시작하였다. 한편으로 교육과정의 영역에서는 의도한 학습 계획만을 교육과정으로 보는 것에서 한 걸음 더 나아가 학생이 학교에서 가진 경험의 총체로 보는 관점이 등장하기 시작했다. 학생이 학교에서 얻는 경험 중에는 계획된 것 외에도 무수히 많다. 학생들은 학교 생활을 하는 과정에서 무수히 많은 것을 학습하게 된다. 이처럼 교육과정의 개념이 '계획된 것'에서 학생이 '경험한 것'으로 확장됨에 따라 계획되지 않았으나 경험한 것을 개념화할 필요를 느끼게 되었다.

다른 한편으로 교육평가에 있어서도 변화가 일어났다. 학교교육의 효과를 파악하기 위한 방안으로 의도한 목표를 얼마나 달성했는가를 측정하는 '목표 평가'를 시행하던 데서 벗어나 교육활동으로 인하여 발생한 모든 결과와 산출을 평가하는 '탈목표 평가'를 강조하게 되었다. 즉 계획된 목표의 성취 정도를 평가하는 것도 중요하지만, 교육의 결과로 학생에게 나타난 모든 산출(outcomes)을 확인하는 것 또한 중요하다는 인식이 생기게 되었다.

잠재적 교육과정이라는 개념은 바로 이러한 교육학적 논의의 맥락에서 등장한 것으로 볼 수 있다. 학교에서 의도하거나 계획하지는 않았지만, 학생들이 학교교육을 받은 결과 학습하게 된 것에 대해 개념화할 필요를 느끼게 되었다. 이런 맥락에서 등장한 잠재적 교육과정에 대한 관심은 시간이 흘러감에 따라 교육의 전 영역으로 확대되었고, 최근 들어 학교교육을 올바르게 이해하기 위해서는 잠재적 교육과정 논의가 교육과 교육학 논의에 있어서 주변적인 자리가 아니라 중심적인 자리를 차지해야 한다는 주장 또한 제기되고 있다.

잠재적 교육과정은 종래에 사용되던 교육과정과의 대비 관계 속에서 그 의미가 구체화될 수 있다. 종래의 교육과정은 표면적(manifest), 계획된(planned), 구조화된(structured), 공식적인(official), 외현적인(overt), 가시적인(visible), 외적인(external), 조직화된(organized), 기대된(expected), 형식적인(formal) 교육과정으로 묘사된다. 이에 반하여, 새로 개념화된 교육과정은 잠재적(latent), 숨겨진(hidden), 비구조적(unstructured), 비공식적(unofficial), 내현적(covert), 비가시적(invisible), 내적(internal), 비조직적(unorganized), 기대되지 않은(unexpected), 비형식적(informal) 교육과정으로 기술된다.

1960년대 말에 잭슨(P. Jackson)이 잠재적 교육과정이라는 용어를 처음으로 사용한 이래 교육과정 관련 문헌에서 이 용어는 광범위하게 사용되어 왔다. 최근 들어, 잠재적 교육과정이라는 용어는 다양한 맥락에서, 심지어는 상반될 것 같아 보이는 맥락에서도 사용되기 때문에 잠재적 교육과정의 의미를 정확히 이해하는 것은 쉬운 일이 아니다. 가장 일반적인 수준에서 말하면, 잠재적 교육과정은 '의도되지 않은 학교교육의 결과'를 뜻한다.

이 장에서는 잠재적 교육과정에 대해서 다음의 순서로 논의를 전개하고자 한다. 첫째, 학교교육의 사회적 기능을 중심으로 잠재적 교육과정을 설명하고 있는 초창기 교육과정학자들의 논의를 잭슨과 드리븐(R.

Dreeben), 그리고 김종서를 중심으로 살펴보고자 한다. 둘째, 학교교육의 사회적 기능을 부정적인 것으로 묘사하면서 불평등한 사회의 재생산과 관련하여 잠재적 교육과정을 논의한 교육과정학자들의 주장을 일리치(I. Illich), 보울즈와 긴티스(S. Bowles & H. Gintis), 그리고 애플(M. Apple)과 지루(H. Giroux)를 중심으로 살펴보고자 한다. 셋째, 잠재적 교육과정이라는 개념의 등장이 학교교육의 이해와 연구에 기여하는 바가 무엇인가를 살펴보고자 한다.

1 잠재적 교육과정 논의 I – 보수적 관점

기능주의 사회학자인 로버트 머튼(R. Merton)은 사회적 제도나 행위들이 명시적 기능(manifest functions) 외에도 잠재적 기능(latent functions)을 가지고 있음을 주장하였다(Merton, 1957). 명시적 기능은 구체적인 형태의 사회적 제도나 활동에 참여하는 사람들에게 이미 알려져 있으며, 따라서 일종의 의도된 기능이라고 볼 수 있다. 잠재적 기능은 참여자들이 알지 못하는 사회적 제도나 활동의 결과를 가리킨다. 머튼은 명시적 기능과 잠재적 기능을 미국 뉴멕시코 주의 호피 인디언(Hopi Indians)이 행하는 기우제(rain dance)를 예로 들어 설명한다. 호피 인디언들은 기우제가 곡식에 필요한 비를 내리게 할 것이라고 믿는다. 이것이 바로 호피 인디언들이 기우제에 참여하는 이유 즉 기우제의 명시적 기능이다. 그러나 머튼에 의하면, 기우제는 호피 인디언 사회의 응집력을 증대시키는 효과 즉 잠재적 기능을 갖는다. 이처럼 사회적 제도나 행위는 명시적 기능 외에도 잠재적 기능을 갖기 때문에 사회학적 연구의 중요한 영역 중의 하나는 사회적 제도나 행위의 잠재적 기능을 밝혀내는 것이다.

우리가 학교교육의 잠재적 기능을 파악하기 위해서는 학교나 교실 안을 들여다 볼 필요가 있다. 학교나 교실에서 무슨 일이 일어나고 있는가를 자세히 살펴보면, 우리는 학교교육과 관련하여 두 가지 측면이 있음을 알 수 있다. 의도된 교육활동으로서 '쉽게 눈에 띄는'(highlight) 학교교육의 측면과 의도하지 않았기 때문에 '쉽게 눈에 띄지 않은'(routine) 측면이 있다. 학교교육의 공식화된 내용으로서 쉽게 눈에 띄는 '하일라이트'된 측면이 표면적 교육과정이고, 학교교육의 일상적인 내용으로서 쉽게 눈에 띄지 않은 '루틴'한 부분이 바로 잠재적 교육과정이다.

가. 잭슨(Jackson)의 잠재적 교육과정 논의

잭슨(P. Jackson, 1968)은 교실에서의 학생들의 생활을 관찰하면서 학생들이 학교에 적응하게 되는 과정에 관심을 갖게 되었다. 학교와 교실에서 학생들은 공식적인 교육과정을 통해 제공되는 교과 내용에 관해서 배울 뿐만 아니라 교과 내용과는 무관한 또는 상반된 내용에 대해서도 학습하고 있음을 발견하였다. 잭슨에 의하면, 학생들은 학교 생활을 통하여 군집(crowd), 상찬(praise), 권력(power) 속에서 살아가는 적응 스타일을 배우게 된다. 즉 학생들은 다른 학생들과 어울려서 생활하는 방식(군집), 여러 가지 형태의 평가 속에서 살아가는 법(상찬), 조직의 권위 관계를 인정하면서 살아가는 법(권력)에 관해서 배우게 된다.

학교의 일상 생활에서 발견되는 세 가지 특징인 군집, 상찬, 권력의 특징을 잭슨의 표현에 따라 좀 더 상세하게 묘사하면 다음과 같다(Jackson, 1968; 이홍우, 1977에서 재인용).

> [군집에 관하여]
>
> 대부분의 사회제도에 있어서의 가장 핵심적인 미덕은 "인내"라는 한 마디 말에 담겨있다. 이 미덕이 그야말로 미덕이 아니라면, 감옥에서, 공장에서, 또 사무실에서 시간을 보내야 하는 사람들에게 삶이란 견딜 수 없을 만큼 비참할 것이다. 학교에서의 삶도 마찬가지이다. 이 모든 장면에 있어서 사람들은 "진인사(盡人事)하고 대천명(待天命)"하는 것을 배우지 않으면 안 된다. 사람들은 또한 다소간은 묵묵히 고통을 참

는 것도 배우지 않으면 안 된다.

[상찬에 관하여]

학교에서 생활하는 것을 배우는 데는 또한 자기 자신의 업적이나 행동이 평가되는 사태에 어떻게 대처해 나가는가 하는 것뿐만 아니라, 다른 사람에 대한 평가를 지켜보고, 또 때로는 다른 사람을 평가하는 일에 참여하는 방법을 배우지 않으면 안 된다. 자기 자신의 강점과 약점이 객관적으로 공개되는 생활에 익숙해지는 것과 동시에, 학생들은 또한 다른 동료들의 강점과 약점을 주시 내지 목격하는 사태에도 익숙해지지 않으면 안 된다.

[권력에 관하여]

학교에서 체득되는 복종과 순종의 습관은 다른 생활 사태에서 큰 실제적 가치를 지니게 된다. 권력 구조의 측면에서 보면, 학교의 권력 구조는 공장이나 사무실과 같이 성인들이 삶의 상당한 시간을 보내는 다른 사회 조직의 그것과 별로 다름이 없다. 그리하여 학교는, 종래 교육학자들이 구호로 사용해 온 것과는 다른 의미에서, "생활을 위한 준비"라고 볼 수 있다. 학교에서도 권력은 다른 사회 기관에서와 마찬가지로 남용될 수 있다. 그러나 권력이 존재한다는 것은 삶의 엄연한 사실이며, 우리는 여기에 적응하지 않으면 안 된다.

이상은 학생들의 교실 생활에서 발견되는 특징들에 대한 잭슨의 기술이다. 학생들은 군집 생활을 통하여 오랜 시간 기다리는 것을 경험하게 되며, 교사를 최초의 두목 또는 상사로 경험하게 되고, 상찬 체제에 적응하기 위하여 자신의 특정 행동 방식을 적극 발휘하거나 억제하는 것을 경험하게 된다. 이러한 군집, 상찬, 권력과 관련하여 학생들이 갖게되는 경험은 학교의 공식적인 교육과정에서 결코 의도하거나 기대한 바가 아니다.

잭슨에 따르면, 교실 생활의 특징인 이러한 군집, 상찬, 권력은 학생들이 학교 생활을 성공적으로 수행하기 위해서는 반드시 배워야만 하는 잠재적 교육과정을 구성한다. 이러한 잠재적 교육과정은 일반적으로 교육의 목적이나 목표의 어디에서도 명시적으로 나타나 있지는 않지만, 매우 효과적으로 학교에서 가르쳐지고 있다. 따라서 교육자들 또는 교육학자들은 의도된 목표가 얼마나 효과적으로 달성되었는가를 파악하는데 자신의 관심을 제한하지 말고, 학교 생활을 통해서 학생들이 경험하게 되는 모든 내용에 대해 심층적인 분석을 수행할 필요가 있다.

나. 드리븐(Dreeben)의 잠재적 교육과정 논의

드리븐(R. Dreeben)은 자신의 전공인 사회학의 임무에 충실하여, 학교교육이 수행하는 사회화 기능의 관점에서 잠재적 교육과정을 분석하였다. 드리븐(Dreeben, 1968)에 의하면, 학교가 수행하는 사회화의 기능 중에 '독립심'과 '성취감'이라는 규범의 학습과 '성인 권위의 수용'이 가장 중요한 잠재적 교육과정을 형성한다.

학생들은 학교 생활을 하는 동안 사회 생활에 필요한 독립심과 성취감 등의 사회 규범을 배우게 된다. 즉 학생들은 학교에서 자신의 일을 독립적으로 수행하고, 자신의 의무를 다하는 것을 배운다. 예컨대, 학생들은 자신의 과제를 수행하거나 시험을 보는 행위를 통하여 독립심을 기를 뿐만 아니라 다른 학생들과 경쟁하는 마음을 기르게 된다. 그리고 경쟁에서 승리할 경우 성취감을, 실패할 경우 자괴감을 경험하게 된다. 이런 과정을 통하여 학생들은 현대 산업사회의 구성원으로 살아가는데 필요한 독립심과 성취감 등의 사회 규범을 효과적으로 학습한다.

학생들은 학교 생활을 통하여 또한 성인의 권위를 수용하는 방법을 배우게 된다. 드리븐(Dreeben, 1970)에 의하면, 학교라는 조직은 그 조직의 특성으로 보아 권위를 제1원리로 삼는다. 학생들은 학교 생활을 하는 중에 교육활동을 계획하고 통제할 책임은 교사에게 있다는 사실을 학습하게 된다. 즉 학생들은 학교 생활을 통하여 가정의 혈연 관계를 벗어나 객관적이고 합리적인 수준에서 성인 권위를 인정하는 것을 학습하게 된다. 드리븐은 학생이 학교에서 성인 권위를 인정하는 것을 배움으로써 이후 사회에 나가서 다양한 권위 관계에 적절하게 대처할 수 있게 된다고 주장했다.

요컨대, 드리븐에 의하면, 학교는 인간적인 관계로 특징지워지는 가정과 권위적인 관계로 특징지워지는 사회의 중간에 위치하여, 사회에 나가기 전의 학생들에게 사회 생활에 필요한 규범, 가치, 태도 등을 잠재적 교육과정을 통하여 학습시키는 장이다. 이러한 학교의 잠재적 기능이 없다면 학생들이 사회 생활에 적응하는 것은 매우 어려울 것이다.

다. 김종서의 잠재적 교육과정 논의

지금까지 살펴 본 잠재적 교육과정의 개념을 우리 학교교육의 맥락에서 처음으로 체계화시킨 사람은 김종서이다. 김종서(김종서 편, 1974)는 잠재적 교육과정의 개념을 명료화하기 위하여, 잠재적 교육과정이 작용하는 학교의 사태를 물리적 조건, 제도 및 행정 조직, 사회 및 심리적 상황으로 구분하고, 이들을 잠재적 교육과정이 나타나는 장(場)이라고 명명하였다.

잠재적 교육과정의 장으로서 '물리적 조건'이란 학생의 경험에 영향을 줄 수 있는 학교의 규모, 교실의 공간, 책상과 의자의 치수, 기타 시설 설비 등의 조건을 가리킨다. 잠재적 교육과정의 또 다른 장인 '제도 및 행정 조직'이란 학년 제도, 담임 제도, 직원 조직, 교내 장학을 위한 여러 행정 절차 등을 가리킨다. '사회 및 심리적 상황'이란 인간 사이의 직접적인 접촉을 통하여 나타나는 상황과 앞에서 언급한 물리적 조건, 제도 및 행정 조직으로 인하여 발생한 특정한 방식의 사회 및 심리적 상황을 일컫는다.

이처럼 잠재적 교육과정이 작용하는 학교 사태를 잠재적 교육과정의 장으로 분석한 다음, 김종서는 잠재적 교육과정을 다음과 같이 정의하였다.

> 잠재적 교육과정은 학교의 물리적 조건, 제도 및 행정적 조직, 사회적 및 심리적 상황을 통하여 학교에서는 계획한 바 없으나, 학교 생활을 하는 동안에 학생들이 은연중에 가지게 되는 경험을 말한다(김종서

외, 1997: 109).

김종서는 잠재적 교육과정의 원천으로 학교의 목적성, 강요성, 군집성, 위계성을 제시하였다. 학교의 목적성은 교육의 실제 목적이 공식적인 목적과 괴리를 보일 때 잠재적 교육과정의 원천으로 작용한다. 예를 들면, 학교교육은 자아실현을 목적으로 하지만, 학부모가 명문대학 진학을 목적으로 한다면, 학생들은 대학진학 준비를 위한 공부를 하게 된다. 강요성은 학교의 건물과 시설, 교칙, 교육과정, 학년제도 등에 맞추어 생활하는 가운데서 학생들로 하여금 잠재적 교육과정을 경험하게 한다. 예컨대, 학생들은 수업 시작을 알리는 종이 울리면 놀다가도 교실에 들어가야 하며, 쉬는 시간에만 물을 마실 수 있다. 군집성은 개인적 특질이 다르고 가정 배경이 다른 학생들이 모여서 생활하는 가운데 잠재적 교육과정을 경험하게 한다. 위계성은 사회 조직으로서의 학교에 교사와 학생간, 학생과 학생간에 존재하는 위계 질서 속에서 생활하는 가운데 잠재적 교육과정을 경험하게 한다. 여기서 군집성과 위계성은 잭슨의 군집과 권력 개념 각각에 상응한다.

김종서는 공식적인 교육과정에 해당하는 '표면적인' 교육과정과 대비되는 비공식적인 잠재적 교육과정의 특징을 다음과 같이 아홉 가지로 정리하여 제시하고 있다.

① 표면적 교육과정은 학교에 의하여 의도적으로 조직되고 가르쳐지는 반면에, 잠재적 교육과정은 학교에 의하여 의도되지 않았지만 학교 생활을 하는 동안에 은연중에 배우게 된다.
② 표면적 교육과정이 주로 지적인 것과 관련이 있다면, 잠재적 교육과정은 주로 비 지적인 정의적인 영역과 관련이 있다.
③ 표면적 교육과정이 주로 교과와 관련이 있다면, 잠재적 교육과정은 주로 학교의 문화 풍토와 관련이 있다.
④ 표면적 교육과정은 단기적으로 배우며 어느 정도 일시적인 경향이 있는데 반하여, 잠재적 교육과정은 장기적 반복적으로 배우며 보다

항구성을 지니고 있다.

⑤ 표면적 교육과정은 주로 교사의 지적 기능적인 영향을 받으나, 잠재적 교육과정은 주로 교사의 인격적인 감화를 받는다.

⑥ 표면적 교육과정이 주로 바람직한 내용인데 반하여, 잠재적 교육과정은 바람직한 것뿐만 아니라 바람직하지 못한 것도 포함한다.

⑦ 표면적 교육과정과 잠재적 교육과정이 서로 조화되고 상보적인 관계에 있을 때 학생 행동에 강력한 영향을 미칠 수 있다.

⑧ 잠재적 교육과정을 찾아내어 이를 계획한다하여도 표면적 교육과정과 잠재적 교육과정의 구조는 변하지 않는다.

⑨ 표면적 교육과정 자체의 잠재적 기능이 있다.

지금까지 살펴 본 잭슨, 드리븐, 김종서의 잠재적 교육과정에 대한 논의는 학교교육의 의도되지 않은 결과 또는 산출을 개념화하기 위한 시도를 했다는 점에서 공통점을 지니고 있다. 이들은 또한 학교에서 의도되지 않았기 때문에 상대적으로 관심을 끌지 못했던 학교교육의 '루틴'한 부분에 주목할 필요가 있음을 강조했다는 점에서도 공통점을 지닌다. 이들은 잠재적 교육과정이 긍정적인 측면과 부정적인 측면을 동시에 지니고 있기 때문에 학교교육을 연구하거나 실천할 때, 잠재적 교육과정의 긍정적인 측면이 부정적인 측면을 압도할 수 있도록 교육의 방향을 설정하는 것이 바람직함을 암시하고 있다.

2 잠재적 교육과정 논의 Ⅱ – 급진적 관점

앞에서 살펴 본 잠재적 교육과정에 대한 논의는 학교라는 교육 기관의 사회적 기능을 대체로 긍정하는 관점에서 잠재적 교육과정을 개념화하고 있다는 점에서 잠재적 교육과정에 대한 '보수적' 관점이라고 명명할 수 있다. 보수적 관점에서의 잠재적 교육과정은 계획되지 않고(unplanned), 기대되지 않으며(unexpected), 쉽게 관찰되지 않는(invisible)다는 특징을 지녔다. 즉 학교라는 교육 기관의 부수적인 사회적 기능이라는 의미에서의 '잠재적'(latent) 교육과정이라고 볼 수 있다.

잠재적 교육과정이라는 개념이 확대 적용되면서, 앞서 언급한 보수적 관점과는 달리, 잠재적 교육과정을 새로운 시각에서 바라보는 관점이 등장하였다. 이들은 우선 무엇보다도 잠재적 교육과정의 부정적인 측면을 강조하였다. 그리고 이러한 잠재적 교육과정의 부정적인 현상은 학교교육의 우연적인 결과라기보다는 누군가에 의해 고의적으로 '의도'된 것이 아니냐는 의혹의 눈길을 보내는 경향이 있다. 따라서 이들은 잠재적 교육과정을 단순히 '계획되지 않았다'기보다는 '숨겨져 있는'(hidden) 교육과정이라고 보는 경향이 강하다.

숨겨진 교육과정의 관점에서 잠재적 교육과정을 규정하는 사람들은 현재 학교교육에 부수되는 부정적인 잠재적 교육과정 때문에 학교교육의 근본적인 변혁을 요구하는 경향이 있다. 학교교육의 근본적인 변혁을 요구한다는 점에서 이들의 관점은 앞에서 살펴 본 보수적 관점과는 구별되며, '급진적' 관점으로 명명될 수 있다. 다음에서는 잠재적 교육과정에 대한 급진적 관점으로 일리치, 보울즈와 긴티스, 그리고 애플과 지루의 논의를 살펴보고자 한다.

가. 일리치(Illich)의 잠재적 교육과정 논의

학교교육이 갖는 잠재적 교육과정의 부정적인 측면을 가장 먼저 극단적으로 드러낸 사람은 흔히 탈학교론자로 알려진 일리치(I. Illich)이다. 일리치는 학교교육의 잠재적 기능 중 일부 부정적인 측면도 있을 수 있다고 주장하는 잠재적 교육과정에 대한 보수적 관점은 문제의 핵심을 제대로 파악하지 못하고 있다고 주장하였다.

일리치(Illich, 1970)에 의하면, '학교교육의 구조'(schooling structure)

자체가 부정적인 잠재적 교육과정의 원천이다. 현행의 학교라는 교육기관이 존속하는 한, 부정적인 잠재적 교육과정이 나타날 수밖에 없다. 따라서 잠재적 교육과정을 극복하기 위한 유일한 길은 학교라는 제도를 폐기하는 것이다.

일리치는 학교를 "강제적인 교육과정에 종일제로 참석해야 하는 연령 집단별 조직으로서, 교사와 관련되어 있는 기관"이라고 정의한다. 즉 학교는 사람들이 연령에 따라 집단을 이루는 곳, 교사와의 관계 속에서만 의미를 지니는 학생이라는 이름으로 불리는 곳, 학생들에게 자신의 거의 모든 시간과 정력을 바칠 것을 요구하는 곳, 겉으로 보기에 존중할 만한 교육과정과 드러나지 않는 숨겨진 교육과정을 동시에 대면해야만 하는 곳이다.

일리치에 따르면, 학교교육의 구조와 잠재적 교육과정은 뗄레야 뗄 수 없는 관계를 맺고 있다. 학교교육의 구조는 가장 최선의 상태에서조차도 '사악한' 잠재적 교육과정, 즉 인간의 자아 실현에 적대적일 수밖에 없는 잠재적 교육과정과 연결되어 있다. 일리치가 지적하는 사악한 잠재적 교육과정의 네 가지 요소는 다음과 같다.

첫째, 학교는 학생들에게 가르치는 것을 배우는 것으로, 학년이 올라가는 것을 교육받는 것으로 간주하도록 가르친다. 물론 가르치는 것이 특정 환경에서는 학생의 학습에 도움이 되는 경우도 있다. 그러나 대부분의 사람들은 학교 밖에서 자신의 대부분의 지식을 습득하며, 이들에게 있어서 대부분의 학습은 학교에서 계획된 교수의 결과라고 볼 수 없다.

둘째, 학교는 학생들에게 학교교육이 반드시 필요한 것이라고 확신시킨다. 학교는 학교만이 오로지 충족시킬 수 있는 요구를 창출해 낸다. 즉 자기 영속적이고 자기 보존적인 요구를 만들어 낸다. 학교는 또한 학교교육을 받은 사람들은 높은 자리에, 학교교육을 받지 않은 사람들은 낮은 자리에 배치하거나, 학교교육을 오래 받은 사람은 높은 자리에, 학교교육을 짧게 받은 사람은 낮은 자리에 정치시키는 카스트 제도를 만들어 낸다.

셋째, 학교는 학생들을 소외시킨다. 학생들을 학년별로 나누고, 교육과정을 강제로 부과하고, 학생의 동의 없이 임의적으로 수업 시간을 편성하는 등의 일을 통하여 학교는 생물학적 존재로서의 학생과 자아 실현할 수 있는 학생간의 건널 수 없는 간극을 형성한다. 학교라는 장에서 학생들은 객관화되고, 수량화되며, 자아 실현 과정으로부터 분리됨으로 인하여 소외 현상이 발생한다. 그 결과, 학생들은 스스로에게 충실한 존재가 되기보다는 타자를 위한 존재, 즉 교사를 위한 존재, 기업가나 사업가를 위한 존재, 학력 평가를 위한 존재가 된다.

넷째, 학교는 학생에게 현존하는 제도나 기관이 절대적으로 필요하다는 신념을 전달한다. 이러한 교육의 결과, 학교교육을 받은 사람은 현존하는 제도, 즉 학교교육의 필요성에 의문을 제기하기가 쉽지 않다. 즉 학생들은 현존하는 제도에 대해 어떤 의문도 제기하지 않는다. 여기서 현존하는 제도는 그 제도를 벗어나면 결코 안전하지 않을 것임을 경고해주는 일종의 안전지대로 작용한다.

일리치에 따르면, 현존하는 학교 체제는 이처럼 사악한 잠재적 교육과정을 주입하지 않을 수 없다. 학교교육 구조에 붙박혀 있는 이러한 잠재적 교육과정은 필연적으로 사악할 수밖에 없기 때문에 사악한 잠재적 교육과정을 피하는 유일한 길은 이를 야기하는 학교교육이라는 제도를 폐지하는 방법밖에 없다. 달리 표현하면, 학교와 사악한 잠재적 교육과정은 필연적인 관계를 맺고 있기 때문에 현존하는 학교라는 제도의 틀 속에서 이루어지는 모든 개혁은 실패할 수밖에 없다. 따라서 좋은 학교든 나쁜 학교든, 뛰어난 학교든 처진 학교든 상관없이 모든 학교는 이 지구상에서 사라져야 한다.

나. 보울즈(Bowles)와 긴티스(Gintis)의 잠재적 교육과정 논의

맑시스트 교육학자인 보울즈와 긴티스(S. Bowles & H. Gintis)는 잠재적 교육과정을 학교교육의 숨겨진 기능으로 규정하고, 미국의 학교교육사를 경제적 관점에서 분석하면서 잠재적 교육과정의 기제를 밝혀내고자 시도했다. 학생들은 학교의 '숨겨진' 교육과정을 통해 자본주의 사회에 필요한 특정 가치 규범과 행동 성향을 배우게 된다. 이러한 숨겨진 교육과정의 기제를 통해서 현재의 불평등한 사회 구조는 효과적으로 재생산된다.

보울즈와 긴티스의 잠재적 교육과정은 일반적으로 경제재생산 이론의 기본 전제로 알려진 '대응이론'(correspondence theory)과 밀접히 관련되어 있다. 학교교육은 자본주의 사회의 유지와 발전을 위해 필요한 생산 관계를 효과적으로 재생산해 낸다. 여기서 자본주의 사회의 생산 관계란 자본가와 노동자라는 이원적 집단의 존재 양식이다. 자본주의 사회가 유지, 발전되기 위해서는 자본가와 노동자, 그리고 이들간의 지배와 피지배의 관계 방식이 계속 재생산되어야 한다. 학교는 숨겨진 교육과정을 통하여 바로 이러한 생산 관계를 효과적으로 재생산해 낸다.

보울즈와 긴티스(Bowles & Gintis, 1976)에 의하면, 학교는 자본주의 사회의 유지 및 발전에 필요한 가치관과 인간 특성을 주입시키는 기능을 수행한다. 학교는 학생의 출신 계층 배경에 따라 서로 다른 교육을 제공함으로써 자본가와 노동자를 길러낸다. 미래의 노동자에게는 지시에 순종하고, 시간을 엄수하며, 기계적인 반복 작업에 순응하도록 가르친다. 미래의 자본가에게는 독립적인 사고력과 판단력, 여러 대안 중에서 적절한 것을 선택할 수 있는 능력, 지시를 따르기보다는 자율적 판단에 따라 행동할 수 있는 능력 등을 중점적으로 가르친다.

학교가 수행하는 자본주의 생산 관계의 재생산은 소위 '합리성'이라는 이름으로 이루어지고 있다. 학생들은 각자의 재능, 즉 지능지수, 성적, 적성 등에 따라 진학반과 취업반, 명문대학과 초급대학, 일류학교와 이류학교에서 교육을 받는다. 그러나 보울즈와 긴티스에 따르면, 이처럼 학생을 구분하는 기준은 '합리적'이라기보다는 학생의 출신 계층 배경에 근거한 것이다. 즉 학생들에게 지능지수, 성적, 적성 등에 따라 서로 다른 교육 기회를 제공하는 것은 출신 계층에 따라 차별 교육을 실시하는 것을 감추기 위한 전략이라고 볼 수 있다. 따라서 학교가 자본주의 생산 관계를 재생산하는 기능을 수행하는 것은 학교교육의 예기치 않는 결과라기보다는 자본가에 의해 의도된, 학교교육의 '숨겨진' 기능 때문이다. 즉 보울즈와 긴티스에 의하면, 학교교육은 잠재적 교육과정이라는 숨겨진 기능을 통하여 사회의 불평등 구조를 재생산하고 정당화하는 역할을 수행한다.

다. 애플(Apple)과 지루(Giroux)의 잠재적 교육과정 논의

급진적 관점에서 잠재적 교육과정에 대한 또 다른 논의는 미국의 네오 맑시스트 교육학자인 애플(M. Apple)에 의해 이루어졌다. 애플은 자신의 잠재적 교육과정에 대한 논의를 잭슨의 잠재적 교육과정의 개념을 비판하는 것으로부터 시작하고 있다. 애플에 의하면, 잭슨은 학교의 잠재적인 기능을 잠재적 교육과정으로 개념화함으로써 교육과정의 발전에 기여한 것은 사실이지만, 잠재적 교육과정이 현행 학교교육의 헤게모니 유지에 결정적인 역할을 하는 중요한 특징임을 깨닫지 못했다.

애플의 잠재적 교육과정에 대한 논의는 앞에서 살펴 본 보울즈와 긴티스의 논의와 세 가지 점에서 차이를 보인다. 첫째, 애플은 학교의 잠재적 교육과정을 경제적인 측면에서만이 아니라 문화적이고 이데올로기적인 측면에서도 분석하고 있다. 둘째, 애플은 학교의 일상적인 생활 영역에서뿐만 아니라 공식적인 교육과정 영역에서도 잠재적 교육과정을 분석하고 있다. 셋째, 애플은 잠재적/숨겨진 교육과정을 숙명적으로 받아들여야만 하는 것으로 보기보다는 헤게모니 투쟁을 위하여 잠재적 교육과정을 적극적으로 활용할 수 있는 관점을 제시하고 있다.

애플의 잠재적 교육과정에 관한 논의에 있어서 특이한 점은 지식의 영역(overt knowledge)에서 작용하는 잠재적 교육과정의 기제를 밝히고자 시도했다는 점이다. 특정 의미나 실천은 학교의 공식적인 지식으로 선택되어 강조되고, 다른 의미나 실천은 무시되거나 배제된다. 예컨대, 전통 음악(classic music)은 학교의 공식적인 지식으로 선택되어 가르쳐지는데 반하여, 대중음악(pop music)은 학교 지식으로 간주되지 않는다. 이처럼 지식의 선택적 전통에 따라 구성된 학교교육과정을 공부한 결과, 학생들은 종종 정치적인 침묵에 이르게 되고, 현존하는 권력 관계와 합법성을 정당한 것으로 받아들이는 관점을 수용하게 된다.

지식 영역에서 잠재적 교육과정이 어떻게 작용하는가에 대한 실증적인 증거를 찾아내기 위하여 애플은 과학과 사회 교과서 내용에 대한 분석을 시도한다. 애플(Apple, 1979)에 의하면, 학교의 잠재적 교육과정은 갈등의 특성이나 갈등의 유용성에 관한 '기본 규칙'을 강화하는 역할을 한다. 학교가 학생들에게 제공하는 지식(과 잠재적 교육과정)은 특정한 방식으로 기본 규칙 즉 정당성이나 합법성의 경계를 형성한다. 예를 들면, 장기두는 일에 있어서 두 가지 규칙이 존재한다. 마나 차를 움직이는 원리와 같은, 장기의 게임을 성립시키는 '기본 규칙'이 있고, 게임의 맥락 속에서 경기자의 전략에 따라 각 말을 자유로이 움직일 수 있는 '선택 규칙'이 있다. 학교의 잠재적 교육과정은 학생들의 사고의 기본 규칙을 형성함으로써, 학생들의 사고 행위의 정당성이나 합법성을 규정하는 역할을 수행한다. 예컨대, 선택적 전통에 따라 형성된 교육과정을 공부할 경우 학생들은 특정 종류의 질문만을 제기할 수 있게 된다. 이처럼 특정 방식의 질문만을 질문으로 성립시키는 기본 규칙을 학생들은 잠재적 교육과정을 통해 학습하게 된다.

잠재적 교육과정을 통하여 학생들이 갈등의 기본 규칙을 학습하는 방식은 갈등에 대한 부정적인 측면을 적극적으로 배움에 의해서라기보다는 과학과 사회를 포함한 교과 내용에서 지적 및 규범적 갈등이 지니는 가치와 중요성을 나타내주는 내용을 학습할 수 있는 기회의 배제를 통해서이다. 즉 갈등의 긍정적인 측면을 교육 내용에서 배제함으로써 학생들에게 갈등이 부정적인 것으로 인식되도록 한다. 여기서 애플의 잠재적 교육과정은 아이즈너(E. Eisner)가 언급한 '영 교육과정'(null curriculum)과 동일한 의미로 해석된다.

학교 지식의 선택적 전통은 학생들로 하여금 자신의 삶과 교육적, 경제적, 정치적 삶의 과정에서 자주 대면하는 갈등의 가치 및 중요성에 주목하지 못하도록 하는 관점을 내면화하도록 요구한다. 즉 학교의 공식적인 교육과정과 잠재적 교육과정은 상호 협력하여 지배 헤게모니를 구성하게 된다.

잠재적 교육과정의 역할과 관련하여 애플은 지배적인 헤게모니에 대한 대항 헤게모니의 형성이 가능함을 암시하고 있다. 애플은 현실의 변화를 가져오기 위해서는 현존하는 실재에 대한 철저한 이해가 선행되어야 한다고 주장한다. 애플은 실재에 대한 이해를 의식의 수준으로 끌어올리기 위해서 지속적으로 노력할 필요가 있음을 강조하며, 우리의 선택에 영향을 미치는 인식론적이고 이데올로기적인 (숨겨진) 가정들에 대항하는 행위를 지속하고자 노력할 필요가 있음을 주장한다.

비슷한 맥락에서 지루(H. Giroux)는 잠재적 교육과정에 대한 분석이 교육학의 새로운 이정표를 세우는 데에 기여하기 위해서는 숨겨진 교육의 결과를 단순히 서술하는 데에 그쳐서는 안되고, 지배적인 헤게모니에 대한 비판을 전개하면서 대항 헤게모니를 형성할 필요가 있다고 주장하였다. 지루(Giroux, 1983)에 의하면, 우리는 학교 밖의 권력과 학교에서 다루는 지식이 어떻게 상호작용하여 사회적 불평등을 생산해 내는지를 파악하고, 우리의 관심을 재생산의 구조로부터 문화적 중재와 사회적 행위자에로 옮김으로써 잠재적 교육과정에 관한 논의가 교육 및 사회 변화에 기여할 수 있는 방향으로 나아가야 함을 강조하였다.

요컨대, 애플과 지루에 의하면 우리가 학교교육의 잠재적 교육과정을 폭 넓고 깊이 있게 이해할 때 우리는 학교에서 재생산 이데올로기의 작용을 중단시키고, 보다 민주적이고 정의로운 사회를 건설할 수 있는 가능성을 지니게 된다. 우리가 잠재적 교육과정을 포함하여 학교 현실을 올바로 이해할 수 있는 관점을 형성하게 될 때, 우리는 학생들이 자신의 현실을 새로 구성하는데 필요한 정치적이고 개념적인 도구를 제공해 줄 수 있다.

3 잠재적 교육과정 관련 쟁점 및 공과 분석

앞에서 살펴 본 잠재적 교육과정에 대한 논의는 여러 측면에서 학교교육과 교육학의 발전에 크게 기여할 것으로 판단된다. 특히 '학교의 계획하에 학생이 경험한 것'을 교육과정으로, '학교에 의해 계획되지 않았으나 학생이 경험한 것'을 잠재적 교육과정으로 구분한 의미 규정 방식은 교육과정의 논의의 지평을 '계획되지 않는 경험'에까지 확대함으로써 교육학 논의에 많은 기여를 할 것으로 기대된다.

가. 잠재적 교육과정 관련 쟁점

여기서는 잠재적 교육과정이 학교교육과 교육학 발전에 행한 기여를 살펴보기 전에 잠재적 교육과정과 관련하여 종종 제기되는 몇 가지 쟁점을 먼저 짚고 넘어갈 필요가 있다. 잠재적 교육과정과 관련된 쟁점들은 다음과 같다.

> 쟁점1 : 잠재적 교육과정의 의미가 여전히 불분명하며, 영 교육과정과의 의미 구분 역시 불분명하다. 잠재적 교육과정의 의미를 좀더 명료히 할 필요가 있다.

앞에서 잠재적 교육과정의 의미를 '학교에 의해 계획되지 않았으나 학생이 경험한 것'으로 규정하였다. 그리고 잠재적 교육과정의 의미를 보수적인 관점과 급진적인 관점으로 나누어 살펴보았다. 그러나 이런 구분과 논의에도 불구하고 잠재적 교육과정의 의미가 여전히 분명하지 않아 보이는 측면이 있다.

첫째, 잠재적 교육과정의 보수적인 관점에서 우리는 '부수적인 효과'를 강조하였다. 그러나 학교교육의 부수적인 효과 중에는 '학교에서 명시적으로 가르치고자 하는 것의 부수적인 효과'도 있고, '교육이 일어나는 장으로서의 학교조직과 환경의 부수적인 효과'도 있다. 이 중 어느 것이 잠재적 교육과정의 일차적인 의미라고 볼 수 있는가? 잠재적 교육과정이 학교에서 명시적으로 가르치고자 하는 것 즉 표면적 교육과정의 이면이라는 점이 강조된다면 잠재적 교육과정의 일차적인 의미는 '명시적인 것의 부수적인 효과'로 보는 것이 적절할 듯하다. 그렇다면 '학교조직과 환경의 부수적인 효과'를, 비록 '잠재적'이라는 단서를 달기는 하지만, 교육과정이라는 용어로 개념화할 수 있는가? 잠재적 교육과정의 의미 경계를 얼마나 넓게 혹은 좁게 설정하느냐에 따라 '학교조직과 환경의 부수적인 효과'를 잠재적 교육과정의 한 의미로 받아들일 수도 있고 받아들이지 않을 수도 있다. 여기서 우리는 잠재적 교육과정의 의미를 확장하여 '학교조직과 환경의 부수적인 효과'를 잠재적 교육과정의 의미 중의 하나로 받아들일 때 그것이 어떤 교육적 의미를 지니는지를 진지하게 검토해 볼 필요가 있다.

둘째, 영 교육과정은 잠재적 교육과정의 특정 측면을 특화하여 붙인 이름인가 아니면 잠재적 교육과정과는 전혀 다른 대상과 의미를 지닌 개념인가? 영 교육과정과 잠재적 교육과정의 의미 관계를 명료화하기 위해서는 먼저 영 교육과정의 의미를 살펴볼 필요가 있다. 사실 영 교육과정의 의미 또한 그다지 명료하지 않다. 영 교육과정이라는 용어를 처음으로 사용한 아이즈너(E. Eisner)에 의하면 영 교육과정은 '학교에서 가르치지 않는 교육과정'을 의미한다(Eisner, 1979). 그렇다면 어떻게 학교에서 가르치지 않는 것을, 비록 '영'이라는 단서를 달기는 하지만, 교육과정이라고 개념화할 수 있는가? 그 이유는 아마도 학생들에게 특정 내용을 학습할 기회를 박탈함으로써 학생들이 특정 학습 내용의 박탈 또는 배제의 결과로 학교에서 가르쳐지는 것만이 중요하다고 학습하고 학교에서 가르쳐지는 것과 일치하는 방향으로 자신의 사고와 삶을 꾸려나가는 경향이 있을 수도 있기 때문이다.

이렇게 볼 때 '학교에서 가르치지 않는 교육과정'을 의미하는 영 교육과정이 중요한 의미를 지니게 되는 것은 결국 '학교에서 가르치지 않는 교육과정'의 결과로 학생들이 학습기회의 박탈 내지 배제를 체험하는 것의 부수적인 효과 때문일 것이고, 이러한 부수적인 효과 또한 영 교육과정의 의미의 한 부분으로 받아들일 필요가 있어 보인다. 영 교육과정을 이처럼 첫째, 학교에서 가르치지 않는 교육과정, 둘째, 가르치지 않는 교육과정의 부수적인 효과로 규정하게 되면, 영 교육과정과 잠재적 교육과정의 의미 경계가 다시 흐려지게 된다. 여기서 우리는 영 교육과정은 교육과정의 설계에 있어서 교육내용의 포함과 배제를 결정하는 문제가 매우 중요함을 보여주는 개념으로 이해할 수 있다. 그리고 영 교육과정이라는 개념의 중요성은 그러한 선택과 배제에 부수하는 효과로부터 유래하는 것으로 이해할 필요가 있다. 학교에서 가르치지 않는 교육과정을 의미하는 영 교육과정은 잠재적 교육과정과 의미 경계를 확실히 달리하지만, 가르치지 않는 교육과정의 부수적인 효과를 의미하는 영 교육과정은 잠재적 교육과정과의 경계가 흐려지면서 의미가 겹치는 측면이 있어 보인다.

쟁점2 : 잠재적 교육과정 관련 현상은 그것이 잠재적 교육과정으로 개념화되는 순간 표면적 교육과정 설계 때 반영 내지 고려되어야 하는 내용으로 바뀌기 때문에 잠재적 교육과정은 안정적인 의미 기반을 가진 개념으로 보기 어렵다.

잠재적 교육과정은 유한한 인간이 만든 학교교육이라는 제도에서 발생하는 뜻밖의, 예기치 못한 결과를 가리키는 개념임은 틀림없다. 그러나 잠재적 교육과정이 예기치 못한 결과를 가리킨다고 해서 우리가 앞으로도 그러한 결과를 예기할 수 없다고 볼 필요는 없다. 즉 과거의 특정 시점에서 예기치 못했다고 해서 미래에도 예상 못할 것으로 생각할 필요는 없다는 말이다. 잠재적 교육과정이라는 개념의 등장으로 그 전까지 개념화되지 않았던 현상이 새롭게 개념화됨에 따라 잠재적 교육과정 관련 현상이 우리의 의식 속에 들어오게 되고, 그 결과 표면적 교육과정을 설계할 때 우리는 이를 의식하지 않을 수 없게 된다. 따라서 특정 시점에서 잠재적 교육과정으로 개념화된 현상이 다른 시점에서는 표면적 교육과정화될 수도 있다. 이런 점에서 볼 때 잠재적 교육과정은 잠재적 교육과정으로 분류된 특정 현상을 안정적으로 가리키는 용어라고 보기는 어렵다. 그럼에도 불구하고 항상 햇빛과 그림자가 동시에 존재할 수밖에 없듯이 표면적 교육과정의 그림자는 계속해서 새로이 발생할 것이다. 따라서 잠재적 교육과정의 경계가 달라짐에 따라 그 용어가 가리키는 또는 포함하는 대상은 계속해서 달라질 수는 있겠지만 잠재적 교육과정의 의미는 여전히 건재할 것이라고 생각된다.

나. 잠재적 교육과정의 공헌

마지막으로 잠재적 교육과정에 관한 논의가 학교교육과 교육학의 발전에 기여한 또는 기여할 수 있는 점을 간략히 살펴보고자 한다.

첫째, 교육과정의 의미의 확장에 기여했다. 잠재적 교육과정이라는 개념이 등장하여 '학교에 의해 계획되지 않았으나 학생이 경험한 것'을 교육과정이라는 용어로 개념화하기 이전까지는 대부분의 교육과정 전문가의 관심은 '학교교육의 계획과 의도' 또는 '학교의 계획 하에 학생이 경험한 것'에 제한되어 있었다. 따라서 교육과정 전문가의 주된 관심은 어떻게 주어진 내용을 학생들에게 효과적으로 전달할 수 있는가에 있었다. 교육과정 전문가들은 교육의 효율성을 높여 줄 수 있는 교육과정을 개발할 수 있는 방법을 탐색하였다. 즉 잠재적 교육과정이라는 개념이 등장하기 이전에는 '교육과정 개발'(curriculum development)이 교육과정 연구의 주된 패러다임일 수밖에 없었다.

잠재적 교육과정이라는 개념의 등장과 더불어 교육학자들의 관심이 '계획된 것'에서 '계획되지 않는 것'으로 옮아가게 되었다. 따라서 교육학자들은 자연스럽게 학교나 교실에서 어떤 일이 벌어지고 있는가에 관심을 갖게 되었다. '교육은 이러이러해야 한다'라는 주장을 하기에 앞서서 학교교육의 실제를 정확하게 이해한다는 것을 무엇보다 중요하게 생각하기 시작하였다. 즉 '교육과정 이해'(curriculum understanding)의 패러다임이 강조되기 시작하였다.

잠재적 교육과정의 개념 출현과 더불어 '계획되지 않았으나 학생이 경험한 것'이 강조됨에 따라 평가영역에서도 사전에 계획되지 않은 효과를 평가하려는 '탈목표 평가 관점'이 등장하였다. 탈목표 평가 관점에서는 의도했든 의도하지 않았든 교육활동으로 인하여 나타난 모든 작용과 부작용을 총체적으로 평가하고자 한다(Scriven, 1973). 예컨대, 목표 평가 관점에서 학생들이 특정 교육활동을 통하여 의도한 목표를 80%정도 달성했다면 성공적인 교육을 수행한 것으로 평가된다. 그러나 탈목표 평가 관점에서 학생들이 특정 교육활동으로 인하여 의도하는 목표를 80% 달성했다고 하더라도 의도하지 않은 심각한 부작용이 발생했다면 성공적인 교육을 수행했다고 보기는 어렵다. 여기서 우리는 목표 평가 관점보다는 탈목표 평가 관점이 교육의 실제에 더 적합한 평가관임을 알 수 있다. 이처럼 잠재적 교육과정은 교육평가의 영역 확장에도 기여했다.

둘째, 잠재적 교육과정은 '학교교육이 이러이러해야 한다'라는 '당위적 진술'보다는 '학교교육이 이러이러하다'라는 '사실적 진술'에 더 많은 관심을 갖게 하였다. 그리고 이러한 변화의 논리적 귀결로서 학교와 교실 안의 사실을 정확하게 이해하기 위한 목적에서 학교교육에 관한 문화기술연구(ethnographical study) 방법을 중심으로 한 질적 연구 방법의 중요성과 적용을 확산시켰다.

잠재적 교육과정이라는 개념을 최초로 사용한 잭슨의 「교실에서의 생활」(Life in classrooms)이 학생들의 교실 생활에 대한 문화기술연구 결과를 제시한 책이며, 잠재적 교육과정과 밀접히 연계된 '영 교육과정'(null curriculum)의 개념을 최초로 만들어낸 아이즈너도 학교교육에 대한 문화기술연구를 적극 권장했다. 1980년대 이래 미국에서 학교교육과 교육과정 연구 방법으로 문화기술연구 방법이 적극 활용된 데에는 바로 잭슨과 아이즈너의 영향 때문이었다고 볼 수도 있다. 이는 곧 잠재적 교육과정이라는 개념이 학교와 교실 안에서 실제로 일어나고 있는 현상을 이해하기 위하여 문화기술연구로 대표되는 질적 연구 방법을 교육연구의 주된 방법론으로 부상시키는 데 기여했음을 알 수 있다.

셋째, 잠재적 교육과정은 학교교육과 교육과정의 효율성 제고에 기여할 것으로 기대된다. 잠재적 교육과정에 대한 연구는 공식적 교육과정과 잠재적 교육과정간에 갈등이 발생할 경우 잠재적 교육과정이 공식적 교육과정보다 학생에게 더 강한 영향력을 미친다는 사실을 밝혀냈다. 그리고 지난 50여 년 동안 이루어진 잠재적 교육과정에 대한 연구 결과 우리는 잠재적 교육과정의 작용 기제와 여러 특징들을 이해하게 되었다. 따라서 이제 우리는 학교교육의 효율성을 제고하기 위하여 표면적 교육과정뿐만 아니라 잠재적 교육과정도 활용할 수 있게 되었다. 달리 말하면, 이전에는 표면적 교육과정만을 통하여 교육을 실시하였다면 이제는 잠재적 교육과정까지를 고려하여 학교교육을 수행할 수 있게 되었다. 그 결과 잠재적 교육과정 연구는 학교교육의 효율성 제고에 크게 기여할 것으로 기대된다.

우리는 숨겨진 교육과정에 대한 연구를 통해서도 시간의 흐름에 따라 학교교육의 이해의 폭과 깊이를 점점 확대해 갈 수 있을 것이다. 애플과 지루가 주장하듯이 잠재적 교육과정이라는 개념을 학교교육과 교육학 논의의 주변적인 위치가 아니라 중심적인 위치에 놓게 될 때 우리는 교실과 사회의 관계뿐만 아니라 학교에서 가르치는 지식의 형식과 내용을 결정하는 구조적 침묵과 이데올로기적인 메시지까지를 분석할 수 있게 되며, 그 결과 학교를 보다 민주적인 삶의 장으로, 그리고 교육을 보다 민주적인 실천 과업으로 발전시킬 수 있게 될 것이다.

참고문헌

김종서, 이영덕, 황정규, 이홍우(1997). **교육과정과 교육평가**. 서울: 교육과학사.

김종서 편(1974). **교육과정의 발전적 지향**. 서울특별시 교육위원회.

이귀윤(1996). **교육과정연구**. 서울: 교육과학사.

이홍우(1977). **교육과정탐구**. 서울: 박영사.

Apple, M.(1979). *Ideology and Curriculum.* London: Routledge & Kegan Paul.

Bowles, R. & Gintis, H. (1976). *Schooling in Capitalist America*. New York: basic Books.

Dreeben, R. (1967). The contribution of schooling to the learning of norms. *Harvard Educational Review*. 37 (2).

Dreeben, R. (1968). *On What is Learned in School*. Mass.: Addison-Wesley.

Eisner, E. W.(1979). *The Educational Imagination: On the Design and Education of School Programs.* New York: Macmillan.

Giroux, H. A. (1983). *Theories & Resistance in education: A pedagogy for the Opposition*. South Hadley, MA: Bergin & Garvey.

Illich, I. (1970). *Deschooling Society*. New York: Harper & Row.

Jackson, P. W.(1968). *Life in Classrooms.* New York: Holt, Rinehart & Winston.

Merton, R.(1957). *Social Theory and Social Structure.* Chicago: Free Press of Glencoe.

Scriven, M.(1973). The Methodology of Evaluation. In B. R. Worthen & J. R. Sanders(eds), *Educational Evaluation: Theory and Practice*. Belmont, CA: Wadsworth.

CHAPTER 07

교육과정 개발 및 설계

'교육과정 개발'(curriculum development)이란 용어는 상당히 많은 의미를 함의하는 것으로, 다양한 교육과정 계획과 설계, 그리고 그러한 계획과 설계가 이루어지는 과정을 나타내는 의미로 사용된다. 그리하여 대부분의 교육학자들은 교육과정 개발을 교육과정을 설계하고 시행하는 과정 모두를 광범위하게 지칭하는 것으로 사용한다.

그러나 엄밀하게 말하면, 교육과정 개발은 '교육과정 설계'(curriculum design)와 구분된다. 교육과정 설계는 흔히 교육과정의 주요 구성 요소를 배열하는 일과 관련된다. 일반적으로 교육과정에 포함된 구성 요소는 교육 목표, 교육 내용 혹은 학습 활동, 그리고 평가이다. 교육과정 설계란, 이러한 교육과정 구성 요소 각각의 성격 및 내용을 밝히고, 이들 요소들이 하나의 체계적인 교육과정으로 결합될 수 있도록 배열하는 방식을 말한다. 교육과정 설계의 초점은 교육과정이 개발되는 '과정'(process)이 아닌 교육과정 그 자체의 '내용' 이나 '실체'(substance)에 있다. 즉 교육과정 설계는 교육과정에 무엇을 포함시켜야 하고 이것을 어떻게 제시해야 하는가 하는 문제를 다룬다. 이러한 교육과정 설계는 교육과정 개발의 방향과 지침을 제공하는 틀을 제공한다.

교육과정 개발은 교육과정을 구성함에 있어서 그 과정 및 절차가 어떻게 진행되어야 하는가를 결정하는 과정과 관련된다. 그것은 다음과 같은 문제에 관심이 있다. 누가 교육과정 구성에 참여하게 될 것인가? 교육과정 구성에 어떤 절차가 사용될 것인가? 이 점에서 교육과정 개발은 교육과정 설계와 달리 '과정'에 초점을 맞추고 있다고 할 수 있다.

본 장에서는 교육과정 개발 및 설계의 일반 원리를 제시하고, 교육과정 개발 및 설계의 실제를 우리나라의 경우를 예로 들어 제시하고자 한다.

1 교육과정 개발의 일반 원리

가. 교육과정 개발의 유형

교육과정 개발은 개발의 주도권이 어디에 있는가에 따라 중앙 집중적일 수도 있고, 지방 분권적인 형태를 띨 수도 있다. 우리나라나 일본의 경우는 전통적으로 국가에서 전국의 모든 초·중등학교를 통제하는 국가 교육과정을 개발하여 제시해 왔다는 점에서 중앙 집중적 교육과정 개발의 형태를 취한다고 할 수 있다. 반면, 미국과 캐나다, 독일 등은 국가 교육과정 대신에 주(州)나 학교 수준에서 자율적으로 교육과정을 개발하고 있다는 점에서 지방 분권적인 교육과정 개발의 형태를 취한다고 할 수 있다.

교육과정 개발이 어떤 형태이든 간에 장·단점은 있다. 그리하여 최근에 많은 나라들은 이 두 가지 유형의 교육과정 개발 접근을 적절히 절충하여 사용하는 추세이다. 우리나라의 경우도 아직 미흡한 수준이긴 하지만 제6차 교육과정 개정 때부터 국가 수준의 통제를 약화시키고 학교 수준의 교육과정 개발을 적극적으로 권장하고 있다. 이 절에서는 중앙 집중적인 교육과정 개발과, 지방 분권화된 교육과정 개발의 한 형태라고 할 수 있는 학교 중심 교육과정 개발에 대해서 살펴본다.

중앙 집중적 교육과정 개발

'중앙 집중적 교육과정 개발'(Centrally-Based Curriculum Development) 이란 무엇이 어떻게 가르쳐지고 평가되어야 하는가에 대한 결정이 국가의 상부 조직에 의해서 내려지는 것을 의미한다. 일반적으로 규모가 큰 교육과정 프로젝트는 이러한 중앙 집중적 교육과정 개발 방식을 채택한다(Marsh, 1992). 따라서 국가 교육과정을 채택하고 있는 나라들, 예컨대 우리나라, 프랑스, 영국, 일본 등의 국가 교육과정은 바로 이러한 중앙 집중적인 방식으로 개발되어 왔다고 할 수 있다.

중앙 집중적 교육과정 개발은 주로 국가적으로 중요한 프로젝트에 적용되기 때문에 장기적으로 신중하게 진행된다. 즉 중앙에서 임명한 교육과정 전문기관이나 교육과정 전문가 팀에 의해 충분한 기초 조사를 거친 후, 여러 개의 전문가 팀에 의해 교육과정 개발이 이루어지고, 개발된 산물은 여러 차례의 검토 과정을 거쳐 조정된다. 그리고 최종 산물은 중앙의 통제를 거쳐 학교에 적용된다. 이 때 중앙의 상급 기관은 개발된 교육과정이 모든 학교에 효율적으로 시행될 수 있도록 이를 체계적으로 전달하고 홍보하며 훈련시키는 일에 모든 노력을 경주하게 된다.

중앙 집중적인 교육과정 개발의 주요 장·단점은 다음과 같은 것을 들 수 있다(Marsh, 1992).

〈장점〉

- 중앙 집중적인 교육과정 개발은 전국의 모든 학교에 공통적인 교육과정을 제공함으로써 전국적인 학교교육의 수준과 질을 조절할 수 있다.
- 중앙에서 교육과정을 개발해 주기 때문에 지역이나 학교 단위에서의 교육과정 개발을 위한 노력이나 재정, 시간 등을 줄일 수 있다.
- 중앙에서 장기적인 노력에 의해 개발된 것이므로 어느 정도의 지속성이 보장되며, 학생이 학교를 옮긴다 할지라도 교육의 계속성이 보장된다.
- 중앙에서 선별된 전문가들에 의해 개발되기 때문에 전문성이 높은 교육과정이 개발된다.

〈단점〉

- 교육과정 개발 과정에 교사가 배제되기 때문에 교사는 주어진 교육과정을 시행에 옮기기만 하는 기술자에 불과하게 된다.
- 중앙에서 의도한 교육과정을 개발하는 데에 주요 관심이 있기 때문에 학교 수준에서의 시행 전략이 부족하다.
- 전국적으로 표준화된 하나의 교육과정을 제시하기 때문에 학교교육의 획일화를 가져오기 쉽다.
- 중앙에서 개발만 하면 그것이 그대로 학교에서 시행되리라는 합리주의적 가정에 근거하고 있으나, 이러한 가정은 실제와 다르다.

학교 중심 교육과정 개발

'학교 중심 교육과정 개발'(School-Based Curriculum Development)이란 "학생들이 구성원인 학교에서 학생 학습 프로그램을 계획, 설계, 시행, 그리고 평가하는 것" (Skilbeck, 1984)을 말한다.

역사적으로 볼 때, 학교 중심 교육과정 개발의 필요성은 중앙 집중적 교육과정 개발이 갖는 문제점에 대한 비판에서 출발한다(Lewy, 1991). 중앙 집중적인 교육과정 개발 방식은 모든 지역에서 사용될 수 있고 모든 학생에게 타당할 수 있는 표준화된 교육과정 개발에 초점을 맞춘다. 그러나 이러한 중앙에서 개발된 교육과정은 학교 현장에서 그 실효성이 없음이 지적되어 왔다.

스킬백(M. Skilbeck)에 따르면, 학교 중심 교육과정 개발은 다음과 같은 이유 때문에 필요하다(Skilbeck, 1984). 첫째, 교육과정 결정에 있어서 학교의 자율성을 증대시켜야 한다는 요구에 부응할 필요가 있다. 즉 사회 전반적으로 의사결정 과정에 당사자의 직접적인 참여를 통한 민주화가 진행되고 있듯이, 교육과정 결정에 있어서도 학교 구성원인 교사, 학생, 학부모, 지역 공동체가 참여할 수 있어야 한다.

둘째, 중앙 집중적인 통제 모델이 쇠퇴하는 추세이다. 교육과정 내용 및 조직에 있어서 중앙 집중화된 교육과정 정책은 교사들의 불만족이나 저항을 야기해 왔다. 특히 이러한 정책은 학교에 제한적인 영향력만을 가짐으로써 대규모 프로젝트 개발은 실패한다는 일반적인 신념을 야기해 왔다.

셋째, 학교는 학교를 둘러싼 환경과 적극적으로 상호작용해야 하는 사회 기관이다. 학교는 환경과의 상호작용에서 적극적인 역할을 할 필요가 있다. 그러나 중앙 집중화된 체제에서는 학교가 자기 결정적, 자기 지시적이 될 수 없다.

넷째, 특정 기관의 주어진 학생들을 위한 교육과정을 계획하고 설계하는 일은 학교가 가장 잘 할 수 있다. 특정 프로그램의 교수-학습을 구성하는 일은 교육과정의 핵심 과업이며, 이 일은 학교가 가장 잘 해낼 수 있다.

다섯째, 학교는 최소한 특정 교육과정 계획이나 프로그램을 예견치 못한 상황에 맞게 채택하여 수정하고 적응시킬 입장에 있어야 한다. 학습은 다양한 유형의 집단 활동, 학습 과제와 자원 및 장비의 이용이 필요하기 때문에 교육과정 운영의 융통성이 요구된다. 이러한 교육과정의 운영은 학교가 학습 조건을 다양화하고 수정할 뿐만 아니라 직접 교육과정을 설계하고 구성할 자유와 책임을 갖게 될 때 좀 더 효율적으로 수행될 수 있다.

여섯째, 전문가로서의 교사의 역할은 계획, 설계, 평가를 포함하는 교육과정 개발 과정에 직접적인 참여의 여지가 없다면 실현될 수 없다. 교사의 자기 실현, 동기화, 성취감 등은 교사의 전문적 삶의 주요 요소인 교육과정 의사결정과 밀접하게 관련된다.

일곱째, 학교가 이제 지역, 주, 국가의 연구 개발 기관보다 좀 더 안정적이고 지속적인 교육과정 개발 기관으로 간주될 필요가 있다. 교육과정 개발을 위한 가장 가치있는 인적 자원은 학교 자체에 있으며, 학교에는 항상 그러한 인적 자원이 있다는 점에서 그것은 구조적으로 안정적이고 지속적이다.

최근 학교 중심 교육과정 개발의 필요성이 증대되고 있긴 하나, 학교 중심 교육과정 개발이 중앙 집중적인 교육과정 개발을 전면적으로 대치할 수 있는 것으로 이해되어서는 곤란하다. 사실 학교 중심 교육과정 개발을 문자 그대로 해석하면, 모든 교육적 결정이 학교 수준에서 이루어진다는 것을 의미한다. 그러나 국가 혹은 지역의 교육과정 영향하에 있는 일반적인 학교 체제에서 학교가 교육과정과 관련한 모든 의사결정을 한다는 것은 현실적으로 불가능하다.

월튼(J. Walton)은 담당 교사가 수업에 사용할 교재를 채택하거나 선택하는 것도 학교 중심 교육과정 개발로 볼 수 있다고 본다(Walton, 1978). 물론 교재의 채택이나 선택을 학교 중심 교육과정 개발로 규정하는 것은 학교의 교육과정 개발에의 참여 수준이 낮다는 점에서 학교 중심 교육과정 개발의 의미를 지나치게 제한하는 것으로 볼 수도 있다. 그러나 학교가 학교에서 이루어지는 모든 교육과정 결정에 책임을 지는 데에는 한계가 있기 때문에, 실제로 학교는 제한된 영역에서만 의사결정의 자유를 행사할 가능성이 많다.

이렇게 볼 때, 교육과정 개발에 있어서 학교만의 주도라거나 학교 밖의 중앙 정부만의 주도라고 하는 것은 그 자체만으로 체계적인 변화를 성취하는데 충분하지 않다고 할 수 있다. 말하자면 학교 중심 교육과정 개발과 중앙 집중적인 교육과정 개발은 서로 상호보완적인 것이 되어야 한다.

나、 교육과정 개발 모형

교육과정 개발 모형은 교육과정을 보는 시각, 즉 교육과정 철학에 따라 달라질 수 있다(이귀윤, 1996). 전통적으로 교육과정 개발의 지배적인 모형으로 알려진 것은 타일러(R. Tyler)의 모형이다. 따라서 여기서는 먼저 교육과정 개발의 대표적인 모형인 타일러 모형과 이 모형을 새롭게 변형시켜 최근 인기를 얻고 있는 위긴스(G. Wiggins)와 맥타이(J. McTighe)의 백워드(Backward) 모형을 제시한 후, 이들과 다른 입장에 터해 있는 워커(D. F. Walker) 및 아이즈너(E. Eisner)의 모형을 살펴본다.

전통적 교육과정 개발 모형: 타일러 모형

타일러 모형은 어느 수준에서 교육과정 개발이 이루어지든 간에 전통적으로 교육과정 개발의 전형이 되어 왔던 모형이다. 즉 이 모형은 국가든 지역이든 학교 수준이든 간에 교육과정을 개발할 때, 개발자들이 주로 의존해 온 대표적 모형이다.

타일러의 개발 모형은 그가 1949년에 출판한 「교육과정과 수업의 기본 원리」(Basic Principles of Curriculum and Instruction)라는 책에 잘 제시되어 있다. 이 책에서 타일러는 네 가지 질문을 던지면서 이에 대한 답을 제시하고 있는데, 이 네 가지 질문은 오늘날까지 학교교육과정 개발의 핵심적인 구성 요소가 되어왔다. 타일러가 교육과정 개발과 관련하여 던진 네 가지 질문은 다음과 같다.

① 학교에서 달성하고자 하는 교육 목표는 무엇인가?
② 수립된 교육 목표를 달성하는데 유용한 학습 경험이 어떻게 선정될 수 있는가?
③ 학습 경험은 효과적인 수업을 위해 어떻게 조직될 수 있는가?
④ 학습 경험의 효과는 어떻게 평가될 수 있는가?

위에 제시된 네 가지 질문은 각각 교육 목표의 설정, 학습 경험의 선정, 학습 경험의 조직, 그리고 평가에 해당하는 것으로, 타일러 모형에 있어서 이 네 가지 일은 순차적으로 이루어져야 한다. 즉 교육 목표가 가장 먼저 설정되어야 하고, 이 목표에 따라 적절한 학습 경험이 선정 · 조직되어야 하며, 마지막으로 평가가 이루어져야 한다.

타일러 모형에서 가장 중요시되는 것은 교육 목표의 설정이다. 왜냐 하면 교육 목표는 교육과정 개발 과정에서 가장 먼저 결정되어야 할 뿐만 아니라, 그 이후의 절차를 밟는데 기준이 되고 있기 때문이다. 교육 목표는 학습자에 대한 연구, 사회의 요구, 교과 전문가의 제언으로부터 도출된다. 그러나 이렇게 도출된 목표가 곧바로 교육 목표로 설정되는 것은 아니다. 이것은 다시 학습 심리학과 교육 철학이라는 체를 통해 거르는 과정을 거치게 된다. 즉 잠정적으로 설정된 교육 목표가 학습자에게 적절한 것인지, 추구할 가치가 있는 것인지를 따져 본 후에 최종적인 교육 목표가 설정되는 것이다.

이상에서 검토한 타일러 교육과정 개발 모형을 그림으로 나타내 보면 [그림 7-1]과 같다.[1)]

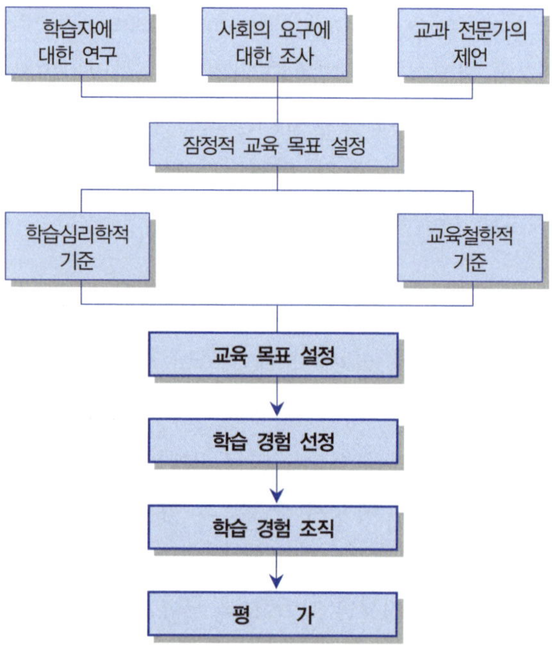

[그림 7-1] 타일러의 교육과정 개발 모형

타일러의 교육과정 개발 모형은 그가 제시한 질문의 유형이 주로 '어떻게'라는 형태로 제기되는 것에서 알 수 있듯이, 교육과정 개발을 위한 원리나 방법에 관심이 있다. 따라서 그의 책은 학교에서 설정해야 할 교육 목표가 무엇이며, 학교에서 가르쳐야 할 학습 경험, 즉 교육 내용이 무엇이어야 하는지에 대한 직접적인 답을 제시하지 않는다. 다만 그는 어떤 기준과 절차 또는 방법으로 교육 목표를 설정하고 학습 경험을 선정·조직하며, 평가할 수 있는가 하는 것만을 밝히고 있다. 요컨대 타일러 모형은

1) 타일러가 제시한 교육과정 개발의 네 가지 요소, 즉 교육 목표 설정, 학습 경험 선정, 학습 경험 조직, 평가 등에 관한 자세한 설명은 '2. 교육과정 설계의 일반원리' 부분을 참조하기 바람

교육과정을 개발할 때, 직면하게 될 문제를 어떤 순서로 어떻게 해결해야 할 것인가에 대한 원리를 체계적이고 합리적으로 처방해 주고 있다.

최근 들어 교육과정을 보는 시각이 다양해지면서 타일러 모형에 대한 비판은 다양하게 전개되고 있다. 대체로 그 비판은 다음 세 가지로 요약될 수 있다. 첫째, 타일러 모형은 교육과정 개발 과정이 그가 말하는 네 가지 요소의 순차적인 혹은 단계적인 과정으로 이루어진다고 가정하고 있으나, 실제 교육과정 개발 과정은 상당히 복잡하고 다양하며, 이 과정에서 이 네 가지 구성 요소는 서로 영향을 주고받는 관계에 있다. 둘째, 타일러 모형은 교육과정 개발의 기준, 절차 혹은 방법에만 관심을 둠으로써 교육 목표나 교육 내용에 대해서는 직접적인 답을 제공하지 못하고 있다. 셋째, 타일러 모형은 교육 목표의 효율적인 달성에만 초점을 둠으로써 개발 과정에 개입될 수 있는 눈에 보이지 않는 정치적 측면이나 그 결과로 나타나게 될 잠재적 측면에 관심이 없다.

위깅스와 맥타이의 백워드(backward) 모형[2)]

백워드 모형을 주창한 사람은 미국의 평가 전문가들인 위깅스(G. Wiggins)와 맥타이(J. McTighe)이다. 백워드 모형은 이들이 1998년에 출판한 「설계에 의한 이해」(Understanding by Design)라는 저서에서 처음 소개되었다. 이 모형은 교사 수준에서의 활용을 염두에 둔 것으로, 교사가 국가나 주가 제시한 기준을 중심으로 교육과정 단원을 설계할 때 활용할 수 있는 것이다.

백워드(backward)라는 명칭은 이 모형이 갖고 있는 특징을 드러내는 것이다. 위깅스와 맥타이가 보기에 대부분의 교사들은 목표나 기준으로부터 가르쳐야 할 단원이나 활동 등의 수단을 도출하기보다는 주어진 교과서의 단원이나 활동을 가지고 바로 수업에 뛰어드는 경향이 있다. 백워드 모형은 이와 반대되는 것으로서, 교사들이 바라는 결과, 즉 목표나 기

2) 이 부분은 소경희(2017). 「교육과정의 이해」(파주: 교육과학사) 9장의 관련 내용을 반영한 것임을 밝혀둔다.

준으로부터 출발해야 한다고 보는 입장이다. 백워드라는 표현은 교사들이 기존에 해왔던 것과는 반대되는 순서로 교육과정에 접근해야 한다는 의미에서 사용된 것이다. 즉 수업을 통해 결과/목표를 향해가기보다는, 결과/목표를 먼저 확인하고 그에 비추어 수업을 계획해야 한다는 것이다. 더군다나 이 모형에서는 평가에 대한 계획을 단원의 마무리 단계에서 하기 보다는 학습 경험이나 수업 활동을 계획하기 전에 세우기를 주장한다. 말하자면 백워드 모형은 바람직한 결과/목표를 밝히는 것으로부터 출발하여, 그 결과/목표가 달성되었는지를 확인할 수 있는 평가 계획을 수립한 뒤, 이로부터 학습 경험이나 수업 활동을 도출해야 한다고 본다. 이러한 교육과정 개발 과정은 교육과정을 목표/결과에 도달하기 위한 수단으로 보는 것으로서, 일찍이 이러한 관점을 제공했던 타일러의 모형에 의존하고 있는 것이다. 백워드 모형은 아래와 같은 세 단계의 과정으로 구성되어 있다.

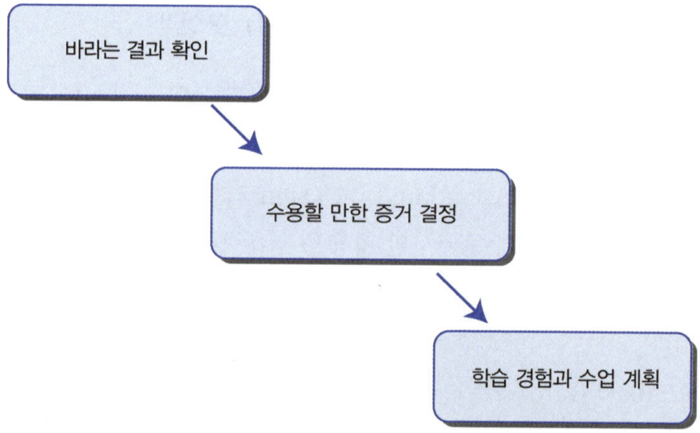

[그림 7-2] 위깅스와 맥타이의 백워드 모형

백워드 모형의 첫 단계는 바라는 결과, 즉 목표나 기준을 확인하는 것으로, 이는 학생들이 반드시 알아야 하고, 이해해야 하며, 할 수 있어야 하는 것이 무엇인가를 밝히는 것이다. 이 단계에서 교사들은 교과별로 정해진 국가 혹은 주 수준의 기준을 확인하고, 이 기준에 비추어 자신들의 교육과정 단원에서 어떤 내용을 다룰지에 대한 목표를 세우게 된다. 따라서 여기서 의미하는 목표는 가르칠 내용에 대한 목표, 즉 내용에 대한 성취기준이라고 할 수 있다. 위깅스와 맥타이는 교사들이 바라는 결과/목표를 결정할 때, 단순한 암기가 아닌, '영속적 이해'(enduring understanding)를 이끌 수 있는 교육 내용을 선정하는 것에 유의해야 한다고 보았다. 여기서 '영속적'이라는 것은 아주 상세한 것들을 잊어버린 후에도 머릿속에 계속 남아 있는 큰 개념(big idea)을 의미하는 것으로, 배울만한 가치가 보편적으로 인정된 아이디어, 주제, 혹은 과정을 뜻하는 것이다. 어떠한 내용이 영속적 이해를 제공하는가 하는 것은, 교실 밖에서도 지속적인 가치를 지니는 것인지, 학문의 핵심에 해당하는 것인지, 학생을 참여시킬 가능성이 많은 것인지를 따져 봄으로써 결정될 수 있다. 백워드 모형이 가정하는 교육 내용에 대한 이러한 관점은 학문의 구조를 교육 내용으로 강조했던 브루너(J. Bruner)의 영향을 받은 것이다.

백워드 모형의 두 번째 단계는 수용할 만한 증거를 결정하는 것으로, 학생들이 바라는 결과를 달성했는지를 판단하기 위한 평가를 계획하는 단계이다. 좀 더 구체적으로 말하면, 이 단계는 학생들이 바라는 결과를 성취했는지를 어떻게 확인할 수 있으며, 학생들이 내용 기준을 이해하고 숙달했다는 증거로서 어떤 것을 수용할 수 있는지를 결정하는 단계이다. 이것은 교사가 구체적인 수업 활동을 설계하기 전에 먼저 평가자가 되어야 함을 강조하는 것이다. 이 단계에서 교사는 학생들이 내용 기준을 이해했음을 보여주는 증거를 수집하기 위해 다양한 범위의 평가 방법을 고려해야 하며, 이를 반영한 여러 가지 형태의 수행 과제(performance task)를 개발하는 일에 집중해야 한다.

백워드 모형의 세 번째 단계는 학습 경험과 수업을 계획하는 것이다. 이것은 앞의 두 단계에 근거하여 수업 활동을 구체적으로 계획하는 단계이다. 즉 학생들이 효과적으로 수행해야 할, 또는 바라는 결과를 성취하기 위해 요구되는 지식(사실, 개념, 원리)과 기능(절차)은 무엇인지, 학생들이 이러한 지식과 기능을 갖추기 위해 해야 할 활동이 무엇인지, 어떤 방법으로 가르칠 것인지, 어떤 소재와 자료를 사용할지 등을 계획하는 단계이다. 이 단계에서 교사들은 바라는 결과와 평가 방식을 확인한 뒤, 구체적인 수업을 계획하게 된다.

위에서 소개한 백워드 모형은 교육과정을 구성하는 절차만이 아니라 교육과정을 구성하는 요소, 즉 교육 목표나 학습 경험이 어떤 성격의 것이어야 하는지를 제시하고 있다는 점에서 교육과정 개발 모형만이 아닌 설계 모형으로도 볼 수 있다. 실제 위깅스와 맥타이는 자신들의 모형을 '설계'라는 이름으로 제시하고 있다.

백워드 모형의 가장 두드러진 특징은 교육과정 개발 과정이 도달해야 할 지점, 즉 바라는 결과를 확인하는 것으로부터 시작해야 한다고 보는 점에 있다. 교육과정 개발을 도달해야 할 목표로부터 시작한다는 것은 도착점에 대한 분명한 이해로부터 시작함을 의미하는 것이며, 이는 어디로 가고 있는지, 지금 어디에 있는지를 좀 더 잘 이해할 수 있게 해주는 장점이 있다. 특히 이 모형은 현장 교사들에게 직접적인 도움을 제공하기 위한 것으로, 국가나 주 수준에서 제공하는 기준에 따른 교육과정 운영을 해야 하는 교사들에게 매우 실용적인 틀을 제공할 수 있다.

그러나 백워드 모형은 타일러 모형과 마찬가지로 목표-수단의 패러다임을 따르고 있는 것으로서, 교육과정을 설정된 기준이나 목표를 효율적으로 달성하기 위한 수단 정도로 이해하고 있다. 따라서 당초 기준이나 목표로서 설정되지 않은 학습 경험들이 무시될 수 있으며, 설정된 기준이나 목표가 당연시될 가능성이 있다. 또한 평가에 대한 계획을 학습 경험이나 수업에 대한 계획을 세우기 이전에 수립하도록 함으로써 평가 의존적인 수업 활동이 전개될 가능성도 있다. 특히 이 모형에서 설정하는 목표는 주로 학문적인 지식에 기반한 내용의 이해에 있는 것으로서, 이는 학생들의 관심사나 흥미를 고려하지 못할 수도 있다는 한계를 갖는다.

워커의 교육과정 개발 모형: 자연주의적 모형

워커는 교육과정을 개발할 때 따라야 할 합리적인 절차를 제시하는 것보다는 교육과정 개발 과정을 관찰하여 그 과정을 묘사하는데 관심을 가졌다. 그는 교육과정 개발 과정에 실제로 참여하면서 교육과정 개발이 타일러의 처방대로 진행되지 않는다는 사실을 발견했다. 그는 실제 상황에서 교육과정이 어떻게 개발되는가를 기술해 가면서 발견한 것을 토대로 교육과정 개발 과정을 설명하는 틀을 만들고, 이를 '자연주의적 모형'(naturalistic model)이라고 명명했다. 따라서 워커의 모형은 교육과정 개발자들이 실제로 교육과정 개발 과정에서 무엇을 하는지를 구체적으로 드러내주는 특징을 지닌다.

워커의 모형에 따르면, 교육과정 개발 과정에서 참여자들은 다양한 견해를 표방하는 '강령'(platform) 단계와, 다양한 대안들에 대한 논쟁을 거쳐 합의의 과정에 이르는 '숙의'(deliberation) 단계를 거쳐, 숙의 단계에서 선택한 대안을 실천 가능한 것으로 구체화하는 '설계'(design)의 단계를 따르게 된다. 따라서 워커의 자연주의적 교육과정 개발 모형은 강령, 숙의, 설계로 이루어진다. 이를 그림으로 나타내 보면 [그림 7-3]과 같다.

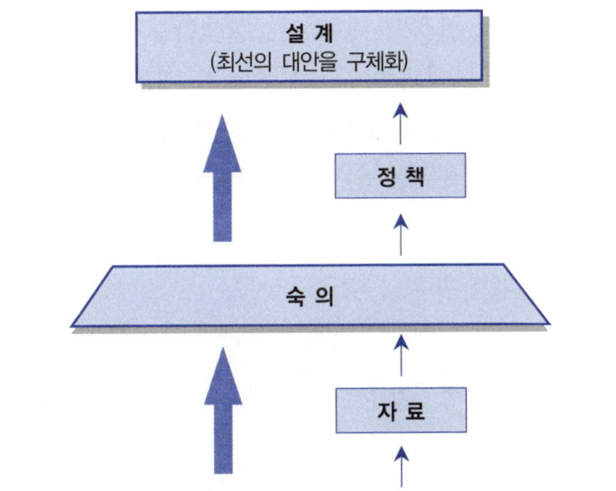

[그림 7-3] 워커의 자연주의적 교육과정 개발 모형(Walker, 1972)

워커의 모형은 교육과정 개발 참여진들의 의견이 타협되고 조정되는 과정을 강조한다. 이것은 흔히 '숙의'라고 불리는 것이다. 즉 워커의 모형은 결과보다는 의사결정 과정이나 절차에 초점을 두고 있으며, 이 점에서 과정 지향적인 성격을 지닌다.

워커의 모형은 교육과정 개발자들이 실제로 따르고 있는 절차를 기술하고 있다는 점에서, 기술적(descriptive) 모형이라고 할 수 있으며, 이는 타일러의 처방적(prescriptive) 모형과 비교될 수 있다. 특히 이 모형은 교육과정 계획 측면을 상세히 제시하여 교육과정 참여 인사들이 처음부터 서로 다른 토대와 입장에서 출발하고 있음을 보여 준다. 또한 이 모형은 참여자들이 서로 다른 입장에 반응하고 숙의하기 위해 의견조정에 상당한 시간을 보내고 있음을 보여준다. 이렇게 하여 이 모형은 교육과정을 계획하는 동안 실지로 일어나는 것을 아주 정확하게 묘사해 준다.

그러나 워커의 모형은 거의 전적으로 교육과정 계획에만 초점이 맞추어져 있다는 비판을 받는다. 즉 이 모형은 교육과정 설계가 완성된 뒤에 무슨 일이 어떻게 일어나야 하는지에 대해서는 언급하지 않은 채, 설계가 이루어지기 전까지의 과정에 대해서만 상세하게 제시하고 있다. 따라서 이 모형 역시 타일러 모형과 마찬가지로 교육 내용에 대한 직접적인 답을 제공하지 못한다. 다시 말해서 워커의 자연주의적 모형은 교육과정에 관한 의사결정을 어떻게 효과적으로 전개할 수 있는가에만 역점을 둘 뿐, 숙의 과정과 설계 과정에서 왜 이 내용을 가르쳐야 하는지에 대해서는 의문을 제기하지 않는다(이귀윤, 1996).

아이즈너의 교육과정 개발 모형: 예술적 접근

아이즈너는 1960년대 이후에 널리 알려진 인물로, 그의 관심은 미술 교육 및 교육과정에 대한 것이었다. 그는 1960년대 당시 교육과정 개발에 있어서 유행이었던 행동 목표에 대한 지나친 강조를 신랄히 비판하고, 교육과정 개발이란 예술가의 그것과 유사하게 진행되는 과정이라고 보았다. 즉 예술가들이 실재에 대한 자신의 관점을 표상할 때 여러 가지 가능한 방식 가운데 선택하듯이 교육과정 개발자들도 그러한 과정을 거친다는 것이다.

아이즈너는 가르치는 일(teaching)을 예술로 보아야 하며, 교육과정은 교사가 그러한 기예(art)를 개발할 수 있도록 돕는 것이어야 한다고 보았다. 교육과정 개발에 대한 아이즈너의 이러한 접근은 '예술적 접근'(artistic approach)으로 명명되며, 그의 유명한 책인 「교육과정 상상력」(The Educational Imagination)(1979)에 구체화되어 있다. 이 책에서 아이즈너는 예술적 접근이 교육과정 개발에서 어떻게 활용될 수 있는지를 제시했으며, [그림 7-4]는 이를 정리하여 보여준다.

1. 목표와 우선 순위
- 명백하게 정의될 수 있는 목표뿐만 아니라 잘 정의될 수 없는 목표(표현적 목표)도 고려할 필요
- 우선 순위 고려시 심사숙고할 필요

2. 교육과정의 내용
- 교육과정을 선정하는데 있어서 여러 선택지 고려
- 영 교육과정(null curriculum) 고려

3. 학습 기회의 유형
- 목표와 내용을 학생들에게 의미 있는 학습 사태로 변형하는 것이 중요

4. 학습 기회의 조직
- 학생들의 다양한 성취결과를 장려하기 위한 비선형적(nonlinear) 접근 강조

5. 내용 영역의 조직
- 내용의 범교육과정(cross-curricula) 조직 강조

6. 제시 양식과 반응 양식
- 학생들의 교육 기회를 넓히기 위한 다양한 의사소통 양식 활용

7. 평가 절차의 유형
- 교육과정 개발 과정의 여러 단계에 걸쳐 종합적인 절차 활용

[그림 7-4] 아이즈너의 교육과정 개발에 대한 예술적 접근(Eisner, 1979)

[그림 7-4]에서 아이즈너가 사용한 제목만 보면, 이는 타일러가 주장한 단계와 매우 유사해 보인다. 그러나 이 접근에 가정되어 있는 원리 및 실천적인 강조점은 타일러와 매우 다르다 (Marsh & Willis, 1995). 타일

러는 그의 모형에서 제시한 4개의 단계가 교육과정 개발의 모든 요소를 순차적으로 다룬다고 본 반면, 아이즈너는 그가 제시한 항목이 교육과정의 많은 차원 가운데 일부만을 다루며, 이 또한 실제로는 다른 순서로 제시될 수도 있다고 보았다. 즉 그가 제시한 교육과정 개발에 대한 접근은 구체적인 단계라기보다는 일반적인 지침(guideline) 정도에 해당한다.

아이즈너의 예술적 접근은 특히 제시 양식과 평가 절차에 있어서 타일러 모형과 구분된다. 그는 시적인 진술이나 은유(metaphor)를 통한 의사소통이 일상적인 언어 양식을 통한 것보다 더 강력할 수 있다고 보고, 교육과정을 제시할 때 다양한 의사소통 양식을 활용하여 학생들에게 다양한 반응양식을 발달시킬 기회를 제공해야 한다고 주장했다. 또한, 평가 절차와 관련하여서도 그는 평가가 교육과정 개발의 최종 단계에서만이 아니라 전 과정을 통해 이루어져야 한다고 보았다. 그에 의하면, 평가란 지각하고 가치를 매기고 묘사하는 기술을 언급하는 것으로 이것은 본질적으로 예술적인 것이며, 이러한 평가는 교육과정을 개발하는 전 과정에서 이루어져야 한다. 따라서 이 접근에서는 계획된 교육과정, 실행된 교육과정, 경험된 교육과정이 동일할 수 없으며, 교육과정에 대한 많은 결정은 그 교육과정을 실제 실행하고 이를 경험하는 학생들을 관찰하는 교사들에 의해 교실에서 이루어져야 한다고 본다.

교육과정 개발에 대한 아이즈너의 예술적 접근은 타일러 및 워커의 접근과 몇 가지 방식에서 다르다. 먼저 타일러와 아이즈너를 비교해 보면, 이들이 교육과정 개발자가 해야 할 일로 열거한 항목에 있어서는 유사성이 있다. 그러나 타일러가 수단(즉, 교육과정[curriculum])이 목표에 공헌하는 한에서만 가치 있다는 논리 하에 일련의 단계를 고정된 순서로 제시한 반면에, 아이즈너는 수단(즉, 과정[process])이 곧 목표라는 논리 하에 어떤 고정된 순서가 없는 단계, 즉 개방적인 과정을 제시한다. 한편, 워커와 아이즈너를 비교해 보면, 이들 모두가 교육과정 개발이 숙의를 통한 과정이라고 보았다는 점에서는 유사성이 있다고 할 수 있다. 그러나 워커가 계획된 교육과정을 창안하기 위한 숙의에만 관심을 두었다면, 아이즈너는 계획된 것만이 아니라 실행되고 경험된 교육과정의 내재적 가치를 고양시킬 수 있는 숙의에 관심을 두었다. 이와 같이 아이즈너는 타일러 및 워커와 달리, 교육과정이란 계획되고 실행되며 경험되는 과정에서 그 과정에 있는 사람들의 숙의를 통해 지속적으로 구성되고 재구성될 수 있으며, 다양한 표상 양식을 활용하여 제시될 수 있다고 보았다.

이상에서 제시한 아이즈너의 접근은 교육과정에 대한 지나친 합리주의적 접근을 적절히 비판하고는 있으나 대안 제시가 미흡하다는 평가를 받는다. 특히 그가 사용한 '예술'이라는 은유가 교육과정 개발에 구체적으로 어떻게 활용될 수 있는지가 분명하지 않다. 즉 교육과정을 개발하는 과정이 실제로 어느 정도나 예술과 같은 것인지, 교육과정 개발 과정과 예술적인 노력은 어떤 특징을 공통적으로 가지고 있는지 등에 대한 명쾌한 답을 얻기가 쉽지 않다. 그러나 교육과정 개발에 대한 아이즈너의 접근은 교육과정 개발 과정이 미리 정해진 틀에 의해서만 이루어질 수 없음을 보여주며, 교사가 교육과정에 관한 숙의와 실행의 전면에 나서야 함을 시사한다는 점에서 의미가 있다.

2 교육과정 설계의 일반 원리

이미 지적한 바 있듯이, 교육과정 설계란 교육과정 개발의 주요한 구성 요소를 배열하는 것과 관련된다. 따라서 여기서는 교육과정 개발의 주요 구성 요소를 분석적으로 검토한다. 교육과정 개발의 주요 구성 요소를 분석함에 있어서는 타일러 모형이 제시한 구성 요소를 중심으로 검토한다. 타일러 모형이 갖는 한계는 이미 지적된 바 있지만, 그럼에도 불구하고 교육과정 설계의 주요 구성 요소가 교육 목표의 설정, 교육 내용의 선정 및 조직, 평가라는 데에는 일반적인 합의가 이루어지고 있기 때문이다. 물론 이 각각의 요소 및 이들 간의 관계에 대한 관점은 사람마다 다를 수 있다. 여기서는 이들 요소에 대한 가장 일반적인 소개를 제시하고자 하며, 이들 요소 중 '평가'는 뒷장에서 상세하게 다루게 되므로 주로 교육 목표의 설정과, 교육 내용의 선정 및 조직에 대해서만 살펴보기로 한다.

가. 교육 목표의 설정

일반적으로 교육 목표란 교육을 통해서 기대하는 성과를 의미한다. 물론 교육 장면에서 처음에 의도한 교육 목표와 그 성과가 반드시 일치하기란 어렵다. 따라서 일부에서는 교육 목표를 미리 설정한다거나 모든 교육 활동을 미리 설정된 교육 목표 달성으로만 이끄는 것에 대해 반대하기도 한다. 그러나 학교교육이 유목적적인 활동이 되기 위해서는 교육 목표가 무엇이 되어야 하며 이는 어떻게 설정하는 것이 바람직한 것인지에 대한 신중한 검토가 요구된다고 할 수 있다.

엄밀히 말하면, 목표는 어느 수준에서 쓰이는가에 따라 일반적인 수준에서부터 구체적인 수준으로까지 개념화될 수 있다. 국가나 체제 수준에서 거시적, 장기적으로 제시한 것은 교육 목적(aims of education)에 해당하며, 이는 일반적이고 광범위한 진술 형태를 띤다. 개별 학교의 교사 수준에서 만들어지는 것은 수업 목표(instructional objectives)에 해당하며, 이는 구체적이고 학습자 행동을 드러내는 진술 형태를 띤다. 그리고 교육 목적과 수업 목표 사이에 놓여 있는 것이 교육 목표(goals of education)에 해당하며, 이것은 교육 목적보다는 구체적이고 분명하나 수업 목표보다는 일반적인 진술 형태를 띤다.

교육 목표 설정 자원

일찍이 타일러가 교육 목표 설정 자원을 사회에 대한 조사, 학습자에 대한 연구, 교과 전문가의 제언으로 제시한 이래, 사회, 학습자, 교과라는 세 요소가 교육 목표 설정의 일반적인 자원으로 인식되고 있다.

〈사회〉

교육 목표는 사회 전체가 추구하는 이념 및 사회의 직접적인 요구를 반영해야 한다. 일반적으로 한 사회에는 사회 구성원들 간에 전통적으로 합의해 온 가치 체계 및 생활 양식이 있으며, 이것은 그 사회의 전통 혹은 문화를 구성하게 된다. 따라서 특정 사회 구성원들이 그 사회 속에서 살아가기 위해서는 좋아하든 싫어하든 간에 그러한 전통이나 문화를 알아야 한다. 다른 한편으로, 현대 사회를 살아가는 사람들은 급변하는 사회에 적절히 대응할 수 있어야 한다. 특히 한 나라의 국가 경쟁력은 변화하는 사회에 발 빠르게 대처하지 않고서는 확보될 수 없다. 이런 측면에서 교육 목표는 사회 전체의 이념 및 급변하는 사회의 직접적인 필요에 대한 분석을 통해 설정될 필요가 있다.

〈학습자〉

아무리 좋은 교육 목표라 하더라도 학습자의 심리학적 조건과 맞지 않다면, 그것은 실현성이 없다. 학습자는 나름대로의 성장・발달 단계를 거치며, 이를 지배하는 제반 법칙이 있다. 또한 학습자간에는 동일 단계에 있다하여도 좋아하는 관심사가 서로 다를 수 있다. 따라서 학습자의 일반적인 발달 단계의 제 특성에 대한 이해뿐만 아니라 학습자들 간에 나타날 수 있는 개인차에 대한 올바른 이해도 필요하다.

〈교과〉

교과의 성격이나 교과 전문가들의 견해 또한 교육 목표 설정에 중요한 원천이 된다. 교과의 특성을 반영함에 있어서는 교과에서 반드시 학습되어야 할 기본적인 내용뿐만 아니라 교과의 최근 동향에 대한 분석이 이루어져야 할 것이다. 교과에 대한 분석 과정에는 특히 교과 전문가들의 견해가 반영될 필요가 있다. 교과내에서도 중요시하는 영역 및 가치에 대해서 학자들간에 상당한 갈등이 있기 때문에 교과 전문가들의 견해를 수용하는데 있어서는 다양한 의견 수렴과 합의 과정이 특히 중요하다고 할 수 있다.

교육 목표의 진술

교육 목표는 교육을 통해 기대되는 성과를 의미하는 것으로서, 교육 활동의 기준과 방향을 제시한다. 따라서 교육 목표는 구체적이면 구체적일수록 교육 활동의 내용과 이를 통해 달성해야 할 것들을 분명히 밝혀 준다고 할 수 있다. 그리하여 많은 학자들은 교육 목표를 구체화 혹은 상세화할 수 있는 방안을 제시하여 왔다. 이들에 의하면, 교육 목표는 관찰할 수 있는 학생들의 행동을 규명해서 이를 행위 동사(behavioral verb)로 진술한 것이다. 특히 수업 목표인 경우는 학생들이 학습 경험의 결과로서 보이게 될 구체적인 행동 변화를 나타낼 수 있는 동사로 진술되어야 한다.

명확하고 분명한 목표를 강조하는 사람들이 수업 목표로서 피해야 한다고 보는 진술 용어는 다음과 같은 동사들이다(Kim & Kellough, 1991).

인식하다(appreciate)	배운다(learn)
이해한다(comprehend, understand)	깨닫는다(realize)
안다(know)	좋아한다(like)

이에 반하여 이들이 주장하는 수업 목표의 진술 용어는 다음과 같은 것이다.

설계한다(design)	비교한다(compare)
재구성한다(reconstruct)	번역한다(translate)
선택한다(choose)	쓴다(write)
식별한다(discriminate)	편집한다(edit)
구분한다(distinguish)	인용한다(cite)
열거한다(list)	배열한다(arrange)
계산한다(compute)	그래프를 그린다(graph)

이러한 행동적 수업 목표는 구체적이기 때문에 교사들에게 매우 유용한 도구일 수 있다. 즉 행동적 수업 목표는 무엇을 가르쳐야 하는지, 어떤 수업 방법과 평가가 사용되어야 하는지에 대한 분명한 방향을 제시해 주

고, 학부모와 학생들과의 분명한 의사소통을 가능하게 하는 장점이 있다.

그러나 행동적 수업 목표에 대한 우려 또한 만만치 않다. 행동적 수업 목표의 문제점으로는 다음과 같은 것들이 지적되고 있다(Marsh, 1992).

- 수업을 통해 기대되는 결과를 제한된 수의 수업 목표로 구체화하는 것이 가능하지 않다.
- 의도하지 않은 결과는 사전에 구체화된 목표로 진술될 수 없다.
- 단지 몇 개의 목표를 구체화하는 것은 교수에 있어 동등하게 중요한 다른 영역을 배제할 수 있다.
- 행동적 수업 목표가 어떤 교과 영역(예컨대, 수학, 과학)에서는 도움이 되지만, 다른 교과 영역(예컨대, 미술, 문학)에서는 그렇지 않다.

나. 교육 내용의 선정과 조직

교육 내용이 무엇이 되어야 하며 이는 어떻게 조직되어야 하는가 하는 것은 교육과정 설계의 핵심적인 작업에 해당한다. 학교교육은 바로 이러한 교육 내용을 통해서 이루어지기 때문이다. 물론 교육 내용은 교육 목표의 영향을 받는다. 따라서 교육 목표와 일관된 내용이 선정되어야 하며, 교육 목표 설정시 고려된 요인들이 내용 선정에서도 마찬가지로 고려되어야 한다.

전통적으로 교육 내용 선정과 관련하여 가장 논란이 되어 온 것은 교육 내용을 지식 중심으로 구성할 것인가 아니면 경험 중심으로 구성할 것인가 하는 것이었다. 그리하여 지식과 경험 가운데 무게 중심이 어느 쪽에 놓여 있는가에 따라 중요시하는 교육 내용에는 변화가 있었다. 교육 내용 선정과 관련한 이러한 논란은 제3, 4장을 통해서 소개된 바 있기 때문에 여기서는 교육 내용 조직에 관해서만 다루기로 하겠다.

선정된 교육 내용을 조직하는 데에 있어서 고려해야 할 핵심적인 요소는 '범위'(scope)와 '계열'(sequence)이다. 범위는 교육과정 요소들의 넓이와 배열을 언급하는 반면, 계열은 학기 혹은 경우에 따라서는 수년에 걸친 조직을 말한다. 전자는 주로 교육 내용의 횡적 조직과 관련되는 반면, 후자는 종적 조직과 관련된다. 범위와 계열을 어떻게 하는가에 따라 교육 내용의 조직 방식은 다양하게 전개될 수 있다.[3)]

범위(scope)의 문제

범위는 교육과정에서 다룰 내용의 폭과 깊이를 지칭하는 것으로, 교육 내용의 횡적 조직에서 고려해야 할 원리에 해당한다. 범위는 특정 학년에서 어떤 교과나 활동을 어느 정도의 시간으로 다룰 것인지, 혹은 개설된 특정 프로그램이나 교과목에서 어떤 내용을 어느 정도로 다룰 것인지 등을 결정하는 것과 관련된다. 말하자면 교육 내용의 범위를 고려한다는 것은, 교육과정에 어떤 내용을 포함시키고 그 내용을 어느 정도까지 상세하게 다룰 것인지를 결정한다는 것을 의미한다.

교육 내용의 범위로는 학생들의 학습을 이끌기 위해 창안된 모든 유형의 학습 경험이 포함된다. 그것은 인지적, 정의적, 심동적 영역 모두를 포함하며, 다양한 수준의 지식뿐만 아니라 활동도 포함한다. 또한 범위는 1년 이상 다루어지는 내용으로 구성될 수도 있고, 몇 달이나 몇 주에 걸쳐 다루어지는 내용으로도 구성될 수도 있다.

일반적으로 교육과정에 주어진 시간을 고려할 때, 교육 내용의 폭을 확대하면, 즉 다루어질 교과목이나 내용 요소의 수를 늘리면, 각 내용에 할애된 시간이 줄어들면서 모든 내용이 피상적으로 다루어질 수 있다. 반대로 다루어질 교과목이나 내용 요소의 수를 줄여 교육 내용의 폭을 축소하면, 각 내용들에 대한 깊이 있는 학습이 가능할 수 있다. 말하자면 교육 내용의 폭과 깊이는 상대적인 것으로, 폭을 강조하면 깊이가 얕아지고, 깊이를 강조하면 폭이 좁아들 수 있는 것이다. 따라서 교육 내용의 범위를 고려할 때는 이러한 점이 감안되어야 하며, 교육 내용이 다루어지는 맥락

3) 이 부분은 소경희(2017). 「교육과정의 이해」(파주: 교육과학사) 10장의 관련 내용 가운데 일부를 반영한 것임을 밝혀둔다.

의 성격을 고려하여 그 폭과 깊이가 결정되어야 할 것이다. 예컨대 기초적이고 개론적인 성격의 프로그램이나 교과목에서는 깊이보다는 폭에 좀 더 신경 쓸 필요가 있으며, 심화 수준이나 전문적 성격의 프로그램이나 교과목에서는 폭보다는 깊이에 좀 더 비중을 둘 필요가 있을 것이다.

계열(sequence)의 문제

계열은 학습 내용이나 경험을 조직하는 순서와 관련된다. 다시 말하면 계열은 학생들이 학습 내용이나 경험을 접하게 되는 순서를 가리킨다. 계열은 교육 내용을 종적으로 조직할 때 고려해야 할 원리로, 학년 수준에 따라 교육 내용을 조직할 때는 이러한 계열의 문제가 심각하게 고려되어야 한다.

교육 내용의 조직에서 계열에 대한 고려는 학생들의 누적적이고 지속적인 학습을 촉진하기 위한 것이다. 따라서 계열은 내용이 가르쳐지는 순서와 무엇이 다른 학습 내용 뒤에 와야 하는지에 관심이 있다. 계열은 교과 내용의 논리적 구조에 따라 정해지기도 하고 학습자의 흥미나 학습 과정에 비추어 정해지기도 한다. 전통적으로 교육 내용을 조직할 때 계열을 보장하기 위해 사용해 온 원칙은 다음과 같다.

- 단순한 것으로부터 복잡한 것으로 나아감
- 전체로부터 부분으로 발전함
- 사건의 연대기적 순서로 제시함
- 구체적 경험에서 개념의 순서로 나아감
- 특정 개념이나 아이디어를 계속적으로 제시하되, 나선형적으로 그 내용을 심화·확대해서 제시함

3 교육과정 개발 및 설계의 실제

최근 교육과정 개발의 일반적인 흐름은 국가 교육과정을 대강화 내지는 슬림화하면서 학교에 교육과정 개발의 많은 자율성과 권한을 주는 쪽으로 움직이고 있다. 이에 따라 이제 학교 교사들은 교육과정 개발 및 설계의 전문가로서의 자질을 신장할 필요가 있다. 여기서는 우리나라의 경우를 예로 들어 교육과정 개발 및 설계의 실제적인 모습을 파악하고, 구체적인 학교 및 교실 수준에서의 교육과정 개발 및 설계 방법을 알아보도록 한다.

국가 교육과정을 가지고 있는 우리나라의 경우, 국가, 지역, 학교라는 세 수준에서 만들어진 교육과정이 있으며, 따라서 교육과정 개발도 세 수준에서 이루어지고 있다. 국가, 지역, 학교 수준에서 이루어지는 교육과정 개발의 주체, 유형, 성격을 제시하면 [그림 7-5]와 같다.

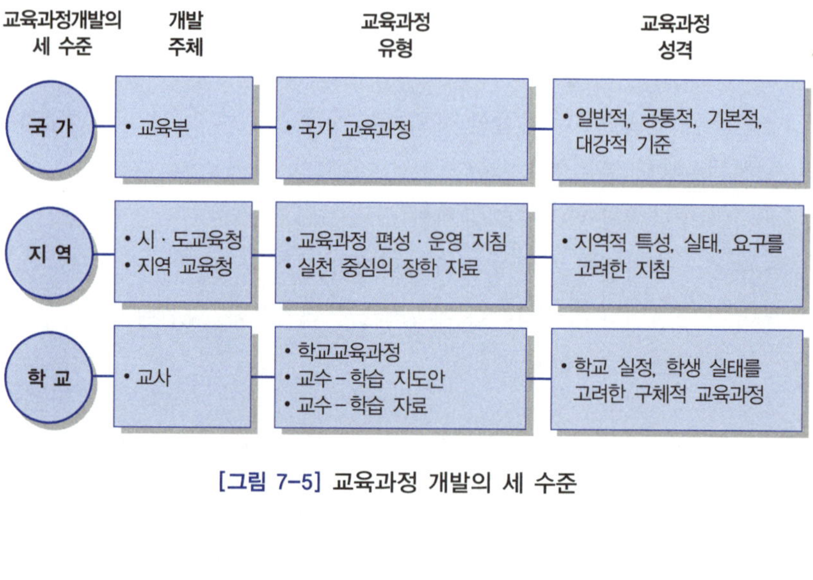

[그림 7-5] 교육과정 개발의 세 수준

가. 국가 및 지역 수준의 교육과정 개발

국가 수준의 교육과정은 새로운 교육과정의 필요성과 방향이 발의되면서부터 개발에 들어가기 시작한다. 대체로 국가 수준의 교육과정 개발은 선행 차시 교육과정에 대한 분석과 다른 나라의 교육과정에 대한 기초 연구를 수행한 후에 본격적으로 이루어지며, 이 점에서 이것을 '연구 · 개발' (Research and Development: R & D)형 교육과정 개발이라고 부른다.

국가 수준의 교육과정은 한 나라의 초 · 중등학교의 교육에 영향을 미치기 때문에 충분한 기간의 연구 · 개발 기간이 필요하며, 이해 당사자들의 합의 과정이 요구된다. 우리나라의 경우, 국가수준의 교육과정은 오랫동안 주기적이고 전면적인 개발 및 개정 방식을 취해 왔다. 즉 제7차 교육과정에 이르기까지 우리나라 교육과정 개발 및 개정 방식은 주기적, 전면적, 일시적 개정의 특징을 지니고 있었다(조난심 외, 1999; 홍후조, 1999; 이혁규, 2001; 허경철, 2003). 우리나라 교육과정 개발 및 개정 방식을 이렇게 보는 이유를 간략히 소개하면 다음과 같다.

- 주기적: 해방 이후 7차례의 교육과정 개정은 일정 주기로 진행되어 왔다. 초기에는 거의 8~10년 주기로 개정하다가 5차 교육과정 이후는 5~6년마다 교육과정을 개정해 왔다. 즉 1954년 및 1955년(1차), 1963년(2차), 1973년(3차), 1981년(4차)의 개정 이후, 1987년(5차), 1992년(6차), 1997년(7차)의 개정 등 일정한 주기를 두고 교육과정이 개정되어 왔다.
- 전면적: 교육과정 개정 범위와 관련되는 특징으로, 교육과정 개정시에 교육과정이 적용되는 모든 영역을 전체적으로 개정해 왔다. 즉 특정 개정 시기가 되면 모든 학교급, 모든 학년, 모든 교과의 전체 내용을 송두리째 개정해 왔다.
- 일시적: 교육과정 개정 시기와 관련되는 특징으로, 교육과정 개정이 일정한 시간 안에 한꺼번에 이루어져 왔다. 즉 교육과정의 개정 대상이 되는 모든 것을 거의 동시에, 더군다나 단기간에 개정해 왔다.

그러나 이러한 주기적이고 전면적인 교육과정 개정 방식은 급격한 환경 변화나 사회 각계각층의 요구를 탄력적으로 반영하기 어렵다는 비판을 받게 되면서, 2007 개정 교육과정부터는 수시 개정 체제에 의해 교육과정이 개발되었다. 수시 개정 체제의 도입으로, 국가 교육과정은 필요할 때마다 필요한 부분에 한하여 언제든지 개정할 수 있게 되었다.

가장 최근에 고시된 '2015 개정 교육과정'의 개정 및 개발 과정을 간략히 제시하면 〈표 7-1〉과 같다(소경희, 2017). 〈표 7-1〉에서 볼 수 있는 바와 같이, '2015 개정 교육과정'에서는 교육부가 교육과정 개정에 관한 사항을 발의한 뒤, 학자들로 구성된 국가 교육과정개정위원회에서 총론 시안 마련을 위한 기초 연구를 했다. 이를 토대로 교육부는 총론 시안의 성격을 갖는 총론의 주요 사항을 발표했으며, 이후 총론 시안을 구체화하고 각론 시안을 개발하는 작업이 진행되었다. 이 과정에서 명시적으로는 이전보다 더 많은 집단이 교육과정 개발에 참여했다. 즉 총론과 각론의 시안을 만드는 작업에 교수들과 연구원만이 아니라 교사들이 공동 연구진으로 참여했다. 2015 개정 교육과정의 총론 및 각론은 의견 수렴과 공청회 과정을 거쳐 최종적으로 교육부를 통해 확정고시 되었다.

국가 수준의 교육과정에는 초 · 중등학교에서 편성 · 운영하여야 할 교육과정의 교육 목표, 내용, 방법과 운영, 평가 등에 관한 국가 수준의 기준 및 기본 지침이 제시되어 있다. 이러한 국가 교육과정은 지역이나 학교의 특성을 고려한 것이라기보다는 모든 지역의 학교가 따라야 할 일반적인 지침이나 기준의 성격을 갖는다.

국가 수준의 교육과정은 전국의 모든 학교에서 편성 · 운영하여야 할 일반적이고 공통적인 기준을 제시한 것으로서 각 지역이나 학교의 특성을 반영하고 있지 않으며, 그 내용 또한 대강적인 것이어서 학교교육과정 개발에 구체적인 지침의 역할을 하기 어렵다. 따라서 이러한 국가 수준의 교육과정은 지역별로 지역의 특성을 반영하여 좀 더 구체적인 지침의 형태로 개발될 필요가 있다.

지역 수준의 교육과정은 바로 이러한 국가 수준의 교육과정을 시 · 도

〈표 7-1〉 '2015 개정 교육과정' 개정 및 개발 과정

단계	시기	주체	추진 내용
개정 발의	2013. 10	교육부	교육과정 개정 발의
	2014. 01		문·이과 통합형 교육과정 개발을 위한 정책자문 위원회 발족
기초 연구	2014. 03 - 12	국가교육과정 개정위원회	총론 및 교과 교육과정 시안 개발을 위한 기초 연구 추진 -문·이과 통합형 교육과정 총론 시안 개발 연구 -문·이과 통합형 교육과정 구성 방안 연구 -유·초·중학교 교육과정 개선 연구 -교과 교육과정 개발 방향 설정 연구 -국가 교육과정 질 관리 체제 구축 방안 연구 -교과 교육과정 재구조화 연구(국어, 수학, 영어, 사회, 역사, 과학)
	2014. 09. 24	교육부	'2015 문·이과 통합형 교육과정 총론 주요 사항(시안)' 발표
시안 개발 연구	2014. 12 - 2015. 11	연구자 (교수, 연구원, 교사)	교과 교육과정 시안 개발 연구 추진 (24개 과제)
	2015. 03 - 11		총론 시안 개발 연구 추진 -2015 개정 교육과정 총론 시안 개발 연구 -2015 개정 교육과정 초·중학교 현장 안착 방안 연구 -2015 개정 교육과정 고등학교 교육과정 운영 방안 연구
의견 수렴	2015. 01 - 07	교육부	정책 연구진 합동 워크숍(5회)
	2015. 06 - 07	교육청	현장 교원의 집합 및 온라인 검토 -교과 교육과정 내용 적정성, 교과 간·교과 내 중복성 검토 -온라인 서면 검토(교과별 3명 내외, 총 70명씩 총 2회)
	2015. 07- 09	교육부	공청회 개최(2회)
확정 고시	2015. 09. 23	교육부	총론 및 각론 확정 고시

단위 혹은 시·군·구 단위에서 지역의 특성과 실정, 필요, 요구 등을 반영하여 지침의 형태로 구체화한 것이다. 각 시·도나 시·군·구에서 학교에 제시하는 각급 학교 교육과정 편성·운영 지침이나 실천 중심의 장학 자료가 이에 해당한다. 일반적으로 시·도 교육청 수준에서는 각급 학교 교육과정 편성·운영 지침을 작성하여, 이를 관내의 지역 교육청과 각급 학교에 제시하게 되며, 시·군·구의 지역 교육청은 학교교육과정 편성·운영에 관한 실천 중심의 장학 자료를 작성하여 학교에 제시하게 된다. 이러한 지침이나 자료는 학교 수준에서 교육과정을 개발할 때 유용한 지침이 된다.

나. 학교 수준의 교육과정 개발 및 설계

학교 수준에서 이루어지는 교육과정 개발은 학교교육과정을 계획하는 것과 교과목별 수업을 위한 교수-학습 계획안을 작성하는 것이다. 학교 수준의 교육과정 개발은 교사들에 의해서 이루어진다는 점에서 교사의 전문성을 가장 잘 드러낼 수 있는 영역이라고 할 수 있다.

학교교육과정이란 국가에서 고시한 교육과정 기준과 시·도 교육청에서 제시한 교육과정 편성·운영 지침을 근거로 하여 지역의 특수성과 학교의 실정, 학생의 실태에 알맞게 각 학교별로 마련한 '당해 학교의 구체적인 실행 교육과정'을 의미한다. 학교교육과정이 필요한 이유는 크게 다음 두 가지로 요약될 수 있다.

첫째, 교과서 중심이 아닌 '교육과정 중심' 학교교육을 추구하기 위해서이다. 지금까지 우리의 학교교육은 한마디로 교과서 중심 교육이라고 할 수 있다. 많은 교육학자들이 교과서는 국가 교육과정을 구체화한 일종의 교수-학습 자료에 불과하며, 교육과정 중심의 교육을 해야 한다고 강조해 왔지만, 대부분의 학교교육 현장은 여전히 교과서를 교수-학습 활동 및 평가의 근간으로 여기는 사고에서 크게 벗어나지 못하고 있다. 이러한 오랜 사고의 틀에서 벗어나기 위해서는 학교교육을 교육과정 중심 교육으로 전환시킬 필요가 있다. 학교교육과정은 국가 교육과정에서 제시한 기본적이고 일반적인 기준을 바탕으로 하여 학교 나름대로 만들어 놓은 구체적인 실행 교육과정이다. 교사들의 수업은 교과서가 아닌 이러한 학교교육과정에 의존해야 하며, 교과서는 단지 이러한 수업을 운영하기 위한 보조 자료로 간주될 필요가 있다.

둘째, 학교교육과정은 학교의 교육과정을 탄력적으로 운영하기 위해서 필요하다. 국가가 교육과정에 관한 모든 사항을 세밀하게 규정해 준다면, 학교교육은 경직되기 쉬울 것이다. 일반적으로 단위 학교는 나름대로의 개별적인 상황을 가지고 있다. 학교교육이 단위 학교의 개별적인 상황을 무시한 채, 국가가 제시한 하나의 기준에 의해서만 이루어진다면, 그 교육은 교사와 학생 모두에게 유의미할 수 없다. 국가는 최소한의 기준만을 제시하고, 이러한 기준의 구체적인 적용은 학교가 알아서 할 수 있도록 해야 하며, 국가 기준 자체도 최소한의 것을 제외하고는 학교 실정에 맞게 재구성될 수 있도록 열려 있어야 한다.

학교교육과정을 어떤 체제로 구성할 것인가 하는 문제는 기본적으로 당해 학교에 자율·재량권이 부여되어 있다. 따라서 학교교육과정은 학교를 경영하는 학교장의 교육적인 판단에 따라 학교가 창의성을 발휘하여 특색 있게 구성하여야 한다. 다만 학교교육과정을 계획할 때는 다음 사항에 유념해야 한다. 그것은 첫째, 국가 수준에서 고시한 교육과정에 제시된 공통적이고 일반적인 기준을 염두에 두어야 하며, 둘째, 상부 기관에 제출할 형식적인 문서로서의 의미보다는 실제로 교사가 수업을 운영하는데 있어서 활용될 수 있는 구체적인 계획안으로서의 의미를 가질 수 있도록 구성해야 한다는 것이다.

학교교육과정 개발의 일반적인 절차를 제시하면 [그림 7-6]과 같다.

학교교육과정이 학교 형편에 따른 다양성과 자율성을 확보해 주기 위한 것이므로 학교는 교육의 질을 고려하여 국가 교육과정의 기준 내에서 국가 교육과정을 나름대로 융통성 있게 재구성할 필요가 있다. 학교교육과정 개발의 핵심은 바로 이러한 개별 학교의 특성에 바탕을 둔 교육과정

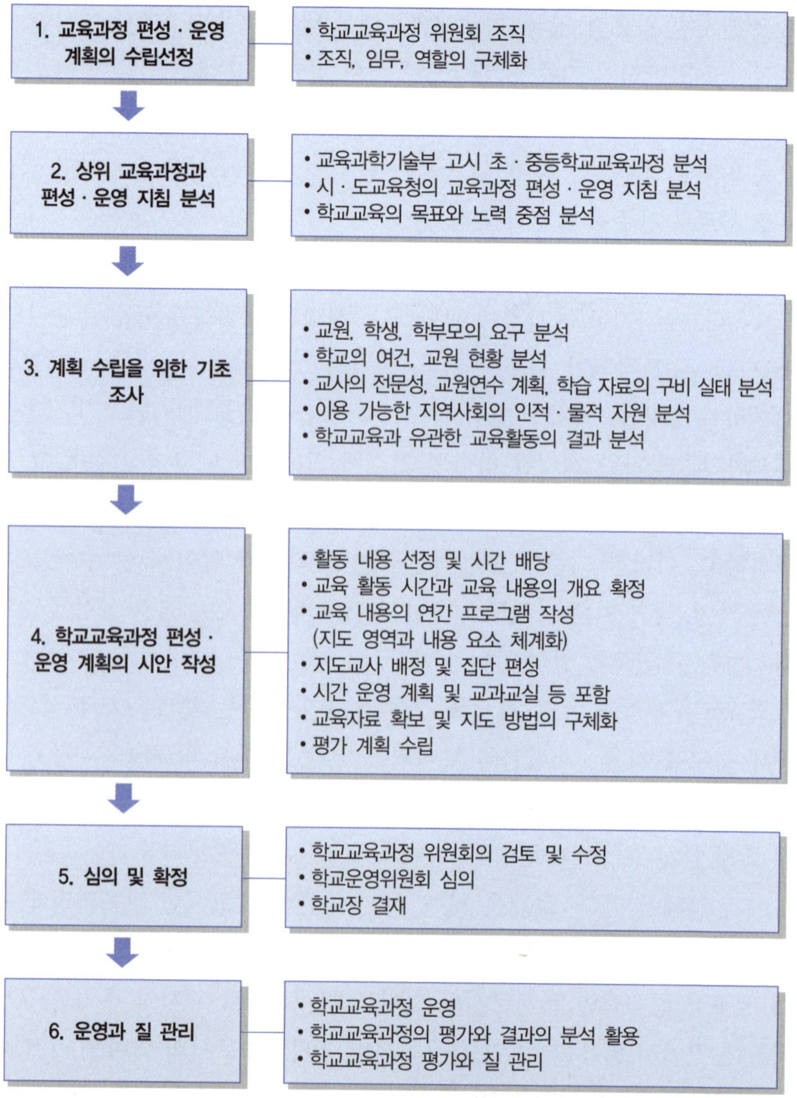

[그림 7-6] 학교교육과정 개발의 일반적인 절차(교육과학기술부, 2010)

의 재구성에 있다고 할 수 있다. 학교 수준에서 자율적으로 할 수 있는 교육과정 개발 형태로는 크게 교육 내용의 재구성, 교과목의 탄력적인 편성, 새로운 과목의 개설, 그리고 수업 시간의 탄력적인 운영 등이 있다(소경희, 2017).

• 교육 내용의 재구성: 교과서에 제시된 내용 순서대로 가르치기보다는 교육과정상에 있는 내용 요소를 중심으로 교사가 그 순서와 내용의 양을 재조정할 수 있다. 예컨대 특정 주제가 여러 교과에 걸쳐 범교과적으로 관련될 경우 이를 각 교과에서 분과적으로 가르치지 않고 통합해서 가르친다거나, 교과서에 제시된 내용의 순서를 필요에 따라 바꾸어 가르친다거나, 혹은 교과서에 제시된 것을 처음부터 끝까지 다 가르치는 것이 아니라 교육과정상의 필수 요소 중심으로 최소한의 것만을 엄선하여 가르치는 것 등이 이에 해당한다.

• 교과목의 탄력적인 편성: 국가 교육과정상에 편성된 모든 교과목들을 모든 학기에 펼쳐서 편성하지 않고 특정 학년 혹은 학기에 집중 편성할 수 있다. 예컨대 초등학교의 경우, 3~4학년군에 편제된 '예술(음악/미술)'을 3학년에는 음악만 집중 편성하고, 4학년에는 미술만 집중 편성하는 방식으로 운영할 수 있다. 또한 중학교 1~3학년군에 편제된 '과학/기술 · 가정'의 경우도, 과학은 1~2학년에 몰아서 편성하고, 기술 · 가정은 2~3학년에 몰아서 편성하는 방식으로 운영할 수도 있다. 이와 같은 교과목의 집중 편성 방식은 학년당 혹은 학기당 학생들이 배우게 될 교과목 수를 줄이고 수업 시수가 적게 배당된 교과목의 주당 수업 시수를 현재보다 많이 확보하여 충실하게 운영하기 위한 것이다.

• 새로운 교과목의 신설: 중 · 고등학교는 필요에 따라 국가 교육과정에 없는 과목을 개설할 수 있다. 특히 고등학교는 지역사회의 학습장에서 이루어진 학습을 이수 과목으로 인정할 수 있으며, 대학선이수제 과목이나 국제적으로 공인된 과목(예: AP, IB 등)을 개설할 수 있다.

• 수업 시간의 탄력적인 편성 및 운영: 학교의 특성이나 학생 · 교사 · 학부모의 요구 및 필요에 따라 교과(군)별 20% 범위 내에서 시수를 증감하여 편성 · 운영할 수 있다. 또한 수업 시간표를 작성할 때 특정 요일에 특정 과목의 시간을 1시간씩 고정 배당하기보다는 필요에 따라 교과목 수업 시간을 융통성 있게 운영할 수 있다. 예컨대, 특정 교과목에 2시간 혹은 3시간을 연속해서 배당하는 블록 타임제나 토요일 전일을 배당하는 전일제 등을 도입할 수 있다.

이상에서 제시한 학교 수준의 교육과정 개발은 어디까지나 국가 교육과정의 기준 내에서 이루어질 수 있는 것이다. 즉 국가 교육과정의 틀 내에서 학교는 자율적으로 교육과정 편성·운영의 자율권을 행사하여 나름의 교육과정을 개발할 수 있다.

교수 – 학습 지도안 개발

교육과정 개발의 가장 구체적인 수준은 교과목별 수업을 위한 교수-학습 지도안의 작성이라고 할 수 있다. 교수-학습 지도안을 어떻게 작성할 것인가 하는 것은 전적으로 교사의 자유다. 따라서 그 형식은 교사에 따라 달라질 수 있다.

교수-학습 지도안에 들어갈 일반적인 요소를 제시하고, 이를 간략히 설명하면 다음과 같다.

Ⅰ. 단원명
- 본시 수업의 내용이 속한 단원명을 제시한다.

Ⅱ. 단원 학습 목표
- 단원의 학습 결과로 기대하는 바를 진술한다. 이 목표는 구체적으로 진술되어야 하나, 본시 수업 목표보다는 상대적으로 덜 구체적이다.

Ⅲ. 단원 학습 계획
1. 단원의 차시별 학습 지도 계획
- 대개 한 단원은 몇 개 차시의 수업으로 구성된다. 따라서 단원의 내용을 분석하여 이를 몇 개의 차시 수업으로 적절하게 배열해 본다.
2. 지도상의 유의점
- 단원 지도에 특별히 유의하여야 할 사항을 제시한다.
3. 평가 계획
- 단원 평가 계획을 제시한다.

Ⅳ. 본시 교수-학습 계획
1. 교수-학습 과정
- 교사가 실제로 하고자 하는 수업 차시의 교수-학습 활동을 하나의 일목요연한 표로 제시한다. 이 표에는 대개 단원명, 소단원명, 본시 수업 주제, 학습목표, 준비물, 교수-학습 단계별 교수-학습 활동 등이 제시된다.
2. 평가 계획 및 평가 도구
- 본시 수업에 대한 형성 평가 계획 및 실제로 사용하게 될 평가 도구를 제시한다.

앞에 제시된 교수-학습 지도안의 구성 요소들은 가장 일반적인 요소만을 제시한 것으로서, 만약 연구 수업을 위한 지도안이라면, 여기에 단원 설정의 이유나 단원 학습에 필요한 학생 실태 조사 등이 더 추가될 수도 있을 것이다.

참고문헌

교육과학기술부(2010). **2009 개정 교육과정 적용을 위한 학교 교육과정 편성·운영 매뉴얼 –중학교–**.

소경희(2017). **교육과정의 이해**. 파주: 교육과학사.

이귀윤(1996). **교육과정연구**. 서울: 교육과학사.

이혁규(2001). 사회과 교육과정 개발체제의 문제점과 대안에 대한 시론. **시민교육연구**, 32, 249-292.

조난심, 김재춘, 박순경, 소경희, 조덕주, 홍후조(1999). 국가수준 교육과정 개발 및 적용 체제 개선을 위한 기초 연구. 한국교육과정평가원 연구보고 RRC 99-8. 서울: 한국교육과정평가원.

허경철(2003). 국가수준 교육과정 개정방식의 개선방안 탐색. **교육과정연구**, 21(3), 1-25.

홍후조(1999). 국가수준 교육과정 개발 패러다임의 전환(Ⅰ) -전면 개정형에서 점진 개선형으로. **교육과정연구**, 17(2), 209-234.

Eisner, E.(1979). *The educational imagination: On the design and evaluation of school programs*. New York: Macmillan.

Kim, E., & Kellough, R.(1991). *A resource guide for secondary school teaching*. New York: Macmillan.

Lewy, A.(1991). *National and school-based curriculum development*. Paris: UNESCO.

Marsh, C.(1992). *Key concept for understanding curriculum*. London: The Falmer Press.

Marsh, C., & Willis, W.(1995). *Curriculum: Alternative approaches, ongoing issues.* (3rd Ed.). Upper Saddle River, NJ: Merrill Prentice Hall.

Skilbeck, M.(1984). *School-based curriculum development*. London: Harper & Row.

Tyler, R.(1949). *Basic principles of curriculum and instruction*. Chicago: The University of Chicago Press.

Walker, D.(1972). A naturalistic model for curriculum development. *School Review. 80*(1). 51-65.

Walton, J.(1978). School-based curriculum development in Australia. J. Walton & R. Morgan(Eds.). *Some Perspectives on School-Based Curriculum Development*. Armidale: University of New England Press.

Wiggins, G., & McTighe, J.(1998). *Understanding by design*. Alexandria, VA: ASCD.

CHAPTER 08

교육평가의 개관

삶을 살아가면서 많은 것을 보고 듣고 느끼고 생각한다. 그 과정에서 우리는 판단 혹은 의사결정을 해야 하는 상황에 처하는 경우도 있고, 다른 사람으로 하여금 판단을 내리도록 하는 경우도 있으며, 자신의 판단을 설명해야 하는 상황도 있다. 일반적으로 평가를 어떤 대상의 가치나 질에 대해 판단을 내리는 것이라 정의한다면, 우리는 평가의 행위를 의식적으로든 무의식적으로든 끊임없이 행하며 살아가고 있다고 볼 수 있는 것이다.

교육과 관련해 볼 때도 우리는 평가와 관련한 행위나 현상을 자주 접하고 있다. 가장 먼저 떠오르는 것으로는 학교에서의 시험, 대학입학시험과 같은 진학시험, 승진이나 취업 등을 위한 각종 시험이 있을 것이며, 교사평가, 학교평가, 시·도교육청평가, 대학평가, 기관평가 등도 친숙할 것이다. 그런데, 평가하면 그리 좋은 인상으로 다가오지는 않는 듯하다. 평가를 받는 대상의 입장에서는 가급적 회피하고 싶은 것, 어쩔 수 없이 해야만 하는 것, 준비하는 데 너무 힘든 것 등으로 인식되며, 학교교육의 경험으로 볼 때 기쁨이나 즐거움보다는 어려움과 불쾌함의 감정이 더 많을 것이다. 이는 우리 교육에서 교육평가의 개념과 의의가 제대로 스며들지 않았고, 한편으론 평가의 과정이나 도구의 문제점도 많이 노정되어 있기에 나타난 결과라고 볼 수 있다.

교육평가에 대한 부정적 인식을 조금이나마 긍정적인 방향으로 이끌기 위해서는 교육평가의 개념과 본질을 재정립해야 하며, 교육이 붙어 교육평가가 된 이상 교육평가는 교육적 기능이 더욱 중시되어야 한다. 여기서는 교육평가의 개념, 교육평가의 역사, 그리고 교육평가의 절차에 대해 살펴보기로 한다.

1 교육평가의 개념

가. 평가

평가(評價, evaluation)는 한자나 영어의 어원으로 볼 때 '가치(값)를 평함', '가치(값)를 매김'으로 풀이되며, 우리말 사전에서는 '어떤 대상(사물)의 가치를 판단하는 것'으로 정의된다. 일상에서 자주 혼용되어 사용되는 용어로 '측정'(measurement)과 '총평'(assessment)이 있는데, 각 용어의 개념 간에는 다소 차이가 있다.

(1) 평가와 측정

먼저 평가와 측정은 엄격하게 구분되는 개념이다. 측정은 '어떤 대상이나 현상에 대해 일정한 규칙에 따라 수를 부여하는 절차' 혹은 '어떤 행동이나 성격, 사물, 사건 등에 대해 양적으로 서술하는 것'을 뜻하는 것으로, 평가에 수반되는 "가치 판단"이 빠져 있는 상태이다. 예컨대, 측정은 저울을 이용하여 학생의 몸무게를 52kg이라고 표현하거나 수학검사를 통하여 학생의 수학점수가 70점이라고 표현하는 것과 같다. 하지만 학생의 몸무게가 과체중인지, 정상인지, 저체중인지 그리고 학생의 수학 실력이 매우 뛰어난 것인지에 대해서는 측정의 일차적인 관심사가 아니다. 측정은 어떻게 하면 어떤 대상의 특성을 가장 오차가 적은 숫자로 양화(量化)할 것인가에 주된 관심이 있다. 그리고 측정에서 산출된 양적 표현에 대해 가치 판단이 개입되면 '평가'의 의미로 전환되는 것이다. 요컨대, 평가와 측정은 그 과정에 '가치가 적극적으로 개입되느냐'의 여부에 따라 구분된다.

(2) 평가와 총평

사정(査定)이란 용어로도 사용되는 총평은 측정과 평가의 개념 차이처럼 명료하게 평가와 구분되기 어려운 측면이 있다. 총평이란 '다양한 측정 결과를 통하여 한 개인이나 대상의 전체적인 모습을 조명하는 전인적 평가', 즉 '단일한 방법이 아닌 다양한 방법을 활용한 자료들을 통하여 종합적으로 평가하는 것'으로 정의된다(교육평가연구회, 1995; 성태제, 2010). 이 정의에 따르면, 총평은 평가와 비교할 때 '인간 혹은 인간 특성에 대한 종합적 이해', '다각적인 자료수집 혹은 다양한 방법의 활용'이라는 특징을 갖는다.

한편 환경과 인간 특성을 바라보는 시각에 비추어 용어의 개념 차이를 설명하기도 한다. '측정'은 인간 특성은 쉽게 변하지 않는 안정적인 것이고 환경은 인간 특성을 재는 데 있어 오차를 일으키는 변인이라 간주한다. 따라서 오차변인으로서의 환경을 잘 통제함으로써 인간의 특성을 정확히 재는 것, 즉 측정의 신뢰도를 강조하는 개념이라 할 수 있다. 반면 '평가'는 인간 특성은 변한다는 기본 전제를 하고 있으며, 환경은 인간 행동에 영향을 주는 핵심 자원으로 간주된다. 따라서 평가에서는 적극적인 환경 요인의 조절 혹은 개선을 강조하면서, 학습자의 결과(주로 목표 도달도)를 체계적으로 점검하고 그 결과에 영향을 주는 환경 요소를 파악하는 데 평가 활동의 주안점을 두며, 평가의 타당도를 강조한다. 그리고 '총평'은 인간 특성은 변한다는 기본 전제에 있어서 '평가'와 동일한 관점을 가지고 있으나, 인간 특성에 미치는 환경의 영향에 초점을 두었던 평가와는 달리 인간과 환경의 상호작용을 강조함으로써 인간 주체의 능동성을 더욱 강조하였다는 점에서 차이가 있다.

또한 영어 사용의 측면에서 볼 때, '평가'(evaluation)는 학교평가(school evaluation), 프로그램 평가(program evalution), 교육과정 평가(curriculum evaluation) 등 교육 효과와 그에 영향을 주는 대상에 대한 체계적 자료 수집 및 가치 판단 활동에 주로 쓰이고 있다. 반면, '총평'(assessment)은 학생 평가(student assessment), 교실 평가(classroom assessment), 학업성취도 평가(achievement assessment) 등 특정 개인이나 구성원, 특히 학습자의 특성을 종합적으로 이해하는 데 초점을 둔 평가 활동에 주로 사용되는 경향이 있다.

나. 교육평가

교육평가(educational evaluation)란 '교육'과 '평가'가 합쳐진 것으로, 어구적으로 보면 '교육과 관련한 현상이나 활동 등의 제반 사상(事象)에 대해 가치를 판단하는 것'이라 풀이할 수 있다. 그런데 지금까지 교육평가를 이론적으로 개념화하거나 교육평가의 모형을 개발하려고 시도해 온 학자들에 따라 교육평가의 개념은 다소 변화해왔는데, 대략 다음 세 가지 입장으로 대별할 수 있다.

첫 번째 입장은 교육평가를 **'교육목표가 얼마나 실현되었는지 그 정도를 밝히는 과정'**으로 보는 타일러(Tyler)식 개념 정의이다. 교육평가에 대한 이러한 관점은 1930년대 이후 미국에서 등장한 이래 지금까지도 학교교육 현장에 지속적인 영향을 미치고 있다. 우리나라의 경우에도 1960년대에 학력평가를 교육과정 목표의 달성도를 측정하는 것으로 연계시키려는 타일러식의 교육평가 개념이 도입되었다. 교사가 일정 기간 수업을 진행한 후 학습목표가 얼마나 달성되었는지를 확인하기 위해서 평가를 실시하는 경우를 예로 들 수 있다.

두 번째 입장은 교육평가를 **'교육과 관련된 의사결정을 내리는 데 필요한 정보를 수집하는 활동 또는 그 과정'**으로 정의하는 관점이다. 대표적인 학자로는 크론박(Cronbach)과 스터플빔(Stufflebeam)을 들 수 있다. 이 관점은 교육평가의 범위를 교육 관련 의사결정에 필요한 정보를 제공하는 것으로만 제한하고, 최종적인 의사결정 자체는 교육평가의 영역을 벗어나는 것이라 간주한다. 여기서 교육 관련 의사결정의 예로는 우등상을 수여하기 위한 학생 선정, 상급학교에 진학하기 위한 학생 선발, 새로운 교육프로그램의 도입 등을 들 수 있다. 즉, 평가자는 우등생이나 상급학교 진학생을 결정하는 데 필요한 정보를 수집하여 제공하고, 최종적인 결정은 해당 의사결정자가 내려야 한다고 보는 입장이다.

마지막 세 번째의 입장은 평가에 대한 사전적 정의를 그대로 취하여, 교육평가를 '**교육과 관련된 어떤 대상의 장점, 질, 가치 등을 판단하는 과정과 그 산물**'로 정의하는 것이다. 이러한 입장을 받아들이는 대표적인 학자로는 스크리븐(Scriven)과 스테이크(Stake)를 들 수 있다. 특히 스크리븐은 교육평가는 우선 평가기준을 설정하고, 관련 정보를 수집한 뒤, 평가 기준을 적용하여 대상의 가치나 유용성, 효과, 중요성 등을 판단하는 것으로 종료됨을 주장한다.

이와 같은 교육평가에 대한 세 종류의 구분되는 관점은 동일한 차원에서 분류된 것이 아니다. 교육평가를 '교육목표가 실현된 정도를 밝히는 과정'으로 정의 내리는 첫 번째 입장은 교육평가를 통해 달성 가능한 여러 목표 중 하나만을 특히 강조하는 관점이라 볼 수 있다. 교육평가는 교육목표가 실현된 정도를 밝히는 것 이외에도 교수법의 효과를 파악하거나 상급학교 진학자를 선정하는 등 다양한 목적을 위해서도 수행이 가능하기 때문이다. 또한 교육평가에 대한 이러한 관점은 교육목표로 설정되지 않은 부분에 대한 평가행위와 교육의 목표 자체가 타당하게 설정되었는지를 평가하는 부분을 내포하지 못한다는 한계를 지닌다.

두 번째로 교육평가를 '교육 관련 의사결정을 내리는 데 필요한 정보 수집 활동 및 과정'으로 보는 입장은 평가자와 의사결정자의 역할 분리에 초점을 둔다. 가령, 새로운 교수법을 도입할 것인가를 결정하는 상황에서 이를 결정하기 위한 정보를 수집하는 과정을 평가행위로 간주하고, 도입 여부를 결정하는 것은 의사결정행위로 보는 것이다. 그러나 이 입장은 실제로 정보 수집 활동과 의사결정 행위를 구분하기 어려운 상황에 대한 설명이 부족하다는 한계를 지닌다. 예컨대, 교사가 일정 기간의 수업을 마치고 학생들의 성취 수준을 파악하여 성적을 부여하고자 하는 경우에는 성취 수준의 파악과 성적 부여 행위가 분리되어 이루어지기 어렵게 된다.

세 번째로 교육평가를 '교육 관련 대상의 장점이나 가치, 질 등을 판단하는 과정'으로 보는 입장은 평가자의 전문적 판단에 초점을 둔다. 두 번째 입장이 평가자의 정보 수집 활동을 강조한 반면, 세 번째 입장은 평가자의 최종적인 판단행위를 강조한다. 평가자의 정보 수집 활동은 최종적인 판단을 내리기 위해 수반되는 과정으로서의 의미를 지닌다. 이 입장에 의하면, 교육평가는 학생, 교사, 교육과정, 교육프로그램, 교과서, 학교, 교육행정기관, 교육정책 등 교육과 관련된 대상의 질이나 가치를 판단하는 행위로 정의 내릴 수 있다. 교육평가를 교육 관련 대상의 가치 판단 행위로 정의 내리는 이러한 세 번째 입장은 앞서의 두 입장에 비해 교육평가 현상을 설명하는 가장 포괄적인 개념 정의이다.

2 교육평가의 역사

교육평가의 기원으로 서양에서는 소크라테스(Socrates) 대화법에 담긴 구술식 평가, 동양에서는 B.C. 2000년의 중국의 과거제도를 언급하기도 한다. 하지만 형식을 갖춘 최초의 교육평가로는 737년 중국 당나라 현종 때 실시한 과거제도를 드는 것이 일반적이다. 중세까지는 대체로 정치적 신념이나 종교적 신념에 따라 평가가 이루어지다가, 실제 자료를 수집하고 이에 근거하여 교육적 의사결정을 내리는 비교적 합리적인 모습의 평가가 시작된 것은 1800년대 중반에 이르러서였다. 1845년에 학생의 성취도를 평가하기 위해 인쇄된 지필 검사(printed test)가 처음으로 사용되었고, 1897년에는 대규모 철자시험이 시행되었다. 이러한 추세는 1920년대 심리측정의 부흥에 힘입어 인성검사, 학력검사 등 각종 검사가 활발하게 제작되는 소위 '측정의 시대'(age of measurement)로 이어진다.

우리나라의 경우에는 해방 이후 1950년을 전후하여 이러한 서구의 현대적 의미의 교육평가가 도입되면서, 그 동안 임의로 행해지던 교육평가와 달리 검사라는 보다 과학적이고 체계적인 방법을 통해 학생들의 심리나 능력을 판단하게 되었다.

여기에서는 교육평가를 체계적으로 정립하고 발전시켜 온 미국의 역사를 먼저 다루고 우리나라 교육평가의 성장 과정을 살펴보기로 한다.

가. 미국 교육평가의 역사

미국의 교육평가의 역사는 양적 방법에 근거한 과학적 접근이 활성화되기 시작한 때를 기점으로 하여 교육평가의 용어 사용과 진보주의 교육의 전개, 제2차 세계대전의 종료, 스푸트닉(Suptnik) 충격, 학계의 전문화 노력 등의 역사적 특징을 중심으로 변화하는 모습을 보여주고 있다(Fitzpatrick, Sanders & Worthen, 2004).

(1) 타일러 이전 시대(1792~1930)

평가의 최초 시작이라 보는 양적인 방법이 등장한 1792년부터 1930년 Tyler가 교육평가라는 용어를 사용하기 전까지의 시기로, 개혁의 시대(Age of Reform, 1792~1900)와 효율성과 검사의 시대(Age of Efficiency and Testing, 1900~1930)로 구분되기도 한다.

전자는 패리쉬(Farish)가 시험 결과를 점수로 표기하는 방식을 제시한 1792년을 시작으로 19세기 말까지 산업혁명의 영향을 받아 다양한 개혁이 시도되었던 시기이기에 '개혁의 시대'라 명명된다. 1845년 보스턴에서 학생들의 지필검사 점수를 사용하여 학교평가를 실시한 것, 그리고 1887년에서 1898년까지 라이스(Rice)에 의해 철자법 교수 프로그램의 효과를 검증하기 위해 철자법 시험을 실시하였던 것이 교육평가 분야의 주요 사건이다.

후자는 학교와 교사 효율성 연구가 실시되면서 교육 및 산업분야에서 검사가 성행하였던 시기로 '효율성과 검사의 시대'라 부른다. 1900년대 초반을 전후하여 심리학 영역에서 활발하게 진행된 측정도구의 개발은, 교육 분야에서의 평가의 중요성에 대한 새로운 인식과 접목되면서 1920년대에서 1930년대에 이르기까지 소위 '검사운동'(testing movement)을 일으키게 된다. 이 시기에 수많은 교육·심리 검사들이 개발되었는데, 특히 선택형 검사가 널리 활용되고 규준지향검사가 발전하기 시작하였다.

(2) 타일러 시대(1930~1945)

타일러가 교육평가라는 용어를 처음 사용한 1930년부터 2차 세계대전이 종료된 1945년까지를 '타일러의 시대'(Tylerian Age)라 한다. 1930년대 경제 공황을 탈피하기 위하여 루즈벨트 대통령의 뉴딜정책이 추진되었고, 교육에서는 전통적인 교육에서 탈피하려는 진보주의 교육운동이 활발히 전개되었다. 진보주의 교육운동의 일환으로 타일러에 의해 중등학교교육과정 개선을 위한 8년 연구(1933~1941)가 실시되었다. 8년 연구를 진행하는 과정에서 타일러는 평가를 교육의 과정(educational process)의 한 부분으로 간주하여 교육과정(curriculum)과 교육평가를 연계함으로써 교육평가 개념 정립을 명료화하였고, 교육 프로그램의 효과를 평가하기 위해 실험설계법(experimental method)을 이용함으로써 평가 연구 절차의 합리성을 제고하였다.

(3) 순수 시대(1946~1957)

2차 세계대전이 끝난 시점부터 소련의 인공위성(스푸트닉) 발사가 있었던 1957년까지로, 미국이 2차 세계대전 승리와 함께 정치적·경제적으로 안정기에 있으면서 연구와 관련하여 외부의 사건이나 사회적인 목적이 부각되지 않았던 시기이기에 '**순수의 시대**'(Age of Innocence)라 한다. 이 시기에는 집단보다는 개인이 중심이 되는 교육철학이 전개되었고, 실험대학이나 지역대학과 같은 새로운 고등교육기관들과 정신건강연구소, 상담원, 특수교육기관 등의 설립이 확대되었으며, 대학 입학자수와 교사교육 프로그램 등록자 수가 급증하였다. 평가의 기술적 측면의 발전이 두드러졌으며, 1947년 미국의 대표적인 교육검사서비스기관인 ETS(Educational Testing Service)가 설립되기도 하였다.

(4) 현실 시대(1958~1972)

1957년 10월 미국보다 앞서 이루어진 소련의 스푸트닉 인공위성 발사는, 당시의 냉전 체제적인 세계 상황에서 미국으로 하여금 자신들의 교육에 대해 심각하게 반성하는 계기가 되었다. 즉, 소련에 뒤쳐졌다는 위기감 속에서 현실을 냉철히 바라보고 국가의 경쟁력을 제고해야 한다는 주장이 강하게 일었고, 그로 인해 교육의 방향이 전환되는 시점이기에 '현실 시대'(Age of Realism)라 부른다. 한편으로는 교육의 새로운 전환기를 맞게 되는 시기로 평가의 새로운 방향이 촉구되고 다양한 평가모형이 등장하였기에 '발전의 시대'(Age of Development)라 칭하기도 한다.

이 시기에 미국은 연방정부 수준에서 공교육에 지대한 관심을 가지면서 교육분야에 엄청난 투자를 하기 시작한다. 이러한 상황에서 교육평가는 이전처럼 교육목표가 효과적으로 달성된 정도를 파악하는 목적보다는, 평가를 통해 교육문제를 해결하고 좀 더 개선된 방향으로 교육수준을 이끌려는 국가적 노력의 일부로 자리 잡게 된다.

특히, 1965년 미국 초·중등교육법이 의회를 통과함에 따라 교육프로그램 개선을 위한 미 연방정부의 본격적인 투자가 이루어지기 시작하였다. 교육프로그램에 대한 이러한 연방정부의 투자는 결과적으로 교육평가의 실제를 급격하게 증대시키는 계기가 되었다. 왜냐하면 교육프로그램을 재정적으로 지원하는 정부에서는 보다 효율적인 투자를 하고자 하였고, 이를 위한 하나의 방침으로 교육프로그램에 대한 평가보고서를 매년 제출하게 하였기 때문이다.

교육의 책무성 제고를 위해 연방정부가 교육에 관여하는 정도가 커졌고, 학교평가를 강화하였으며, 국가수준의 표준화 검사를 다시 개발·활용하였다. 또한 다양한 평가 모형들이 등장하였고, 학력 비교나 서열화 등의 목적을 위해 규준지향평가가 대폭 확대되었다. 그러나 1963년 이후 규준지향평가에 대한 비판에 직면하기도 하였다.

(5) 전문화 시대(1973~)

현실 시대에 책무성 강조에 따라 평가가 활성화되었지만 평가자의 전문성 부족과 역할 모호성 등으로 인한 폐단이 나타나기도 하였다. 이에 다각적인 차원에서 평가와 평가자의 전문성을 높이기 위한 노력이 진행되었으며, 이 시기를 '전문화 시대'(Age of Professionalism)라 부른다. 이 시기에 학문적 성격 면에서 평가 영역이 세분화·전문화되고, 평가 관련 단행본과 학회지가 발간되었으며, 평가협회 및 평가기관의 설립이 활발해졌다.

혹자는 기준기반(standard-based) 교육개혁이 시작된 1983년부터 현재까지를 '확장과 통합의 시대'(Age of Expansion and Integration)로 명명하여 시기를 세분화하기도 한다. 이 시기에 교육평가 분야의 입지가 공고해지고 세계 각국의 학회와 협회의 네트워크가 활성화되면서 상호 학문적 교류와 발전이 가속화되었다.

나. 한국 교육평가의 역사

우리나라는 삼국시대 유교의 전래를 통하여 비로소 형식적인 학교교육을 시작하게 되었다. 이후 신라가 삼국을 통일한 후 유교교육 자체가 관료화되어 감에 따라 원성왕 4년(788)에 일종의 과거법(科擧法)으로 볼 수 있는 독서삼품과(讀書三品科)를 정하여 인재 등용의 방법으로 삼았다. 그러나 문벌정치를 행하고 있던 신라왕조에서는 별다른 효과를 보지 못하다가, 고려 초 광종 9년(958)에 이르러 비로소 중국식 과거제도가 국가 인재등용의 제도로서 성립되기에 이른다. 이 과거제도는 고려와 조선시대에 걸쳐 약 천년이라는 장구한 기간 동안 계속되며 국가가 필요로 하는 인재 발굴의 방법으로 활용되었다.

우리나라에 서구에서와 같은 비교적 과학적이고 체계적인 방법에 의한 교육평가가 도입된 것은 해방 이후 1950년대 무렵이다. 한국의 교육계는 이른바 신교육제도의 확립을 보게 된 1900년경부터 1950년 무렵에 이르기까지 현대적인 교육평가이론의 부재 내지 공백의 상태 속에서 지내오다가, 1950년대에 들어오면서 발전된 교육평가이론이 소개되기 시작했고 교육평가의 실천에 관한 체계적인 검토와 개혁이 동시에 추진되기 시작하였다.

1945년 해방 이후 미군정기를 거치면서 우리의 교육은 제도적인 면뿐만 아니라 교육사조의 면에 있어서도 특히 미국의 영향을 많이 받게 된다. 이는 교육평가 영역에 있어서도 예외가 아니었다. 우리나라에서도 과학적이고 체계적인 방법에 의한 다양한 검사가 제작되어 학생들의 제 능력을 측정하려는 노력이 활발하게 이루어졌다. 1950년대 초 운주(雲洲) 정범모에 의해 중·고등학교용 간편지능검사가 제작된 이래 초등학교용 집단지능검사, 산수표준화검사, 독서력표준화검사, 적성검사, 흥미검사, 성격검사 등 각종 표준화검사가 제작되었다. 이러한 검사 제작의 열기는 우리나라가 교육 및 심리측정 분야에 있어서 그야말로 단시일 내에 눈부신 성과를 올리게 된 계기가 되었다.

검사 제작의 열기와 함께, 교육평가는 교육목표가 얼마나 실현되었는지를 판단하는 것이라는 타일러식의 교육평가 개념도 도입되었다. 이러한 교육평가는 지난 세월동안 교육에 대한 관점과 교육을 둘러싸고 있는 제 여건의 변화와 함께 이론적으로나 실제적으로 적지 않은 변화를 겪으면서 발전해 왔다. 이론적으로는 교육평가 영역의 전문화를 위한 노력들이 지속적으로 이루어져왔고, 실제적으로는 교육목표의 실현을 확인하기 위한 평가만이 아니라 교육의 질을 관리하고 책무성을 묻기 위한 평가활동들이 이루어졌다. 그리고 1983년 한국교육평가학회의 창립, 1986년 교육평가 전문 학술지인 『교육평가연구』의 발간, 1985년 국립교육평가원의 설립, 1998년 한국교육과정평가원의 설립 등은 우리나라 교육평가의 전문화를 위한 주요 노력의 산실이었다.

요컨대, 한국의 교육평가는 해방 이후 반세기에 이르는 동안 서구 특히 미국에서 발전된 평가의 개념 및 방법을 그대로 수용하여 활용함으로써 비교적 빠른 발전을 이룩해낼 수 있었다. 그러나 한편으로 서구적 평가의 일방적 도입은, 검사를 실시하는 것이 곧 평가하는 것이라는 인식과 교육평가를 학생의 성적을 측정하는 것으로만 인식하게 되는 문제를 낳기도 하였다. 점차 이러한 교육평가는 우리의 교육현장에서 정말 중요한 것을 보지 못하고 놓치게 될 뿐만 아니라 지나친 경쟁과 학업성취 위주의 교육풍토를 조성하게 된다는 비판을 받게 되었다.

이에 최근에는 선발을 위한 평가보다는 교육적 성장을 돕는 평가를, 일회성의 결과평가 보다는 과정평가를 지향하며, 가능하면 다양한 도구를 활용하여 종합적으로 평가하려는 방향으로 나아가는 추세를 보인다. 특히, 평가를 통해 교육의 질을 관리한다는 전제 아래 관심을 갖게 된 학교 및 기관평가, 교육과정평가, 교사평가, 교육정책평가 등은 교육평가가 학생의 성적을 평가하는 것이라는 종래의 좁은 인식을 벗어나 교육평가를 양적·질적으로 확대시켜 가는 현상이다. 평가방법에 있어서도 종래의 과학적인 측정 방법 이외에도 수행평가 등 다양한 질적 방법을 개발·이용하려는 노력이 활발하게 이루어지고 있다.

지금까지 비교적 과학적이고 체계적인 방법에 의해 평가가 실시되던 측정만능의 시대에서부터, 타일러식 교육평가의 시대, 그리고 교육평가의 실제가 폭발적으로 증가함과 동시에 평가에 대해 보다 전문화되고 다양한 접근이 이루어지는 시대에 이르기까지 미국과 우리나라에서의 교육평가의 역사적 변천을 살펴보았다.

그런데 교육평가의 역사는 한 시기가 막을 내리고 그 시기와는 단절된 다음 시기가 시작되는 방식으로 흘러온 것이 아니다. 20세기 초에 절정을 이루었던 인간의 제 특성을 검사를 통해 측정하려는 노력들은 현재에도 여전히 존재하며 전보다는 좀 더 발전된 형태로 교육평가의 한 부분을 차지하고 있다. 마찬가지로 1930년대 미국에서 시작된 평가에 대한 타일러식 접근도 여전히 우리의 평가 현실을 지배하고 있다.

교육평가의 이러한 경향은, 반세기라는 짧은 기간 동안 서구의 다양한 평가개념 및 방법들을 그대로 수용해 온 우리나라의 경우 더 분명하게 나타난다. 이제는 이러한 교육평가의 축적된 역사를 기반으로 하여 한국 교육의 구체적 상황에 적절한 교육평가 이론 및 실제적 방법들을 개발하는 데에 노력을 기울여야 할 때이다.

3 교육평가의 절차

평가는 구체적인 상황에 따라 다양한 모습으로 진행되므로 모든 상황에 적용 가능한 보편적인 평가의 절차를 규명해 내기는 쉽지 않다. 여기에서는 학교 현장에서 교사가 평가주체가 되어 학생의 능력이나 태도를 공식적으로 평가하는 경우에 초점을 두어 그 기본 절차를 살펴보려고 한다. 여기 제시된 열 두 단계는 교사가 학생을 평가할 때 기본적으로 고려해야 한다고 판단되는 절차들이다. 실제 평가를 실시할 때는 그 맥락에 따라 여기 제시된 단계들이 생략될 수도, 다른 절차가 덧붙여질 수도 있을 것이다.

가. 평가의 목적 확인

교사가 학생을 평가하고자 할 때 가장 먼저 고려해야 할 것은 '왜 평가를 하는가'라는 평가의 목적 자체를 확인하는 일이다. 평가하는 목적은 평가내용을 선정하고, 평가방법을 결정하고, 평가환경을 구축하고, 결과를 해석하는 모든 후속 단계에 영향을 미친다.

가령, 교사는 자신의 수업에 대한 피드백을 얻기 위한 목적으로 학생평가를 실시할 수 있다. 이 때의 평가내용은 수업시간에 다루어진 내용으로 구성이 될 것이고 수업이 진행되는 도중에 평가를 실시하여 그 결과를 다음 수업 개선에 활용하게 될 것이다. 그러나 교사가 학생의 내신등급을 결정하기 위해 평가를 한다면 평가의 내용, 방법, 시기들은 달라질 것이다.

이 경우에는 수업 개선의 목적으로 평가를 수행하는 경우에 비해 보다 객관적인 평가방법을 이용하게 된다. 또한 평가의 내용도 한 학기 또는 일년 동안 학생들이 학습한 전체 내용을 포괄하는 것이 더 타당할 것이다.

이처럼 평가의 목적에 따라 평가내용, 평가방법, 평가시기 등 진행되는 평가의 전체적인 모습이 달라지게 되므로 교사는 초기에 평가하는 목적을 구체적으로 확인할 필요가 있다.

평가목적은 교사 스스로 설정할 수도 있고 외부로부터 부여되는 경우도 있다. 교사가 자신의 수업에 대한 피드백을 얻기 위해 평가를 실시하거나 혹은 학생들에 대한 보다 깊은 이해를 목적으로 그들의 학업성취도나 심리적 특성, 정의적 상태 등을 평가하는 것은 교사 스스로 평가목적을 설정한 경우이다. 반면, 학교생활기록부의 교과별 내신이나 행동발달상황에 기록하려는 목적으로 학생을 평가하는 것은 외부에 의해 교사에게 부과된 평가목적의 예이다.

물론 실제로 어떤 평가행위가 단일한 평가목적에 의해서만 수행되는 것은 아니다. 다시 말하면, 교사는 학생들의 내신등급을 결정하기 위한 목적으로 평가를 수행하면서도 자신의 교수활동에 대한 피드백을 얻으려는 목적을 동시에 갖고 있을 수 있다. 다만, 여기서 강조되어야 할 것은 교사는 학생을 평가하기에 앞서 자신이 학생을 평가하려는 구체적인 목적이 무엇인지를 명확히 확인할 필요가 있다는 점이다.

나. 평가영역과 내용의 선정

평가주체인 교사에 의해 '왜 학생을 평가하는가'라는 평가목적이 구체적으로 확인되고 나면, 이러한 목적을 달성하는 데 가장 적절한 평가영역 및 내용을 선정하게 된다. 평가영역과 내용 선정은 원칙적으로 앞서 확인된 평가목적을 기준으로 하여 이루어진다. 평가영역과 관련해서는 평가하는 목적에 비추어 학생의 인지적 영역을 평가할 것인가 아니면 정의적 영역이나 심동적 영역을 평가할 것인가를 결정한다. 그 중 인지적 영역에서는 교과별로 평가할 것인가 아니면 범교과 수준에서 평가할 것인가의 문제도 결정될 필요가 있다. 평가내용과 관련해서는 내용의 범위와 수준에 대한 결정이 이루어져야 한다. 이러한 사항들을 고려하여 평가목적을 달성하는 데 가장 적절한 평가영역과 내용이 선정되어야 한다.

다. 평가방법의 결정

평가의 영역과 내용을 선정한 후에는 자료를 수집하기 위해서 어떤 방법을 이용할 것인가를 결정해야 한다. 가령, 인지적 영역에서 학생이 학습한 지식이나 이해한 정도를 파악하려고 한다면 그 지식에 대한 것을 묻는 지필검사를 이용할 수 있다. 그러나 지필검사는 학생의 도덕적 판단력을 평가하는 데에는 적절하지 못한 방법일 것이다. 학생들의 도덕적 판단력의 수준을 평가하기 위해서는 역할극이나 문제해결에 직접 참여하게 하는 방법을 선택하는 것이 더 타당할 수 있다.

이처럼 평가방법은 학생을 왜 평가하며 구체적으로 어떤 영역과 내용을 평가하는가에 따라 달라진다. 이때 중요한 것은 평가하려는 내용을 가장 잘 드러내고 변별해 낼 수 있는 방법을 선택하는 것이다. 물리적 대상을 평가하려는 경우 평가방법을 선택하는 일은 그리 어렵지 않다. 가령, 학생의 몸무게를 재기 위해 체중계를 사용해야 한다는 것은 굳이 의사결정의 과정을 거치지 않고서도 쉽게 합의될 수 있다. 체중계가 아닌 다른 도구, 예컨대 자를 가지고 몸무게를 정확하게 잴 수 없다는 것은 누구에게나 당연하게 받아들여지기 때문이다. 그러나 학생의 학업성취도나 태도, 정서적 상태 등을 평가하는 경우는 키나 몸무게를 재는 경우와는 다르다. 이러한 대상은 우리 눈으로 직접 볼 수 있는 물리적 대상이 아니라 인간에게 잠재되어 있는 잠재적 특성(latent variable)이다. 따라서 이렇게 보이지 않는 특성을 평가하기 위한 방법을 선택하는 문제는 물리적 대상의 경우에 비해 훨씬 더 복잡하고 깊은 사고과정을 요하게 된다. 대체로 학생의 학업성취도 평가는 지필검사를, 정의적 특성에 대한 평가는 관찰이나 면접 등을 활용한다. 지필검사로 학업성취도를 재는 경우 구체적으로 어떤 문항들로 검사를 구성할 것인가에 대해서도 신중한 고려가 필요하다. 최근에는 지필평가의 한계를 극복하기 위해 실질적으로 학생을 통하여 드러나는 행위나 그 과정 혹은 학습의 다양한 산출물을 중심으로 한 수행평가가 강조되어 활용되기도 한다.

라. 평가도구의 선정 및 개발

교사는 평가목적을 확인하고, 평가영역과 내용을 선정하고, 평가방법을 결정하는 과정을 통해 전체적인 평가의 틀을 수립하게 된다. 다음으로는 구체적으로 평가에 사용되는 평가도구를 선정하거나 개발하는 작업을 하게 된다. 평가도구는 기존에 개발된 도구를 사용할 수도 있고 교사 자신이 직접 개발하여 사용할 수도 있다.

학생의 지능이나 적성, 창의성 등을 파악하고자 하는 경우 교사가 직접 이들 검사를 제작하는 것은 쉽지 않다. 이런 경우에는 이미 공인되어 사용되는 지능검사나 적성검사, 창의성검사 등을 구입하여 사용하는 것이 바람직하다.

학생의 학업성취도를 평가할 때는 교사가 직접 검사를 제작할 수도 있고 이미 개발된 표준화된 학력검사를 사용하여 평가할 수도 있다. 다만 기존에 개발된 평가도구를 활용할 경우에는 그 도구가 타당도와 신뢰도를 확보한 것인지를 검증하는 것이 필수적이다.

마. 평가시행을 위한 계획 수립

무엇을 왜 평가하느냐에 따라 평가내용과 방법이 결정되고 이를 위한 구체적인 평가도구가 선정되거나 개발되고 나면, 다음으로는 실제 평가를 시행하기 위한 계획을 수립한다. 이 단계에서는 평가대상, 평가횟수, 평가시기, 평가장소, 평가에 필요한 인원, 채점방식, 기타 장비 등 평가를 실제로 수행하는 데 필요한 인적·물적 여건을 점검하여 철저한 사전계획을 세우는 것이 필요하다.

평가**대상**의 범위는 평가의 목적에 따라 달라질 수 있다. 개별 학생들의 학업성취 수준을 파악하거나 학교생활기록부에 결과 점수를 기록하는 등의 목적으로 평가하는 경우에는 모든 학생이 평가대상에 포함될 것이다. 그러나 교사가 수업에 대한 피드백을 얻거나 학생들의 전반적인 성취수준을 알고자 하는 목적으로 평가하는 경우에는 전체 학생을 모두 평가하지 않고 부분적으로 표집하여 평가할 수도 있다.

평가**횟수**와 관련해서는 공식적인 평가의 경우 학교의 일정에 따라 학기초에 미리 결정되어 있는 경우가 일반적이므로 교사는 공식적인 평가일정을 미리 파악하여 평가계획을 수립하여야 한다. 비공식적인 평가의 경우에는 평가내용이나 영역의 특성에 따라 평가횟수를 결정한다. 일회적 평가로 충분한 경우도 있을 것이고 지속적인 변화를 보는 것이 중요할 경우에는 몇 회에 걸쳐 평가를 실시할 수도 있다.

평가**시기** 역시 공식적 평가인 경우에는 학교 일정에 따라 미리 결정되어 있는 경우가 많다. 교사는 평가시기를 미리 파악하여 평가계획을 수립할 필요가 있다. 평가시기가 학기초, 학기 중간, 학기말 중 언제인가에 따라 포함되는 평가내용이나 영역이 달라질 수 있기 때문이다.

평가**장소**는 지필식 검사의 경우에는 교실에서 평가를 실시할 수 있으나 실기평가나 각종 수행평가는 다른 장소를 마련해야 하는 경우도 있다. 음악실, 과학실, 운동장 등 평가장소로 사용해야 할 장소는 학기초에 미리 결정하여 다른 학급의 수업 등과 중복되는 일이 없도록 한다.

평가시행에 필요한 **인원**은 평가하는 방식에 따라 그 담당업무와 인원수가 달라질 것이다. 지필검사의 경우 몇 명의 시험감독이 필요하고 실기평가의 경우에는 평가시행요원 이외에 별도의 기록자가 필요한가 등에 대한 세세한 계획이 수립되어야 한다. 컴퓨터실에서 평가하는 경우에는 컴퓨터 시스템 관리자가 필요할 수도 있다.

평가시행을 위한 계획을 수립할 때는 평가결과를 채점하는 방식이나 결과보고 방식 등에 대한 계획도 함께 수립되어야 한다. 이에 따라 답안지

형태가 결정되고 필요한 채점인원도 미리 확보될 수 있다. 그밖에도 평가를 실제로 수행하는 데 필요한 인적·물적 자원에 대해 철저하게 사전계획을 수립한다.

바. 평가환경의 구축

평가주체인 교사는 실제로 평가를 실시하는 과정에 대한 계획이 수립되고 나면 완성된 계획에 맞추어 평가환경을 구축한다. 즉, 학교 일정에 맞추어 평가시기를 결정하고 이를 학교와 학생들에게 알린 후, 가능한 평가장소를 확보하고, 평가도구 및 기타 장비들을 마련하고, 감독자나 채점자 등을 선정한다. 지필검사의 경우에는 시험지와 답안지를 준비하고, 컴퓨터를 이용하여 평가를 치르는 경우에는 컴퓨터의 하드웨어나 소프트웨어를 점검한다.

보다 공정한 평가환경을 마련하기 위해서 평가문항의 유출을 막기 위한 보안점검을 철저히 하고, 평가환경 변인을 표준화하도록 노력한다. 즉, 평가장소 등 평가결과에 영향을 미칠 수 있는 요소를 표준화하는 것이다. 가령, 듣기 평가를 할 때 모든 교실의 음향장치가 적당한지 또는 평가장소의 조명이나 소음 상태 등이 적당한지 등에 대해 철저한 점검이 필요하다. 평가를 실시하기 전에 평가환경에 대한 완벽한 점검이 이루어져야 한다. 이러한 점검은 가능하면 우리가 파악하려는 특성이 다른 변인들에 의해 영향을 받지 않도록 하기 위한 목적으로 이루어진다.

평가환경을 구축하기 위한 이러한 노력은 물리적 환경을 구축하는 데에만 한정되지 않는다. 평가대상인 학생들 가운데 평가에 대해 심리적 불안감이 있다든지 걱정을 지나치게 많이 하는 것과 같은 심리적 특성으로 인해 평가에 영향을 받게 되는 학생들이 없는지를 파악하여 적절한 조치를 취하는 것 등도 평가를 실시하기 전에 이루어질 필요가 있다. 그러한 학생들에 대해서는 면담이나 상담을 통해 지나친 불안감을 없애도록 하는 등의 사전 노력이 필요하다.

사. 자료의 수집

평가도구가 개발되고 평가환경이 모두 마련되면 평가계획에 따라 평가를 실시하여 자료를 수집한다. 자료는 선택형 지필검사의 경우 OMR 카드 등의 형태로 수집되기도 하고 서답형 지필검사의 경우에는 질적인 자료의 형태로 수집된다. 수집된 자료를 다음 단계인 자료 분석이 용이한 형태로 정리한다. 자료가 대규모로 수집된 경우에는 컴퓨터를 통해 분석하는 것이 불가피해지므로 이때는 자료를 컴퓨터 파일의 형태로 저장하도록 한다.

평가자가 평가대상으로부터 자료를 수집하는 과정은 피평가자인 학생의 입장에서는 시험을 보는 과정이다. 평가의 시행이 평가대상에 대한 자료를 수집하는 기능뿐만 아니라 학생에 대한 교육의 기능까지 담당할 수 있도록 하는 세심한 배려가 필요하다.

아. 자료의 분석

수집된 자료는 평가목적과 내용에 맞추어 적절한 분석과정을 거치게 된다. 자료가 대규모이거나 양적 자료인 경우 측정적·통계적 분석을 하고, 질적 자료인 경우에는 의미 있는 결과를 나타낼 수 있도록 항목을 범주화하는 등의 질적 분석을 하게 된다.

학생의 인지적 영역은 대부분 검사 도구를 이용하여 평가하므로 결과물인 자료는 점수라는 양적 자료의 형태를 띤다. 이 경우 학급별, 학년별, 교과별 평균이나 표준편차, 범위, 백분위점수 등을 계산하여 각 집단의 특성을 가장 잘 나타낼 수 있는 방식으로 자료를 요약하는 기술통계적 분석을 할 수 있다. 필요하다면 그래프나 도표를 이용하여 자료의 특성을 한눈에 알아볼 수 있도록 표현할 수도 있을 것이다.

각 학생별로는 원점수나 표준점수, 그리고 문항반응이론(IRT: Item Response Theory) 등에 의한 능력 추정 점수 등을 산출할 수 있다. 평가결과를 각종 변인별, 즉, 학교급별, 성별 등을 기준으로 하여 비교하고자 할 때는 추리통계적 분석방법을 통하여 분석한다. 성별이나 학교급별 이외에 분석하고자 하는 다른 배경변인이 있는 경우에는 평가목적 및 내용 단계에서부터 이를 계획하여 평가의 실시와 함께 배경변인에 관한 자료도 수집이 가능하도록 한다(자세한 내용은 14장 참조).

학생의 정의적 영역에 대한 평가결과는 점수와 같은 양적 자료의 형태로 수집되는 경우는 드물다. 평소 학생에 대한 관찰 결과, 면담 결과, 의견조사 등을 통해 수집된 질적인 형태의 자료는 항목별로 유목화 한다든지 유사한 점과 다른 점 찾기 등 어떤 의미 있는 체계를 찾아내려는 분석 과정이 필요하다. 물론 동일한 자료에 대해 통계적 분석과 질적 분석방법이 통합되어 분석이 이루어질 수도 있다.

자료분석 단계에서는 자료의 특성을 제대로 파악하여 그에 맞는 분석방법을 적절하게 선택해 이용하여야 한다는 점을 유의해야 한다. 어떤 분석방법을 사용하느냐에 따라 자료로부터 의미 있는 결과를 찾아낼 수도 있고 그렇지 못할 수도 있기 때문이다.

자. 평가결과의 해석

수집된 평가결과에 대한 양적·질적 분석이 끝나면 분석결과에 대한 해석을 통해 평가결과의 의미를 찾도록 한다. 평가를 실시하여 자료를 수집하고 이를 분석하는 단계가 비교적 기술적인 절차에 따라 이루어진다면 평가결과에 대한 해석은 보다 종합적으로 그리고 평가대상인 학생 개개인의 특성과 상황을 고려하면서 이루어져야 한다. 특히, 학생평가의 경우 평가결과에 대한 해석은 점수 위주가 아닌 학생 위주로 이루어져야 한다. 즉, 시험에서 90점의 결과점수를 얻은 학생이 누구냐 하는 방식보다는 어떤 학생이 90점을 얻었다는 의미가 무엇이며 상대적으로 더 낮은 점수를 얻은 학생은 구체적으로 어떤 도움이 필요한가와 같은 방식으로 해석이 이루어져야 한다.

차. 평가결과의 보고

평가결과에 대한 해석을 마치면 이를 적절한 형태로 요약·정리하여 필요한 사람에게 보고하게 된다. 평가의 목적이 외부에 의해 부여되었느냐 교사 스스로에 의해 설정되었느냐에 따라 평가결과의 보고 형태나 대상은 달라지게 된다.

외부에 의해 부가된 경우에는 일반적으로 평가결과의 보고 형태나 대상은 이미 결정되어 있을 것이기 때문에 그에 따라 작성하면 된다. 가령, 학교생활기록부에 학생의 내신성적이나 행동발달상황을 기재하기 위해 평가를 실시한 경우 그 결과를 보고하는 형식은 이미 정해진 학교생활기록부 양식에 맞추어 정리하게 된다.

그러나 교사 스스로가 어떤 교육적 목적에 의해 평가를 실시한 경우 평가결과의 보고 형태는 평가의 목적과 내용에 비추어 결과를 가장 잘 파악할 수 있는 형태로 제시한다. 이 경우 구체적인 상황에 따라 그 보고형태는 다양화될 수밖에 없다. 교사는 학생들에 대한 평가결과를 잘 정리·보관해 둠으로써 자신의 교수활동에 대한 간접적인 평가자료로 활용할 수도 있다. 따라서 평가결과를 학생별로 정리하는 것 이외에도 교사 자신의 입장에서 지속적으로 평가결과를 정리해 두어 자신의 교수활동의 변화에 따른 수업결과를 분석해 보는 등의 방식으로 활용할 수 있다.

평가결과를 보고하는 대상의 범위를 어디까지로 제한할 것인가의 문제 역시 평가주체인 교사가 고려해야 할 문제이다. 개별 학생들에 대한 평가결과를 학생 자신과 학부모에게 보고하는 것은 대부분 당연하게 이루어진다. 그러나 간혹 평가결과를 학교 내 게시판에 붙인다거나 같은 반 친구들 앞에서 평가결과를 개방하는 경우가 있다. 이러한 경우 학생들이 더 열심히 공부하도록 하는 자극이 될 수도 있으나 오히려 학생들의 사기를 떨어뜨리는 등 부정적인 영향을 미칠 수도 있다.

카. 평가결과의 활용

평가결과를 정리하여 보고하는 것으로 평가의 과정은 일단락이 된다. 그러나 그 결과의 활용문제는 초기에 왜 평가를 시작했는가 하는 문제와 직접적으로 관련된다는 점에서 평가의 과정을 완성시키는 필수적인 단계라고 볼 수 있다.

평가결과는 첫째로 평가목적에 의해 활용된다. 선발을 위해 평가를 했다면 평가결과에 비추어 학생을 선발하고, 학점을 부여하기 위해 평가를 했다면 평가결과를 기준으로 학점을 준다. 교사의 수업개선을 위해 평가했다면 평가결과를 바탕으로 수업을 개선하는 데에 활용한다.

둘째로 교육의 장에서 수행되는 평가는 본래의 평가목적 이외에 교육적인 목적을 위해서 그 결과를 활용할 필요가 있다. 즉, 학점을 주기 위해 평가를 한 경우 학점을 부여하는 것 이외에도 학생의 학습습관 교정, 교사의 교수활동 개선, 수업 진도의 재조정 등 다른 교육적인 목적을 위해서도 결과를 활용할 수 있어야 한다.

마지막으로 학생을 평가한 결과는 곧 교사의 자기평가 자료로 활용해야 한다. 평가의 목적이 무엇인가와 관계없이 학생평가의 결과는 교사의 교수활동 및 학생지도에 대한 간접적인 정보를 제공해 주는 가치 있는 자료이다. 학생에 대한 모든 평가결과는 교사 자신에 대한 평가결과일 수 있다는 인식 아래 자신의 교수활동 및 학생지도활동의 개선을 위해 평가결과를 적극적으로 활용하는 것이 필요하다.

타. 메타평가

교사가 평가목적을 확인하는 것으로부터 마지막 평가결과를 보고하고 활용하는 단계까지 학생평가의 절차는 종료된다. 그러나 마지막으로 교사는 평가의 과정을 구성하는 각 단계 자체에 대해 평가를 실시할 필요가 있다. 이것이 바로 메타평가의 단계이다. 메타평가란 평가 자체에 대한 평가를 일컫는다.

평가의 전체 과정 자체를 다시 평가해 보는 메타평가는 모든 평가에 있어서 필수적으로 수행되어야 할 절차이다. 세상에는 완벽한 평가자도, 완벽한 평가행위도 존재하지 않는다. 모두가 현재의 시점에서 가능하면 오류의 가능성을 줄이고 보다 최선의 평가가 실행될 수 있도록 노력할 뿐이다. 따라서 평가주체인 교사는 메타평가의 단계를 통해 자신의 평가활동을 반성해 보는 기회를 가짐으로써 자신의 평가능력의 수준을 높여 갈 수 있어야 한다.

메타평가의 단계는 임의적으로 이루어지기보다는 공식적인 평가의 절차에 포함되어 체계적으로 실행될 필요가 있다. 메타평가 결과는 평가 결과를 해석하거나 후속되는 평가의 과정을 개선하는 데 활용될 수 있어야 하기 때문이다.

지금까지 학교에서 교사가 주체가 되어 학생을 평가하는 경우의 일반적인 절차를 살펴보았다. 이를 도표로 제시하면 다음 [그림 8-1]과 같다.

여기 제시된 평가절차들은 그 단계의 특성상 생략되거나 강조점이 달라지면서 진행될 것이다. 그러나 평가목적의 확인이라든지 메타평가의 단계 등은 모든 평가상황에서 반드시 중요하게 고려되어야 할 필수적인 단계이다. 여기 제시된 평가의 절차들에 포함된 원칙은 학생평가뿐만 아니라 교사평가나 교육과정평가, 학교평가, 정책평가의 경우에도 적용이 가능할 것이다.

평가의 일반적 절차	메타평가
평가의 목적 확인	평가하는 목적의 타당성 및 교육적 가치에 대한 검토
평가영역과 내용의 선정	선정된 평가영역과 내용의 타당성 및 균형성에 대한 검토
평가방법의 결정	평가방법의 적합성, 신뢰성, 실용성 등에 대한 검토
평가도구의 선정 및 개발	평가도구의 양호도 검토
평가시행을 위한 계획 수립	평가시행 계획의 적절성, 효율성 등에 대한 검토
평가환경의 구축	평가환경 구축의 적합성, 효율성 등 검토
자료의 수집	자료 수집 과정의 효율성 및 정확도 등의 검토
자료의 분석	자료분석 방법의 적절성 검토
평가결과에 대한 해석	평가결과 해석의 타당성 검토
평가결과의 보고	평가결과 보고 양식의 적절성 및 교육적인 영향력 등에 대한 검토
평가결과의 활용	평가결과 활용의 적절성 및 교육 개선에의 기여도 검토

[그림 8-1] 평가의 일반적 절차와 메타평가

참고문헌

교육평가연구회 편(1995). **교육측정 · 평가 · 연구 · 통계 용어사전**. 서울: 중앙교육진흥연구소.

김재춘, 박소영 공역(2002). **중등학교교육과정 개선을 위한 8년 연구 이야기**. 서울: 교육과학사.

박도순 외(2007). **교육평가–이해와 적용–**. 서울: 교육과학사.

박도순, 홍후조(2006). **교육과정과 교육평가**. 서울: 문음사.

성태제(2010). **현대교육평가**. 서울: 학지사.

채선희(1997). 교육평가의 내재적 가치와 그 실현방안. **교육학연구** 제35권 4호.

채선희(1999). 교육평가의 새로운 이론체계 확립을 위한 시도: 교육평가의 구성요소와 구조적 관계. **교육학연구** 제37권 2호.

Cronbach, L. J. (1963). Course improvement through evaluation. *Teachers College Record*, 64.

Fitzpatrick, J. L., Sanders, J. R., & Worthen, B. R.(2004). *Program Evaluation: Alternative Approaches and Practical Guidelines*(3rd Ed.). Pearson Education, Inc.

Scriven, M. (1967). The methodology of curriculum evaluation. In R. Tyler, et al. *Perspectives on Curriculum Evaluation*.

Stake, R. E. (1967). The countenance of educational evaluation. *Teachers College Record*, 68.

CHAPTER 09

교육평가의 유형

교육평가의 유형은 다양한 기준에 따른 분류가 가능하다. 여기에서는 학교교육 현장에서 교사가 학생을 평가하는 상황에서 가장 일반적으로 등장하는 평가유형들에 대해 살펴보기로 한다. 평가유형을 구분하는 기준에는 '평가의 기능', '평가의 기준', '평가하는 대상', '평가하는 영역', '학생이 성취할 것으로 기대하는 목표의 수준', '평가의 방법', '평가의 시간제한' 등이 포함된다. 이러한 평가유형의 구분은 그것을 나누는 기준에 따른 임의적인 것이므로 어떤 하나의 평가는 여러 유형에 동시에 속할 수 있다.

1 평가기능에 따른 유형 구분

학교에서 교사가 수행하는 학생평가는 다양한 기능을 수행한다. 교사들은 대부분 평가결과에 근거하여 학생이 성취한 정도를 파악한다. 그러나 이외에도 평가를 통해 학생의 출발점을 확인하기도 하고, 수업 개선을 위한 피드백을 얻기도 한다. 이처럼 평가가 주로 어떤 기능을 하게 되느냐에 따라 평가유형을 구분할 수 있다. 평가기능에 따른 평가유형의 구분은 교수-학습 과정에서의 평가의 다양한 기능에 주목하게 한다는 점에서 특히 교사에게 유용한 구분이 될 것이다.

교육평가는 평가기능에 따라 진단평가(diagnostic evaluation), 형성평가(formative evaluation), 총괄평가(summative evaluation)로 구분된다.

한 학기 동안의 수업을 예로 들어 세 유형의 평가를 설명하면 다음과 같다. 학기초에 교사는 새로운 학생들과 만난다. 학생들은 서로 다른 능력 수준에 위치해 있다. 즉, 모든 학생이 서로 다른 곳에서 출발하는 것이다. 교사는 **진단평가**를 통해 학생들의 출발점 위치를 평가하게 된다. 진단평가의 결과는 교사가 가르칠 내용의 범위와 수준을 계획하는 데에 도움이 되는 정보를 제공한다. 이처럼 서로 다른 능력 수준에 위치해 있는 학생들의 출발점 행동에 대한 평가를 목적으로 실시하는 평가가 진단평가이다.

형성평가는 교사가 수업을 진행하는 과정에서 쪽지시험을 실시하거나 숙제를 부여하는 방식으로 실시하는 평가이다. 이러한 결과를 통해 교사는 학생들의 학습이 계획대로 이루어졌는지, 예기치 못한 문제가 발생했는지의 여부를 점검한다. 필요한 경우에는 학기초에 세웠던 수업계획안을 수정하기도 한다. 이처럼 일련의 교수활동이 진행되는 도중에 수업 개선을 목적으로 실시하는 평가가 형성평가이다.

총괄평가는 일련의 교수활동이 마감되는 학기말 혹은 학년말에 학생평가를 통하여 학생들이 성취한 정도를 파악하는 평가이다. 이때의 평가는 주로 학기초에 세웠던 수업목표에 비추어 학생들이 목표를 달성한 정도를 파악하는 것이다. 평가결과는 학생들의 학업성취도의 수준을 상대적으로 변별하여 등급을 매기거나 성적을 산출하는 데에 이용된다. 이처럼 일정 기간의 수업이 지난 뒤 학기말이나 학년말에 학생들의 성취정도를 판단하기 위해 수행되는 평가가 총괄평가이다. 총괄평가는 일반적으로 공식적인 의사결정을 위한 목적으로 사용된다.

보통 총괄평가는 단 한 번의 실시에 의해 모든 것을 판정하는 방식으로 이루어지고, 형성평가는 수업활동의 진행과정에서 여러 번에 걸쳐 실시되는 경향이 있다. 총괄평가는 수업의 결과에, 형성평가는 수업의 과정에 초점을 둔다.

최근에는 교육평가의 선발 기능보다는 학생의 교육적 성장에 기여하는 평가의 기능을 점차 강조하는 추세이다. 선발을 위한 평가에서는 당연히 일정 기간의 교육이 완성된 뒤 학생의 성취한 바, 즉 '결과'에 초점을 두게 된다. 평가결과가 선발을 위한 중요한 자료로 이용되기 때문이다.

반면, 교육적 성장을 위한 평가의 경우에는 학생이 성취한 결과에만 초점을 둘 수 없다. 교육적 성장을 목적으로 하는 평가는 교육이 완결되기 전, 즉 교육이 이루어지는 '과정'에 관심을 갖는다. 과정에 대한 평가가 교수-학습과정을 개선하는 데 도움을 줄 수 있기 때문이다. 결과적으로 학교교육 현장에서는 총괄평가를 강조하던 것에서 형성평가를 강조하는 방향으로 추세가 변하고 있다.

그러나 이러한 최근의 추세는 지금까지의 교육평가가 지나치게 총괄평가 위주로만 시행되어 온 것에 대한 반동일 것이다. 학생이 성취한 정도를 최종적으로 평가하는 것 역시 평가의 매우 중요한 기능의 하나이다. 따라서 교사는 학생의 출발점 행동을 진단하고, 수업 개선을 위한 피드백을 얻고, 학생의 성취 정도를 판단하는 평가를 교육의 과정에서 균형 있게 활용하는 태도가 필요하다.

2 평가기준에 따른 유형 구분

교육평가는 평가의 기준이 어디에 있느냐에 따라 규준지향평가와 준거지향평가로 구분된다. 규준지향평가(규준참조검사, norm-referenced evaluation)는 규준을 설정하여 학생들의 성취정도를 상대적으로 비교하는 평가방식이고, 준거지향평가(준거참조검사, criterion-referenced evaluation)는 학습목표 등의 절대적인 준거에 비추어 학생들의 성취정도를 확인하는 평가이다. 규준(norm)이란 '원점수의 상대적인 위치를 설명해주기 위하여 쓰이는 잣대'로, 모집단을 대표하는 표본에서 얻어진 점수에 기초하고 있다. 그리고 **준거**(criterion)란 '학습자(수험자)가 어떤 일을 수행할 수 있다고 대중(public)이 확신하는 지식 혹은 기술 수준'을 의미한다.

규준지향평가의 경우 학생이 획득한 원래의 결과점수는 별다른 의미를 주지 못한다. 평가의 기준이 개별 학생이 무엇을 얼마나 성취했는가에 있는 것이 아니라 학생들의 상대적인 성취정도에 있기 때문이다. 즉, 특정 학생의 평가결과는 다른 학생들이 얼마나 성취했느냐 하는 수준에 의해 영향을 받는다. 따라서 선발을 목적으로 평가하는 경우에 유용하게 사용될 수 있다.

이에 반해 **준거지향평가**는 다른 학생들의 성취정도와 관계없이 개별 학생들이 무엇을 얼마나 성취했는가에 초점을 두어 평가한다. 즉, 평가기준이 학생들의 상대적인 성취정도에 있지 않고 절대적인 준거(학습목표 등)에 있다. 따라서 준거지향평가는 극단적인 경우 모든 학생이 절대적으로 설정된 학습목표에 도달했다면 모두 만점을 받을 수도 있는 것이다.

한편 평가 결과를 해석하는 기준으로 개인의 능력이나 성장을 설정한 능력지향평가(능력참조평가, ability-referenced evaluation)와 성장지향평가(성장참조평가, growth-referenced evaluation)도 새롭게 주목을 받고 있다. **능력지향평가**란 학생이 지니고 있는 능력에 비추어 얼마나 최선을 다하였는가에 가치를 부여하는 평가로, 능력에 비추어 기대한 바를 최선을 다해 성취했을 때 높은 점수를 부여한다. 그리고 **성장지향평가**란 교육 프로그램이나 수업을 통하여 사전에 비해 사후에 얼마나 향상되었는가에 비추어 가치를 부여하는 평가로, 프로그램이나 수업이 처치되기 전의 능력과 프로그램이나 수업이 처치된 후의 능력 간에 차이가 많을수록 높은 점수를 부여한다. 이 두 가지 유형은 개인에 초점을 맞추어 학습 노력과 향상도를 중시한다는 특성을 갖는다. 하지만, 평가의 결과가 민감하게 활용되는 고부담 평가에서는 적용하기가 쉽지 않다.

3 평가대상에 따른 유형 구분

평가는 어떤 대상의 가치나 질을 판단하는 행위이다. 이때 가치판단을 하는 대상은 인적 대상일 수도 있고 물적 대상일 수도 있으며, 인적 대상일 경우에는 개인이거나 단체일 수 있다. 이렇게 평가의 대상이 무엇이냐에 따라 평가유형은 구분된다. 교육과 관련된 평가의 대상으로는 인적 대상인 학생과 교사, 추상적 대상인 교육과정, 학교, 교육정책 등을 들 수 있다. 이는 각각 학생평가, 교사평가, 교육과정평가, 학교평가, 정책평가를 이룬다.

학교교육 현장에서 가장 많이 실시되는 평가는 역시 학생평가이다. 학생평가는 인적 대상인 학생이 지닌 능력이나 특성의 가치를 판단하는 것이며 주로 교사에 의해 수행된다. 교사는 중간시험과 기말시험을 통하여 학생이 학교에서 습득한 학업성취 결과를 평가하거나 평소의 관찰이나 면담 등을 통하여 학생의 행동발달상황 등을 평가하여 학교생활기록부에 기록한다.

최근에는 교육에 대한 책무성을 확인하고 교육의 질을 국가 수준에서 관리하기 위한 목적으로 교사평가나 학교평가, 교육행정기관평가 등이 활발하게 이루어지는 추세이다. 교사평가는 인적 대상인 교사의 교수활동이나 학생지도활동 등의 가치를 판단한다. 학교평가는 물적 대상인 학교의 가치를 판단하는 것으로, 대개는 그 학교가 제공하는 교육서비스나 교육적 환경의 질을 평가하게 된다. 그 외에도 학교에서 제공되는 교육과정이나 교육프로그램의 가치를 판단하는 교육과정평가, 교육프로그램평가 등을 들 수 있다.

최근 교육평가에 대한 실제적 요구가 증가하고 평가현상에 대한 이론적·경험적 탐구가 활발해짐에 따라 평가대상이 점점 더 확대되어 가는 경향이 있다. 즉, 종전에는 평가되지 않았던 부분까지도 평가의 대상에 포함되는 추세이다. 이러한 경향은 교육의 과정이나 결과를 보다 과학적이고 체계적으로 파악할 수 있다는 장점은 있으나 자칫 교육이 평가를 잘 받기 위한 목적으로 이루어지는 본말전도의 결과를 낳을 수도 있다는 점을 주지해야 할 것이다.

4 평가영역에 따른 유형 구분

평가자가 평가대상에 대해 가치판단을 내릴 때에는 구체적으로 그 대상 자체가 아니라 그 대상이 지닌 어떤 특성이나 능력에 대해 판단을 내리게 된다. 즉, 동일한 학생을 평가하는 경우에도 학생의 학업성취도를 평가하느냐 아니면 학생의 태도를 평가하느냐에 따라 평가영역이 달라지는 것이다. 이와 같이 실제 대상에 대한 평가내용의 특성에 따라 평가영역별 유형 구분이 가능하다.

평가하는 영역의 특성에 따른 가장 보편적인 분류는, 학생이 교육을 통해 성취할 수 있는 행동의 영역을 지적 영역(cognitive domain), 정의적 영역(affective domain), 심리운동적 영역(psychomotor domain)으로 구분한 경우이다. 우리 교육에 있어서 지 · 덕 · 체의 전인적 인간을 교육목표로 삼는 것은 학생들이 교육을 통해 지적 영역과 정의적 영역, 심리운동적 영역의 조화로운 성취를 이룩하기를 기대하는 것이라고 볼 수 있다.

지적 영역의 평가는 지식, 이해력, 적용력, 분석력, 종합력, 평가력과 같은 학생의 인지적 사고작용을 평가하는 것이다. 정의적 영역의 평가는 성격, 태도, 사회성, 도덕성과 같은 학생의 정의적인 특성을 평가하는 것이다. 심동적 영역의 평가는 실기평가처럼 학생의 신체능력이나 운동활동 등을 평가하는 경우이다.

이 가운데 특히 지적 영역의 대표적인 분류는 블룸(Bloom, 1956)의 교육목표 분류(taxonomy of educational objectives)에서 찾아 볼 수 있다. 블룸의 분류에서 주목할 만한 점은 그가 지적 영역의 사고작용 가운데 평가능력을 가장 고차원의 고등사고능력으로 보고 있다는 점이다. 즉, 교육을 통해 학생이 학습해야 할 가장 고차적인 사고능력이 바로 '평가하는 능력'이라는 것이다. 학생의 평가능력의 증대를 위해서는 학생 스스로 다양한 평가의 경험을 가져보는 것이 중요하다. 따라서 교사가 학생을 평가대상으로만 고려하는 것보다는 학생 스스로 평가주체가 되어볼 수 있는 기회를 많이 제공할 필요가 있다. 이를 위해 평가활동 자체를 교육의 방법으로 활용하기 위한 적극적인 교사의 노력이 필요하다.

학생 자신이 스스로를 평가하거나 급우를 평가하는 것뿐만 아니라 학생이 교사를 평가하는 것도 유의미한 교육활동이다. 교사에 대한 학생평가 결과는 교사가 자신의 교수법을 반성하고 상호 발전적인 교육의 효과를 얻는 데 도움을 줄 수 있을 것이다. 교사에 대한 학생 평가의 결과는 수요자 입장에서 교육을 바라볼 수 있다는 의의를 지닌다.

평가영역과 관련하여 교사는 학생을 평가함에 있어서 전인적으로 평가하려는 태도를 지녀야 한다. 전인적 평가란 학생의 지적 영역과 정의적 영역, 그리고 심동적 영역을 균형 있게 평가하는 것이다. 지금까지 대부분의 학교교육 현장에서는 학생의 지적 영역에만 치중하여 평가해 온 경향이 있다. 이러한 현상은 다른 영역에 비해 지적 영역에 대한 평가가 신뢰성 있는 평가도구를 개발하거나 채점의 객관성을 확보하는 데 있어서 상대적으로 용이하다는 사실에 기인한다. 그러나 학교교육이 전인교육을 지향하는 한 평가도 각 영역이 균형 있게 이루어질 필요가 있다.

5 성취목표 수준에 따른 유형 구분

학생의 지적 영역을 평가하는 경우, 학생의 성취 목표 수준을 어디에 두고 평가하느냐에 따라 최소 필수 학력평가(minimum competency test)와 최대 성취 학력평가(maximum achievement test)로 나누어 볼 수 있다.

최소 필수 학력평가는 일정 기간의 교육활동이 진행된 뒤 학생들이 그 기간 동안에 반드시 성취해야 하는 기본적인 목표수준의 달성 여부를 판단하기 위한 평가이다. 가령, 교사가 기말시험에서 한 학기 동안 수업한 내용 가운데 학생이 최소한 이만큼은 성취해야 한다고 판단되는 내용을 평가하는 경우가 이에 해당한다. 주로 학생들의 기초학력을 평가하는 경우에 이용된다. 보통 최소 필수 학력평가의 결과는 최소한으로 성취해야 하는 필수 수준을 넘었는지의 여부만을 판단하여 합격과 불합격(pass/fail)의 방식으로 나타낸다.

최대 성취 학력평가는 일정 기간의 수업을 받은 뒤 학생들이 최대로 성취한 바가 어느 정도인지를 판단하는 경우이다. 교사가 한 학기동안 수업한 내용 가운데 최대로 성취한 학생이 지닐 것으로 기대되는 수준까지 검사에 포함시켜서 평가하는 경우가 이에 해당된다.

최소 필수 학력평가는 학생들이 기초학력을 어느 정도 학습했는지에 대한 정보를 알고자 할 때 유용하게 이용될 수 있으나, 최소 필수 수준 이상을 성취한 학생들 간의 능력을 변별하는 데 어려움이 있다. 반면 최대 성취 학력평가는 학생들의 성취수준을 변별하고자 할 때 유용하게 이용할 수 있으나, 학생 간에 지나친 경쟁을 불러일으키거나 시험에 대한 부담감을 유발할 수 있다는 문제가 있다.

교사는 동일한 학생의 학업성취를 평가하는 경우에도, 구체적인 평가의 목적이나 결과 활용의 용도에 따라 최소 필수 학력평가와 최대 성취 학력평가를 적절하게 선택하여 시행하여야 한다.

6 평가방법에 따른 유형 구분

교육평가를 수행하기 위해 주로 사용되는 방법이 어떤 것이냐에 따라 양적 평가와 질적 평가로 구분이 가능하다. 일반적으로 양적 평가방법을 통해서는 수량화된 자료를, 질적 평가방법을 통해서는 수량화되지 않은 자료를 얻게 된다.

학교교육 현장에서의 대표적인 양적 평가방법으로는 검사도구를 제작·시행하여 점수를 산출하는 경우를 들 수 있다. 질적 평가는 관찰이나 면담, 실기평가 등을 통하여 수량화되지 않은 다양한 형태의 자료를 수집하여 평가하는 것을 가리킨다. 양적 평가는 주로 학생의 학업성취도를 평가하는 인지적 영역의 평가에 사용되며, 질적 평가는 정의적 영역이나 심동적 영역을 평가할 때 사용되는 경향이 있다.

최근 우리나라 교육 현장에서는 지금까지 지나치게 검사 일변도의 평가를 시행해 온 것에 대한 비판이 있어 왔다. 검사 위주의 양적 평가는 학생들을 수량적 정보에 의해 서열화 할 뿐 실제로 학생들이 무엇을 어느 정도 학습했는지에 대한 구체적인 정보를 주지 못하기 때문이다. 1990년대에 들어와서 각급 학교에서 수행평가를 실시할 것을 권장하는 국가 정책은 검사 일변도의 평가에 대한 대안을 마련해 보려는 데서 비롯된 것이다(자세한 내용은 10장 참조).

현재 초등학교와 중학교의 경우에는 수행평가가 어느 정도 확대되어 실시되고 있으나, 대학입시라는 부담을 안고 있는 고등학교의 경우에는 여전히 수행평가 적용에 어려움을 겪고 있다. 수행평가를 통해 얻게 되는 자료는 수량화되지 않은 질적인 형태이다. 이러한 질적 자료에 근거하여 내신성적을 산출할 경우 검사도구에 비해 교사의 주관성이 개입될 여지가 많다. 고등학교 내신성적이 대학입학전형의 주요 자료로 활용되는 상황에서 채점의 객관성 확보가 상대적으로 어려운 수행평가를 확대 적용하는 것이 문제가 되는 것이다.

수행평가를 모든 교과에 적용하려는 것에는 무리가 있다. 평가하는 목적이나 결과 활용의 용도, 무엇보다도 평가하는 내용이나 영역에 따라 수행평가보다는 검사를 시행하는 것이 보다 적절한 경우가 있기 때문이다. 요컨대, 평가방법에 따라 평가대상에 대해 얻을 수 있는 정보의 유형은 다르다. 다양한 평가방법을 활용할 때 평가대상에 대해 보다 풍부한 자료를 얻을 수 있으며 이는 평가대상을 심층적으로 이해하는 데에 도움이 된다. 따라서 교사가 학생의 특성이나 성취수준을 더 정확하게 파악하기 위해서는 평가영역이나 내용에 따라 양적 평가와 질적 평가를 적절하게 활용하는 것이 필요하다.

7 시간 제한 여부에 따른 유형 구분

검사도구를 제작하여 학생의 학업성취도 등을 평가하는 경우, 검사시간을 제한하느냐의 여부에 따라 교육평가를 속도검사(speed test)와 역량검사(power test)로 나눌 수 있다. 속도검사는 일정한 시간 내에 검사를 치르도록 시간을 제한하는 경우이고, 역량검사는 학생이 검사시간에 구애받지 않고 자신의 역량을 최대로 발휘하도록 하는 검사이다.

교사는 평가를 계획할 때 검사의 목적이 기본적으로 어디에 있느냐에 따라 속도검사로 할 것인지 역량검사로 할 것인지를 미리 결정할 필요가 있다. 보통 평가결과를 선발의 목적으로 사용하는 경우에는 가능하면 검사환경을 표준화할 필요가 있다. 즉, 모든 학생이 유사한 환경에서 시험을 치를 필요가 있는 것이다. 이런 맥락에서 모든 학생이 동일한 시간의 조건하에서 시험을 치르도록 하는 것이 일반적인 추세이다. 이렇게 시간을 제한하여 속도검사를 치르는 것은 학생의 성취정도를 변별하는 데에도 도움이 된다. 동일하게 정답을 맞춘 학생들도 얼마나 빠른 시간에 정답을 했느냐에 따라 변별이 가능하기 때문이다. 지능검사가 대표적인 속도검사의 예이다.

반면 검사의 목적이 학생이 무엇을 얼마나 알고 있는지를 파악하는 것이라면 역량검사를 통하여 학생이 아는 바를 시간에 관계없이 모두 표현하도록 한다. 가령, 수학능력을 속도검사를 이용하여 평가하는 경우 특별히 암산능력이 떨어지는 학생이 복잡한 수학문제를 다루는 시험에서 단순한 셈하기에 시간을 뺏겨 점수가 낮게 나오는 경우가 생긴다. 이 학생의 경우에는 수학시험의 점수가 낮더라도 이는 수학문제를 풀 수 있는 능력이 부족해서가 아니라 셈을 하는 시간이 느리기 때문인 것으로 해석해야 한다. 그러나 속도검사인 경우에는 이를 변별하기가 쉽지 않다. 따라서 이러한 경우에는 역량검사로 실시하는 편이 학생의 수학능력에 대한 정확한 정보를 얻는 데 도움이 된다.

이처럼 평가시간을 제한하는 문제는 학업성취도 검사의 경우에만 해당되는 것은 아니다. 가령, 글짓기 평가를 하는 경우에도 제한된 시간 내에 작성한 글을 평가할 수도 있고 시간 제한 없이 최대의 역량을 발휘하여 글을 쓰게 하는 경우도 있을 것이다. 교사는 구체적인 목적에 따라 속도검사와 역량검사를 적절히 활용할 필요가 있다.

한편, 교육과정 문서나 국가수준 학업성취도 평가 혹은 대학수학능력시험 등에서는 '가급적 속도검사가 아니라 역량검사가 되도록 한다'라는 지침이 제시되어 있음을 볼 수 있다. 실제 특수한 경우를 제외하고는 평가 운영의 현실성을 고려하는 차원에서 시간 제한을 둘 수밖에 없는 경우가 대부분이다. 그럼에도 역량검사를 지향한다는 것은 학생의 능력의 정도에 의해 검사의 결과가 산출되어야지 시간의 제약 때문에 검사의 결과가 좌우되어서는 안 된다는 것, 즉 제한된 검사 시간 내에 충분히 풀 수 있도록 문항 수, 문항 난이도 등을 적절히 안배해야 함(혹은 검사 시간을 충분히 배정해야 함)을 표방한 것임에 유의해야 한다.

지금까지 일곱 가지의 기준에 따라 평가유형을 구분해 보았다. 이를 요약해서 정리하면 다음 〈표 9-1〉과 같다.

〈표 9-1〉 교육평가의 유형 분류

분류기준		평가유형
1	평가기능	• 진단평가: 학생들의 출발점 위치를 파악하는 평가 • 형성평가: 수업 개선에 필요한 정보를 수집하는 평가 • 총괄평가: 학생의 성취정도를 판단하는 평가
2	평가기준	• 규준지향평가: 학생의 성취정도를 다른 학생들과 상대적으로 비교하는 평가 • 준거지향평가: 학생의 성취정도를 절대 준거에 비추어 확인하는 평가 • 능력지향평가: 학생의 능력에 비추어 최선을 다했는가에 가치를 부여하는 평가 • 성장지향평가: 학생의 사전 능력과 사후 능력의 차이(향상도)에 가치를 부여하는 평가
3	평가대상	• 학생평가: 학생의 능력, 특성, 성취수준 등을 평가 • 교사평가: 교사의 교수활동이나 학생지도활동 등을 평가 • 교육과정평가: 교육과정의 질과 개정과정의 타당성 등을 평가 • 학교평가: 학교에서 제공하는 교육서비스의 질을 평가 • 정책평가: 교육정책의 타당성, 효과 등을 평가
4	평가영역	• 인지적 영역 평가: 기억, 이해, 추론 등의 사고작용을 평가 • 정의적 영역 평가: 성격, 태도, 행동발달상황 등의 정의적 특성을 평가 • 심동적 영역 평가: 실기평가와 같은 동작을 평가
5	성취목표 수준	• 최소 필수 학력평가: 최소한으로 성취해야 하는 필수 수준을 넘었는지의 여부만을 판단하는 평가 • 최대 성취 학력평가: 최대로 성취한 수준까지 파악하는 평가
6	평가방법	• 양적 평가: 검사 등을 사용하여 수량화된 자료를 얻는 평가 • 질적 평가: 관찰, 면담, 실기평가 등을 통해 수량화되지 않은 다양한 형태의 자료를 얻는 평가
7	시간제한 여부	• 속도검사: 일정한 시간 제한을 두는 검사 • 역량검사: 시간제한 없이 학생의 역량을 최대한 발휘하도록 하는 검사

참고문헌

황정규(1994). 학교학습과 교육평가. 교육과학사.

Bloom, B. S. (1956). *Taxonomy of Educational Objectives*. New York: David Mckay.

CHAPTER 10

지필평가, 수행평가, 컴퓨터 기반 평가

검사의 목적과 현실적 제약을 고려하여 출제 계획에 따라 실제로 평가 도구를 개발하기 위해서는 문항유형의 특성 및 상대적 장·단점에 대한 이해가 필요하다. 평가 도구를 접근 방법에 따라 지필평가, 수행평가, 컴퓨터 기반 평가로 나누어 볼 수 있는데, 현재 학교에서 가장 많이 사용되는 유형은 지필평가와 수행평가이다. 본 장에서는 지필평가와 수행평가를 먼저 살펴보고 컴퓨터 기반 평가를 간략하게 소개하고자 한다.

1 지필평가

지필평가는 종이와 필기구를 이용하여 학생의 지식 및 기능 습득 정도를 평가하는 유형의 검사이다. 교사가 제작하는 검사부터 대학수학능력검사와 같은 표준화검사까지 매우 다양하다.

지필평가 문항의 유형은 크게 선택형과 서답형으로 구분할 수 있다. 선택형은 주어진 답지에서 학생이 정답을 선택하는 문항유형이고, 서답형은 학생이 답을 써넣는 문항유형이다. 진위형, 선다형, 연결형을 선택형으로 구분할 수 있고 완성형 및 단답형, 서술형, 논술형을 서답형으로 구분할 수 있다.

선택형 문항	서답형 문항
• 진위형 문항	• 완성형 문항 • 단답형 문항
• 선다형 문항	• 서술형 문항
• 연결형 문항	• 논술형 문항

현행 나이스(NEIS) 시스템의 이원목적분류표 서식에서는 '선택형 문항/서술형 문항'으로 구분하여 입력하고 있다. 이러한 구분을 따라 선택형 문항과 완성형 및 단답형 문항을 먼저 설명하고 이어서 서술형과 논술형 문항을 설명한다.

가. 진위형, 선다형, 연결형, 완성형 및 단답형 문항

진위형 문항은 제시된 진술문이 맞는지 틀리는지, 진술문에 동의하는지 동의하지 않는지를 선택하는 문항유형으로서 교실에서 흔하게 사용된다. 이는 정답과 하나의 오답을 가진 특수한 형태의 선다형 문항으로 생각할 수 있는데, 일반적으로 진위형 문항은 특정 사실의 진술, 용어의 정의, 원리의 서술 등의 진위여부를 판별하는 능력을 측정하기 위하여 사용된다.

진위형 문항의 첫 번째 장점은 문항제작이 용이하다는 것이다. 하나의 문장으로 문항이 완성되므로 문항 제작에 소요되는 시간과 노력이 상대적으로 적다. 그러나 문항 제작자가 교과서나 기타 참고서적의 문장을 약간 변형하여 진위형 문항을 개발하는 경우가 있는데, 실제로 이렇게 만들어진 문항은 너무 빤해서 대부분의 학생이 정답을 곧 알 수 있거나 혹은 너무 모호해서 우수한 학생도 혼동되어 진위를 파악하기 어렵게 되기 십상이다. 실제로, 중요한 내용을 측정하면서 빤하거나 모호하지 않은 진위형 문항을 개발하기 위해서는 내용이 원래 제시되었던 맥락과는 다르면서도 그럴듯한 맥락 속에서 내용의 진위여부를 질문해야 하는데 이는 생각보다 많은 시간과 노력을 요구한다.

둘째 장점은 실시 시간이 짧아서 많은 내용을 측정하는 것이 가능하다는 것이다. 제한된 검사로써 학생들이 배운 모든 내용을 측정한다는 것은 매우 힘들기 때문에, 학생들이 배운 내용 중 일부분의 내용을 시험보고 그 결과를 가지고 학생들이 전체 내용에 대해서 얼마나 성취했는가를 판단하게 된다. 예를 들어, 초등학교 사회과에서 '우리가 사는 지역사회'를 공부하고, 배운 내용 중 부분에 관한 문항들을 개발해 검사를 치르고, 그 검사에서 높은 점수를 받으면 '우리가 사는 지역사회'에 관한 전체 내용에 대한 성취도가 높다고 판단을 하게 된다. 전체 내용 중 많은 부분에 관한 문항들을 개발해 검사를 치를수록 검사의 결과에 근거하여 내리는 판단이 정확할 수 있다. 따라서, 많은 내용을 측정할 수 있다는 것은 진위형의 장점이 된다.

셋째 장점은 진위형 문항은 채점을 빠르고 객관적으로 할 수 있다는 것이며, 이는 가장 흔하게 꼽히는 진위형 문항의 장점이다.

진위형 문항의 큰 단점은 고등사고능력으로 불리는 상대적으로 복잡한 인지 능력을 측정하기가 힘들다는 것이다. 물론, 고등사고능력을 측정하는 진위형 문항을 개발하는 것이 불가능한 것은 아니지만, 다른 유형의 문항(예, 선택형 문항)으로 그러한 능력을 측정하는 것이 보다 효율적이고 또한 적합하다.

다른 단점은 진위형은 추측에 영향을 많이 받는다는 것이다. 단순하게 생각해도 추측만으로 두 문항 중 한 문항을 맞출 수 있다. 진위형 문항은 추측에 영향을 심하게 받음으로써, 검사의 신뢰도를 높게 하기 위해서는 상대적으로 많은 수의 문항을 개발, 시행해야 하는 단점을 가진다. 또한, 학생이 답을 틀렸을 때, 학생이 무엇 때문에 오답을 했는지에 관한 정보를 얻기가 매우 힘들다.

마지막으로, 학생들이 진위형 문항을 풀 때 각자의 특정한 반응 패턴을 가질 수 있다. 예를 들어, 어떤 학생은 진위를 판단하기 힘들면 무조건 '참'으로 답하는 반응 패턴을 가질 수 있다. 따라서, 여러 개의 진위형 문항을 개발할 때는 '참'과 '거짓'이 정답이 되는 경우가 균형적으로 있는 것이 바람직하다.

선다형 문항은 선택형 문항 중 가장 활용도가 높은 문항으로, 복수의 답지가 제시되고 그 중 맞는 답지 혹은 가장 적합한 답지를 선택하는 형태의 문항이다. 선다형 문항은 단순한 능력을 요구하는 내용부터 복잡한 능력을 요구하는 내용까지 측정하기에 적합하고, 대부분의 교과에서 사용하기에 무리가 없으며, 채점이 용이하고 객관적이기 때문에 대부분의 표준화 검사에서는 선다형 문항이 주로 사용된다.

여러 수준의 능력과 다양한 교과에서 사용할 수 있다는 장점에 더하여, 선다형 문항은 문항 내에 정답지와 오답지를 포함하여 학생에게 주어진 답지들 내에서 참을 고르게 함으로써 문항의 모호성을 줄일 수 있다는 장점을 가진다. 이는 선다형 문항이 진위형 문항에 비하여 가지는 상대적 장점이라 할 수 있다.

선다형 문항의 다른 장점은 최선답형 문항을 사용할 있다는 것이다. 즉, '절대적으로 참'인 것을 선택하는 문항뿐 아니라 '주어진 답지 중 가장 참'인 것을 선택하는 문항을 만들 수 있다. 여기서 '가장'의 의미는 주어진 답지들 내에서 정답 가능성이 있는 것이 복수일 때 그 중 가장 높은 가능성이 있는 것을 택하면 된다는 것이다. 학생들이 배우는 여러 내용 중에는 절대적 참 혹은 거짓으로 판명하기보다는 상대적으로 참의 정도가 다르다고 판단하는 것이 알맞은 경우가 많이 있다(예, 가장 적합한 방법, 가장 합당한 해석).

앞에서 보인 진위형 문항에 비해서 선다형 문항은 다음의 장점들을 추가적으로 가지고 있다. 선다형 문항은 답지의 수가 늘어남으로써 추측의 영향이 줄어들기 때문에, 검사의 신뢰도를 높게 하기 위해서는 문항의 개수가 동일할 때 선다형 문항이 진위형 문항에 비해 유리하다. 또한, 문제를 틀렸을 때 학생이 어느 오답지를 선택했는가에 따라 무엇 때문에 문제를 틀렸는가를 파악할 수 있는데, 이러한 정보는 학생의 학습 지도에 귀중한 도움을 줄 수 있다.

선다형 문항은 여러 수준의 능력을 측정할 수 있기는 하지만 실제 상황에서 문제를 해결하거나, 도구를 조작하거나, 산출물을 만들어 내거나 하는 직접적인 수행을 요구하는 능력을 측정하기 어렵다는 단점을 가진다.

따라서 이러한 능력을 측정하기 위해서는 수행평가를 사용하는 것이 바람직하다.

선다형 문항은 다양한 교과에서 사용할 수 있기는 하지만 문제해결력이나 분석적 능력 등의 고등사고능력을 측정하기에는 적합성이 떨어진다는 단점을 가진다. 이러한 능력을 측정하기 위해서는 역시 수행평가를 사용하는 것이 바람직하다.

더하여, 선다형 문항은 매력적인 오답지를 개발하는데 많은 시간과 노력이 소요된다는 단점을 가진다. 선다형 문항의 오답지는 재고자 하는 능력을 가지지 못한 학생이 정답을 선택하지 못하게 하는 기능을 한다. 즉, 능력이 없는 학생이 보았을 때, 정답인 것처럼 보이는 매력을 가지고 있어야 한다는 것이다. 매력적인 오답지를 개발하는 것은 많은 기술과 노력을 필요로 한다.

연결형 문항은 일련의 설명목록과 선택목록을 배열하여 서로 관계되는 것을 찾아 연결하는 문항 형태로서 배합형이라고도 불린다. 연결형 문항은 두 가지 내용의 연관성에 대한 지식을 측정하는데 적합하다.

장점으로는 다른 선택형 문항과 마찬가지로 채점이 용이하다는 것과 유사한 사실을 비교하고 구분하는 능력을 측정하기에 적합하다는 것을 들 수 있다.

단점으로는 다른 선택형 문항과 비교하여 문항을 제작하는데 많은 시간이 소요된다는 것, 설명목록의 내용과 선택목록의 내용이 각 목록 내에서 동질적이지 않는 경우에는 학생이 정답을 쉽게 알아낼 수가 있다는 것과 대체로 단순한 사실을 물어봄으로써 고등사고능력보다는 단순 암기능력을 측정하는 경향이 있다는 것을 들 수 있다.

완성형 문항은 문장이나 글의 일부를 빈칸으로 비워 놓고 단어, 숫자, 기호 또는 문장을 넣어 완성하게 하는 문항 형태이고(예, 측우기를 발명한 사람의 이름은 ______________ 이다), **단답형 문항**은 제시된 질문에 관하여 한두 단어나 구, 숫자, 수식, 그림 등 제한된 형태로 대답하게 하는 문항 형태이다(예, 측우기를 발명한 사람의 이름은 무엇인가?). 두 유형은 형태에서 차이가 있지만 기능에서는 큰 차이가 없다.

완성형 및 단답형 문항의 가장 큰 장점은 학생들이 실제로 무엇인가를 써넣어야 하기 때문에 추측의 영향력을 없앨 수 있다는 것이다. 또한, 서술형 및 논술형 문항에 비해 채점하기가 수월하다.

그러나 완성형 및 단답형 문항은 단순한 암기능력을 측정하는 경우가 되기 쉽다는 단점을 가진다. 또한, 선택형 문항에 비하여 채점이 힘들다는 단점을 가진다. 사전에 정확한 정답을 무엇으로 할지를 명확히 해야 하고, 철자법의 오류를 어느 정도까지 허용할 지에 대한 것 등을 명확히 해야 한다.

나. 서술형, 논술형 문항

서술형 문항은 학생이 서술해야 하는 분량이 많지 않고 또 채점을 할 때 서술된 내용의 깊이와 넓이만 고려하게 된다. 서술형 문항에서는 서술의 내용, 분량, 서술방식 각각을 제한하거나 혹은 셋을 한꺼번에 제한하는 경우가 일반적이다. 내용을 제한하는 경우의 예로는 "농촌, 어촌, 산촌의 특성을 가옥의 형태를 중심으로 비교하시오"를 들 수 있고, 분량을 제한하는 경우의 예로는 "자연재해를 줄이기 위해 국토 개발 계획을 세울 때 유의해야 할 점에 대해 200자 내외로 서술하시오"를 들 수 있고, 서술방식을 제한하는 경우의 예로는 "도시화로 인해 발생할 수 있는 문제점을 세 가지 이상 개조식으로 서술하시오"를 들 수 있고, 셋을 한꺼번에 제한하는 경우의 예로는 "도시지역과 촌락지역의 차이점을 산업 활동, 인구, 직업의 다양성 측면에서 설명하시오. 응답은 띄어쓰기를 포함하여 500자 이내로 제한하시오"를 들 수 있다.

서술형 문항은 응답에 제한을 가함으로써 문항이 보다 구조화되고 또한 이해, 적용, 분석 등의 능력을 측정하기에 적합하다는 특성을 가진다. 문항이 구조화됨으로써 (논술형 문항에 비해) 서술형 문항은 보편적인 성격의 교과목표 혹은 영역목표(예, 민주 시민으로서 올바른 자질을 기른다, 정보를 활용하여 문제를 해결할 수 있다)보다는 수업과 연계되는 보다 구체적인 학습목표(예, 박물관의 기능과 특징 및 종류를 열거 할 수 있다)를 측정하기에 적합하다. 응답에 제한을 가함으로써 종합하고, 조직하고, 독창적인 아이디어를 창출하는 능력처럼 복잡한 능력을 측정하기보다는 해석하고, 비교하고, 설명하고, 제시하고, 서술하는 능력처럼 상대적으로 덜 복잡한 능력을 측정하기 위해 사용되어진다. 또한 채점을 준비하고 실제 채점을 하는데 소요되는 시간과 노력이 (논술형 문항에 비해) 줄어든다.

논술형 문항은 대개 학생이 서술해야 할 분량이 상대적으로 많고 또 채점을 할 때 서술된 내용의 깊이와 넓이뿐만 아니라 글을 조직하고 구성하는 표현 능력이나 논리성 등도 고려하게 된다. 논술형 문항은 종합, 평가 수준의 복잡한 능력을 측정하는데 유용하지만 서술할 분량이 많고 응답을 조직하고 작성하는데 시간이 많이 걸린다. 또한 논술형 문항은 학생의 성취 정도 평가뿐만 아니라 의사소통능력을 평가하는데도 유용하다. 즉, 논술형 문항을 통해서 학생이 자기의 주장에 얼마나 논리적 일관성을 가지는지, 글을 쓰는 능력이 어떠한지 등을 평가할 수 있다.

논술형 문항은 자료나 정보의 제시 방식에 따라 단독과제형과 자료제시형으로 나누어 볼 수 있다. 단독과제형은 답안 작성에 필요한 자료나 정보를 제시해 주지 않고 제목이나 명제 혹은 주제 등을 제시해 주고 이를 바탕으로 응답하도록 하는 형태이다. 다음과 같은 문항을 예로 들 수 있다.

- 핵가족 제도에 대하여 찬성 또는 반대하는 입장을 택하여 논하시오.

자료제시형은 답안 작성에 필요한 자료나 정보를 제시해주고 이를 바탕으로 응답하도록 하는 형태이다. 다음과 같은 문항을 예로 들 수 있다.

> 최근 우리 사회에서는 '학교교육 위기'에 대한 우려의 목소리가 높다. 학교가 붕괴되어 제 구실을 다하지 못한다는 것이다. 이와 관련된 최근의 연구에서는 학교교육의 핵심 영역인 수업과 생활지도면에서의 비효율성 혹은 불능 등을 학교교육 위기 현상의 예로 지적하고 있다. 향후 학교교육이 본래의 역할을 다하기 위해서는 이러한 문제들을 정확하게 인식하고 미리 대처해 나가야 할 것이다.

• 위와 같은 학교교육의 위기 현상에 대해 실제적 현상, 원인, 현실적 인 극복방안을 중심으로 논하시오.

논술형 문항은 응답에 제한을 가하지 않음으로써 응답의 자유를 보장받는 특성을 가진다. 이에 따라 종합하고, 조직하고, 독창적인 아이디어를 창출하는 능력처럼 복잡한 능력을 측정하기 위해 사용되어진다. 그러나 이러한 장점은 단점을 수반하게 되는데, 단점은 채점을 준비하고 실제 채점을 하는데 소요되는 시간과 노력이 (서술형 문항에 비해) 늘어난다는 것과 수업과 보다 직접적으로 연관되는 구체적인 학습목표를 측정하기에 부적합하다는 것이다.

2 수행평가

사회의 변화에 발 맞추어 학교교육에서 강조하는 평가방식이 변화하고 있다. 집단 내에서의 서열을 중시하던 평가방식에서 사전에 설정된 성취기준 혹은 학습목표의 도달 정도를 중시하는 평가방식으로의 전환은 이미 시작되었고 또한 상당부분 진척되었다. 한 학생이 다른 학생보다 성적이 높다 혹은 낮다라는 것보다는 학생이 무엇을 잘하고 무엇을 못하는가 하는 것을 파악하는 것이 평가의 주요한 기능이 되고 있다. 이는 학교에서 규준지향검사보다는 준거지향검사의 중요성이 증가했다는 것을 의미한다.

준거지향검사에서는 검사 결과를 사전에 설정된 성취기준/학습목표에 의거하여 해석을 하게 된다. 타당한 해석이 이루어지기 위해서는 사전에 설정된 기준/목표상의 내용과 행동을 측정하기에 적합한 문항이 개발·사용되어야 한다. 그래야만 문항의 응답결과를 토대로 성취기준/학습목표의 도달 정도를 확인할 수 있다. 그런데 선택형 문항(진위형, 선다형)이나 완성형 및 단답형 문항으로 측정하기에 적합하지 않은 내용과 행동을 가진 성취기준/ 학습목표가 상당 수 있고 또한 그 수가 점점 더 증가하고 있다. 만약 선택형과 완성형 및 단답형 문항의 사용만을 고집한다면, 그러한 성취기준/ 학습목표의 도달 정도를 확인하기 어려울 것이다. 따라서 전통적인 평가방식(여기서는 서술형과 논술형을 제외한 지필평가를 의미함)에 더하여 수행평가에 대한 지식과 기술을 갖출 필요가 있다.

또한, 사회 전체적으로 실제로 수행하는 능력을 평가하라는 요구가 높아지고 있다. 예를 들어, 기계를 조작하는 순서가 올바르게 된 답지를 골라내는 능력보다는 실제로 기계를 순서에 맞게 조작하는 능력을 갖추었는지를 평가해야 한다는 것이다. 검사는 구조적으로 능력을 측정하기 위하여 간접적 방법을 사용해야 하는 제약을 가지고 있다. 학생의 띄어읽기 능력을 평가하기 위한 직접적인 방법은 자연적인 상황에서 아주 오랜 기간 동안 학생이 읽는 것을 보고 평가하는 것일 것이다. 현실적인 제약으로 인위적인 상황(예, 학교의 읽기 시험)에서 일회 혹은 정해진 횟수만큼 검사를 하여 학생의 띄어읽기 능력을 평가하게 된다. 물론, 평가 방법이 직접적일수록 능력에 대한 평가가 보다 타당할 것이다. 당연히, 정답을 골라내는 능력을 검사하는 것보다는 실제로 수행할 줄 아는 가를 검사하는 것이 보다 직접적인 평가 방법이다. 사회가 요구하는 평가를 위해서는 선택형, 단답형 문항보다는 수행평가 문항을 사용하는 것이 합당하다.

여기서는 수행평가의 개념, 장점, 단점, 평가방법을 개괄적으로 살펴보고자 한다. 각 평가방법에 대한 구체적 설명은 관련 서적을 참조하기 바란다.

가. 수행평가의 개념

수행평가는 오래 동안 사용되어온 선택형 지필평가와 차별적인 평가방식을 지칭하는 용어로 사용되고 있는데, 여기서 선택형 지필평가란 '지필(종이와 연필)을 사용하여 주어진 제한된 답지 중에서 정답을 택하도록 요구하는 평가방식'이라 정의할 수 있다.

수행평가를 '교사가 학생이 학습과제를 수행하는 과정이나 그 결과를 보고, 그 학생의 지식이나 기능이나 태도 등에 대해 전문적으로 판단하는 평가 방식', 즉 '학생 스스로가 자신의 지식이나 기능이나 태도를 나타낼 수 있도록 답을 작성(서술 혹은 구성)하거나, 발표하거나, 산출물을 만들거나, 행동으로 나타내도록 요구하는 평가방식' 이라고 정의할 수 있다(백순근 편, 1998). 여기서의 '행동'이란 단순히 신체를 움직이는 것만을 의미하는 것이 아니라 자신의 지식이나 기능이나 태도 등을 나타내기 위해 말하거나, 듣거나, 읽거나, 쓰거나, 그리거나, 만들거나, 그것을 계획하고 준비하는 과정까지도 포함하는 모든 활동을 의미한다(백순근, 2002).

나. 수행평가의 장점

수행평가의 가장 큰 장점은 평가와 교수-학습과의 연계성이 높다는 것이다. 이는 앞에서 언급한 준거지향검사의 중요성과 연관지어 생각할 수 있다. 학생들이 성취기준/학습목표에 따라 학습을 한 후 평가를 하고, 평가결과에 따라 학생이 해당 성취기준/학습목표에 얼마나 도달했는가를 파악하는 것은 교수-학습 향상에 큰 도움을 줄 수 있다. 예를 들어, 수학의 방정식에 관한 성취기준이 있고 기준의 도달 정도를 확인하기 위해 개발된 문항을 대부분의 학생들이 틀렸다면, 이는 교사에게 해당 성취기준 관련 내용의 교수방법을 점검해볼 수 있는 기회를 제공한다. 이에 반해, 검사를 치르고 특정 집단(예, 학급)에서 학생이 몇 등을 했는가의 정보는 교수-학습의 향상에 별로 도움을 주지 못한다. 결국, 평가와 교수-학습과의 연계를 위해서는 문항이 성취기준/학습목표 상의 내용과 행동을 측정하기에 적절해야만 하는데 선택형 문항보다는 수행평가가 성취기준/학습목표상의 내용과 행동을 측정하기에 적합한 경우가 많이 있고 또한 그러한 경우는 점점 증가하고 있다.

둘째, 수행평가는 교육목표의 달성여부를 가능한 직접적으로 평가하는 방식이다. 앞에서 언급한 대로 사회는 실제로 수행할 줄 아는 능력을 필요로 하고 또한 이러한 능력을 평가하기를 요구하고 있다. 예를 들어, 직장생활에서 보고서를 쓰고 발표를 하는 능력은 필요하지만 선다형 문제를 푸는 능력은 별로 필요하지 않다. 실제 수행능력을 평가하기 위해서는 가능한 직접적으로 평가를 해야 하며 당연히 주어진 답지 중에서 고르는 선택형보다는 자신의 답을 구성해야 하는 수행평가가 보다 직접적인 평가 방식이다.

셋째, 수행평가는 고등사고능력을 측정하기에 보다 적합하다. 사회적으로 많은 지식을 보유하는 것보다는 지식을 활용, 재산출하는 능력이 중요시되면서 기억력보다는 분석력, 적용력, 비판력, 창의력, 종합력과 같은 고등사고능력이 중요시되고 있다. 이러한 고등사고능력을 측정하기에는 선택형보다는 수행평가가 적합하다.

넷째, 수행평가는 교수-학습의 결과뿐만 아니라 교수-학습의 과정도 함께 중시하는 평가방식이다. 전통적 평가는 대부분 학습 활동이 종료되는 시점에서 이루어진다. 따라서 평가활동과 교수활동이 분리된다. 수행평가 체제에서는 교수-학습의 과정 중에 평가 활동이 이루어질 수 있다. 즉 수행평가를 통해 교수-학습의 과정 중에 평가 활동과 교육 활동을 유기적으로 연계하는 것이 가능하다.

다섯째, 수행평가는 개인별 평가뿐만 아니라 집단에 대한 평가도 중시하고 있다. 전통적인 선택형 평가 방식에서는 학생이 다른 학생의 도움을 받아 문제를 해결하는 것은 허락되지 못하였다. 그러나 수행평가에서는 집단별로 문제를 해결하거나 보고서를 작성하게 함으로써 집단에 대한 평가가 가능하다. 더하여, 이러한 평가를 위한 집단활동을 통해 다양한 학습 기회가 제공된다.

여섯째, 수행평가는 학생의 인지적인 영역뿐만 아니라 개개인의 흥미, 태도 등의 정의적인 영역과 운동기능 등의 심동적인 영역에 대한 종합적이고 전인적인 평가가 가능하다.

다、 수행평가의 단점

수행평가는 위에서 보인 장점을 가진 반면에 선택형 평가에 비해서 아래의 단점을 가지고 있다.

첫째, 수행평가 문항을 개발, 시행하는 것은 전통적 선택형 문항에 비해 많은 평가학적 지식 및 노력과 시간을 요구한다. 학생을 평가하기 위해 검사를 개발, 시행, 채점하고, 점수를 해석, 사용하는 것은 평가학적 지식 및 경험을 필요로 한다. 그런데 수행평가를 위해서는 선택형 검사에 비해서 훨씬 많은 평가에 대한 지식 및 경험이 요구된다. 따라서, 질 높은 수행평가를 위해서는 교사들이 충분한 평가학적 지식과 경험을 가지고 있어야 한다. 그리고 수행평가를 개발, 시행하는 것은 선택형 문항을 개발, 시행하는 것에 비해 훨씬 많은 시간과 노력을 필요로 한다. 또한, 수행평가에 대한 학생들의 반응을 기계적으로 채점하는 것이 거의 불가능하기 때문에 채점을 위해 전문적인 채점자(즉, 교사)의 시간과 노력이 필요하다.

둘째, 수행평가는 선택형 검사에 비해 채점 결과의 객관성, 정확성, 일관성이 떨어진다. 선택형 문항에서는 채점이 거의 기계적으로 되어지기 때문에 채점이 잘못된다거나, 동일한 응답에 다른 점수를 준다거나 하는 일이 거의 일어나지 않는다. 그러나 수행평가에서는 학생들의 수행 결과를 기계적으로 채점할 수가 없고 채점자가 각각 수행의 질을 판단하기 위하여 주관적인 추론과 해석을 해야한다. 따라서, 언제, 누가 채점했는가 하는 것이 채점 결과에 영향을 미칠 가능성이 크다.

셋째, 수행평가는 치르는데 시간이 많이 소요되기 때문에 선다형 검사에 비해 정해진 검사 시간에 치를 수 있는 문항의 수가 줄어든다. 아무리 수행평가가 학습목표의 도달 정도를 파악하기에 적절한 평가 방식이라 하더라도 검사 시간에 단지 극소수의 수행평가 문항을 실시할 수밖에 없다면 결국 도달 정도를 파악할 수 있는 학습목표의 수는 극히 한정될 수밖에 없다.

넷째, 수행평가와 교수-학습을 연계시키기 위해서는 철저한 준비가 요구된다. 교사는 학생(들)이 수행 과제에 오답을 했거나 부분 답을 했을 때, 학생(들)에게 무엇을 어떻게 처치해 주어야 할지에 대해 명확히 알아야만 한다. 또한, 학생은 자신이 수행과제에 오답을 했거나 부분 답을 했다면 자신이 무엇을 어떻게 고쳐야 할지를 알아야 한다. 이처럼 수행평가와 교수-학습을 연계시키는 것은 자동으로 되지 않고 교사와 학생의 노력과 시간을 요구한다.

라. 평가방법

수행평가의 평가방법은 앞에서 보인 선택형 문항과 구별되는 특성을 가지는데 이는 평가방법이 보편적이지 않다는 것과 교수-학습활동과 평가활동이 통합적이라는 것이다. 앞에서 선다형 문항의 특성으로 여러 수준의 능력과 다양한 교과에서 사용할 수 있다는 보편성을 들었다. 그런데 수행평가에서는 교과의 내용과 특성에 따라 선호되는 평가방법이 달라질 수 있다.

국어 교과 2017학년도 초등학교 1학년 1학기 지도서에는 구술 평가, 서술형 평가, 논술형 평가, 연구 보고서 평가, 포트폴리오 평가, 관찰 평가, 컴퓨터 기반 평가를 평가 방법의 예로 권장하고 있다. 수학 교과 2017학년도 초등학교 1학년 1학기 지도서에는 지필평가, 프로젝트 평가, 포트폴리오 평가, 관찰 평가, 면담 평가, 구술 평가, 자기 평가, 동료 평가를 평가 방법의 예로 권장하고 있다. 두 교과의 지도서에서 권장하는 수행평가 방법의 종류와 순서가 동일하지 않음을 볼 수 있다.

평가방법을 결정할 때는 평가의 시기와 수행 과제의 성격도 고려되어야 한다. 예를 들어, 차시별 교수-학습 지도안에 포함되는 수행평가는 간단한 평가방법(예, 서술형 평가)을 사용하게 되고, 학생 개인의 변화하는 정도나 장기간에 걸친 학습 과정에 대한 평가는 상당 정도 기간에 걸쳐 평가가 진행되는 평가방법(예, 포트폴리오 평가)을 사용하게 된다.

수행평가에서는 교수-학습활동과 평가활동이 통합적으로 진행되는 것을 강조하기 때문에 다양한 교수-학습 방법들이 곧 수행평가의 평가방법이 될 수 있다(백순근, 2002). 예를 들어, 도덕과 사회 교과 등에서 활용하는 역할놀이나 현장조사, 음악과 미술 교과의 작품감상이나 전시회, 공통과학 교과의 개념도 등은 훌륭한 교수-학습 방법이자 평가방법이 될 수 있다.

수행평가의 여러 평가방법을 서술형 및 논술형 평가부터 포트폴리오평가까지 개괄적으로 살펴보면 다음과 같다. 앞 절에서는 NEIS 분류를 따라 서술형 및 논술형 평가를 지필평가로 구분하였으나, 여기서는 남명호·김성숙·지은림(2000)의 학문적 분류를 따라 수행평가의 범주에 포함하였다.

① **서술형 및 논술형 평가**: 서술형 평가는 학생이 서술해야 하는 분량이 많지 않고 또 채점을 할 때 서술된 내용의 분량과 충실성을 고려한다. 이에 반해, 논술형 평가는 학생이 서술해야 할 분량이 상대적으로 많고 또 채점을 할 때 글을 조직하고 구성하는 표현 능력이나 논리적인 일관성도 고려한다.

② **구술 평가**: 학생으로 하여금 특정 내용이나 주제에 대한 자신의 의견이나 생각을 발표하도록 하는 평가방법이다. 주제나 질문을 사전에 미리 알려줄 수도 있고, 사전에 내용영역만 알려 주고 구술 평가를 시행할 때 그 내용영역과 관련된 주제나 질문을 제시하는 방식을 취할 수도 있다.

③ **찬·반 토론법**: 서로 다른 의견을 제시할 수 있는 특정 주제에 대해 개인별로 혹은 집단별로 찬·반 토론을 하게 하고, 토론 내용의 충실성, 논리성과 함께 지도력, 수용력, 사회성 등을 평가함으로써 인지적 특성 및 정의적 특성을 동시에 파악하는 평가방법이다.

④ **실기 평가**: 실기 평가는 실제로 학생들이 수행하는 과정을 보고 평가하는 방법인데, 종전에 음악, 미술, 체육, 실과 등의 교과에서 실시해온 실기시험과 수행평가의 실기 평가와의 근본적 차이는 평가가 이루어지는 상황이 제한되거나 통제된 상황인가 아니면 자연스런 상황인가 하는 것이다. 예를 들어 10번 던져서 성공한 슛의 개수를 가지고 학생의 농구 실기능력을 평가하는 것이 종전의 실기시험

이라면, 실제로 학급 대항 농구 시합에서 학생이 슛하는 것을 관찰하여 학생의 농구 실기능력을 평가하는 것이 수행평가의 실기 평가이다.

⑤ **실험·실습법**: 자연과학 분야에서 많이 활용되는 방법으로 학생들로 하여금 직접 실험·실습을 하게 하고, 그 과정과 결과를 관찰하여 평가하는 방법이다. 많은 경우 학생들로 하여금 실험·실습의 준비, 수행, 결과에 관한 보고서를 작성하게 하여 관찰결과와 보고서를 종합적으로 고려하여 최종평가를 하게 된다.

⑥ **면접법**: 평가자가 학생과 직접 대면하여 지필식 시험이나 서류만으로는 알 수 없는 사항들을 알아보고 평가하는 방법이다.

⑦ **관찰법**: 자연스러운 상황에서 학생을 이해하고 평가하기 위해 가장 보편적으로 사용되는 평가방법이다. 특히 나이가 어린 학생일수록 관찰자를 의식하지 않는 경향이 있기 때문에 초등학교 저학년 학생에 사용하기가 적합한 방법이다. 그런데 관찰법은 평정자가 오류를 범할 위험이 매우 높기 때문에 구체적이고 조작적으로 정의되어진 평가도구(예, 체크리스트)를 사용해야 평가결과의 신뢰성을 확보할 수 있다.

⑧ **연구보고서법**: 학생들로 하여금 능력이나 흥미에 적합한 주제를 선택하여 그 주제에 대해서 자료를 수집하고 분석·종합하여 보고서를 작성·제출토록 하여 평가하는 방법이다. 계획 단계에서부터 교사와의 협의를 거치도록 하는 것이 바람직하다.

⑨ **자기평가 및 동료평가**: 개별학생 스스로가 특정 주제나 영역에 대한 학습 과정이나 결과에 대해 자기 자신을 평가하도록 하는 방법이 자기평가이며, 동료 학생들이 상대방을 서로 평가하도록 하는 방법이 동료평가이다. 자기평가 및 동료평가는 인지적 영역의 평가보다는 정의적 영역의 평가를 위해 권장된다 (예, 자신의 친환경적인 태도를 점검하기 위한 체크리스트).

⑩ **포트폴리오**: 학생이 쓰거나 만든 작품을 누가적으로 또한 체계적으로 모아 둔 개인별 작품집 혹은 서류철을 이용한 평가방법이다. 즉,

일정 기간동안(보통 한 학기) 구체적 목적(예, 글쓰기 능력 향상)에 따라 계획적으로 학생의 수행정도와 성취 정도, 그리고 향상정도를 표현하는 산출물(예, 학생이 격주로 쓴 수필)의 축적을 수집하여 이를 통해 평가하는 방법이다. 대표적 장점은 장기간에 걸친 평가를 통해 학생의 향상 정도가 측정 가능하고, 과제 수행이 학습자 중심이고, 평가의 목적을 개인간 비교에 두지 않고 각 개인의 변화 및 향상도에 둔다는 것이다.

3 컴퓨터 기반 평가

정보통신기술의 발달은 개인 생활은 물론, 사회 자체의 모습을 바꾸어 놓고 있다. 도서관에서 노트와 펜을 들고 분주하게 서가 사이를 누비던 학생의 모습이 컴퓨터 앞에서 자판을 두드리는 모습으로 바뀐 지 벌써 오래 전 일이 되었다. 또한, 전 세계를 단 몇 초 사이에 연결하는 인터넷을 통하여 자신이 위치한 곳에서 지구 반대편에 위치한 곳의 정보를 접할 수 있게 되었다. 이제 더 이상 컴퓨터를 사용하는 것은 특별한 능력이 아니며 글을 읽고 쓸 줄 아는 능력처럼 생존을 위해서 필수 불가결한 능력이라고 할 수 있다. 우리 사회의 모든 분야에서 컴퓨터의 사용이 보편화되면서 학교에서도 컴퓨터가 활발히 사용되고 있다.

2016년 교육부 보도자료에 따르면, 2015 개정 교육과정 초등학교 3학년~중학교 3학년의 사회·과학·영어 교과와 고등학교 영어(검정 5종) 교과가 디지털교과서로 개발되어 2018년부터 서책형 교과서와 병행하여 수업에서 사용된다.

학생의 학습 및 성장을 돕기 위해 필요한 정보를 얻기 위한 목적으로 사용되고 있는 교육 및 심리검사의 실시를 위해 컴퓨터를 사용하는 것은 자연스러운 발전이라고 볼 수 있다. 컴퓨터의 사용은 처음에는 지필식 검사의 채점이나 결과 분석 시에 컴퓨터를 이용하는 '컴퓨터 보조검사(computer assisted testing)' 단계에서 시작하여, 컴퓨터를 통해서 직접 검사를 실시하는 '컴퓨터이용 검사(CT: computerized testing)' 단계를 거쳐, 컴퓨터를 통해서 학생의 능력이나 특성수준에 맞는 문제들로만 구성된 검사를 학생 개별적으로 실시하는 '컴퓨터이용 개별적응검사(CAT: computerized adaptive testing)' 단계로 발전해오고 있다.

또한, 근래에는 웹기반 검사(web-based testing: WBT)라는 용어가 많이 사용되고 있다. 이는 컴퓨터를 이용한 평가의 또 다른 단계라기보다는 독립형(stand-alone) 컴퓨터를 사용하지 않고 웹을 기반으로 컴퓨터이용 검사와 컴퓨터이용 개별적응검사를 실시하는 것으로 해석하는 것이 무방할 것이다. 예를 들어, 이전까지 CD-ROM을 이용하여 개별 컴퓨터에서 수학 컴퓨터이용 검사를 치렀으나 이제는 웹상에서 동일한 수학 컴퓨터이용 검사를 치른다면 이는 웹기반 검사라고 부를 수 있다. 프로그램 수정의 용이성, 뛰어난 상호작용성, 다양한 프로그램의 통합적 지원 등의 이유로 기존의 독립형 검사 실시 방식이 웹 기반 방식으로 전환하고 있다. 일상 생활에서 정보의 전달, 주어진 정보에 대한 반응, 반응에 대한 피드백 등이 인터넷망을 통해 이루어짐을 고려할 때 컴퓨터 기반 평가를 실시할 때 웹을 기반으로 하는 것은 자연스러운 경향이라고 할 수 있다.

가. 컴퓨터 보조검사(Computer Assisted Testing)

전통적으로 교사는 교육과정, 지도서, 참고서, 기타 참고 자료를 사용하여 검사를 개발하고, 학생들은 교실에서 검사를 치르고, 교사는 수작업을 통하여 답안지를 채점하고, 점수를 정해진 양식에 기입하였다. 또한 교사가 학생들 점수의 평균을 알고자 할 때는 계산기를 이용하여 수작업으로 평균을 구하였다.

이러한 일련의 과정은 투입된 교사의 시간과 노력을 생각할 때 비효율적이며, 또한 채점을 하거나 손으로 계산하는 과정에서 오류가 일어날 가능성이 크다. OMR(Optical Marker Reader) 답안지 및 판독기를 사용하여 채점을 하고, 컴퓨터를 이용하여 점수 결과표를 산출하면 교사의 시간을 보다 효율적으로 사용하고 오류를 줄일 수 있다. 이처럼 컴퓨터가 평가를 위한 교사의 업무를 보조하는 단계를 컴퓨터 보조검사라고 부를 수 있다. 컴퓨터를 평가에 활용하면서 보다 효율적인 검사 개발이 가능하게 되는데, 그 하나의 예로서 문제은행을 이용한 검사 개발을 들 수 있다.

문제은행이란 문제들을 관련 정보(예, 문항의 형태, 문항의 내용, 문항의 난이도, 변별도 등)와 함께 사용자가 용이하게 이용할 수 있게끔 정리 혹은 체계적으로 조직화 해 놓은 것을 의미한다. 문제은행을 이용하여 검사를 제작하게 되면 검사를 제작하는데 드는 시간과 비용, 그리고 노력을 절감하면서도 양질의 검사 제작이 가능하다. 전통적으로 사용하던 문항카드 등을 활용하여 검사를 제작하는 것도 여전히 가능하다. 그러나 많은 수의 문제를 체계적으로 조직화하고 이를 이용하여 검사를 제작하는 것은 컴퓨터의 도움 없이는 거의 불가능하다. 특히, 검사에 활자뿐 아니라 그림, 사진, 등의 자료를 포함하려면 컴퓨터를 사용하는 것이 보다 효과적이다.

우리 교육현장의 컴퓨터와 인터넷 보급 현황과 교수-학습 상황에서 컴퓨터 활용의 필요성을 고려할 때, 학생들의 평가를 위해서 다양한 자료를 포함한 문제를 컴퓨터를 이용하여 개발하고, 이를 문제은행에 저장하고, 문제은행으로부터 검사를 개발하여 시행하고, 그 결과를 컴퓨터를 통해 산출·분석하고, 더하여 학습을 향상시키기 위해 무엇을 어떻게 해야 하는 지의 정보를 개별 학생에게 피드백 해 줄 수 있는 전산시스템을 구축하여 운영하는 것은 불가능한 일이 아닐 것이다.

다음은 나이스(NEIS)의 [성적] - [지필평가조회] - [교과목별 학생답 정오표 조회] 메뉴를 이용한 학생 평가 결과 산출 화면이다.

문항 번호, 정답, 배점과 함께 각 학생별 정오답 여부, (오답시) 선택 오답지, 선택형 점수, 서술형 점수, 영역 총점의 정보가 제공된다.

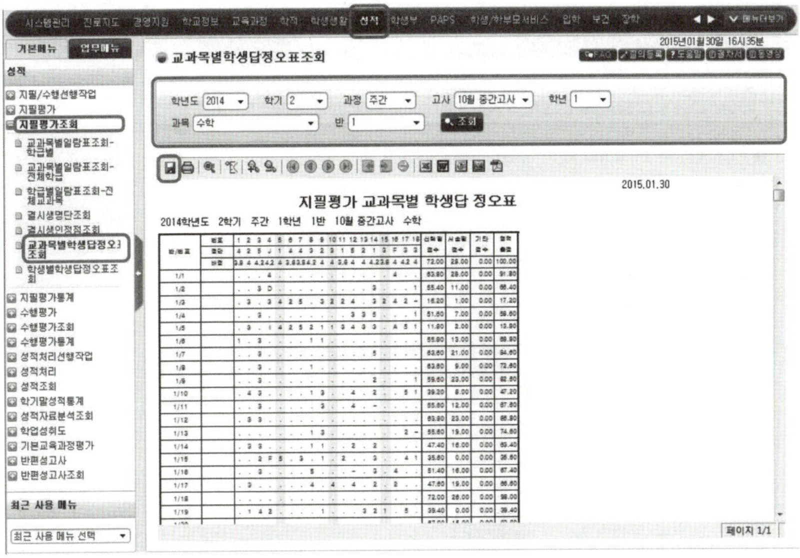

[그림 10-1] NEIS 교과목별 학생답 정오표 조회 결과 화면

출처: 교육부(2016), 학생의 성취도 파악을 위한 평가결과 분석, 이렇게 하세요(개정판), 10쪽.

나. 컴퓨터이용 검사(CT: Computerized Testing)

전통적으로 학생들은 책상에 앉아서 시험지와 답안지를 받아들고 필기구를 사용하여 검사를 치러왔다. 그런데 1970년대 이후 컴퓨터의 기능이 발전되고 컴퓨터의 사용이 대중화되면서, 학생들이 컴퓨터 앞에 앉아서 종이 대신 화면에 제시된 문제를 보고 입력장치(키보드, 마우스, 터치 스크린 등)를 활용하여 답을 하는 컴퓨터를 이용한 검사(이 후로 CT로 칭함)가 생겨났다. 대표적인 예로는 인터넷 상의 'e-test(http:// www.etest.co.kr)', 'worknet 직업심리검사(http://www.work.go.kr)'를 들 수 있다. 다음은 worknet 직업심리검사의 성인용 직업적성검사의 어휘력 검사 화면이다.

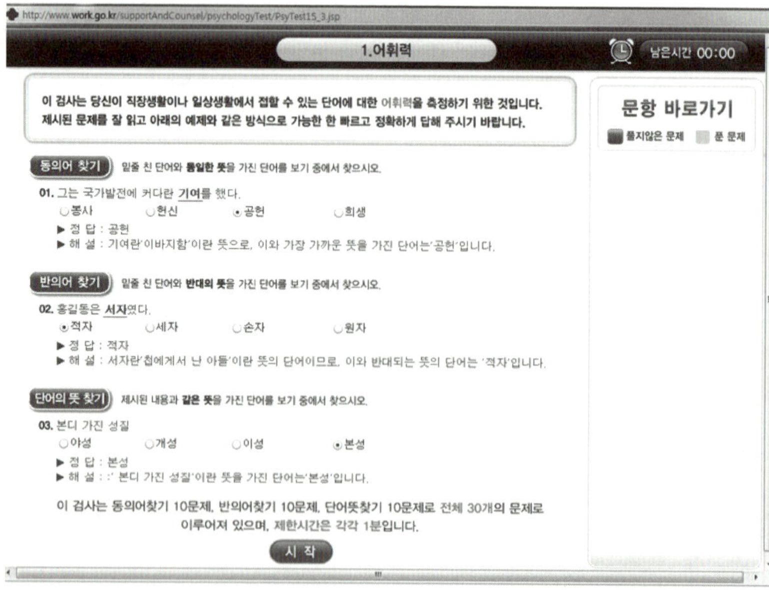

[그림 10-2] worknet 직업심리검사 성인용 직업적성검사의 어휘력 검사 화면

종이와 연필 대신에 컴퓨터를 이용하여 검사를 치르게 되는 CT는 다음의 여러 장점을 가진다. 그러나 각 장점은 새로운 형태의 단점을 유발할 수 있음을 고려하면서 살펴보아야 할 것이다. 또한 여기에 제시된 대부분의 장점들은 CT뿐만 아니라 컴퓨터이용 개별적응검사(CAT)에도 적용된다.

- 검사 오차의 감소: 시험지 및 답안지를 사용함으로써 야기되었던 오차들이 사라지게 되었다. 이러한 오차로는 시험지에 표기한 답을 답안지에 다르게 이기한 경우, 이전의 답을 확실히 지우지 않아서 복수의 답으로 처리되는 경우를 예로 들 수 있다. 특히, OMR 답안지가 사용되면 이러한 오차가 일어날 가능성이 더 커진다. 검사 종료 시간이 다 되어서 잘 못 표기된 하나의 답 때문에 전체 답안지를 새로 작성하느라고 땀을 뻘뻘 흘리는 학생을 보는 것은 그리 드문 일이 아니다. 이러한 오차는 컴퓨터 화면에 제시된 답안에 직접 입력장치를 통하여 표기함으로써 더 이상 일어나지 않는다.

표준화검사(예, 대학수학능력시험)의 경우 모든 학생이 동일한 검사 환경에서 검사를 치를수록 검사의 공정성이 증가한다. 만약, 서울 지역에서 대학수학능력시험을 치른 학생들의 검사 시간이 부산 지역에서 치른 학생들의 검사 시간보다 길었다면 검사결과의 공정성을 의심할 수밖에 없다. 이러한 극단적인 경우가 아니더라도 교실에서 검사를 치를 때 먼저 시험지를 받은 학생과 늦게 답안지를 제출하게 되는 학생은 검사 시간에서 부당한 이익을 보는 것이라고 할 수 있고 이는 전체적으로 검사의 오차를 증가시킨다. 그러나 컴퓨터를 이용한 검사에서는 모든 학생의 검사 시간을 동일하도록 조정하는 것이 용이하다.

그러나, 검사를 치르는 컴퓨터의 성능이 학생들에 따라 달라진다면, 이는 표준화에 악영향을 끼치고 따라서 검사 오차가 증가하게 된다. 예를 들어, 검사를 치르는 몇 몇 학생의 마우스가 제대로 반응을 하지 않는다면 해당 학생들은 원래의 능력보다 못한 점수를 받게 될 것이다.

- 증진된 보안성: 검사를 치르는 도중 소위 '커닝'에 의한 보안 문제는 개별 칸막이가 구비된 장소에서 컴퓨터를 이용하여 검사를 치르면 대부분 해결이 된다고 볼 수 있다. 더하여 사전에 검사지 혹은 문제가 누출된다거나 사후에 답안지의 누출 등으로 인한 보안 문제는 모든 정보가 종이가 아닌 컴퓨터의 기억 장치 내에 저장이 됨으로써 대부분 해결이 된다.

  그러나, 컴퓨터의 해킹(hacking)과 바이러스의 위협이 표면화되면서 사전에 컴퓨터에 침입하여 문제 혹은 검사 자체에 접근한다거나 컴퓨터의 기억장치에 접근하여 저장된 답안에 조작을 한다면 보안성에 심각한 위협이 된다. 더하여 문제은행을 운영하는 경우 문제은행 자체의 보안에 대한 심각한 주의가 요구된다. 특히, 인터넷을 통한 검사가 확산되고 있는 시점에서 CT에 대한 철저한 보안은 간과되어서는 안될 것이다.

- 화면을 통한 다양한 자료 제시: 종이와 연필 검사에서는 활자가 주

가 되면서 제한적으로 그림, 사진 등을 포함한 자료를 제시하였다. 교육현장에서 문자, 음성, 사진, 비디오, 애니메이션, 대화성을 포함한 멀티미디어의 활용이 당연시되면서 검사에도 이러한 자료를 포함하는 것이 시도되고 있다. 1970년대에는 간단한 그래픽과 조잡한 컴퓨터 합성음을 사용하는 것이 고작이었지만, 90년대 들어서면서 고속, 대용량의 CPU, 메모리가 개발되고, 멀티미디어 카드 및 CD-ROM 드라이브가 보급되면서 3차원 그래픽, 선명한 화질, 스테레오 사운드, 애니메이션 등의 구현이 가능해졌다. 실제로 충분한 컴퓨터 환경만 뒷받침된다면, CT에서 제시할 수 있는 자료의 형태에 거의 제한이 없다고도 할 수 있다.

- 동기유발 및 사기 진작: 동기부여가 되지 않거나 사기가 진작되지 않은 채 검사를 치르는 것은 당연히 검사 결과의 양호성을 떨어뜨린다. 많은 선행연구의 결과에 따르면 학생들은 종이와 연필 검사를 치를 때보다 CT를 치를 때 동기 유발이 강화되고 사기가 진작되었다. 특히 컴퓨터에 익숙한 10대, 20대의 학생들에게 CT가 보다 매력적인 것은 당연하다고 할 수 있을 것이다.

  그러나, 상대적으로 컴퓨터에 익숙하지 않은 세대의 학생들에게 CT가 덜 매력적인 것도 당연할 것이다. 실제로 장년 층 수험자들을 연구 대상으로 한 선행연구에 따르면 상당수가 전통적인 지필평가를 선호하였다.

- 다양한 피험자 정보: 검사결과로부터 학생의 능력에 관하여 얻을 수 있는 정보는 학생의 최종 점수, 각 문제의 맞고 틀림으로 제한 되어왔다. 학생이 전체 검사를 치르는데 소요한 시간 및 각 문제에 대해 소요한 시간, 학생이 검사를 치르는 양상(예, 쉬운 문제부터 먼저 치르고 나중에 어려운 문제를 치름, 혹은 특정 유형의 문제에 검사시간을 집중 함)이 학생의 능력에 관하여 귀중한 정보를 제공한다는 것은 오래 전부터 인정되어왔다. 그러나 현실적으로 대규모 검사환경에서 이러한 정보를 얻어낼 수 있는 방법이 없었다. 컴퓨터를 검사에 직접 사용하면서 이러한 문제가 해결되었는데, 컴퓨터는 학생이 전체 검사

및 개별 문제에 얼마의 시간을 소요하였는지, 문제를 몇 차례 검토하였는지, 어떠한 양식으로 검사를 치렀는지 등의 정보를 파악하는 것을 가능케 하였다.

- 새로운 유형의 문제: 위에서 보인 대로 컴퓨터 이용검사에서는 다양한 형태의 자료 제시가 가능할 뿐만 아니라, 전통적인 검사방식에서는 불가능했던 유형의 문제를 통해 학생의 능력을 측정하는 것이 가능하다. 예를 들어, 화면상에 계산기를 제시한다거나, 마우스를 이용하여 도형을 그리게 한다거나, 멀티미디어의 양방향 대화성을 포함하여 지필평가에서는 불가능했던 유형의 문제를 제시하는 것이 가능하다. 또한 웹 환경에서 컴퓨터를 활용하여 교수-학습이 이루어지는 경우, 습득된 지식과 기능을 타당하게 측정하기 위해서는 지필평가보다는 웹기반 검사가 적합할 것이다. 예를 들어, 웹 환경에서 과제가 주어지고, 이를 해결하기 위해 정보를 검색하고 , 정보를 평가하고, 적용하는 과정을 평가할 수 있다. 국내 검사의 예로 2012년 한국교육과정평가원에서 개발한 컴퓨터 기반 문제해결 능력 평가(박은아 외, 2012)를 들 수 있다.
- 시험이 끝남과 동시에 점수 혹은 프로파일의 제공: 전통적인 검사방식 하에서는 대규모 검사의 경우 검사를 치르고 검사의 결과를 손에 받기까지 수 주일이 걸렸으며, 학교에서 치러지는 검사의 경우도 수일이 걸렸다. 그러나, 특히 진단평가나 형성평가의 경우 이러한 검사 일로부터 결과 보고일까지의 시간 지체는 검사 결과의 교육적 활용도를 떨어뜨린다. CT의 경우 검사가 종료됨과 동시에 문제 및 검사 점수의 정보를 주는 것이 가능하고, 더하여, 사전에 적절한 프로그램만 된다면 검사 결과에 따른 기타 정보 및 프로파일 등을 제공하는 것이 가능하다.
- 시험 및 결과자료의 운송 불필요: 현재 종이와 연필을 이용한 대규모 검사에서는 검사지 및 답지를 특정 장소에서 출력하여 해당 검사장으로 운송하고, 검사가 실시된 후 검사지 및 답안지를 채점장소로 운송하고, 다시 채점결과를 개별 학생 혹은 학교로 우송하는 방식을

취한다. 이러한 방식은 많은 시간과 노력을 필요로 한다. 컴퓨터 통신망(network)을 이용하게 되면 이전에 소요되던 시간과 노력에 비해 작은 노력으로 이러한 효과를 볼 수 있다. 물론, 앞에서 지적한대로 컴퓨터 통신망을 통한 자료의 운반은 해킹(hacking)과 바이러스의 위험에 노출되어 있음을 명심해야 할 것이다.

- 컴퓨터 문해력 측정: 컴퓨터를 사용하여 정보를 획득하고, 가공하고, 활용하고, 재창출하는 능력은 현대 사회를 살아가기 위한 필수 능력 중 하나이다. 컴퓨터 문해력을 측정하기 위하여 특별한 검사를 실시할 수도 있을 것이다. 그러나 컴퓨터 문해력을 종이와 연필검사를 사용하여 측정하기보다는 다른 능력을 측정하는 CT를 통해서 (부가적으로) 자연스럽게 컴퓨터를 사용하는 능력을 측정할 수 있다.

다. 컴퓨터이용 개별적응검사 (CAT: Computerized Adaptive Testing)

전통적으로 동일한 검사를 모든 학생들이 치르던 검사는 능력이 우수한 학생이나 능력이 모자란 학생이나 동일한 문제들을 치러야만 했다. 그러나 검사가 어려운 문제로만 구성되어 있으면 능력이 모자란 학생은 자기의 수준에 맞지 않게 높은 수준의 문제들을 풀어야 하고, 검사가 쉬운 문제로만 구성되면 능력이 뛰어난 학생은 자기의 수준에 떨어지는 문제들을 풀어야 한다. 대부분 전통적인 검사는 난이도가 중간인 문제가 가장 많고 쉬운 문제와 어려운 문제를 어느 정도 포함하여 단순화하면 다음의 그림과 같은 형태를 가지게 된다.

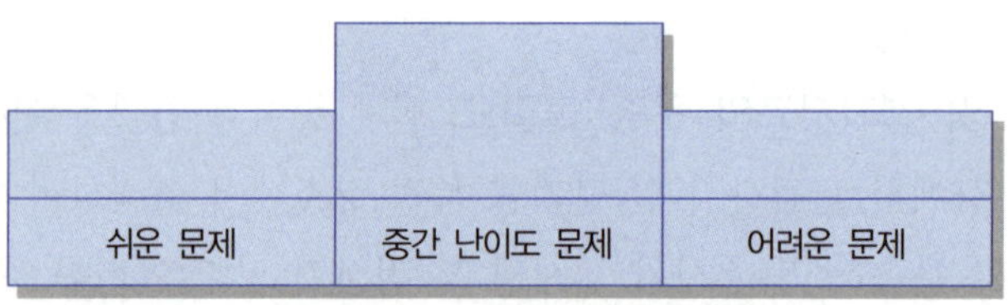

[그림 10-3] 난이도에 따른 전통검사의 문항 구성

쉬운 문제가 자기 수준에 맞는 학생들, 즉 능력이 모자란 학생들이 중간 난이도 문제와 어려운 문제에 답한 정보는 그 학생들의 능력을 파악하는데 별로 도움이 되지 않으며, 마찬가지로 어려운 문제가 자기 수준에 맞는 우수한 학생들이 중간 난이도 문제와 쉬운 문제에 답한 정보는 유용성이 떨어지게 된다. 다시 말해, 자기 수준에 적합하지 않은 문제를 치르는 것은 그 학생의 능력을 평가하는데 별로 도움을 주지 못한다는 것이다.

이러한 제한점을 극복하기 위해서 오래 전부터 학생의 수준에 따라 치르는 검사의 난이도가 달라지는 적응성 검사가 시도되었다. 그러나 실제로 개별 학생의 능력에 따른 적응성을 가진 검사는 컴퓨터의 활용과 함께 본격화되기 시작했다. '피험자의 능력에 적합한 문제가 주어지면, 그 문제로부터 얻어지는 정보는 그렇지 않은 경우에 비해 증가한다'는 간단한 논리에 근거하여, 각 개별 학생의 능력 수준에 맞는 문제로만 구성된 검사를 치르게 되는 컴퓨터이용 개별적응검사(이후로 CAT로 칭함)는 높이뛰기에 비할 수 있다.

한 선수의 높이뛰기 실력을 알아보기 위해서, 그 선수가 모든 높이를 다 뛰어볼 필요는 없다. 즉, 개별 선수의 높이뛰기 능력에 비추어 너무 높거나 혹은 너무 낮은 높이가 아니라 그 선수가 성공할 가능성이 중간 정도인 높이를 시도하게 하고, 통과하면 조금 더 높은 높이를 도전하게 하고 실패하면 조금 낮은 높이를 도전하게 한다. 이를 실제 검사 상황에 적용시켜 보면, 문제가 쉬운 문제부터 어려운 문제 순으로 배열되어 있을 때, 우수한 학생에게 어려운 문제를 치르게 하고 이 문제를 맞추면 보다 어려운 문제를 치르게 하고 틀리면 덜 어려운 문제를 치르게 한다. 이런 식으로 검사를 진행하면 능력이 우수한 학생은 대체로 어려운 문제들만을 풀게 되고, 능력이 낮은 학생은 대체로 쉬운 문제들만을 풀게 된다. 최종적으로 전통적 검사와 비교하여 적은 개수의 문제로도 학생의 능력을 알아내는 것이 가능해진다. 즉, 검사의 효율성이 증가하게 된다.

(1) 적응성을 가진 검사의 시도

오래 전부터 적응성을 가진 검사에 대한 여러 아이디어가 소개되었다. 이러한 방법은 사전에 학생의 능력에 따라 어떠한 방식으로 소검사 혹은 문제를 다르게 제시할 것인가를 정하고 이 방식에 의거하여 학생의 능력에 따라 동일하지 않은 검사를 치르게 하는 것이다. 예로서 위계화된 하부검사를 들 수 있다. 학생들은 두 개의 검사를 치르게 되는데, 처음 치르는 분류검사로부터 학생의 능력이 (사전에 설정해 놓은 수준 중) 어느 수준에 속하는 가를 결정하고, 해당 수준에 적합한 문제로 구성된 두 번째 검사를 치르게 된다(예, 쉬운 검사, 중간 정도 검사, 어려운 검사).

그런데, 이러한 적응성을 가진 검사에서는 동일하지 않은 검사 세트를 치른 학생들의 능력을 구분하는 것이 매우 어렵다. 예를 들어 '김복동'은 중간 정도 검사에서 95점을 맞고, '이영철'은 어려운 검사에서 50점을 맞았다면 누가 얼마만큼 높은 성취를 보인 것인가에 대한 답을 줄 수가 없다. 모든 학생들이 동일한 문제로 구성된 검사를 치르는 상황에서 발전된 전통적 검사이론으로 해결할 수 없었던 이러한 문제는 문항반응이론(IRT: Item Response Theory)이 개발되면서 해결되었다고 할 수 있다. 문항반응이론은 모든 문제의 난이도를 하나의 척도 상에 위치시키고 문제의 난이도와 학생의 능력정도를 수학적으로 연관시킴으로써 '피험자 능력모수 불변성'을 통하여 다른 검사 세트를 치른 학생들의 능력을 공통된 잣대로 해석, 비교하는 것이 가능토록 하였다.

더하여, 전통적인 방법의 적응성을 가진 검사는 시행이 너무나 불편하다는 단점을 가졌다. 각 개별학생의 반응에 따라 채점을 하고 다시 그에 부합하는 검사를 제시해주어야 하는 방법은 한 명의 감독관이 다수의 학생들을 감독하는 상황에서 현실적으로 불가능하다. 학생의 학습을 보조하기 위한 검사에서는 활용가능성이 있지만 실제적 중요성을 가진 검사(예, 선발 검사)에서는 거의 현실성이 없다고 할 수 있다. 그러나, 컴퓨터가 검사에 사용되면서 채점을 하고 채점 결과에 따라 다음 검사 혹은 문제를 제시해주는 것은 눈 깜짝할 사이에 이루어지게 되었다.

정리하면, 모든 학생들이 동일한 문항으로 구성된 검사를 치르지 않고 학생들의 반응에 따라 치르는 검사의 내용이 달라지는 검사를 시행하고자 하는 시도는 오래 전부터 있어왔다. 그러나, 점수를 직접적으로 비교하는 것이 불가능함과 시행상의 제약으로 현실화되지 못했던 적응성을 가진 검사의 아이디어는 문항반응이론의 개발과 컴퓨터 기술의 발전으로 인하여 가능하게 되었다. 실제로 CAT는 문항반응이론과 컴퓨터공학의 결합품이라고 할 수 있다.

(2) CAT의 진행방식

각 개별 학생의 능력 수준에 맞는 문제로만 구성된 검사를 치르게 되는 CAT는 [그림 11-6]에 제시된 순서를 따라 진행되게 된다. 먼저 검사를 치르는 학생의 능력수준을 임시적으로 추정하고 이 수준에 해당하는 난이도를 가진 문항으로 검사를 시작한다. 학생이 첫 번째 문제를 맞히면 어려운 문항이 제시되고 틀리면 보다 쉬운 문항이 제시된다. 학생이 제시된 모든 문항들에 응답한 반응을 채점하여 정답여부에 의거하여 학생의 능력수준을 다시 추정한다. 새롭게 추정된 능력에 적합한 문항을 선정하여 제시하고, 정답여부에 따라 능력수준을 또 다시 추정하는 방식으로 검사가 진행된다. 학생이 사전에 규정된 개수의 문항을 다 치르거나, 정해진 검사시간에 이르거나, 혹은 추정된 능력수준이 일정 기준의 정확성을 가지게 되면 검사는 종료된다. 따라서, CAT에서 학생들은 각자의 능력수준에 해당되는 난이도를 가진 문항으로 검사를 시작하여, 능력수준에 따라 다른 문항을 다른 순서로 치르게 되고, 종료기준이 만족되면 검사를 마치게 된다.

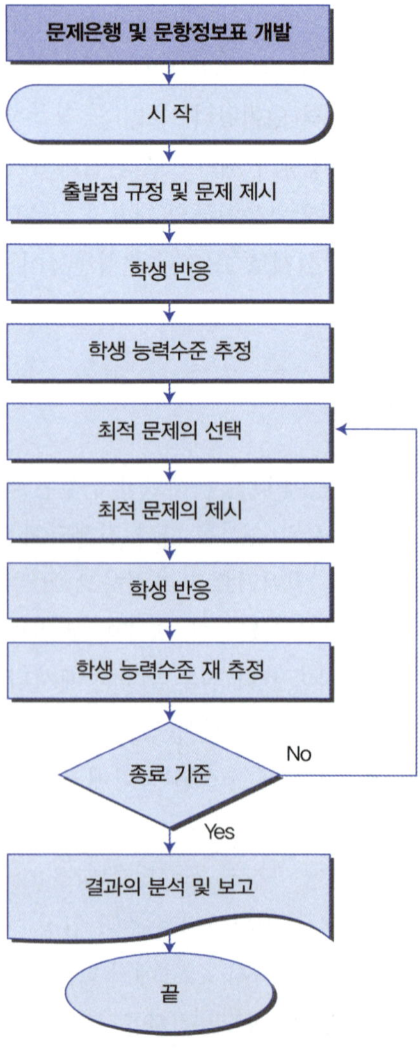

[그림 10-4] CAT의 진행 순서도

(3) CAT의 장점

위에서 보여진 방식으로 진행되는 CAT는 앞에서 제시된 CT의 장점에 더하여 다음의 장점을 가진다.

- 측정의 정확성: 문제의 어렵고 쉬움의 정도인 난이도, 능력이 높은 학생이 정답을 할 수 있고 능력이 낮은 학생이 정답을 하지 못하는 정도인 변별도, 능력이 하나도 없는 학생이 단순한 추측(일종의 찍기)으로 정답을 할 수 있는 정도인 추측도를 종합적으로 고려하여 개별 학생의 능력수준에 맞는 문제들로 구성된 시험을 치르게 함으로써, 결국 학생의 능력을 보다 정확히 측정 가능하다.

  13장의 신뢰도에서 제시되는 것처럼 우리가 눈으로 볼 수 있는 학생의 관찰점수는 진점수와 오차로 구성되어있는데, 이 오차가 일반 검사에 비해 CAT에서는 줄어듦으로서 측정이 정확해진다고 할 수 있다. 그런데, 이러한 CAT의 장점은 상대적인 것으로서 비슷한 질을 가진 문제들로 구성된 지필검사와 CAT의 경우 CAT가 장점을 가진다는 것이지 CAT는 무조건 측정의 정확성이 증가하는 것이 아님을 확실히 한다.
- 측정의 효율성: 앞에서 보인 대로 적응성을 가지지 못한 전통적 검사에서는 학생의 능력에 상관없이 모든 학생이 동일한 검사를 치르게 됨으로써, 학생이 치르는 문제 중 상당수가 학생의 능력을 측정하는데 별로 도움을 주지 못하였다. 그러나 CAT의 경우에는 개별 학생이 자기의 능력에 부합되는 문제만으로 구성되는 검사를 치르게 됨으로써 전통적인 검사에 비해서 효율적으로 학생의 능력을 측정할 수 있다. 즉, 능력을 측정하기 위해 필요한 문제의 수가 줄어들고 이는 검사에 투입되는 시간, 노력, 비용을 줄이는 효과를 가져온다. 연구결과에 의하면 일반 전통적 검사에 비해서 학력검사의 경우는 1/2의 문제 수를 가지고 학생의 능력을 측정하는 것이 가능하고 태도검사의 경우는 1/4의 문제 수를 가지고 학생의 특성을 측정하는 것이 가능하다(채선희, 1995).
- 수시 평가: 전통적인 검사에서 모든 학생이 동일한 장소에서 동일한 시간에 검사를 치러야 했던 제약이 CT에서는 다른 장소에서 검사를 치를 수 있도록 완화되었다. 그러나 여전히 동일한 시간에 검사를 치러야 하는 제약은 남아있다. 그러나 CAT는 각 개별학생이 치르는 검

사가 동일하지 않기 때문에 동일한 시간에 검사를 치를 필요가 없다. 특정 날 아침에 검사를 치러도 되고, 다음 날 오후에 검사를 치를 수도 있는 것이다. 즉, 전산 및 검사 환경이 구비된다면 수시로 검사를 치르는 것이 가능하다. 이는 검사 장비의 경제성을 높인다고 말할 수도 있는데, 검사 시간이 2시간 이내로 제한되어있다면 이론적으로 하루에 1대의 컴퓨터에서 12명이 검사를 치르는 것이 가능하다.

- 동일한 오차 수준으로 측정이 가능: 진점수와 관찰점수의 차이는 오차라고 표현되는데, 전통적 검사이론에서는 모든 학생의 오차가 동일하다고 가정한다. 예를 들어, 시험점수가 0점에서 100점까지 나올 때 0점 맞은 학생의 오차, 80점 맞은 학생의 오차, 100점 맞은 학생의 오차가 동일하다는 것이다. 그러나 이는 충족되지 못하는 가정인데, 일반적으로 0점 혹은 100점을 맞은 학생의 오차는 평균 점수를 맞은 학생의 오차보다 낮다. 전통적 검사 이론에서는 이러한 이론과 실제의 차이를 해결하지 못하고 모든 학생의 오차가 동일하다는 가정을 사용하여왔다.

그러나, CAT에서는 문항반응이론을 사용하여 이 문제를 해결하였다. 각 학생의 능력 수준을 추정하면서 오차를 함께 추정할 수 있는데, 학생이 치르는 문제의 수가 늘어날수록 오차값이 줄어들게 된다. 따라서, 오차값을 특정 수준(예, 0.03)으로 정해놓고 CAT의 검사종료기준으로 학생의 오차 추정값이 그 수준이 되면 검사가 끝나는 방법을 사용한다면 이론적으로 모든 학생이 동일한 오차 추정값을 가지게 되고, 결국 모든 학생을 동일한 오차 수준으로 측정하는 것이 가능하다.

- 검사의 목적이나 필요에 따라 적절한 검사 전략 채택이 용이함: 검사의 목적에 따라 검사의 출발점, 문제선정기준, 검사 종료기준을 융통성 있게 조정하는 것이 가능하다. 예를 들어, 모든 학생 중 능력이 극히 우수한 학생들만을 선발하고자 한다면, 검사의 시작에서 중간 수준의 문제를 제시하지 않고 난이도 수준이 높은 문제를 제시한다. 또한 후속 문제를 선택할 때도 난이도가 낮거나 중간 정도의 문제는

제시하지 않는다. 이런 방식 하에서는, 능력이 낮거나 중간인 학생은 빨리 검사를 종료하게 되고, 능력이 높은 학생들만 상대적으로 긴 검사를 치르게 된다. 결국, 중간 난이도의 문제로 시작하는 것보다 훨씬 적은 수의 문제로 능력이 극히 우수한 학생인가 그렇지 못한 학생인가를 구분해내는 것이 가능하다.

(4) CT 및 CAT의 제한점

시험을 치를 때 컴퓨터를 이용하게 되면 종이와 연필 검사에서는 볼 수 없었던 단점들이 나타날 수 있다.

- **초기에 많은 비용이 필요**: 일단 컴퓨터를 검사에 사용하기 위해서는 컴퓨터 본체, 모니터 등 기계 장비를 구입해야 한다. 물론 예전에 비해 성능대비 가격이 떨어지기는 하였지만 고가의 장비를 구입하는 것은 여전히 쉬운 결정은 아닐 것이다. 더하여 관련 소프트웨어를 구입하기 위해서도 많은 비용이 들어간다. 그러나 앞에서 지적한대로 장기적으로 경제적이며 컴퓨터는 검사뿐 아니라 교수 및 학습을 위해 여러 용도로 활용됨을 고려해야 할 것이다.
- **공학적 기준이 설립되어 있지 않음**: CT 및 CAT 시행 시에 어떠한 형태로 화면에 문제를 보여주어야 하는지, 문제를 통과시키고, 반복해서 문제를 검토하고, 답을 수정하기 위해 어떠한 인터페이스를 사용하는지 등에 관한 표준화된 기준이 마련되지 않았다. 특히, 학생과 컴퓨터가 서로 의사전달을 하기 위한 인터페이스도 여러 검사마다 독자적인 것을 사용하고 있는데 이에 대한 기준도 마련되어야 할 것이다. 이처럼 공학적 기준이 설립되지 않은 하나의 이유는 컴퓨터 공학의 급속한 발전 속도를 들 수 있을 것이다.
- **화면에 제시하는 것이 제한됨**: 이전에 지필검사에서는 제시할 수 없었던 멀티미디어 자료를 사용한 검사가 가능해졌지만, 컴퓨터 화면에 제시되는 활자나 도형 등은 종이 시험지에 비해 크기나 선명도가 떨

어지는 제한점을 가진다. 그러나 컴퓨터 공학의 발전 속도 및 컴퓨터 성능의 향상 속도를 고려할 때, 멀지 않은 장래에 이러한 제한점은 상당 부분 해결될 것이다.

- 컴퓨터 채점의 제한성: 평가에서 컴퓨터 활용이 가장 먼저 보급된 분야는 채점이다. OMR 기능을 이용한 컴퓨터화 채점은 오래 전부터 이루어지고 있다. 그러나 컴퓨터 채점은 서술형과 논술형 문항으로 확산되지 못하고 있다. 현재 간단한 단어와 구 수준에서의 한글 답안 컴퓨터화 채점은 가능하지만 문장 수준에서의 채점 결과는 아직 신뢰하기 어렵기 때문이다. 서답형 문항의 채점에서 신뢰롭게 컴퓨터를 이용하기 위해서는 보다 많은 노력이 필요하다. 이러한 연구의 예로는 한국교육과정평가원에서 수행된 한국어 문장 수준 서답형 문항 자동채점 프로그램 고도화 개발 및 적용 연구(노은희, 2016)를 들 수 있다.
- 새로운 오차 발생 가능성: 앞에서 표준화를 통하여 오차가 줄어든다고 주장했으나, 컴퓨터는 새로운 오차를 소개할 가능성이 있다. 그 중 대표적으로 컴퓨터 경험과 컴퓨터 불안감을 들 수 있는데, 실제로 검사가 재고자 하는 능력이외에 컴퓨터를 사용해본 경험이 검사의 점수에 영향을 끼칠 수 있다. 또한, 컴퓨터를 사용하여 검사를 치를 때 지필검사를 치르는 것에 비하여 불안감이 증가할 수도 있다. 이러한 문제를 해결하기 위하여 실제 컴퓨터를 이용하여 검사를 치르기 전에 예비과정을 통하여 검사를 치르는데 필요한 컴퓨터 기능에 익숙해지도록 하는 방법을 사용한다. 연구결과에 의하면 20분 정도의 예비과정을 거치면 대부분의 컴퓨터 초보자도 검사를 치르는데 필요한 기능을 익힐 수 있다고 한다. 또한 CT 및 CAT 자체가 대부분의 학생들에게 익숙한 인터페이스를 사용하여 개발되어야 하고 최대한 학생이 편안함을 느낄 수 있도록 개발·시행되어야 할 것이다.

(5) CAT의 제한점

아래에 제시된 사항들은 CAT에만 적용되는 제한점이다.

- 맥락효과: 실제로 각 학생은 동일하지 않은 문제를 동일하지 않은 순서로 치르게 된다. CAT를 치를 때 경우에 따라서는 학생이 특정 영역에 국한된 문제만을 치르게 되고 그 결과에 따라 점수를 받을 수 있다. 예를 들어, '도형', '통계', '함수'영역의 수학 능력을 측정하고자 하는 검사에서 한 학생이 도형영역의 문제만을 치르고 높은 점수를 받았다면, 이 학생이 '통계'와 '함수'영역도 잘 한다고 말할 수 있는 것인가? 이러한 문제를 해결하기 위하여 CAT에서는 영역별로 균형적으로 문제를 제시하는 방법을 사용하는데, 예를 들면 첫 번째 문제는 '도형'영역에서 두 번째 문제는 '통계'영역에서, 세 번째 문제는 '함수'영역에서 최적 문제를 선택하여 제시하는 방법을 사용한다.
- 문제 자체 오류의 심각성: 시험의 문제 자체가 오류를 가지고 있는 경우가 있다. 대표적인 예로는 지문 혹은 선택지에 오타를 포함하고 있거나, 정답이 없거나, 복수의 정답, 혹은 오답과 정답이 바뀌어지거나 하는 경우를 들 수 있다. 또한, 한 문제의 지문 혹은 선택지가 다른 문제를 푸는데 필요한 정보를 주는 경우도 있다. 그런데 이러한 오류가 지필검사나 CT보다 CAT에서 심각해지는 이유로 먼저, 오류가 있는 문제가 어떤 학생에게는 제시되고 어떤 학생에게는 제시되지 않는다는 것을 들 수 있다. 이는 검사의 공정성에도 악영향을 미친다. 다음 이유로, 전통적 검사에서는 오류가 발견되면 모든 답을 맞게 해주거나 하는 방법으로 해결을 하였으나, CAT에서는 일단 검사가 끝나면 오류를 대처할 방안이 없다는 것을 들 수 있다.
- 문제의 재검토 및 응답 내용의 수정 불가능: 전에 풀었던 문제로 되돌아가서 답을 수정한다는 것은 CAT가 가지는 측정의 정확성 및 효율성에 악영향을 끼친다. 극단적인 예로 한 학생이 제시되는 문제들을 모두 틀린다면 이 학생은 난이도가 중간 혹은 낮은 문제들만을 치르게 된다. 그런데 검사 종료 전에 학생이 문제들을 재검토하여 응답 내용을 모두 수정하여 모든 문제들을 맞았다면 이 학생에게 어떠한 점수를 부여해야 하는가? 이에 대한 적절한 해결방안이 없으며 또한 이 경우 측정의 정확성은 엄청나게 떨어지게 된다. 문제를 재검토하

거나 응답내용을 수정하는 것은 대부분의 CAT에서 허락되지 않는다.

- **보안성의 위험**: CAT가 여러 번 진행되면서 처음에 평균 능력수준에 맞추어 제시되는 문제는 다수의 학생들에게 제시되어 진다. 또한 특정 능력수준에서 정보값이 높은 문제는 그렇지 못한 문제에 비해 제시되는 빈도가 높다. 이러한 문제들은 문항노출도가 높다고 표현되는데, 문항노출도가 높을수록 그 문제의 보안성은 떨어진다고 할 수 있다.
- **동일 지문을 공유하는 문제**: CAT의 근간을 이루는 문항반응이론의 가장 중요한 가정은 검사의 일차원성과 지역독립성이다. 그러나 동일 지문을 공유하는 문제들(예, 하나의 읽기 지문에 관련된 여러 개의 문제들)은 이러한 가정에 위배됨으로써 CAT에 부합되지 않는다.

참고문헌

교육부(2016). 2015 개정 교육과정에 따른 초·중등학교 디지털 교과서 국·검정 구분 고시. 2016년 8월 29일자 보도자료.

교육부(2016). 2016년 8월 29일자 보도자료 2015 개정 교육과정에 따른 초·중등학교 디지털 교과서 국·검정 구분 고시.

남명호(1995). 수행평가의 타당성 연구-과학 실기평가, 실험보고서 평가, 컴퓨터 시뮬레이션 평가의 비교. 박사학위논문. 고려대학교.

남명호, 김성숙, 지은림(2000). 수행평가-이해와 적용-. 서울: 문음사.

노은희, 송미영, 박종임, 김유향, 이도길(2016). 한국어 문장 수준 서답형 문항 자동채점 프로그램 고도화 개발 및 적용. 한국교육과정평가원 연구보고 RRE 20016-11

박은아, 이문복, 이상하, 최혁준, 서민희(2012). 컴퓨터 기반 문제해결 능력 평가 도구 개발 및 시범 적용. 한국교육과정평가원 연구보고 RRE 20012-5-1.

백순근 편(1998). **중학교 각 교과별 수행평가의 이론과 실제**. 서울: 원미사.

백순근(1999). 수행평가 정착을 위한 교육평가 실천 방안. 수행평가 현장 정착을 위한 세미나 자료집 - 초·중등학교 교과별 수행평가의 실제.

백순근(2002). **수행평가:이론적 측면**. 서울: 교육과학사.

백순근, 채선희(1998). **컴퓨터를 이용한 개별적응검사**-교육 및 심리검사를 위한 새로운 방법. 서울: 원미사.

부재율(1998). 컴퓨터를 이용한 표준화 학력검사의 타당성 평가. **교육평가연구**, 11권 2호, 43-67.

부재율(2002). **컴퓨터활용검사**. 서울: 교육과학사.

성태제(2000). 초등교육 수행평가의 장애요인 분석과 개선안. **교육학연구**, 38권 1호.

조미혜, 서지영(1998). 국가교육과정에 근거한 평가기준 및 도구 개발 연구: 고등학교 체육Ⅰ. 한국교육과정평가원 연구보고.

채선희(1995). 컴퓨터화된 개별적응검사와 지필검사에 있어서 문항모수치의 동등성 검증. **교육평가연구**. 8권 2호, 145-160.

Bloom B. S.(1956). Taxonomy of educational objectives. Handbook Ⅰ: The cognitive domain. New York: David McKay Co.

Bunderson, V. C., Inouye, D. K., & Olsen, J. B.(1989). *The four generations of computerized educational measurement.* In L. R. Linn(Ed.), *Educational measurement,*(pp. 367-407). Phoenix, AZ: Oryx Press.

Ebel R. L. & Frisbie D. A.(1991). *Essentials of educational measurement*. New Jersey: Prentice Hall.

Krathwohl D. R., Bloom B. S., and Masia B. B.(1964). Taxonomy of educational objectives. Handbook Ⅱ: The affective domain. New York: David McKay Co.

Linn L. R. & Gronlund E. N.(1994). *Measurement and assessment in teaching*. New Jersey: Prentice Hall.

Parshall G. C., Spray A. J., Kalohn C. J., & Davey T.(2001). *Practical considerations in computer-based testing*. New York: Springer-Verlag.

Wainer H.(1990). *Computerized adaptive testing: a primer.* New Jersey: Lawrence Erlbaum Associates, Publishers.

CHAPTER 11

과정 중심 평가, 성취평가제

우리의 교육평가, 특히 학교교육과 연관된 학생 평가의 바람직한 모습은 무엇인가에 대한 논의는 왕성하게 전개되어 왔으며, 그 실제를 개선하기 위한 실천적 노력도 계속되어 왔다. 선택형 위주의 지필검사, 일회적이고 획일적인 평가, 학습의 결과에 주된 관심을 둔 평가, 상대적 서열을 강조하는 규준지향평가 등이 우리 학교교육에 지나치게 만연한 모습이었다 할 수 있다. 교육을 위한, 학생을 위한 평가가 되기에는 많은 문제점을 안고 있는 관행들, 그 개선 혹은 대안이 요구된다. 이에 참평가를 지향하는 수행평가, 학생과 교사의 상호작용이 이루어지는 교수·학습의 효율적·즉시적 개선을 위한 교실 단위 형성평가, 학습을 위한 평가와 학습으로서의 평가, 그리고 학생의 목표 도달 정도(무엇을 얼마나 알고 있는지, 할 수 있는지)에 중점을 둔 준거지향평가 등이 학생 평가의 대안이자 최근 동향으로 강조되고 있다. 미래 사회 변화에 대비하기 위해 창의 융합형 인재 양성을 표방한 2015 개정 교육과정에서도 '과정 중심 평가'를 명시하여 학생 평가의 대안들이 교육 현장에 근착하기 위한 기반을 마련하였으며, 창의·인성 교육의 실현을 위한 학생 평가제도의 개선 정책으로 절대평가를 지향하는 '성취평가제'가 도입되어 운영되고 있다.

1 과정 중심 평가

'과정 중심 평가'란 무엇인가? 이에 대해 딱 떨어지게 학술적으로 정의한 바를 찾긴 힘들다. 학습의 측면에서 볼 때 학습의 결과를 중심으로 평가하는 것과 대비되는 측면에서 학습의 과정을 중심으로 평가한다는 어의적 해석이 가능하다. 그러나 '학습의 과정을 중심으로' 라는 표현 또한 여러 가지 복합적 의미를 내포할 수 있다. 즉, 학습의 과정을 평가의 대상으로 삼는다, 학습의 과정과 평가가 연계된다, 변화의 과정을 살펴보기 위해 수시로 쪼개어 평가한다, 성장의 정도에 평가 가치를 많이 부여한다 등으로 그 뜻은 다의적이다.

최근 학생 평가에 대한 정의를 내리는 데 있어 학습결과에 대한 의사결정을 한다는 측면의 총합평가(학습 결과의 평가, assessment of learning)와 대비하여 교수·학습의 개선에 초점을 둔 형성평가의 기능을 강조한 것으로 '학습을 위한 평가'(assessment for learning)란 개념이 주목을 받고 있다. 또한 평가 자체가 수업의 한 과정으로서 학생 스스로의 진단과 성찰 활동으로 연계되는 것을 강조한 '학습으로서의 평가'(assessment as learning)란 개념도 부각되고 있다.

여기에서는 우리나라에서 '과정 중심 평가'라는 용어를 공식적으로 제시한 2015 개정 교육과정에서 다룬 관련 내용을 살핌으로써 그 개념을 파악하고, 그 평가의 실행을 위한 주요 원리를 다룬다.

가. 과정 중심 평가의 개념

우리나라의 초·중등 학교교육은 국가수준에서 마련한 교육과정의 틀을 벗어나긴 힘들다. 물론 시·도 및 학교, 그리고 교사의 수준에서 그 특수성과 다양성을 열어 놓고 있지만, 교육 목표, 교육 내용, 교육 방법, 교육 평가 등의 기본 골격은 국가 교육과정에 맞춰져 있다고 볼 수 있다. 학교교육에서 이루어지는 학생 평가의 경우도 국가 교육과정에서 제시한 평가의 기본 방향과 원칙 등을 준수하는 선에서 다양성과 특수성을 보장받을 수 있다.

앞서 언급했듯이, 우리나라의 학생 평가에 대한 여러 문제점, 특히 지필검사 위주, 결과 위주의 평가에 대한 문제점을 해소하기 위한 노력으로서 수업과 평가의 연계, 직접적인 평가, 과정을 중심으로 한 종합적인 평가, 학습을 위한 평가를 강조하는 학술적 담론과 정책의 개선이 지속되어 왔다. 또한 시대 · 사회적 변화를 반영함과 동시에 미래사회를 대비하기 위한 교육의 방향을 탐색하는 과정에서 학생 평가에 대한 개혁이 시급함을 인식하고 그 내용을 국가 교육과정에 담고자 하였다. 2009 개정 교육과정에서는 '선택형 위주의 평가를 지양하고 서술형 평가, 관찰, 면담, 자기평가 등의 다양한 평가 방법을 활용하여 종합적인 평가가 이루어지도록 한다' 등의 내용을 제시한 바 있다. 그리고 2015 개정 교육과정에서는 지능정보사회로 대변되는 미래사회에 대응하기 위해, 2009 개정 교육과정이 추구하는 인간상(자주인 · 창의인 · 문화인 · 세계인)을 기초로 미래사회가 요구하는 핵심역량을 갖춘 창의융합형 인재상을 제시하고, 이 인재상 양성을 위한 교육과정, 교수학습, 교육평가 등에 대한 '교육과정 구성의 중점'을 다음과 같이 설정하였다(교육부, 2015, 3).

【2015 개정 교육과정 구성의 중점】

가. 인문 · 사회 · 과학기술 기초 소양을 균형 있게 함양하고, 학생의 적성과 진로에 따른 선택 학습을 강화한다.

나. 교과의 핵심 개념을 중심으로 학습 내용을 구조화하고 학습량을 적정화하여 학습의 질을 개선한다.

다. 교과 특성에 맞는 다양한 학생 참여형 수업을 활성화하여 자기 주도적 학습 능력을 기르고 학습의 즐거움을 경험하도록 한다.

라. **학습의 과정을 중시하는 평가**를 강화하여 **학생이 자신의 학습을 성찰**하도록 하고, **평가 결과를 활용하여 교수 · 학습의 질을 개선**한다.

마. **교과의 교육 목표, 교육 내용, 교수 · 학습 및 평가의 일관성을 강화**한다.

바. 특성화 고등학교와 산업수요 맞춤형 고등학교에서는 국가직무능력표준을 활용하여 산업사회가 필요로 하는 기초 역량과 직무 능력을 함양한다.

학생 평가에 대한 중점 사항으로 '라', '마'가 제시되어 있다. 먼저 '라'의 내용에서는 직접적으로 '학습의 과정을 중시하는 평가'를 명시함으로써, 학습의 결과를 중시하던 기존의 평가와는 달리 **학생의 학습에 대한 종합적인 평가를 위하여 학습 결과 뿐 아니라 학습의 과정을 평가**해야 함을 강조한다. 또한 과정 중심 평가를 통하여 '학생이 자신의 학습을 성찰'하도록 한다는 것은 '다' 항목의 내용과 연계하여 학생 참여와 자기주도적 학습 능력을 배양하는 수업의 상황과 평가가 연계되고, 그 과정에서 **자기평가와 동료평가가 활성화**되어야 함을 강조한다. 또한 '평가 결과를 활용하여 교수·학습의 질을 개선한다'의 내용은 형성평가의 기능을 강화함을 의미한다. 이는 **교사 중심의 수업 개선을 위한 피드백을 강화하는 것 뿐 아니라 학생 자신의 학습 성찰을 위한 평가와 연계되어 학생 중심의 학습 개선을 위한 피드백도 강화**되어야 함을 강조한다.

한편 '마'항의 '교육 목표, 교육 내용, 교수·학습의 일관성을 강화한다'의 내용은 목표에 비춘 수업과 평가의 연계성을 높이는 것, 즉 국가 교육과정 상의 **교육목표와 성취기준을 바탕으로 특수 상황과 학생의 수준을 고려한 다양한 수업과 타당한 평가가 전개**되어야 함을 중시한다. 국가 교육과정에는 교육 내용 체계와 함께 '학생이 교육 내용을 학습하였으면 어떠한 수행(실천)을 할 수 있어야 할 것인지, 즉 학습을 통해 학생이 알고 할 수 있어야 할 것이 무엇인지'를 진술한 '성취기준'(achievement standards)이 제시되어 있는 바, 이를 토대로 수업과 평가가 이루어져야 함을 뜻한다. 특히, 2015 개정 교육과정에서의 성취기준은 학생들이 내용체계를 바탕으로 지식, 기능, 가치 및 태도를 통합적으로 적용하여 학습의 결과 할 수 있어야 할 것을 진술함으로써 내용기준이 아닌 '역량' 중심의 수행기준의 성격을 띤다(온정덕 외, 2015). 이에 따라 학생들이 보여줄 수 있어야 할 구체적인 행동 특성을 타당하게 평가할 수 있는 수행평가가 강조된다.

이상의 2015 개정 교육과정에 제시된 바를 토대로 과정 중심 평가를 개념화해보면, '교육과정에 제시된 성취기준을 바탕으로 수업과 평가를 연계하여 계획·실행하고, 평가의 대상을 학습의 결과에 대비된 학습의 과정에 초점을 맞추며(결과에 대한 평가를 제외하는 것은 아님), 과정을 타당하고 의미 있게 파악할 수 있는 평가 방법을 중시하고, 평가 후 학생의 성장과 학습을 돕고 수업의 개선을 지원할 수 있는 형성적 평가 목적을 강조하는 평가'라 정의할 수 있다.

이 개념에 비추어 종래의 결과 중심 평가와 과정 중심 평가의 특성을 비교하면 다음과 같다.

〈표 11-1〉 결과 중심 평가와 과정 중심 평가의 특성 비교

구분	결과 중심 평가	과정 중심 평가
평가 체제	• 상대평가 • 양적평가	• 절대평가 • 질적평가
평가 목적	• 총괄적 평가 목적 • 선발, 분류, 배치	• 형성적 평가 목적 • 지도, 조언, 교수·학습 개선
평가 내용	• 내용적 지식 학습의 결과 중시	• 절차적(과정적, 방법적) 지식 학습의 결과 및 과정 중시 • 내용 관련 지식, 기능, 가치 및 태도 등 역량 중시
평가 방법	• 선택형 위주의 지필평가 • 일회적 평가 • 객관성, 일관성, 공정성 강조	• 다양한 평가 방법(수행평가 확대) • 지속적·종합적 평가 • 타당성, 적합성, 전문성 강조
평가 시기	• 학습 활동(수업)이 종료되는 시점 • 학습 결과에 대한 평가 • 수업과 평가 활동 분리	• 학습 활동(수업)의 과정 중 • 학습을 위한, 학습으로서의 평가 • 수업과 평가 활동 연계
평가 주체	• 교사(교육자 중심)	• 교사, 학생(동료, 자기 자신)
평가 결과의 환류(피드백)	• 점수 체제에 맞춘 일반적 피드백	• 즉각적, 구체적, 개별적 피드백

나. 과정 중심 평가의 실행

과정 중심 평가의 개념에 비추어 이를 잘 구현하기 위해 평가는 어떻게 실행해야 하는가? 이와 관련하여 2015 개정 교육과정 총론의 학교교육과정 편성에서는 다음과 같은 평가 관련 지침을 제시하고 있다(교육부, 2015, 33).

가. 평가는 학생의 **교육 목표 도달도를 확인**하고 **교수·학습의 질을 개선하는 데 주안점**을 둔다.
  1) 학교는 학생에게 평가 결과에 대한 적절한 정보 제공과 추수 지도를 통해 학생이 자신의 학습을 지속적으로 성찰하고 개선할 수 있도록 지도한다.
  2) 학생 평가 결과를 활용하여 수업의 질을 지속적으로 개선한다.

나. 학교와 교사는 **성취기준에 근거**하여 학교에서 중요하게 지도한 내용과 기능을 평가하며 **교수·학습과 평가 활동이 일관성 있게** 이루어지도록 한다.
  1) 학생에게 배울 기회를 주지 않은 내용과 기능은 평가하지 않도록 한다.
  2) 학습의 결과뿐만 아니라 학습의 과정을 평가하여 모든 학생이 교육 목표에 성공적으로 도달할 수 있도록 한다.
  3) 학교는 학생의 인지적 능력과 정의적 능력에 대한 평가가 균형 있게 이루어질 수 있도록 한다.

다. 학교는 **교과의 성격과 특성에 적합한 평가 방법**을 활용한다.
  1) 서술형과 논술형 평가 및 수행평가의 비중을 확대한다.
  2) 정의적, 기능적, 창의적인 면이 특히 중시되는 교과는 타당한 평정 기준과 척도에 따라 평가를 실시한다.
  3) 실험 · 실습의 평가는 교과목의 성격을 고려하여 합리적인 세부 평가 기준을 마련하여 실시한다.
  4) 창의적 체험활동은 내용과 특성을 고려하여 평가의 주안점을 학교에서 결정하여 평가한다.
  5) 전문 교과II의 실무 과목은 성취 평가제와 연계하여 내용 요소를 구성하는 '능력단위' 기준으로 평가할 수 있다.

'가'는 평가의 목적과 기능에 대한 것으로 목표 도달도 확인을 목적으로 하며, 평가를 통해 확인되는 정보를 통하여 학생들의 목표 도달의 완성을 위한 교수 · 학습의 개선을 지속적으로 수행해야 한다는 기능을 강조하고 있다. '나'는 성취기준에 근거한 수업과 평가의 일관성 강화를 명시한 것으로, 성취기준에 근거하여 학습의 기회가 제공된 내용과 기능의 범위를 넘어서는 평가가 이루어져서는 안 되고, 학습의 결과와 함께 과정을 평가하여 학생의 성장과 학습을 증진시키는 활동이 포함되어야 하며, 인지적 측면과 정의적 측면에 대한 종합적인 평가가 이루어져야 함을 강조한다.

'다'는 교과의 성격과 특성에 적합한 평가 방법 활용을 규정한 내용이다. 학교의 상황적 요소와 교과별 특성을 고려하여 수업과 평가의 계획과 실행이 이루어지되, 학생 스스로 답을 구성하여 표현하거나 수행으로 보여줄 수 있는 평가의 비중을 확대하고, 평가의 타당성과 신뢰성 및 공정성을 확보하기 위한 학교 및 교사 차원의 노력이 병행되어야 함을 강조한다.

한편, 이경화 등(2016)은 과정 중심 평가의 실행 모델로 '수업 전 간접평가 → 수업 중 직접 평가 → 수업으로의 평가결과 환류'를 제시하고 있다. 이 세 단계는 과정 중심 평가가 이루어지기 위한 세 가지 조건이기도 하다. 과정 중심 평가가 수업과 연계되어야 한다는 전제 하에, 수업 후의 결과 평가와 대비하여, 수업 전과 수업 중 이루어지는 일련의 교사의 활동을 과정 중심 평가로 규정하면서 수업과 평가의 흐름을 일체화하여 설명한다. 이 모델을 토대로 과정 중심 평가의 실행을 위한 주요 원리를 정리해보면 다음과 같다.

먼저 교사는 '수업 전 간접평가' 활동으로 교육과정 및 교과서 분석, 자신의 과거 수업 경험 고찰, 동료교사와의 정보 공유, 담당 학생들의 특성(사고 수준이나 교육환경 등) 파악 등의 업무를 수행한다. 이 단계에서 해당 교과목의 성취기준을 분석하는 일이 핵심이다. 우리의 학교교육은 국가수준 교육과정에 근거하여 수업 및 평가가 이루어져야 한다. 앞서 언급했듯이, 국가 교육과정에는 과목별 내용과 함께 성취기준이 제시되어 있으며, 그 성취기준은 교수·학습 및 평가의 실질적 근거이다. 따라서 평가를 시행하기 위해서는 그 성취기준이 무엇인지를 정확히 파악하고, 각 성취기준이 의도하는 평가 요소를 명료화하는 작업을 선행해야 한다.

이를 토대로 두 번째 단계인 '수업 중 직접평가'에서는 수업과 평가가 동시에 구현되도록 계획을 수립하고 운영한다. 성취기준에 따라 선택형 문항이나 서술형 문항을 활용한 지필평가 방법으로 충분히 평가할 수 있는 것도 있는 반면에, 지식과 기능이 통합된 것, 고차원적인 사고와 수행 능력 혹은 태도를 요하는 것 등의 성취기준도 있을 수 있다. 학기나 학년별 평가 계획을 수립할 때 성취기준을 고려한 전체적인 평가 계획을 수립할 것이나, 과정 중심 평가에서는 후자에 초점을 두어 수업 및 평가 계획을 구체화해야 한다. 또한 이 단계에서는 모둠 활동, 발표와 토론, 기타 수행 등 학생 주도적 수업이 전개되도록 하는 데 중점을 두어야 한다. 동시에 학생 간 상호작용, 교사와 학생 간 상호작용을 활성화하면서 그 과정을 종합적으로 파악하는 평가 방법을 적극 활용해야 한다. 학생들의 동료평가와 자기평가, 학습의 상태를 점검하기 위한 교사의 질의응답, 개별 면담 혹은 관찰 기록, 학습 활동지 점검 등이 다각적으로 이루어지는 것이 바람직하다. 참고로 수업과 연계한 과정 중심의 평가 과제를 개발할 때의 유의점을 점검표[1]로 제시해보면 다음과 같다.

〈표 11-2〉 과정 중심의 평가 과제 개발 시 점검표

구분	점검 내용
교육과정 및 성취기준 부합성	• 교육과정에서 요구하는 수준이나 범위를 벗어나지는 않는가? • 성취기준에서 의도하는 역량을 타당하게 평가할 수 있는가?
실제적 맥락성	• 평가 과제가 학생이 경험할 수 있는 실제적인 상황을 반영하는가? (실생활에서 발생할 수 있는 문제해결상황을 반영한 과제인가?)
통합적 역량 요구	• 다양한 지식과 기능을 통합적으로 활용할 수 있는 과제인가? • 분석력, 종합력, 비판력 등 고차적인 사고를 요구하는가?
수업과의 연계성	• 평가 과제가 수업의 일환으로 가능한가? • 평가 과제가 학습의 결과 뿐 아니라 학습의 과정도 평가하는가?
가치 있는 경험 제공	• 평가 과정에서 학생의 학습 향상과 성장의 기회를 제공하는가? • 평가 과제가 학생이 자신의 능력을 충분히 발휘할 수 있도록 참여 동기와 흥미를 증진(유발)하는가?
공정성	• 평가 과제가 성별, 지역, 문화 등의 측면에서 특정 학생에게 유리/불리하지 않는가?
실행 가능성	• 시 · 공간, 비용, 장비 등의 요소를 고려할 때 평가(과제수행)가 실행 가능한가?

1) 교육부 · 한국교육과정평가원(2016)의 '수업과 연계한 수행평가 어떻게 할까요?'(연구자료 ORM 2016-9, 16)에 제시된 수행평가 과제 개발 시 점검 체크리스트를 일부 수정 · 보완한 것임.

세 번째 단계인 '수업으로의 평가결과 환류'는 두 번째 '수업 중 직접 평가' 활동을 통하여 산출된 평가결과를 토대로 현재의 수준을 진단함과 동시에 보다 나은 교사의 수업과 학생의 학습의 향상을 위해 무엇을 어떻게 개선해야 하는지에 대한 피드백을 제공하는 절차이다. 특히 이 단계에서는 전문성을 지닌 교사에 의한 교수·학습 개선 정보의 피드백도 중요하지만, 동료 학생의 평가와 학생 자기 자신에 의한 평가를 통해 학습 과정 중 즉시적으로 성찰이 이루어지도록 하는 것도 활성화될 필요가 있다.

평가결과의 환류와 관련하여 익숙한 핵심 용어는 피드백이다. 피드백에 대한 정의는 교사중심적, 인지적 측면에 초점을 둔 초기 개념에서 학생중심적, 정의적 측면으로의 확장 개념으로 변화해 왔다. 초기에는 '학생의 평가결과를 토대로 성적이나 정·오답 여부를 알려 줌으로써 학생의 오개념을 수정하는 역할, 혹은 교사의 교육활동을 반성하고 개선하기 위한 정보 추출 활동'으로 좁게 정의되었다. 그러나 점차 피드백의 과정에 학생의 적극적 참여와 능동적 학습 개선, 정의적 측면의 진단과 그 개선 등이 강조되면서 '학생의 인지적·정의적 측면에서의 전반적인 성장을 위하여 교사와 학생이 상호 의사소통하는 모든 행위'라는 것으로 그 의미가 넓게 정의되고 있다(김희경 외, 2014a).

그리고 피드백의 형태는 평가결과표 제공, 모범답안 또는 문제풀이 제시, 정답 여부 및 오류 제시, 전체 학급 대상 공통적 피드백, 소집단 대상 공통적 피드백, 개별 면담 피드백, 교과학습 발달상황과 특기사항에 대한 서면 내용(이상은 교사 주도의 피드백 형태), 동료평가를 통한 평가결과지 또는 의견, 자기점검표 혹은 자기성찰기록(학생 주도의 피드백) 등 매우 다양하다. 실제로 개별 교사의 전문성과 교수·학습의 상황에 따라 피드백의 형태와 방식은 더 다양하게 산출될 것이다. 이에 여기서는 피드백을 어떻게 하는 것이 바람직한가에 대한 원리만을 제시한다(피드백에 대한 전문적인 이론적 논의와 모형, 구체적 사례 등은 참고문헌에 제시된 전문 서적이나 사이트를 참고하기 바란다).

피드백은 평가를 통하여 드러난 학생의 실제 성취수준과 도달해야 할 학습목표 간의 차이를 보여주어 학생의 성장과 학습에 도움이 되도록 하는 것을 일차적인 목적으로 한다. 이를 위한 피드백의 원리로서 먼저 **피드백은 다음의 내용,** 즉 ① **학습목표에 대한 구체적이고 명확한 제시**(목표 달성 시 학생이 보여주거나 나타낼 수 있는 수행 수준에 대한 교사와 학생의 이해 및 공감), ② **평가 결과로 나타난 학생의 수준**(현 위치, 학습목표와의 비교), ③ **목적지 도달을 위한 방법이나 개선 노력**(무엇을 어떻게 더 노력해야 하는지에 대한 정보)을 담아야 한다. 두 번째로, **무엇에 피드백의 초점을 맞출 것인가를 정하고 그에 따른 적절한 피드백을 행해야 한다.** 피드백의 초점은 결과, 과정, 학생의 내면, 학생 개인 등 네 가지 차원으로 구별된다. 결과, 과정, 학생의 내면 중에서 학습목표와 수업 및 평가방법에 따라 중시하는 피드백 초점이 여러 개일 수도 있고 어느 하나로 집중될

피드백의 내용		
• 목적지(학습목표) – 명확하고 구체적인 학습목표 제시 → 학생이 이해하고 공감 – 모범답안, 우수사례, 교사의 시범 제시 등	• 학생의 수준(평가결과) – 평가결과에 대한 정보(구체적인 진단적·분석적 정보에 중점) – 학생의 현 수준과 학습목표를 비교(도달 정도)	• 목적지 도달 방법 (개선점과 동기부여) – 무엇을 더 노력해야 하는지, 구체적으로 어떻게 해야 하는지의 전략과 방법 – 자신감과 학습동기 격려

피드백의 초점			
• 결과 – 점수, 위치, 목표 도달 정도 등 – 정답 여부와 함께 오개념, 오류 등을 일깨워 주면 효과적	• 과정 – 문제해결을 위해 사용한 전략 등 과제수행과정에 대한 정보 – 학생 자신의 점검이 용이하도록 제시	• 학생의 내면 – 학생이 스스로 도움이나 조언을 찾고자 하였다면 그에 대한 칭찬, 격려 등 – 학생의 다음 단계 학습계획 점검 및 도움말 – 학생의 자기평가에 대한 적절성 언급	• 학생 개인(평판) → 지양 – 무엇을 잘했다, 못했다가 아닌 전체적으로 잘했다, 못했다 등의 개인 가치판단적 정보 – 학습목표와 연관되지 않은 정보

[그림 11-1] 피드백의 내용과 초점

수 있다. 단, 학생 개인에 대한 피드백은 지양해야 한다([그림 11-1] 참조). 이를 토대로 김희경 외(2014b)는 〈표 11-3〉과 같이 피드백의 좋은 예와 나쁜 예를 제시하였다.

〈표 11-3〉 좋은 피드백과 나쁜 피드백 사례

좋은 피드백의 예	좋은 피드백인 이유
재활용 쓰레기를 분리 배출해야 한다는 주장을 뒷받침할 수 있는 상세한 근거를 잘 제시하였다. 어디서 이렇게 다양한 자료를 수집하였니?	-학생의 수행을 성취기준 또는 학습목표(주장을 뒷받침하는 근거를 제시할 수 있다)와 관련지어 언급하였음. -다양한 자료를 수집한 노력을 칭찬함으로써 다음에도 노력할 수 있도록 학생에게 동기를 부여함.
재활용을 해야 한다는 주장을 명확히 제시함으로써 지난번에 비해 글의 주제가 더욱 명확해졌다. 재활용을 하면 좋은 점이 어떤 것들이 있는지 제시해 준다면 더 좋은 글이 되겠다.	-이전 글보다 향상되었다는 성장참조적인 피드백임. -주장을 명확히 제시한 것을 칭찬하고 다음 단계로 무엇을 개선하면 좋을지를 제시함(너무 많은 개선점을 한꺼번에 제시하는 것보다 한 단계씩 제시하는 것이 좋음).
나쁜 피드백의 예	**나쁜 피드백인 이유**
글의 길이도 학생들 중에서 가장 짧았다. 내용도 부실한 것을 보니 노력이 부족한 것 같다.	-성취기준 또는 학습목표에 근거하지 않고 다른 학생과 비교함으로써 학생이 개선해야 하는 부분에 관한 정보를 줄 수 없음. -학생의 학습동기와 자신감을 저하시킴. -단순히 노력이 부족하다는 진술보다는 구체적으로 어느 부분을, 어떻게 노력하라고 알려주는 것이 필요함.
학생들 중에서 가장 우수한 글이었다. 잘했으니 다음 숙제는 면제해 주겠다.	-성취기준 또는 학습목표에 근거하지 않고 다른 학생과 비교함으로써 학생은 자신의 글에서 어떤 부분이 우수한지에 대해 알 수 없음. -구체적인 근거 없이 칭찬만을 하거나 숙제 면제와 같이 학생의 추후 학습과 무관한 상을 부여하는 것은 오히려 학생의 외적 동기만을 자극할 뿐, 학습에 대한 내적 동기를 저하시킴.

세 번째로 **피드백은 적절한 시기에 제공되어야 한다**. 피드백은 제공 시기에 따라 즉각적 피드백과 지연된 피드백으로 구분할 수 있다. 일반적으로 피드백은 평가가 이루어진 후 즉각적으로 제공되는 것(즉각적 피드백)이 좋다. 반면 우수한 학습자를 대상으로 학생의 성찰과 자기주도학습을 촉진하는 경우, 어려운 과제 수행의 경우, 고차원적 사고가 필요한 경우에는 약간 지체된 피드백이 좋다는 연구 결과도 있다. 그러나 무엇보다도 피드백이 제공된 후 학생 스스로 이를 활용하여 학습 교정 혹은 개선할 기회가 있을 정도의 시기이어야 한다는 것이 더 중요하다(김성숙 외, 2015).

2 성취평가제

창의·인성교육 활성화에 초점을 둔 학생 중심의 2009 개정 교육과정이 도입됨에 따라 학생의 적성과 소질, 진로에 따른 교육과정 편성 및 운영이 강조되었다. 당시 학생 평가와 관련하여, 학생의 잠재력, 적성과 소질, 환경 등을 종합적으로 고려하여 학생을 선발하는 '자기주도 학습전형 및 입학담당관제(고입)', '입학사정관제(대입)' 등을 효과적으로 뒷받침하도록 중·고등학교 학습 평가 제도의 개선이 필요하였다. 특히, 1~2점 차이로 석차(중학교)나 등급(9등급제, 고등학교)이 달라지는 기존의 상대평가 체제에서는 지나친 경쟁으로 인해 학생들이 과중한 학업 스트레스를 받고, 자신의 적성과 진로에 맞는 교과목을 선택하기보다 석차에 유리한 과목을 선택하는 등의 문제가 있어 중·고등학교 학습 평가 방법이 개선되어야 한다는 필요성이 제기된 것이다.

이러한 교육 환경의 변화와 개선의 필요성에 의해 교육과학기술부(현 교육부)는 「중등학교 학사관리 선진화 방안」(2011.12.13.)을 발표하였는데, 그 핵심 내용의 하나가 창의·인성 수업모델과 조화를 이룰 수 있는 성취평가제의 도입이다. 2012학년도에 중학교 1학년과 특성화고·마이

스터고 전문교과부터 적용되기 시작하였고, 2014학년도 1학년부터 모든 고등학교의 보통교과에 적용되었다. 2014학년도부터 중학교 모든 학년에, 2016학년도부터 고등학교[2] 모든 학년에 적용, 운영되고 있다([그림 11-2]).

학교급 및 교과	학년	2012년	2013년	2014년	2015년	2016년	2017년
중학교	1학년	성취평가제 도입					
	2학년		성취평가제 도입				
	3학년			성취평가제 도입			
고등학교 보통교과	1학년	시범운영	시범운영	성취평가제 도입			
	2학년				성취평가제 도입		
	3학년					성취평가제 도입	

[그림 11-2] 성취평가제 도입 및 운영 현황

여기서는 성취평가제의 의미와 이를 어떻게 운영하는가에 대해 다룬다.

가. 성취평가제의 의미

성취평가제란 국가 교육과정에 근거한 교과목별 성취기준 · 성취수준을 토대로 학생의 학업 성취 정도를 평가하고, A-B-C-D-E 등의 성취수준을 부여하는 평가제도이다. 즉, 상대적 서열에 따라 '누가 더 잘 했는지'를 평가하는 것이 아니라 '학생이 무엇을 어느 정도 성취하였는지'를 평가하는 데 중점을 두어, 교육과정에 근거하여 개발된 교과목별 성취기준에 도달한 정도로 학생의 학업 성취수준을 평가하는 제도이다. 이 제도의 도입은 학교교육의 평가 방식이 학생들 간 서열 중심의 평가(규준참조평가,

2) 고등학교의 경우 성취평가 결과의 대입반영 방안 발표 이전까지는 석차9등급제를 병행함.

상대평가)에서 학생들이 성취해야 할 목표(성취기준) 중심의 평가(준거참조평가, 성취평가)로 전환되었음을 의미한다(교육부·한국교육과정평가원, 2013).

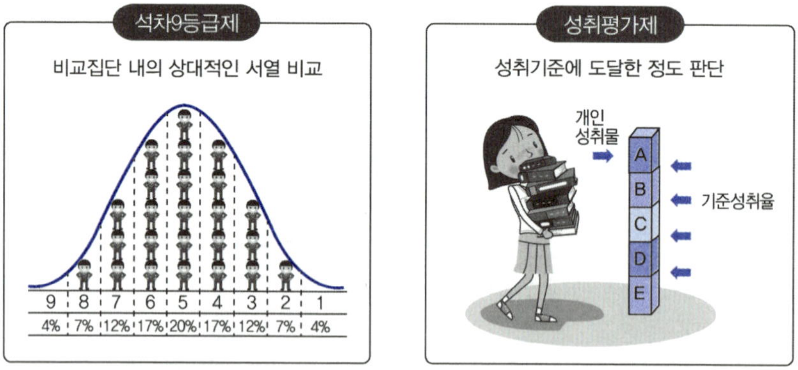

[그림 11-3] 석차9등급제와 현행 성취평가제의 비교

출처: 서민희 외(2015), 고등학교 보통교과용 성취평가제 이해 및 실제, 3쪽.

성취평가제에서 이해해야 할 핵심 개념은 성취기준과 성취수준이다. 1절의 과정 중심 평가에서 언급했듯이, 성취기준(achievement standard)이란 '각 교과목에서 학생들이 학습을 통해 성취해야 할 지식, 기능, 태도의 특성을 기술한 것'이다. 학생이 무엇을 공부하고 성취해야 하는지, 교사가 무엇을 가르치고 평가해야 하는지에 관한 실질적인 지침으로서 교육과정을 재진술한 것이다. 이는 교수·학습의 근거, 평가의 근거, 교수·학습 결과(평가 결과) 진술의 근거로서 활용된다. 즉, 학교에서는 학기나 차시별 수업 계획 수립 시 성취기준에 근거하여 학습 목표를 설정하고, 그 목표를 학생들이 도달하도록 수업을 운영해야 한다. 또한 성취기준에 근거하여 학기 단위 평가 계획을 수립하고 평가 방법이나 도구(문항)를 개발·적용해야 하며, 성취기준에 근거하여 학생의 학업성취 정도를 학교생활기록부에 기록하거나 보고·설명할 수 있다. 성취기준은 교육부가 발간한 각 교과별 교육과정에 내용 체계와 함께 제시되어 있으며, 내용 영역별로 해당 성취기준들과 관련지어 학습 요소, 성취기준 해설, 교수·학습 방법 및 유의 사항, 평가 방법 및 유의 사항 등을 다루고 있다. 교육과정 문서는 국가교육과정정보센터(National Curriculum Information Center) 사이트(http://ncic.go.kr)에서 다운로드 할 수 있다. 2015 개정 교육과정에 따라 개발된 국어과의 성취기준을 예시해보면 〈표 11-4〉와 같다.

〈표 11-4〉 2015 개정 교육과정에 따른 고1 국어과 성취기준 예시

영역	성취기준
듣기 · 말하기	[10국01-01] 개인이나 집단에 따라 듣기와 말하기의 방법이 다양함을 이해하고 듣기 · 말하기 활동을 한다. [10국01-02] 상황과 대상에 맞게 언어 예절을 갖추어 대화한다. [10국01-03] 논제에 따라 쟁점별로 논증을 구성하여 토론에 참여한다. [10국01-04] 협상에서 서로 만족할 만한 대안을 탐색하여 의사 결정을 한다. [10국01-05] 의사소통 과정을 점검하고 조정하며 듣고 말한다. [10국01-06] 언어 공동체의 담화 관습을 성찰하고 바람직한 의사소통 문화 발전에 기여하는 태도를 지닌다.
읽기	[10국02-01] 읽기는 읽기를 통해 서로 영향을 주고받으며 소통하는 사회적 상호 작용임을 이해하고 글을 읽는다. ⋮ [10국02-05] 자신의 진로나 관심사와 관련된 글을 자발적으로 찾아 읽는 태도를 지닌다.
쓰기	[10국03-01] 쓰기는 의미를 구성하여 소통하는 사회적 상호 작용임을 이해하고 글을 쓴다. ⋮ [10국03-05] 글이 독자와 사회에 끼치는 영향을 고려하여 책임감 있게 글을 쓰는 태도를 지닌다.
문법	[10국04-01] 국어가 변화하는 실체임을 이해하고 국어생활을 한다. ⋮ [10국04-05] 국어를 사랑하고 국어 발전에 참여하는 태도를 지닌다.
문학	[10국05-01] 문학 작품은 구성 요소들과 전체가 유기적 관계를 맺고 있는 구조물임을 이해하고 문학 활동을 한다. ⋮ [10국05-05] 주체적인 관점에서 작품을 해석하고 평가하며 문학을 생활화하는 태도를 지닌다.

성취수준(achievement)이란 학생들이 '교과목별 성취기준에 도달한 수준'을 뜻하는 것으로, 몇 개의 수준으로 구분하여 각 수준별 학생들의 지식, 기능, 태도의 특성을 설명한다. 성취수준은 '학기 단위 성취수준'과 '성취기준 단위 성취수준'으로 구분된다. **학기 단위 성취수준**은 '한 학기 동안 학습한 성취기준들에 도달한 정도를 종합하여 나타내는 지표'로서 교과목에 따라 5개(A-B-C-D-E)개나 3개(A-B-C) 혹은 2개(P-F)의 수준으로 구분한다. 학기 단위 성취수준에서 각 수준에 해당하는 학생들에게 기대되는 전형적인 특성을 기술한 것을 성취수준 기술(achievement level description 또는 performance level description)이라 하는데, 5개 수준의 단계별 일반적 특성 기술과 경제과목에서의 성취수준 기술 예시는 〈표 11－5〉, 〈표 11－6〉과 같다(서민희 외, 2015).

〈표 11-5〉 5단계 평정 교과목의 성취수준별 일반적 특성 기술

성취 수준	기준 성취율	일반적 특성 기술
A	90% 이상	한 학기 동안 학생이 충실한 교수·학습 과정을 통해 성취하기를 기대하는 전체 성취기준에 대한 이해와 수행이 **매우 우수**한 수준
B	80% ~ 90% 미만	한 학기 동안 학생이 충실한 교수·학습 과정을 통해 성취하기를 기대하는 전체 성취기준에 대한 이해와 수행이 **우수**한 수준
C	70% ~ 80% 미만	한 학기 동안 학생이 충실한 교수·학습 과정을 통해 성취하기를 기대하는 전체 성취기준에 대한 이해와 수행이 **보통**인 수준
D	60% ~ 70% 미만	한 학기 동안 학생이 충실한 교수·학습 과정을 통해 성취하기를 기대하는 전체 성취기준에 대한 이해와 수행이 **다소 미흡**한 수준
E	60% 미만	한 학기 동안 학생이 충실한 교수·학습 과정을 통해 성취하기를 기대하는 전체 성취기준에 대한 이해와 수행이 **미흡**한 수준

〈표 11-6〉 고등학교 경제과목 성취수준별 특성 기술 예시

성취수준	경제 과목 성취수준 특성 기술 예시
A	경제 현상을 시장 경제, 국민 경제, 국제 경제의 측면에서 파악하고 경제적 요인들 간의 관계를 설명하는 **개념과 원리를 이해하여 사례에 적용**할 수 있으며, 경제생활에서 경제 주체들의 **역할을 분석, 평가**할 수 있다. 또한 경제 현상과 관련된 자료와 정보를 분석, 평가하여 **문제 해결 및 대응 방안을 제시**하고, **해결 및 대응 방안의 장단점을 비교, 평가할 수 있으며** 책임 있는 경제 주체로서 합리적 의사 결정을 하고 상호 이익을 추구하는 태도를 갖추어 문제 해결 과정에 **능동적으로 참여**할 수 있다.
B	경제 현상을 시장 경제, 국민 경제, 국제 경제의 측면에서 파악하고 경제적 요인들 간의 관계를 설명하는 **개념과 원리를 이해**하며, 경제생활에서 경제 주체들의 **역할을 분석**할 수 있다. 또한 경제 현상과 관련된 자료와 정보를 분석, 평가하여 **문제 해결 및 대응 방안을 제시**할 수 있으며, 책임 있는 경제 주체로서 합리적 의사 결정을 하고 상호 이익을 추구하는 태도로 문제 해결에 **참여**할 수 있다.
C	경제 현상을 시장 경제, 국민 경제, 국제 경제의 측면에서 설명하는 **개념과 원리를 이해**하고, 경제생활에서 경제 주체들의 **역할을 설명**할 수 있다. 또한 경제 현상과 관련된 자료와 정보를 수집, 분석하여 **문제 해결 및 대응 방안을 모색**할 수 있으며, 책임 있는 경제 주체로서 합리적 의사 결정을 하고 상호 이익을 추구하는 **태도**를 갖출 수 있다.
D	경제 현상을 시장 경제, 국민 경제, 국제 경제의 측면에서 설명하는 **개념과 원리를 부분적으로 이해**하고, 경제생활에서 경제 주체들의 **역할을 열거**할 수 있다. 또한 경제 현상과 관련된 자료와 정보를 **수집, 분석**할 수 있으며, 책임 있는 경제 주체로서 **의사 결정에 필요한 요소를 부분적으로 활용**하여 **제한된 범위에서 합리적 의사 결정**을 하고 **상호 이익 추구가 필요함을 제시**할 수 있다.
E	경제 현상을 시장 경제, 국민 경제, 국제 경제의 측면에서 설명하는 **개념과 원리에 대한 이해가 부족**하고, 경제생활에서 경제 주체들의 **역할을 부분적으로 열거**할 수 있다. 또한 현실의 경제 문제를 **인식하는 능력이 제한적**이고, 경제 현상과 관련된 자료와 정보를 **부분적으로 수집**하여 **제한적 범위에서 분석**할 수 있으며, 경제생활에서 합리적 의사 결정과 상호 이익 추구의 필요성을 말할 수 있다.

성취기준 단위 성취수준은 각 성취기준별로 도달한 정도를 '상-중-하'의 3개 수준으로 구분하여 각 수준의 특성을 기술한 것으로 '평가기준'이란 용어로 사용되기도 한다. 이는 평가에서 성취기준별로 학생들이 어느 정도의 수준에 도달했는지를 판단하기 위한 실질적인 기준으로서, 각 수준

별로 학생들이 무엇을 알고 할 수 있는지를 담고 있다. '상-중-하'의 수준별 일반적 특성 기술과 교과목 성취기준에 대한 성취수준 기술 예시는 〈표 11-7〉, 〈표 11-8〉과 같다.

〈표 11-7〉 성취기준 단위 성취수준의 일반적 특성 기술

성취수준	일반적 특성 기술
상	성취기준에 제시된 지식이나 기능 및 태도에 대한 이해와 수행이 **우수**한 수준
중	성취기준에 제시된 지식이나 기능 및 태도에 대한 이해와 수행이 **보통**인 수준
하	성취기준에 제시된 지식이나 기능 및 태도에 대한 이해와 수행이 **미흡**한 수준

〈표 11-8〉 성취기준 단위 성취수준(평가기준)별 특성 기술 예시

교육과정 성취기준 (고1 국어)	성취기준 단위 성취수준(평가기준)의 특성 기술	
[9국01-01] 듣기·말하기는 의미 공유의 과정임을 이해하고 듣기·말하기 활동을 한다.	상	의미 공유 과정으로서 듣기·말하기의 특성을 **정확하게 이해**하고 이를 바탕으로 듣기·말하기 활동에 **능동적으로 참여**할 수 있다.
	중	의미 공유 과정으로서 듣기·말하기의 특성을 **이해**하고 이를 바탕으로 듣기·말하기 활동에 **참여**할 수 있다.
	하	의미 공유 과정으로서 듣기·말하기의 특성을 **기초적인 수준에서 이해**하고 듣기·말하기 활동에 참여할 수 있다.
[9국01-02] 상대의 감정에 공감하며 적절하게 반응하는 대화를 나눈다.	상	상대의 **상황과 처지를 고려**하여 상대의 감정에 공감하고, 그에 따라 **적절한 반응을 지속**적으로 보이며 대화를 나눌 수 있다.
	중	상대의 감정에 **공감**하며 상대에게 **적절하게 반응**하면서 대화를 나눌 수 있다.
	하	상대의 **감정을 파악하며** 대화를 나눌 수 있다.

출처: 가은아 외(2016), 2015 개정 교과 교육과정에 따른 초·중학교 국어과 평가기준 개발 연구, 192쪽.

성취기준 단위 성취수준은 성취기준을 바탕으로 평가할 내용과 그러한 내용이 학생들의 지식, 기능, 태도 등의 구체적인 징표로 어떻게 드러나야 할지를 기술해줌으로써 교육과정에 대한 이해도 제고, 교수 · 학습 및 평가의 방향 설정, 교사가 평가 문항을 만들고 그에 따른 채점 기준을 수립하는 근거로 활용할 수 있다(가은아 외, 2016).

나 성취평가제의 운영

성취평가제가 학교 단위에서 어떻게 운영되는 것이 효과적인가? 교육부 · 한국교육과정평가원은 학교 교육의 단계에 따라 [그림 11－4]와 같이 성취평가제 운영 관련 단계를 정리하고, 각 단계별 내용 및 고려 사항을 제시하고 있다(교육부 · 한국교육과정평가원, 2013).

<table>
<tr><td rowspan="4">교육과정
운영 계획</td><td colspan="2">학교
학업성적관리
규정 개정</td><td>• '학교생활기록 작성 및 관리 지침', '학업성적 관리 시행지침' 반영
• 교과목별 기준 성취율 명시</td></tr>
<tr><td colspan="2">성취기준 · 성취수준 마련</td><td>• 학기 초 혹은 학년 초에 성취기준, 성취기준 단위 성취수준 제시
• 교과(학년)협의회를 통해 학기 단위 성취수준 특성 기술</td></tr>
<tr><td rowspan="2">계획수립</td><td>교수 · 학습</td><td>• 성취기준에 근거하여 학습목표 설정
• 성취수준별 학생의 특성을 고려한 다양한 수업활동 구성</td></tr>
<tr><td>평가</td><td>• 평가의 목적, 기본 방향, 종류, 방법, 내용, 시기 등 포함
• 지필평가 및 수행평가의 영역, 방법, 횟수, 기준, 반영 비율 등도 포함</td></tr>
</table>

교수 · 학습 및 평가	교수 · 학습 실시	• 계획에 따른 수업 시행
	출제 계획 수립	• 교과협의회를 통해 출제계획 수립 • 성취기준, 평가 내용, 평가 영역별로 문항이 편중되지 않도록 유의 • 문항 유형은 측정하고자 하는 능력의 특성, 문항 제작 및 채점의 용이성 등을 참고하여 결정 • 이원목적분류표 작성(NEIS 제공양식 활용권장)
	평가도구 제작	• 성취기준 도달 정도를 측정하는 데 적합한 문항 • 교과(학년)협의회 공동검토를 통한 타당도 제고
	분할점수 산출 (선택적)	• 기준 성취율에 근거한 고정분할점수 활용 • 평가도구에 근거한 단위학교 분할점수 산출
	평가 시행 및 채점	• 교과(학년)협의회를 통한 충분한 협의 • 채점 기준의 명확한 숙지, 채점의 객관성 확보
	평정 및 성적보고	• 성취도(수강자수), 원점수/평균(표준편차) • 학기 초 설정된 성취수준(A-B-C-D-E)에 해당하는 지식, 기능, 태도의 특성 기술에 바탕하여 해석
평가 결과 활용 및 정보 공시	평가 결과 분석 및 활용	• 성취기준, 성취수준이 적절했는가, 평가문항이 학생 수준에 적합했는가, 수업에서 다룬 성취기준에 평가에 적절히 반영되었는가? • 성취수준별 학생 비율, 개별학생의 성취수준 검토 → 기대한 결과와의 비교 → 교수 · 학습 및 평가도구의 적절정 검토 • 학교, 학급, 개별 학생 단위 맞춤형 피드백 제공
	정보 공시	• 학년별(학기별) 교과(목)별 평가 계획 • 학년별, 학기별, 교과별 학기말 성적(평균과 표준편차, 성취수준별 분포 비율)

[그림 11-4] 단위학교 성취평가제 운영 절차

[그림 11-4]와 같은 성취평가제 운영 절차는 8장에서 다룬 평가의 일반적 절차나 12장에서 제시하는 검사 개발 절차와 유사하다. 성취평가제 역시 일반적인 평가임과 동시에 학교교육에서 주로 활용되는 검사의 개

발 · 운영 측면을 포함하는 제도이기 때문이다.

(1) 교육과정 운영 계획

학교에서 이루어지는 성취평가제의 첫 번째 국면은 교육과정 운영 계획 수립이다. 이를 위해 먼저 학교에서는 학년도 초에 학업성적관리위원회를 통하여 **단위 학교의 학업성적관리 규정을 정비**하게 된다. 이 때 교육부의 '학교생활기록 작성 및 관리지침'과 시 · 도 교육청의 '학업성적관리 시행지침'에 제시된 성취평가제 관련 내용을 충실힌 반영해야 한다. 특히, 학교생활기록부의 기재방법과 기재내용, 교과목별 성취수준별 분할점수, 분할점수 산출 방법 및 시기 등을 확정하여 명시해야 한다. 성취수준별 분할점수 설정 방식으로 크게 두 가지 방식, 즉 고정분할점수 설정방식과 단위학교 분할점수 설정방식이 있다. 고정분할점수 설정방식은 〈표 11-5〉와 같이 설정된 기준 성취율을 반영하여 평가 점수를 100점으로 했을 때 일정 점수를 성취수준 분할 점수로 고정하는 것이다(5단계 시 A: 90점 이상, B: 80점 이상~90점 미만, C: 70점 이상~80점 미만, D: 60점 이상~70점 미만, E: 60점 미만; 3단계 시 A: 80점 이상, B: 60점 이상~80점 미만, C: 60점 미만). 단위학교 분할점수 설정방식은 단위학교에서 평가도구가 만들어진 다음 그 수행 내용과 과제 난이도 등을 고려하여 성취수준 간 집단을 구분하는 분할점수를 설정하는 방식으로서, 이에 대해서는 아래 (2)절에서 좀 더 자세히 살펴볼 것이다.

다음으로 **성취기준과 성취수준을 마련**해야 한다. 일반적으로 국가 교육과정에 따라 개발 · 제공되는 교과별 성취기준과 성취수준을 활용하면 된다. 다만, 국가수준의 성취기준과 성취수준이 단위학교의 교육과정 운영 특성에 적합하지 않을 경우에는 교과협의회를 통해 국가 교육과정의 내용과 범위 내에서 재진술할 수 있다.

제 1국면의 끝 단계로, 학교에서는 교수 · 학습 및 평가 계획을 수립해야 한다. 학교 학업성적관리규정에 따라 그리고 성취기준과 성취수준에 기반하여 다양하고 특성화된 효과적인 교수 · 학습 활동과 타당하고 신뢰로운 평가 계획을 수립하는 것이다. 특히 평가 계획에는 평가의 목적과 기본 방향, 평가의 종류와 방법, 평가 내용, 평가 시기, 지필평가 및 수행평가의 영역·방법·횟수·기준·반영 비율, 수행평가의 세부기준 및 결시자 처리 기준 등이 구체적으로 포함되어야 한다.

(2) 교수·학습 및 평가

학교의 교육과정 운영 계획이 수립되면, 그에 따라 **교수·학습 및 평가를 실행**하는 단계로 나아간다. 성취기준 중심의 수업 목표를 모든 학생들이 달성할 수 있도록 다양한 교수·학습 활동을 전개함과 동시에 그 성취기준 도달 정도를 확인하고 적절한 교수·학습의 개선 정보를 제공할 수 있는 평가가 적용되어야 한다.

평가의 실행은, 교육과정 운영 계획에 제시된 평가의 기본 계획을 토대로, 교수·학습의 진행 과정 중에 혹은 후에 이루어질 평가에 직면하여 **구체적인 평가 계획(출제 계획)을 수립**하는 것으로 출발한다. 즉, 학기 초에 세웠던 평가 계획과 학기 중 수업을 통해 실제로 이루어진 교수·학습 활동을 반영하여 어떤 방법과 문항으로 무엇을 평가할 것인지를 구체적으로 마련하는 일을 선행한다. 이 계획에는 문항의 성취기준, 행동 영역, 난이도 및 배점 계획 등이 포함된 이원목적분류표를 작성하는 것이 핵심이다. 학교에서는 NEIS가 제공하는 이원목적분류표 양식을 준용하여 사용하면 효율적이다. 이 양식에서는 내용영역, 성취기준, 행동영역, 문항 유형, 난이도, 배점, 정답, 채점기준표 등의 항목이 포함되어 있다.

평가 계획이 구체화되면 그에 따라 **평가도구를 제작**하게 된다. 즉, 이원목적분류표에 근거하여 문항을 개발하는 단계로 넘어간다. 이 단계에서는 10장, 12장을 참조하여 양질의 평가도구를 제작하는 데 주안점을 둔다.

평가도구를 제작하게 되면 학기 초 계획(단위학교의 의사결정)에 따라 성취수준을 구분해주는 **분할점수(cut-off score, passing score)를 설정**하는 작업을 선택적으로 할 수 있다. 분할점수란 평가 상황에서 성취 정도의 차이를 구별하기 위해 둘 이상의 성취수준 집단으로 구분해주는 점수를 의미한다. 우리의 성취평가제 상황에서 분할점수 설정방식은 고정분할점수 방식과 단위학교 분할점수 방식으로 대별된다([그림 11－5] 참조).

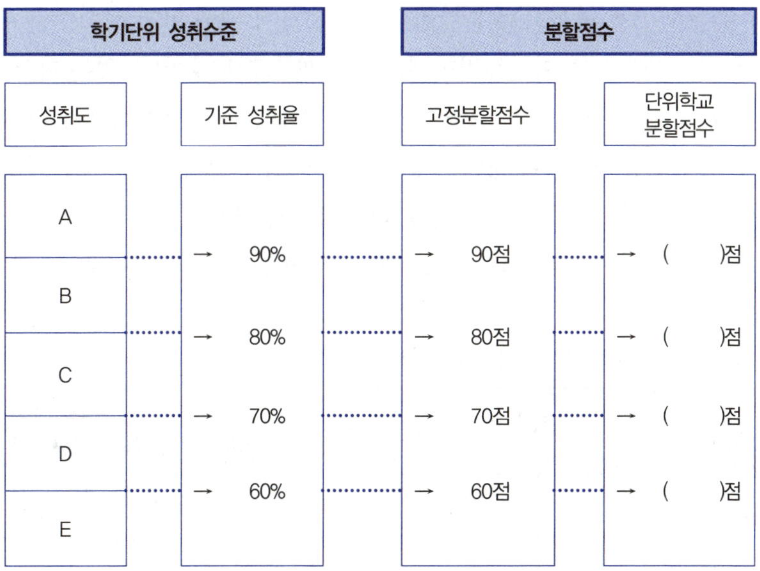

[그림 11-5] 성취도별 기준 성취율과 분할점수

고정분할점수를 활용하는 경우에는 미리 정해진 분할점수가 타당하게 작용하도록 앞 단계인 평가도구 제작에 집중하면 된다. 그러나 고정분할점수는 실제 제작된 평가도구가 양호하지 못하다면 분할점수의 타당성을 확보하기 어렵다는 단점을 지닌다. 이에 구체적인 평가도구(문항)가 확정되었을 때 이를 토대로 학교에서 분할점수를 산출하는 별도의 절차가 필요하다. 분할점수 산출 방식으로는 Nedlesky 방법, Ebel 방법, Angoff 방법, 경계선집단 방법, Bookmark 방법 등 매우 다양한 것들이 있지만, 여기서는 한국교육과정평가원이 우리 학교교육 상황에 적용하기 용이하도록 고안한 '이원목적분류표 활용 방법'을 간략히 소개한다(준거설정 혹은 분할점수 산출에 대한 여러 가지 방법과 그 구체적인 절차 등에 대해서는 전문서적을 참고하기 바란다.).

이 방법은 평가도구를 제작하기 위해 먼저 작성했던 이원목적분류표를 활용하는 방법이다. 즉, 이 표에 나타난 문항 특성(지식, 이해, 적용)과 난이도(쉬움, 보통, 어려움)를 범주화하여 각 범주에 해당하는 문항들에 대한 특정 성취수준 집단별 예상 정답률을 추정하는 방식이다. 예컨대, 성취수준 A와 B를 구분하는 분할점수를 산출하기 위해 먼저 성취수준 A에 해당하는 학생들 중 최소능력학생(A에 가까스로 도달할 수 있는 학생)을 상정한다. 이 때 교사들은 그러한 학생들의 예를 들어 구체화해가며 협의를 통해 최소능력학생에 대한 개념을 설정한다. 그런 후, 그 최소능력학생들이 100명 있다면 이원목적분류표에 제시된 평가 문항들에 있어 어느 정도가 정답 할 수 있을까에 대한 예상정답률을 산출한다. 그런 후 각 문

〈표 11-9〉 이원목적분류표 활용 분할점수 산출 예시

영역(문항 수)	난이도(문항 수)	문항 배점 합	예상 정답률				기대 점수(문항 배점 합 × 예상 정답률)			
			A	B	C	D	A	B	C	D
지식(7)	쉬움(3)	6	95	95	90	80	5.70	5.70	5.40	4.80
	보통(3)	6	90	85	75	60	5.40	5.10	4.50	3.60
	어려움(1)	3	85	70	60	50	2.55	2.10	1.80	1.50
이해(7)	쉬움(5)	5	90	85	80	70	4.50	4.25	4.00	3.50
	보통(2)	5	85	75	65	50	4.25	3.75	3.25	2.50
	어려움(1)	8	75	60	50	35	6.00	4.80	4.00	2.80
적용(5)	쉬움(1)	3	90	80	65	50	2.70	2.40	1.95	1.50
	보통(2)	6	80	75	50	40	4.80	4.50	3.00	2.40
	어려움(2)	8	75	55	45	35	6.00	4.40	3.60	2.80
총점		50	성취수준별 분할점수(성취수준별 기대점수 합)				42	37	32	25

※ ① 영역(지식/이해/적용)과 난이도(쉬움/보통/어려움)를 조합한 셀(9개)별로 해당 문항 분류 → ② 각 셀에 속한 문항들의 배점 합 산출 → ③ 성취수준 집단별로 각 셀에 속한 문항들의 공통 예상 정답률 추정 → ④ 각 셀별로 문항 배점 합과 공통 예상 정답률을 곱하여 기대점수 산출 → ⑤ 성취수준 집단별 기대점수를 합하여 분할점수 산출

항당 예상정답률에 문항 배점을 곱하여 예상 문항 평균을 구하고, 한 평가 도구 혹은 검사를 이루는 모든 문항들의 문항 점수(예상 문항 평균)를 더하면 A와 B를 구분하는 분할점수가 된다. 예상 정답률을 추정할 때 문항의 특성과 난이도를 고려하면 교사들의 지적 부담을 완화하고, 분할점수의 위계를 타당화하는 데 유용하다. 이원목적분류표에 따른 예상 정답률과 분할점수 산출 원리를 표로 예시하면 〈표 11-9〉와 같다(서민희 외, 2015, 86-87).

한편 이 방법에 대한 분할점수 산출이 효율적이고 용이할 수 있도록 한국교육과정평가원에서는 성취평가제 지원포털(http://asa.kice.re.kr)에 성취평가 분할점수 산출 프로그램(지필평가 분할점수 산출, 학기별 최종 분할점수 산출, 분할점수 산출 내역, 사용자 설명서 등 4개 메뉴로 구성)을 탑재하고 있다. 학교에서는 이 프로그램을 다운로드 하여 함께 제공되는 매뉴얼에 따라 순차적으로 작업을 수행하면 된다.

평가도구 개발과 분할점수 산출(선택사항)이 이루어지면, 계획에 따라 평가를 **실시**하고 그에 따른 **채점, 결과 분석 및 보고** 활동을 수행한다. 이 활동에서는 일반적인 평가 절차의 내용과 원리를 준수하면 된다. 다만, 성취평가제에서 학생의 성적 산출 및 보고와 관련하여 학교생활기록 기재 내용에 변화가 있음에 유의해야 한다. 중학교는 성취도의 표기를 '수-

【기존】

중학교

과목	성취도	석차 /수강자 수
영어	수	30/286

고등학교

과목	단위 수	원점수 /과목평균 (표준편차)	석차등급 (수강자 수)
수학	3	95/70 (10)	1 (532)

⇨

【성취평가제】

과목	성취도 (수강자 수)	원점수/과목평균 (표준편차)
영어	A (286)	95/78 (12)

과목	단위 수	원점수 /과목평균 (표준편차)	성취도 (수강자 수)	석차 등급
수학	3	95/70 (10)	A (532)	1

[그림 11-6] 성취평가제에 따른 교과 성적 표기 방식 변화

우-미-양-가'에서 'A-B-C-D-E'로 변경하고, '석차'를 삭제하는 대신 '원점수/과목평균(표준편차)'를 병기하도록 하였으며, 고등학교는 '석차 등급'을 삭제하고 '성취도'(A-B-C-D-E)를 기재하도록 하였다. 다만, 고등학교의 경우 성취평가제의 결과를 대입전형에서 어떻게 반영할 것인가에 대한 확정이 있기 전까지는 현행의 석차 등급을 함께 제공하고 있다.

(3) 평가 결과 활용 및 정보 공시

평가의 시행, 채점 및 성적 산출이 마무리되면, 학교에서는 평가 결과를 심층적으로 분석하여 활용하고, 규정에 따라 평가 관련 정보를 공시하게 된다. 먼저, 교재의 13장, 14장에 제시된 바와 같이, 기본적으로 검사의 양호도와 문항의 양호도가 적절하였는지를 계량적 분석과 질적 분석을 통하여 점검한다. 또한 성적 분포의 점검을 통하여 성취수준별 학생 비율이 기대했던 결과와 비교하여 교수 · 학습의 개선 혹은 평가도구 및 방법의 개선 정보를 추출해보는 작업도 수행할 필요가 있다. 그리고 무엇보다도 개별 학생의 세부 진단을 통하여 학생들의 학습 개선에 도움이 될 수 있는 정보를 추출하여 적절한 피드백을 제공하는 것이 매우 중요하다.

한편 단위 학교에서는 평가의 공정성과 신뢰성을 보장함과 동시에 관계자들의 알 권리 충족 및 교육 책무성 제고를 위하여 교과별 학업성취사항과 관련된 정보를 공시해야 한다. 공시 내용은 '학년별 · 학기별 · 교과별 학기말 성적'과 '학년별(학기별) · 교과(목)별 평가 계획'으로 대별된다. 전자는 단위 학교의 '평균', '표준편차', '성취수준별 분포 비율'을 연 2회(2월, 9월) 공시해야 하며, 후자는 '지필평가와 수행평가의 계획'(평가 목적, 기본방향, 평가의 종류, 평가방법, 평가 내용, 시기 등 포함)을 위주로 한 것으로 연 2회(3월, 9월) 공시해야 한다.

참고문헌

가은아, 김종윤, 노은희, 박종임, 강문희, 구본관, 김기훈, 김혜정, 류수열, 박영민, 서영진, 송홍규, 안부영, 안용순, 안혁, 양경희, 이선희, 최규홍(2016). 2015 개정 교과 교육과정에 따른 초·중학교 국어과 평가기준 개발 연구. 연구보고 CRC 2016-2-2. 한국교육과정평가원.

교육과학기술부(2011). 중등학교 학사관리 선진화 방안(2011.12.13. 보도자료).

교육부(2015). **초·중등학교 교육과정 총론**. 교육부 고시 제2015-74호 [별책 1].

교육부, 한국교육과정평가원(2016). 수업과 연계한 수행평가 어떻게 할까요?. 연구자료 ORM 2016-9. 한국교육과정평가원.

교육부, 한국교육과정평가원(2013). 문답식으로 알아보는 성취평가제(성취평가제 가이드북 개정판). 홍보자료 PIM 2013-12.

김성숙, 김희경, 서민희, 성태제(2015). **교수·학습과 하나되는 형성평가**. 서울: 학지사.

김희경, 박종임, 정연준, 박상욱, 김창환, 이채희, 최재화(2014a). 맞춤형 교육 지원을 위한 형성평가 체제 도입(Ⅰ)-온·오프라인 형성평가 시스템 설계. 연구보고 RRE 2014-9. 한국교육과정평가원.

김희경, 박종임, 박상욱, 임은영, 이광상, 이정우, 배주경(2014b). 창의인성교육을 위한 학생평가 가이드북 개발. 연구보고 CRE 2014-5. 한국교육과정평가원.

서민희, 김희경, 김경희, 박종임, 성경희, 박지현, 김유향, 전경희(2015). 고등학교 보통교과용 성취평가제 이해 및 실제. 연구자료 ORM 2015-109. 한국교육과정평가원.

성태제 역(2010). **준거설정**. 서울: 학지사.

온정덕, 김경자, 박희경, 홍은숙, 황규호(2015). 2015 개정 교육과정 총론 해설서(초등학교) 개발 연구. 교육부.

이경화, 강현영, 고은성, 이동환, 신보미, 이환철, 김선희(2016). 과정 중심 평가의 실행을 위한 방향 탐색. **수학교육연구, 26**(4), 819-834. 대한수학교육학회.

국가교육과정정보센터(http://ncic.go.kr)

성취평가제 홈페이지(http://asa.kice.re.kr)

CHAPTER 12

검사 개발 및 문항 제작

교사는 학생들의 능력을 정확히 파악하고 이를 기반으로 교수 · 학습의 개선 정보를 추출 · 제공하기 위해 평가 활동을 수행한다. 그 중 핵심적인 활동은 평가도구를 제작하는 일인데, 타당하고 신뢰로운 평가도구를 제작하는 일이 그리 쉽지는 않다.

질이 높은 평가도구를 제작하기 위한 지식과 경험을 갖추는 일은 단 시간에 이루어지지 않는다. 더하여, 평가에 대한 지식과 검사 개발에 대한 경험이 많다 하더라도 검사 개발을 위해 사전에 충실한 계획을 수립하고 이에 따라 검사를 개발하지 않는다면 최종적으로 질이 높은 검사 결과를 얻는다는 것은 매우 어려운 일이다.

평가의 유형 및 방법, 문항 수, 시행 여건 등 여러 요인이 평가도구의 양호도에 영향을 주지만, 무엇보다도 평가도구의 최소 단위인 문항의 질에 의존한다고 볼 수 있다. 면접이나 논술에서 사용하는 하나의 질문도 문항이요, 학교생활기록부 평가나 포트폴리오 평가에서 사용하는 하나의 평가 관점이나 항목 혹은 채점 요소도 하나의 문항이며, 대학수학능력시험이나 교원임용시험 등 각종 지필 시험의 개별 단위도 하나의 문항이다. 평가도구나 방식을 구성하는 세부 단위 즉 문항의 양호도가 확보되지 않는다면, 평가 전체의 양호도를 확보하기란 어렵다. 즉, 평가의 양호도는 개별 단위인 문항의 양호도를 전제로 한다. 따라서 좋은 문항의 제작은 평가도구 구성, 그 도구에 의한 평가 결과의 산출 · 보고 · 활용의 타당성과 신뢰성을 담보하는 기초가 된다.

이 장은 검사 개발을 개괄적으로 살펴보고, 문항 제작자의 요건과 문항이 갖추어야 할 요건을 소개한 후, 선택형 문항과 서답형 문항의 제작 시 유념해야 할 원리를 다룬다.

1 검사 개발

학교에서 평가의 대략적인 절차는 평가 계획 - 출제 계획 - 평가도구 개발 - 시행 -채점 - 평가결과 산출 및 제공으로 이루어진다. 학교의 형편에 따라 학년 단위 혹은 학기 단위로 평가 횟수/영역, 평가시기 등을 포함하는 평가 계획을 수립하고, 수립된 평가 계획에 근거하여 구체적인 출제 계획을 세우고, 계획에 따라 평가 도구를 개발하고, 시행 후 채점하고, 결과를 활용하게 된다.

본 절에서는 출제 계획과 평가 도구 개발을 중심으로 설명이 이루어지며 해당 단계에서 수행되는 업무는 크게 네 가지로 압축할 수 있다: ① 검사의 목적을 분명히 하기, ② 무엇을 검사할지 명확하게 하기, ③ 이원목적분류표 작성하기, ④ 실제 문항 개발 및 검사지 개발.

가. 검사의 목적 분명히 하기

출제 계획은 검사의 목적을 분명히 하는 것으로부터 시작한다. 어찌 보면 당연한 말처럼 들리지만 목적을 분명히 하지 않고 개발한 검사는 최종 결과의 양호도가 높아지기 힘들다. 검사의 목적이 무엇인가에 따라서 검사의 유형(대표적으로, 규준지향검사 혹은 준거지향검사)이 결정되고, 그 결정에 따라 검사 개발 시 유의해야 하는 사항들이 바뀌고 또한 최종적으로 검사 결과의 양호성을 판단하는 준거도 바뀌기 때문이다. 예를 들어, 학기초에 수업전략을 세우기 위해 학생들이 전 학기에 배운 내용을 얼마나 숙달했는가를 파악코자 검사를 실시한다면, 이러한 검사는 대부분 규준지향검사보다는 준거지향검사가 된다.

규준지향검사에서는 능력이 높은 학생과 능력이 낮은 학생을 구별하여 상대적 우열을 가리는 것이 가장 중요하고, 준거지향검사에서는 검사가 성취기준 등의 절대적인 준거에 명시된 내용과 능력을 제대로 재는 것이 가장 중요하다. 따라서, 규준지향검사를 개발할 때는 상대적 우열을 가리는 능력인 변별력을 높이는 것에 노력이 집중되고, 준거지향검사를 개발할 때는 준거에 명시된 내용과 능력을 충실하게 재는 것에 노력이 집중된다. 한번에 두 마리 토끼를 잡을 수 없듯이, 어느 한쪽에 노력을 기울이면 다른 쪽은 소홀할 수밖에 없다. 하나의 검사가 질 높은 규준지향검사도 되고 질 높은 준거지향검사도 되는 것은 매우 힘들다. 결국, 검사의 목적을 분명히 하여, 어떤 유형의 검사를 개발해야 하는 지를 결정하고 결정된 유형의 검사의 질을 높이기 위해 노력을 집중하는 것이 최상의 선택이다.

나. 무엇을 검사할지 명확히 하기

검사의 목적을 확정한 후에는 검사를 통해 무엇을 측정할 것인가를 명확히 해야 한다. 검사에서 측정하고자 하는 내용을 성글게 기술할 수도 있고, 상세하게 기술할 수도 있는데, 어떻게 기술해야 하는 가는 검사의 유형과 직접적으로 관련되어 있다. 규준지향검사의 경우 집단내의 상대적 서열이 중요하므로 측정하고자 하는 내용을 대강적으로 설정할 수 있다. 그러나 준거지향검사의 경우에는 학생의 성취정도를 사전에 설정된 성취기준에 근거하여 확인하게 되므로 성취기준이 바로 측정하고 하는 내용이 된다. 따라서 성취기준을 상세하게 기술하는 것이 매우 중요해진다. 그래야만 학생의 평가 결과에 따라 어떠한 성취기준에 도달 혹은 미도달했는지를 확인할 수 있기 때문이다.

예를 들어, 수학과 초등학교 6학년 1학기 전체를 범위로 하여 규준지향검사로 치른다면 '수와 연산', '도형', '측정'처럼 대영역을 단위로 하고 '분모가 다른 진분수끼리의 나눗셈', '각뿔의 구성요소 이해', '원의 넓이 구하기'처럼 일종의 학습 내용을 측정하고자 하는 내용으로 사용할 수 있다. 그러나 동일한 검사 범위를 준거지향검사로 치른다면 "분모가 다른 진분수의 덧셈과 뺄셈의 계산 원리를 이해하고 그 계산을 할 수 있다", "각뿔을 알고 각뿔의 구성 요소와 성질을 설명할 수 있다", "원의 넓이를 구하는 방법을 이해하고, 이를 구할 수 있다"처럼 상세한 성취기준이 검사에서 재고자 목적 하는 바가 된다.

성취기준은 "무엇을 가르칠 것인가"뿐만 아니라 "학생이 학습을 통해 어떠한 능력을 갖추어야 하는 가"를 보여주는 역할을 한다. 예를 들어, 영어과의 한 성취기준이 "일상생활이나 친숙한 일반적 주제의 글을 읽고 줄거리, 주제, 요지를 파악할 수 있다"라면, 교사는 다양한 읽기 전략을 활용하여 글의 주제와 요지를 찾아낼 수 있도록 지도한다. 지도가 이루어진 후 학생들이 필요한 능력을 갖추었는지를 평가해야 하는데, 이 때 성취기준은 검사에서 무엇을 측정해야 하는가를 보여주는 역할을 하게 된다. 읽기 검사를 통해 성취기준에서 할 수 있기를 기대하는 능력을 학생이 갖추었는가를 확인하게 된다. 이를 그림으로 보이면 다음과 같다.

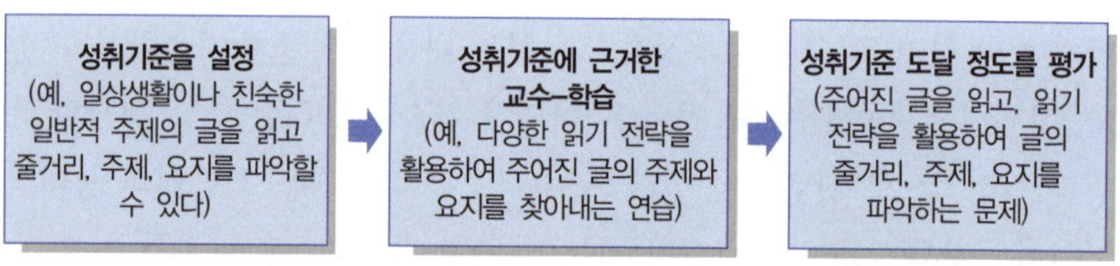

[그림 12-1] 성취기준에 근거한 교수-학습 및 평가

다. 이원목적분류표 개발

이원목적분류표란 출제 계획을 명시화한 표로서 평가 도구 개발 단계에서 문항 제작자는 이를 기반으로 문항을 출제하게 된다. 검사가 재고자 하는 바를 문항이 어떤 내용을 측정하는 가를 보여주는 내용 요소와 그 내용을 어느 인지 능력 수준에서 측정하는 가를 보여주는 행동 요소로 나누어 보여줌으로써 문항 개발을 위한 지침을 제공한다.

다음은 한국교육과정평가원(2016) 에서 제공하는 '학생의 성취도 파악을 위한 평가결과 분석 이렇게 하세요 —개정판-'에 제시된 나이스(NEIS) 이원목적분류표 예시이다.

내용 요소로 내용영역과 성취기준을 그리고 행동 요소로 행동영역을 포함하고 있음을 볼 수 있다. 예시 표에 따르면 지식, 이해, 적용 인지능력을 측정하는 문항이 각 6문항씩 출제되며, 난이도 어려움, 보통, 쉬움 문항이 각 5개, 7개, 6개씩 출제된다.

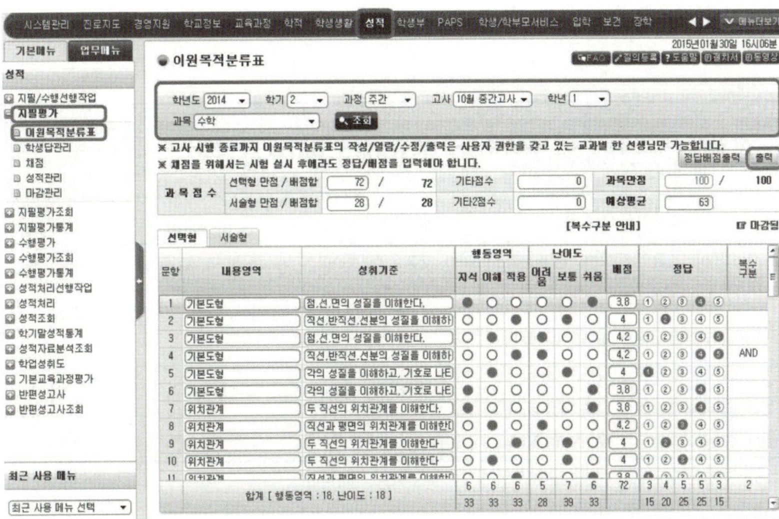

출처: 한국교육과정평가원(2016) 학생의 성취도 파악을 위한 평가결과 분석 이렇게 하세요 —개정판

이원목적분류표는 검사의 목적에 적합하게 검사 도구를 개발하는데 도움을 준다. 예를 들어, 한 학기 동안 학습한 전체 내용 중 핵심 성취기준 관련 내용의 학습 정도를 평가하여 필수적인 성취가 부족한 학생을 선별하여 보충 학습을 제공하고자 하는 평가의 목적과 계획이라면, 이원목적분류표 작성을 통해 평가의 내용 면에서 특정한 영역이나 주제에 (불균형적으로) 문항이 몰려 있거나 지나치게 높은 수준(예를 들어, Bloom의 분

류학에 따른 종합 혹은 평가)의 인지 능력을 요구하는 문항이 많이 포함되지 않았는지 등을 검토할 수 있다.

이원목적분류표의 행동 요소는 문항이 측정하고자 하는 인지능력의 수준을 보여주는데, 많은 경우 인지적 영역을 측정할 때는 블룸(Bloom)의 교육목표분류학의 분류 체계에 근거한다. 블룸(Bloom)은 인지능력의 수준을 지식, 이해, 적용, 분석, 종합, 평가로 분류하였으며, 능력은 '단순한 정신능력'으로부터 '복잡한 고등 정신능력'으로의 위계단계를 가진다고 보았다. 즉, '지식'이라는 지적 행위가 가장 단순한 인지능력을 요구하고 '평가'라는 지적 행위가 가장 복잡한 고등능력을 요구한다고 보았다. 각각의 능력을 살펴보면 다음과 같다.

분류	설명
지식	재생에 의하여 학습된 내용을 기계적으로 기억해 내는 능력
이해	자료나 기호, 용어 등의 의미를 파악하는 능력
적용	과거에 학습한 자료나 내용을 새로운 구체적인 사태에 사용할 줄 아는 능력
분석	자료를 구성부분으로 분해하고 부분간의 관계와 그것이 어떻게 조직되는가를 발견하는 능력
종합	여러 가지 요소나 부분을 어떤 하나의 구조나 형태로 결합하는 능력
평가	특정한 목적을 위하여 사용된 자료나 방법의 가치를 판단하는 능력

이원목적분류표를 개발하면서 어떠한 유형의 문항을 사용하여 성취기준의 도달 정도를 측정할 것인가를 결정해야 한다. 위에서 예시로 보인 표에서는 첫 번째 성취기준 "점, 선, 면의 성질을 이해한다"의 도달 정도를 측정하기 위해 5지 선다형 문항을 사용하였다. 많은 경우 성취기준의 행동 동사를 확인하면 문항 유형을 결정할 때 도움이 된다. 예를 들어, 묘사하다, 그리다, 조사하다 등의 동사가 사용되었다면 학생의 특정한 수행(행위 혹은 산출물)을 요구하는 것이고 따라서 선택형 문항보다는 서답형 문항을 포함한 수행평가가 보다 바람직 할 것이다.

각 문항 유형은 제작의 용이성, 채점결과의 객관성, 채점의 용이성, 변별력, 효율성, 고등사고능력 측정 가능성 면에서 상대적 장·단점을 가지고 있다. 예를 들어, 서답형 문항은 선다형 문항에 비하여 채점에 많은 시간과 노력이 들어가지만 고등사고능력을 측정하기에는 보다 적합하다. 또한, 문항유형을 결정할 때는 현실적 제약을 충분히 고려해야 한다. 예를 들어, 대규모 검사(예, 전국단위의 학업성취도 검사)에서 서답형 문항을 채점하는 것이 현실적으로 힘들다면, 서답형 문항을 선택하지 않는 것이 현명하다. 따라서 검사의 목적과 현실적 제약을 고려하여 성취기준의 내용과 행동을 측정하기에 가장 적합한 문항유형을 선택하여 사용한다.

이원목적분류표를 개발하기 위해서는 문항의 개수를 사전에 결정해야 한다. 몇 개의 문항을 출제할 것인가는 대부분 검사 시간에 의해 결정된다. 정상적인 속도로 문제를 풀 때 검사를 치르는 학생들의 대부분이 모든 문제를 시도할 수 있도록 하는 것이 합당할 것이다. 정해진 시간에 학생들이 풀 수 있는 문항의 수는 문항유형, 문항을 풀기 위해 요구되는 능력의 복잡성, 학생의 문제 푸는 습관 등에 복합적으로 영향을 받는다. 따라서 정해진 시간에 학생들이 몇 문제를 시도할 수 있을 것인가를 파악하기 위해서는 비슷한 유형과 수준의 문항을 비슷한 학생들에게 실시해 본 경험이 필수적이다.

라. 실제 문항의 개발 및 검사지 개발

위의 단계를 거쳐 완성된 검사 계획서에 의거하여 문항들을 개발하게 된다. 문항 개발 시 가장 중요한 고려 사항은 이원목적분류표를 얼마나 충실히 따르는가 하는 것이다.

(1) 문항의 기록 및 보관

문항 개발은 일회로 완성되지 않고 수차례의 검토 및 수정을 통하여 이루어진다. 전통적으로 문항카드를 사용하여 문항을 개발해 왔는데, 문항카드는 문항의 내용 및 특성 등을 기록한 용지로서 문항들을 보관하고 문

〈표 12-1〉 문항카드의 예

<table>
<tr><td>교과목</td><td colspan="3"></td></tr>
<tr><td>단원 및
내용 영역</td><td colspan="3"></td></tr>
<tr><td>성취기준</td><td colspan="3"></td></tr>
<tr><td>행동영역</td><td colspan="3"></td></tr>
<tr><td>제작자</td><td></td><td>제작일시</td><td></td></tr>
<tr><td colspan="4">문제 및 답지</td></tr>
<tr><td>시행 일시</td><td></td><td>시행 대상</td><td></td></tr>
<tr><td>예상 난이도</td><td colspan="3"></td></tr>
<tr><td>실제 난이도</td><td></td><td>실제 변별도</td><td></td></tr>
<tr><td colspan="4">비고</td></tr>
</table>

항에 대한 정보를 제공하는 기능을 담당한다(〈표 12-1〉 참조). 컴퓨터의 사용이 일반화되면서 컴퓨터를 사용하여 문항을 개발하고, 제작된 문항을 컴퓨터에 보관하고, 다시 컴퓨터를 사용하여 보관된 문항들을 선택, 조합하여 검사지를 완성하는 것이 보편화되고 있다.

(2) 문항의 점검

아무리 철저한 노력을 기울여 만든 문항이라 하더라도 여러 번의 검토와 수정이 없이는 질 높은 문항이 될 수 없다. 여기서 질이 높다는 것은 이원목적분류표 상의 내용 요소(NEIS 이원목적분류표의 경우 내용 영역과 성취기준)과 행동 요소(NEIS 이원목적분류표의 경우 행동 영역)를 문항이 적절하게 재고 있다는 것을 포함한다. 다음에는 문항 검토 시 고려해야 하는 사항들이 제시되어 있다.

① 문항을 풀기 위해 필요한 능력이 이원목적분류표 상의 내용 요소(내용 영역 및 성취기준)와 행동 요소(행동 영역)에 부합되는가?
② 문항의 내용이 모호하거나, 부적절한 용어가 있거나, 어색한 문장이 있지 않은가?
③ 문항이 필요 이상으로 장황하지 않은가?
④ 여러 전문가들이 정답을 정답으로 인정할 것인가?
⑤ 문항유형에 따른 문항 제작원리가 지켜졌는가?
⑥ 문항이 특정 학생들에게 편파적으로 유리하지 않은가? 예를 들어, 영어 읽기 능력 검사에서 스포츠에 관한 읽기지문을 사용한다면 여학생들보다 남학생들에게 유리할 가능성이 있으며, 이는 문항이 편파성을 가진 것이다.

(3) 검사지 개발

문항의 개발 및 검토가 끝나면 학생들이 치르게 되는 검사지를 만들게 된다. 검사지를 만들기 위해서는 문항들을 배열하고 지시문을 포함하여야 한다.

복수의 문항유형이 사용된 경우는 먼저, 각 문항유형별로 묶고 진위형, 연결형, 선다형, 서답형의 순으로 제시하는 것이 바람직하다. 각 문항유형 묶음 내에서는 다시 이원목적분류표 상의 행동 영역별로 묶거나 혹은 난이도 별로 묶고, 복잡한 인지능력을 요구하거나 어려운 문항 묶음을 뒤에 제시하는 것이 바람직하다. 이렇게 하면 학생들은 문제를 풀 때 동일한 인지능력을 연속적으로 사용함으로써 검사에 집중하기가 쉽고 초반에 어려운 문제를 만나서 사기가 떨어진다거나 많은 시간을 초반에 사용하여 뒤에 나오는 쉬운 문제를 풀 시간이 없다거나 하는 경우를 피할 수 있다. 내용 영역별로 문항을 묶는 것은 크게 도움이 되지 않으나, 특별한 경우 예를 들어 사회과 역사시험에서 시대별로 문항을 묶는 것은 도움이 될 수 있다.

학생들이 시험을 치르기 위한 지시 사항은 구두로 전달되거나 혹은 검사지에 포함될 수 있다. 양자의 경우에 모두 다음의 사항을 포함하고 있거나 혹은 모든 학생들이 각 사항에 대해 동일한 이해를 하고 있어야 한다.

① **검사의 목적**

② **검사를 치르는데 허락된 시간**: 일반적으로 학생들에게 문제를 풀 수 있는 충분한 시간을 주는 것이 바람직하다. 그러나 어느 정도의 시간이 필요한지를 결정하기 위해서는 문항유형, 학생의 나이 및 발달 정도, 재고자 하는 능력의 복잡성 등을 종합적으로 고려해야 한다.

③ **답을 하는 근거**: 진위형, 선다형 등은 '가장 적합한 답을 고르시오' 처럼 간단하지만, 서답형 문항은 보다 자세한 설명이 필요하다. 학생들이 어리거나 혹은 익숙하지 않은 유형의 문항이 있다면 견본 문항을 제시하는 것이 바람직하다.

④ **답을 표시하는 절차**: 검사지에 직접 답을 할 수도 있고 별도의 답안지를 사용하여 답을 표시할 수도 있다. 이에 대한 명료한 설명을 검사지에 포함하는 것이 바람직하다. 특히 OMR 답안지를 사용하는 경우는 보다 자세한 설명이 포함되어야 한다.

⑤ **서답형 문항의 경우 채점의 근거:** 학생들이 응답을 기술해야 하는 서답형 문항은 무엇을 근거로 채점을 할 것인지를 학생들에게 알려주는 것이 바람직하다. 예를 들어, 수학교과의 그래프를 작성하는 문제를 풀기 위해서 식을 도출하고, 답을 계산하고, 그래프에 표시를 해야 한다면, 문항의 채점은 '식 도출', '계산', '그래프에 표시'라는 세 가지 요소에 근거하여 이루어진다는 것을 학생들에게 보이는 것이 바람직하다.

2 문항 제작자의 요건

문항을 제작하는 능력이 뛰어난가? 자신이 있는가? 이 물음에 선뜻 '그렇다'고 응답할 교사가 그리 많지는 않을 듯싶다. 하지만 문항 제작이 중요하며 자신이 훌륭한 문항 제작자가 되고 싶다고 응답할 교사는 많을 것이다. 그렇다면 어떻게 좋은 문항 제작자가 될 수 있는가? 타고난 능력도 중요하겠지만, 교사의 '관심과 노력 그리고 경험'이 무엇보다도 중요하다. 여기서는 좋은 문항 제작자가 되기 위해 갖추어야 할 조건과 교사가 수행해볼만한 실천적 활동을 예시한다.

첫째, **평가하고자 하는 교과 내용에 관해 정확한 지식과 정보를 구비해야 한다.** 평가하고자 하는 내용에 대한 배경 지식과 정보가 풍부하지 않으면 참신하면서도 사고력을 요하는 문항 아이디어 생성이 어렵기 때문이다. 자신에게 타 전공이나 타 교과목의 문항을 출제하라고 한다면 대부분 응하지 않을 것이며, 설령 참여한다 할지라도 기존 문제집을 참고하여 유사한 문제를 내거나 객관적 · 단편적 지식의 유무를 묻는 문항을 출제하는 데 그칠 가능성이 크다. 해당 내용에 대해 잘 알고 있는 사람, 소위 교과 전문가 혹은 내용 전문가를 출제자로 선정하는 이유가 여기에 있다. 또한, 최근의 학문적 발전을 따라잡지 못한다면, 특히 과학 · 기술 계통의 경우, 문항에서 요구하는 정답에 대한 이의제기 가능성도 커진다는 점에 유의하여야 한다.

교사들은 무엇보다도 먼저 담당 교과목의 교육과정, 교과서, 교사용 지도서의 내용을 정확하게 이해해야 한다. 교과의 교육목표와 각 교육 내용, 그리고 교수 및 학습 원리 등이 무엇이며 어떻게 연계되어 있는지, 교과서는 이를 어떻게 반영하고 있는지 등을 분석하는 작업이 유용하다. 또한 전공 혹은 담당 교과 관련 학술지, 간행물 등을 구독하고 학술 세미나 및 워크숍에 적극 참여함으로써 학문적 변화의 흐름과 그 발전 내용을 수시로 습득하는 자세를 견지할 필요가 있다.

둘째, **평가받는 대상, 즉 학생에 대해 잘 알고 있어야 한다.** 가끔 문항이 출제 의도와는 전혀 다르게 기능하는 경우를 볼 수 있다. 예컨대, 문항에 제시된 어휘가 학생들이 생각하는 어휘와 다르거나 학생들이 잘 모르는 어휘일 때는 예상과 전혀 다른 응답이 나오기도 한다. 또한 내용 전문가인 교사의 입장에서는 매우 쉽거나 어려운 문항으로 판단했으나 그 반대의 반응이 나타나기도 하고, 복잡한 계산 과정을 요구하지만 답지의 내용을 반복 대입하여 간단히 풀어내는 현상도 나타난다. '침대는 가구가 아닙니다. 과학입니다'라는 광고에 익숙한 몇몇 학생들이 '다음 중 가구가 아닌 것은?'이라는 문항에 대해 '침대'라고 응답했다든지, 중학교 국사 시험에서 '우리나라 최초의 신부 이름을 쓰시오'라는 단답형 문항에 대해 '웅녀'라고 응답했다는 우스운 얘기가 있다. 하지만, 단순히 일소(一笑)할 얘기는 아니다. 학생이 출제자의 의도와는 전혀 다르게 해석하고 반응하는 문항 사례가 종종 발견되기 때문이다.

"학생의 어휘 및 인지적 수준에 맞게, 그리고 학생 모두에게 어떤 응답을 해야 하는지가 명료하게" 문항을 제작해야 한다는 원리는 바로 문항 제작자로 하여금 학생의 눈높이에서 문항을 제작·검토하도록 요청하는 것이다. 따라서 교사는 학생들의 인지 및 학습 발달 수준, 어휘 수준이나 그들이 주로 사용하는 어휘들을 이해하고, 매우 어려워하거나 쉬워하는 문항들의 특성을 파악하는 노력을 기울여야 한다.

셋째, **문항 제작에 대한 지식과 기능을 습득하여야 한다.** 문항의 제작

절차, 문항의 유형 및 그 유형별 장점과 단점, 좋은 문항의 조건, 문항 제작 원리, 검사 및 문항 분석 등에 대한 깊은 이해가 수반될 때 타당하고 신뢰로운 문항과 검사를 제작할 수 있기 때문이다. 교사는 검사 이론과 문항 제작에 관한 전문 서적을 숙독하고 평가 상황에 이를 실천적으로 적용해 봄으로써 그 지식과 기능을 숙달시켜야 한다.

넷째, **훌륭한 언어 구사력과 문장력을 갖춰야 한다.** 문항 제작자가 자신의 생각을 언어라는 매개체를 통하여 정확하고 명료하게 표현할 수 있을 때 그 문항은 제대로 기능하게 된다. 문항 제작은 일종의 표현 작업이기에, 평소 자신의 생각을 글로 표현하고, 문항에 대한 아이디어가 떠오르면 즉시 이를 메모하고, 시간적 여유가 있을 때 질문과 답지로 전환하는 연습을 하는 습관 형성이 유용하다. 별도의 '문항 노트'를 사용하면 더욱 도움이 된다. 또한 자신이 작성한 글이나 문항에 대해 다른 동료 교사, 특히 국어 교사에게 검토 받는 과정을 거친다면 더욱 좋다.

다섯째, **풍부한 문항 제작 및 검토 경험을 쌓아야 한다.** 훌륭한 문항 제작자가 되는 지름길은 없다. 좋은 문항 제작자가 되는 왕도는 부단한 문항 제작 연습과 경험이다. 앞서 언급한 문항 제작자의 조건을 고루 구비하였다고 해도, 좋은 문항을 제작하기 위해서는 실제로 문항을 제작하고 검토해 보는 경험을 풍부히 쌓아야 한다. 이를 위해 교사의 일상 업무 중에 문항 개발 시간을 할애하고, 동료들과 함께 정기적으로 문항을 제작·검토할 것을 권장한다. 또한 기회가 된다면 국가나 시·도 단위에서 주관하는 각종 시험의 출제 업무에 참여할 것을 적극 권장한다. 혼자보다는 둘 이상의 여러 사람이 공동으로 의견을 나눌 수 있을 때, 양질의 문항 제작 가능성이 커지기 때문이다.

한편 문항 제작에 관한 자신만의 노하우(know-how)를 개발·축적하여 체계적으로 활용한다면 매우 유능한 전문가가 될 수 있다. 문항 제작 시 활용할 수 있는 다양한 자료를 체계적으로 수집·정리하고, 자신이 제작·활용해온 문항과 그 정보를 분류·정리하여 이를 효율적으로 사용할 수 있는 관리 프로그램을 운영하면 좋다. 프로그램이라 하여 거창한 것을 뜻하는 것이 아니다. 서재에 잘 분류하여 놓은 것에서부터 한글이나 엑셀로 입력·저장하여 특정 폴더로 분류·체계화한 것, 그리고 이를 데이터베이스화하는 것 등 자신이 사용하기에 익숙한 방식으로 정비해놓은 것을 의미한다.

3 문항의 요건

학교교육과 관련하여 교사들은 많은 문항을 만들어낸다. 또한 다른 동료 교사가 제작한 문항을 검토하기도 하고, 자습서나 참고서 혹은 문제지에 나온 문항을 참조하기도 한다. 이러한 활동에는 문항에 대한 평가, 즉 '좋은 문항인가에 대한 가치 판단'이 수반되며, 이러한 문항 평가 활동을 위해서는 좋은 문항이 구비해야 할 질적 조건이 무엇인지에 대한 판단 기준을 설정해야 한다. 평가의 목적과 내용, 시행 여건 등 여러 가지 상황에 따라 문항의 형식과 내용 및 기능이 다양하다. 따라서 '좋은 문항이 구비해야 할 조건'에 대한 절대적인 기준을 마련하기란 쉽지 않다. 여기서는 좋은 문항이 갖추었으면 하는 일반적인 조건으로 다음 다섯 가지를 제안한다.

첫째, **문항 내용은 원래 측정하고자 하는 능력, 즉 평가 목표와 일치하여야 한다.** 이는 문항이 재려고 하는 것을 충실히 재는가, 즉 문항의 타당도를 담보하는 일차적인 요건이자, 다음에 소개하는 좋은 문항의 조건들보다 선행되는 가장 중요한 요건이다. 만약 확률과 통계라는 내용 영역에서 수학 외적 관련성을 담은 문제해결능력을 측정하고자 문항을 출제했을 때, 문제 상황으로 제시된 자료가 학생들의 언어 능력 특히 독해력을 요구한다든지 혹은 특정 어휘의 이해 여부가 학생의 반응에 큰 영향을 끼친다면 이 문항은 좋은 것이 아니다. 원래 측정하고자 하는 수학 능력이 아닌 독해력이나 어휘력 등의 엉뚱한 것을 재기 때문이다. 따라서 문항이 측정하고자 했던 교육 목표와 내용이 구체적인 행동과 내용으로 문항에 드러날 수 있도록 해야 한다. 출제 과정에서 문항 초안 제작 후 출제계획서나 출제이원분류표에 비추어 해당 문항이 의도한대로 제작되었는지 그 타당성을 검토하는 절차가 이 요건을 충족시키기 위한 활동이라 할 수 있다.

둘째, **체계성과 명료성을 지녀야 한다.** 즉, 문항은 모호하지 않도록 구조화되어야 한다. 문항을 보고 출제의도와 응답의 방향을 서로 다르게 해석해서는 안 된다. 특히 학생의 입장에서 문항에 대해 무엇을 어떻게 응답해야 할지가 동일하게 받아들여져야 한다. 문항의 지시문을 명료히 제시하고, 문항의 풀이에 직접적으로 관련되지 않는 불필요한 내용들을 제거해야 한다.

셋째, **복합성을 지녀야 한다.** 이는 무조건 문항에 많은 자료가 제시되어야 한다거나 문항이 길어야 한다는 것을 의미하는 것이 아니다. 문항에서 요구하는 기능이 단순 지식의 기억에 있기보다는 적용, 분석, 종합, 평가 등 고차적인 사고력일 필요가 있다는 것이다. 따라서 교과서에 있는 내용을 그대로 문항에 진술하여 묻기보다는 이를 변형한다거나 일상 생활과 접목하여 그 지식이나 개념의 이해를 묻는 것 혹은 문제해결 상황을 제시하는 형태의 문항을 제작하는 것이 좋다.

넷째, **참신성을 지녀야 한다.** 평가 문항이 어떠하냐에 따라 교수·학습 방법이 달라진다는 것은 주지의 사실이다. 문항의 내용과 형식이 비슷한 채로 계속 반복 출제되면, 기존 문제풀이 위주의 암기식 혹은 반복형 방식의 교수·학습 활동이 전개될 가능성이 크다. 따라서 학생의 사고력과 창의성을 함양하기 위해서는 참신한 문항을 적절히 포함시킬 필요가 있다. 하지만, 참신성을 너무 강조하여 중요하지 않은 내용을 묻거나 지나치게 생소한 문항을 제작하는 우를 범하지 않아야 한다. 대학수학능력시험에서도 교과의 중요한 내용은 반복 출제할 수 있다고 방침을 밝힌 바 있다. 이는, 이전에 출제되었던 문항을 그대로 출제하는 것이 아니라 문항의 형식과 내용을 부분적으로 변경함으로써, 핵심 교육 내용의 초점화와 참신성을 조화시키려는 취지라고 볼 수 있다.

다섯째, **학습동기를 유발시켜야 한다.** 학교에서의 시험 또한 중요한 교육 활동의 하나이다. 시험을 통해 학생은 자신의 수준을 파악하고 자신의 학습 전략을 정비하며 학습에 정진할 수 있는 동기를 부여받는다. 따라서 시험은 학생에게 좌절과 무능을 경험하게 하는 것보다는 흥미와 도전, 그리고 긍정적 자아개념을 형성하는 데에 주안점을 둘 필요가 있다. 문항이 너무 어려운 문항들로만 제작되어 공부를 충실히 한 학생임에도 좌절감을 느끼게 해서는 안 되며, 너무 쉬운 문항들로만 제작되어 학생들의 도전감이나 성취욕구를 상실시켜서도 안 된다. 평가의 목적이나 상황에 따라 난이도의 수준이 설정되겠지만, 학교교육에서는 공부한 만큼 좋은 결실을 맺을 수 있도록 함으로써 긍정적인 자아개념을 형성하도록 하는 일, 일부 참신하면서도 다소 어려운 문항을 통하여 도전감을 북돋우는 일, 그리고 학생들이 접할 수 있는 실제와 연결시켜 해당 내용의 학습흥미를 증대시키는 일 등이 문항이 갖추어야 할 교육적 기능이다.

4 선택형 문항 제작의 원리

선택형은 학교교육 상황에서 널리 활용되어온 문항 유형으로, 일상에서도 쉽게 접할 수 있다. 그러나 오류가 없는 좋은 문항을 만들기는 쉬운 일이 아니다. 이 장에서는 선택형에 해당하는 진위형, 연결형, 선다형 문항을 제작할 때 고려해야 할 원리를 순차적으로 소개한다. 또한 이해를 돕기 위해 필요한 경우 오류가 있는 예시 문항과 그 검토 의견도 함께 제시한다. 단, 다음 절의 서답형 문항을 포함한 문항 제작의 원리는 반드시 지켜야만 하는 절대적인 기준으로 해석하거나 활용해서는 안 된다. 즉 본 장에서 제시하는 원리를 지키지 않으면 무조건 나쁜 문항, 출제되어서는 안 되는 문항으로 취급하지 말라는 것이다. 더 좋은 문항으로 기능하도록 출제 시 고려할 요소 혹은 유의점으로 이해해야 한다.

가. 진위형 문항 제작의 원리

1. 질문(진술문)에 중요한 내용을 포함하게 한다.

중요하지 않은 사소한 내용(요소)에 의하여 학생의 응답에 영향을 주지 말아야 한다. 원래 문항에서 묻고자 하는 내용을 알고 있는지 여부에 따라 맞고 틀리고가 결정되어야지 학생들의 실수나 부주의로 인해 틀리게 하는 데 중점을 두어 출제하는 것은 바람직하지 못하다. 선다형 문항에서 부정문으로 질문하는 경우, 부정어구에 밑줄을 긋거나 굵은 글씨체로 표시하는 것도 같은 맥락이다.

예 〈수정 전〉 1inch는 2.54mm이다. (X)
〈수정 후〉 1inch는 2.54cm이다. (O)

예 〈수정 전〉 10리는 4m이다. (X)
〈수정 후〉 10리는 4km이다. (O)
1km는 4리이다. (X)

◆ 〈수정 전〉 문항들은 사소한 내용(단위) 때문에 답을 알고 있음에도 불구하고 부주의한 학생들이 오답하는 결과를 초래하기도 한다. 물론 측정하고자 하는 내용이 도량형의 관계성에 덧붙여 단위의 환산 능력을 복합적으로 측정하는 것이라면 타당하다고 볼 수도 있다. 하지만, 교육적 측면에서 inch와 cm, 리와 km간의 관계를 이해하는 것을 중요 목표로 하고 있다면, 다른 단위와의 환산 관계를 측정할 필요는 없다. 만일 다른 단위와의 환산 관계를 동시에 측정하고자 한다면 mm나 m에 밑줄을 그어 학생들의 주의를 환기시켜야 할 것이다.

2. 일반화되지 않은 주장이나 이론의 옳고 그름을 묻지 않는다.

진위형 진술문에는 한 가지 해석만 가능한 절대적 진(眞), 절대적 위(僞)의 진술문을 사용해야 한다. 즉, 일반화되지 않은 주장이나 이론에 대해 맞는지 틀리는지를 묻는 것은 질문의 대상이 될 수 없다. 완전히 참이거나 거짓인 진술문을 선택하기란 그리 쉽지 않다. 하지만 진위형 문항을 제작할 경우 논쟁의 여지가 없는 내용에 한정하여야 하며, 부득이한 경우 그 판단에 필요한 정보와 출처를 명확히 제시 · 한정하여 진술해야 한다.

예 〈수정 전〉 인구는 기하급수적으로 증가하고 식량은 산술급수적으로 증가한다.

〈수정 후〉 말사스의 이론에 의하면 인구는 기하급수적으로 증가하고 식량은 산술급수적으로 증가한다.

◆ 〈수정 전〉 문항은 정답 시비 문제를 안고 있다. 해당 진술문이 지역 혹은 국가에 따라 참 혹은 거짓이 될 수 있기 때문이다. 세계 인구가 폭증했던 시대에는 말사스의 이론이 전 세계적 현상을 대표할 가능성이 컸던 반면, 핵가족화 현상이 두드러졌던 최근 시점에는 그 이론이 일반화되기 더욱 어렵다. 따라서 해당 진술문에 정답 판단에 필요한 출처를 포함시켜야 한다.

예 다음은 질서와 준법 정신에 대한 설명이다. 올바른 진술에는 ○표, 그렇지 못한 것에는 ×표를 하시오.

(1) 질서는 한 개인의 인격이다. ( )
(2) 준법은 남을 위해서 필요한 것이다. ( )
(3) 준법 정신을 갖추기 위한 노력은 청소년 시절부터 하여야 한다. ( )
(4) 질서 의식과 준법 정신은 집을 짓는 것과 비교하면 주춧돌을 놓는 것과 같은 것이다. ( )

◆ 이 문항은 질서 의식과 준법 정신에 대해 올바르게 이해하고 있는지를 묻는 문항으로, 진위형 문항으로 묻기보다는 선다형 문항(그 중에서도 최선답형)으로 묻는 것이 더 적합하다고 볼 수 있다. 즉, 각 진술문이 절대적인 진리나 절대적인 참/거짓을 나타내고 있다고 보기 어렵기 때문에 진위형 문항으로 제작하는 것은 부적합하다.

문항들의 내용과 관련하여 다음과 같은 질문에 답할 수 있는지 살펴보자.

- '질서는 사회 구성원 전체의 인격이다'고 말할 수는 없는가?
- '준법은 남을 위해서 필요하다'는 것이 틀린 진술문인가?
- 청소년 시절부터 노력하는 것이 아니라면 언제부터 노력해야 하는가?

- 청소년 시절부터 노력해야 한다면 왜 그런가?
- 질서 의식과 준법 정신을 집 짓는 것과 비교할 때 '기둥'을 세우는 것이라 하면 틀리는가?

이러한 사례는 일반적으로 학교 평가 상황에서 종종 나타난다. 보편적인 상황이나 인식에 근거하여 답하기보다는 교과서 혹은 교사용 지도서에 제시된 내용에 근거하여 학생들이 그것의 옳고 그름을 판단하여 답하도록 하는 경우가 대표적이다. 이러한 문항은 도덕적 사태, 질서나 준법 정신의 의미 등에 대해 생각을 해보고 일상 생활과 연결시켜보도록 하는 학습을 유도하기보다는 교과서에 제시된 질서와 준법 정신에 대한 개념, 정의, 원리를 암기하는 학습을 유도하게 된다. 가치의 판단, 도덕적 이해나 판단 등을 묻는 경우에는 가급적 진위형 문항을 피하는 것이 바람직하다.

원리 3. 하나의 질문에는 하나의 내용만 포함시키도록 한다.

하나의 진위형 진술문에 두 개의 내용이 동시에 포함되는 경우, 한쪽이 참인데 다른 한쪽이 거짓인 경우가 있다. 비록 부분적으로 참이면서 부분적으로는 거짓인 진술문을 의도적으로 사용했다 하더라도 진위형 문항으로는 적절하지 않다. 모든 내용을 알고 있을 때 1점을, 그리고 어느 부분이라도 모르면 0점을 얻는 경우, 모든 내용을 알지 못한 학생이나 일부만 모른 학생 모두 0점으로 처리되므로 학생의 능력 추정이 정확하지 않을 뿐만 아니라 학생의 학습 상태를 진단하기가 쉽지 않다.

예 〈수정 전〉 색의 삼원색은 빨강, 노랑, 파랑이고 빛의 삼원색은 빨강, 노랑, 초록이다.
〈수정 후〉 색의 삼원색은 빨강, 노랑, 파랑이다.
빛의 삼원색은 빨강, 노랑, 초록이다.

◆ 〈수정 전〉 문항에서 틀린 학생의 경우에는 색의 삼원색을 몰라서 틀렸는지, 빛의 삼원색을 몰라서 틀렸는지, 아니면 둘 다 몰라서 틀렸는지에 대한 상세한 정보를 주지 못한다. 그러나 〈수정 후〉 문항에서는 그에 대한 상세 정보를 모두 알 수 있게 된다.

4. 부정문, 특히 이중부정문은 가능한 사용을 삼간다.

문항 질문에서 부정문보다는 긍정문을 사용하도록 하는 것은 학생의 부주의를 예방하는 데 주 목적이 있다. 문장을 끝까지 제대로 읽지 않고, 어떤 특정 용어나 어구에 집중하여 곧 바로 진위여부를 판단하는 학생이 가끔 있기 때문이다. 만일 부정문을 사용하는 경우에는 학생의 주의를 환기시키도록 밑줄이나 굵은 글씨 등을 사용하는 것이 좋다. 그리고 국어의 문장 이해 능력을 측정하는 경우가 아니라면, 이중부정문을 사용하지 않는 게 좋다.

5. 교과서에 있는 똑같은 문장으로 질문하지 않는다.

교과서에 있는 문장을 그대로 진술하면 학생들이 기억력에 의하여 문항의 답을 맞힐 확률이 높을 뿐만 아니라 학생의 사고 및 판단 작용을 촉진시키지 못할 수 있다.

6. 가능한 간단명료하게 단문으로 질문한다.

복문이나 여러 개의 단문을 늘어놓은 형태의 질문은 질문의 내용을 불명확하게 할 수 있을 뿐만 아니라, 측정 내용(질문 요지)의 이해 · 인지 여부를 묻기 이전에 전혀 다른 능력인 독해 능력을 측정하는 오류를 범할 수도 있다. 즉, 학생이 측정 내용에 대한 지식 · 이해능력이 있음에도 불구하고 독해 능력이 부족하여 답을 맞히지 못하는 경우, 그 문항의 타당도는 떨어지게 된다.

7. 답의 단서가 되는 부사어를 사용하지 않는다.

'절대', '항상', '모두', '전혀', '오직', '반드시' 등의 부사어(절대적 어구)는 틀린 답의 단서가 될 수 있다. 즉, 진술문이 거짓일 가능성이 많다. 반대로 '때때로', '가끔', '대체로', '보통', '…하는 경향이 있다', '…일 것이다'와 같은 일반적 어구는 진술문이 참(眞)일 가능성이 많다. 진술문의 내용 이해

여부에 의해 맞고 틀리고가 결정되게 하려면, 이러한 정답의 단서가 되는 부사어를 사용하지 않는 게 좋다.

8. 정답의 비율이 너무 한편으로 치우치지 않게, 그리고 정답 유형이 고정되지 않게 한다.

진위형 문항은 정답을 모르고서도 추측에 의해 문항을 맞출 확률이 50%이다. 그렇다 하더라도 정답이 'O'나 'X'의 어느 한편에 지나치게 몰려 있는 것은 바람직하지 못하다. 정답을 알지 못한 상태로 모든 문항에 'O'로 응답한 학생과 'X'로 응답한 학생이 있다 할 때, 두 학생이 받는 점수 간에 차이가 심하기 때문이다. 기본적으로 추측에 의한 정답 확률을 비슷하게 함으로써 공정성을 유지하기 위함이다. 이 때 'O', 'X'의 정답 비율이 정확히 50:50이 되게 하기보다는 45:55 혹은 55:45 등 상호 유사한 수준이 되도록 하는 것이 좋다. 만일 정답 개수 혹은 비율이 똑같다면, 하나의 문항만을 풀지 못한 학생의 경우 정답 개수에 의해 자동적으로 정답을 할 가능성이 높기 때문이다.

한편 정답 유형이 일정한 양상을 보이는 것도 피하는 것이 좋다. 자신도 모르게 진위형 문항들의 정답이 'O, X, O, X, …'나 'O, O, X, X, O, O, X, X, …' 등의 패턴을 갖는 경우가 있다. 이러한 교사의 패턴을 파악한 학생은 일부의 문항만 알더라도 다른 문항들을 쉽게 맞힐 수 있기 때문이다.

나. 연결형 문항 제작의 원리

1. 문제군과 답지군의 내용들은 각각 동질성을 유지하여야 한다.

연결형 문항은 일반 문항에서 묻는 내용인 문제군과 묻는 내용에 연결된 답지군으로 구성된다. 그런데 문제군을 이루는 어떤 한 문제가 나머지 다른 문제들과 이질적일 때 그 문제에 대한 정답을 답지군에서 쉽게 찾을 수 있다. 예컨대 지역과 문화재를 연결하는 문항에서, 문제군의 내용들이 모두 한국의 지역인 반면 한 문제만 외국 지역이었다면, 그 문제에 대한 문화재는 답지군에서 쉽게 찾을 수 있다. 또한 답지군에 있는 답지들 중 매우 이질적인 내용이 들어 있는 경우에는 그 답지를 오답지로 제거할 수 있기 때문에 다른 답지의 정답 확률을 높이게 된다. 따라서 문제군의 문제들끼리, 답지군의 답지들끼리는 서로 동질적인 내용으로 구성되는 것이 좋다.

2. 답지군의 답지 수는 문제군의 문항 수보다 많아야 한다.

연결형 문항은 문제군의 문제를 하나씩 맞출 때마다 나머지 문제들의 정답 확률이 높아진다는 특징을 가진다. 문제군이 3개, 답지군이 5개로 구성되었다면, 첫 번째 문제의 정답 확률은 1/5, 두 번째 문제의 정답 확률(첫 번째 문제에 대해 확실히 알고 있을 경우의 확률)은 1/4, 세 번 째 문제의 정답 확률(두 번째 문제까지 정답할 수 있다고 가정할 경우의 확률)은 1/3이 된다. 그런데, 문제군의 문제 수와 답지군의 답지 수가 동일하다면, 1개를 제외한 모든 문제에 대해 학생이 알고 있을 경우 최종 문제에 대한 정답이 고정되어 문항의 기능을 하지 못한다. 즉, 문제군의 정답을 답지에서 모두 고르고 한 문제의 답만을 모를 경우 나머지 남은 답지가 자동적으로 정답이 된다. 따라서 답지군의 답지 수는 문제군의 문제 수보다 많게 하여 자동적으로 답을 맞히게 해서는 안 된다. 일반적으로 답지군의 답지 수는 문제군의 문제 수보다 1.3-1.5배가 되게 한다.

예 탄수화물은 분자의 양의 크기에 따라 세 가지로 구분된다. 서로 관계있는 것끼리 연결하시오

(1) 단당류 ·	· ㉠ 녹말, 글리코겐
(2) 이당류 ·	· ㉡ 엿당, 설탕
(3) 다당류 ·	· ㉢ 포도당, 과당

◆ 문제군과 답지군의 수가 똑같음으로 인해 3개를 물어보는 것이 아니라 2개를 물어보는 기능을 하게 된다. 답지 군의 수를 1~2개 정도 더 늘리는 것이 좋다. 또한 ㉠ 녹말, 글리코겐 중 하나만 알고 있어도 정답을 생각할 수 있다(㉡,㉢의 경우도 이와 유사한 경우이다.). 따라서, '다음 중

단당류의 특성으로 알맞은 것은~' 등 하나의 특성을 묻는 문항으로 바꾸는 것이 더 바람직하다고 본다.

3. 문제군은 왼쪽에, 답지군은 오른쪽에 배열하고 각각의 번호 체계를 달리 부여한다.

물음과 응답이 순차적으로 상응하게 하는 것이 가독성을 높인다. 따라서 왼쪽에서 오른쪽으로의 언어 체계에 맞게 문제군을 왼쪽에, 답지군을 오른쪽에 배열하는 것이 일반적이다. 한편, 각 군의 문항과 답지에 서로 다른 번호 체계를 부여함으로써 학생들이 읽고 답하는 데 혼돈이 일어나지 않도록 할 필요가 있다. 대체로 문제군의 경우에는 '1, 2, 3, …', '⑴, ⑵, ⑶, …', '①, ②, ③, …'과 같은 숫자 체계를, 답지군의 경우에는 '㈀, ㈁, ㈂, …', '㉠, ㉡, ㉢, …'과 같은 기호 체계를 사용한다. 영어의 경우에는 답지군에 'a, b, c, …' 등의 번호 체계를 부여하기도 한다.

4. 문제군과 답지군의 내용을 배열할 때 가급적 문자 순이나 연대 순 등 논리성을 갖도록 한다.

문제군과 답지군의 내용들이 서로 어떤 규칙에 따라 순서성을 매길 수 있다면, 그 규칙에 따라 내용을 배열하는 것이 가독성을 높인다. 예컨대, 내용들의 길이에 따라 배열하거나, 문자 순이나 시대 순으로 배열하는 것이 좋다.

5. 문제군과 답지군의 내용들은 간단 명료한 것이어야 한다.

연결형 문항은 지식이나 정보의 재생, 즉 단순 기억 능력을 측정하는 데 주로 활용되며, 그 측정 내용들은 역사적 사건 혹은 문학작품, 간단한 사실들인 경우가 많다. 따라서 가능하면 문제들이나 답지들을 짧게 하는 것이 단순 기억 능력을 측정하기 용이하다. 연결형 문항의 특성 상 문제군과 답지군을 서로 상응되게끔 배열해야 하는데, 그 내용들을 긴 문장이나 여러 개의 문장으로 구성한다면 편집하기가 쉽지 않게 되며, 학생들이 읽고 응답하는 데에도 지장을 초래한다.

6. 지시문을 명확히 제시해야 한다.

기본적으로 문제군과 답지군만 주어져서는 문항으로 성립할 수 없다. 문제군과 답지군을 어떤 관계에 따라 어떻게 연결할 것인지를 안내하는 지시문이 포함되어야 한다. 그리고 그 지시문은 선을 연결하는지 아니면 기호를 찾아 쓰는지, 하나만 연결하는지 혹은 다수를 연결하는지 등의 응답 형태와 방식을 분명히 밝혀야 한다.

7. 문제군의 문제 수가 너무 많지 않도록 한다.

문제들이 많아질 때, 문제군의 문제들끼리 혹은 답지군의 답지들끼리 동질성을 유지하기가 쉽지 않으며, 문제군 및 답지군의 각 항목사이에 중첩되는 개념이나 포괄적인 개념이 반복하여 제시될 가능성이 커진다. 이런 경우 내용들끼리의 유사성과 배타성에 따라 정답의 단서를 제공할 수도 있고, 자칫 복수 정답 시비의 가능성도 제기될 위험이 있다. 한편 문제가 많아지면 답지 수도 많아져 학생들의 가독성도 떨어질 우려도 있다. 따라서 가급적 문제군에서 묻는 항목이 10개 이상이 넘지 않도록 하는 것이 좋다.

다. 선다형 문항 제작의 원리

1. 질문이 무엇을 묻는지가 명확하여야 한다.

문항은 학생으로 하여금 각 문항이 무엇을 묻고 있는가를 명확히 알 수 있도록 중심 개념을 포함하면서도 가능한 한 간결하고, 읽기 쉽고, 이해하기 쉽도록 작성하여야 한다. 그렇지 않은 경우에는 학생의 문장 이해력이나 어휘력 등의 불합리한 요인도 측정될 수 있다는 점에 유의하여야 한다. 수수께끼 같은 말, 무슨 소리인지 모를 말, 이렇게 저렇게 해석될 수 있는 말이 있어서는 안 된다. '표현의 불명료성', '진술 내용의 난해성'은 대개 단어 선택이 잘못되었거나 문장 꾸밈이 잘못되어 나타나거나 혹은 출제자의 사고가 불분명하여 나타나기도 한다.

가급적 질적인 표현을 삼가고 정확한 수량적 표현 방법이나 정확한 의미를 가진 단어를 사용하는 것이 좋다. 그리고 복잡한 어구의 배열, 종속절이나 조건이 많이 붙은 복합문이나 긴 문장은 사용을 삼가야 한다. 또한 질문의 요점이 앞서 나오게 하고 수식하는 부분은 뒤로 돌리는 것이 좋다. 학생의 입장에 서서 "이 문항의 요점이 무엇인가" 하고 자문자답하면서 문항을 제작하는 자세가 필요하다.

예 아동기의 사회성 발달에 가장 큰 영향을 미치는 사람은?
① 형제 ② 동료집단 ③ 부모 ④ 교사

◆ Freud의 이론에 따라 잠복기에 해당하는 아동기에 동료집단이 사회성 발달에 가장 큰 영향을 미친다는 점을 묻는 것이 출제 의도였으나, 질문에서 이를 구체화시키지 못했다. 아동 개개인의 상황에 따라 가장 큰 영향을 미치는 사람이 다를 수 있으며, 또한 학자마다 그 견해가 다를 수 있다. 즉, 정답에 이론의 여지가 많다. 'Freud의 성격 발달 이론에서 볼 때'라는 전제를 문두에 포함시키면 정답 시비의 가능성을 막을 수는 있다.

예 〈수정 전〉 입시위주의 암기교육과 획일적인 평가체제로 개인의 특성과 다양성이 무시된 채 규격화된 인간만이 양성되고 있다. 이러한 사회적·교육적 문제를 해결하기 위해 인성과 창의성이 함양되어야 한다. 다음 중 창의성 함양을 위한 교육과정 확립에 대한 잘못된 견해는?
① 정보화 · 세계화 교육을 강화한다.
② 선택과목을 축소하고 필수과목을 확대한다.
③ 학생의 능력과 적성을 고려한 수준별 교육과정을 확립한다.
④ 교과서 선택에 대하여는 학교운영위원회의 심의를 거쳐 단위 학교 수준에서 이루어지도록 한다.

◆ 이 문항은 "입시위주의 ~함양되어야 한다."라는 문장을 생략하여도 출

제의도를 훼손시키지 않는다. 불필요한 긴 문장을 늘어놓음으로써, 학생들에게 혼란을 주거나 시간을 소비하게끔 한다.

예 〈1차 수정 후〉 다음 중 창의성 함양을 위한 교육과정 확립에 대한 잘못된 견해는?

〈2차 수정 후〉 제7차 교육과정의 기본 방향에 비추어 볼 때, 다음 중 창의성 함양을 위한 교육과정 확립 방안으로 가장 부적절한 것은?

◆ 한편 1차 수정 후에도 이 문항은 정답 시비의 논란에 빠질 수 있다. 예컨대, 창의성 함양을 위한 교육과정 운영에 있어서 선택과목을 축소하고 필수과목을 확대한다고 해서 창의성 함양이 이루어지지 않는 것인지, 교과서 선택이 단위 학교 수준에서 이루어지거나 정보와·세계화 교육을 강화한다고 해서 창의성이 함양되는 것인지에 대해서 쉽게 단정할 수 없다. 따라서 이와 같은 정답 시비의 가능성을 최소화하기 위해서는 "제7차 교육과정의 기본 방향에 비추어 볼 때"라는 어구를 삽입하거나 혹은 교육과정 분야에서 일반적으로 공인할 수 있는 차원에서 정답형 문항이 아닌 최선답형 문항으로 전환할 필요가 있다.
대체로 이와 같은 정답 시비 문항은 교육과정 관련 문서 등에 나타난 주요 원리나 지침에 근거해서 출제되는 경향이 많은데, 정답형 문항으로 출제하게 되면 단지 문서의 암기 학습을 유도하는 기능을 하게 됨에 유의해야 한다.

2. 단순 암기보다는 사고하여 풀 수 있도록 한다.

선택형 문항은 지식과 정보의 재생 능력을 측정하기에 더 적합하다는 데 큰 이견은 없다. 하지만, 선택형 중 선다형은, 다양한 자료를 활용하여 문항을 잘 구조화한다면, 제한된 범위 내에서 이해, 적용, 분석, 종합 등의 사고력을 측정할 수 있다. 문항의 교육적 기능을 고려할 때, 선다형 문항이라 할지라도 단순 지식을 암기하여 답하게 하기보다는 이해하고 적용하는 등의 사고력을 통하여 답하게 하는 것이 바람직하다. 우리가 접하는 다양한 실제와 연결시키거나 표나 그림 등의 구체적인 자료를 활용하여 문항을 제작하면, 단순 암기보다는 이해, 적용, 분석, 종합, 평가의 사고력을 측정할 가능성이 높다.

예 신교육운동의 하나로 인도의 시성 타고르가 벤가르에 설립한 학교는 무엇인가?
① 전원학교 ② 몬테소리법 ③ 달톤법 ④ 평화의 집

◆ 이 문항은 '타고르-벤가르-평화의 집' 이라는 기계적 암기를 조장하는 상투적인 내용이다. 오히려 "타고르가 설립한 평화의 집의 교육적 특성을 바르게 설명한 것은?"의 문항으로 바꾸는 것이 더 낫다. 한편 이 문항은 문두와 대응되지 않는 답지로 인해 4지선다형이 아닌 2지선다형의 기능밖에 하지 못한다. 즉, 학교를 물어놓고 몬테소리법, 달톤법을 답지로 제시한 것은 적절치 못하다.

예 장자의 교육사상에서 시사받을 수 있는 교육의 원리는?
① 단기훈계 ② 다학다식 ③ 박문약례 ④ 순물자연

◆ 이 문항은 출제자가 장자의 교육사상에 나타난 교육의 원리를 이해하고 있는지를 평가하고자 의도하였으나, 그것보다는 한자로 된 사자어구의 의미를 알고 있는지를 측정하는 것으로 파악될 수 있다. 즉, 학생이 교육사상을 정확히 이해했음에도 불구하고 특정 사자어구의 의미를 모름으로써 답할 수 없는 경우가 있을 수 있기 때문이다. 각 답지에 한문을 보충하여 줌으로써 도움을 줄 수도 있지만, 그것보다는 각 답지의 사자어구를 풀어서 제시하는 것이 출제의도에 부합한다고 본다. 더 나아가 교육에 대하여 학생들이 설명하는 내용으로 답지를 구성하면 실제와 더 연결시키는 동시에 단순 뜻풀이를 더 구체화시킬 수 있을 것이다.

3. 정답은 분명하고, 오답은 매력적이이어야 한다.

문항의 내용이 사람마다 다르게 해석되는 것을 방지하고 전문가들 사이에서 일어날 수 있는 논쟁을 제거하기 위해서는 학생들뿐만 아니라 제3자가 보았을 때도 정답에 이론(異論)이 없는 문항을 제작해야 한다. 즉, 정답은 분명하고 논쟁이 없어야 한다. 특히 급격한 지식의 팽창과 함께 쉽게 변화되기 쉬운 내용이나 시대적으로 낙후성이 있는 지식을 출제하지 않도록, 평가목표 및 평가장면의 선정, 출제, 검토 과정에서 세심한 주의를 해야 한다.

오답은 문항이 요구하는 능력을 구비하지 못한 학생에게는 '정답인 듯하게', 즉 오답의 매력이 있도록 만들어야 한다. 매력 있는 오답을 얻기 위해서는 학생들을 가르쳐 본 교사의 오랜 경험을 바탕으로 학생들의 '오류유형'을 발견·정리하는 것이 필요하다. 그리고 교과 내용에 대한 충분한 이해, 풍부한 문항제작 경험, 문항분석에 의한 문항교정 경험이 요구된다. 학생의 오류유형을 발견하여 오답으로 작성하기 어려운 경우에는 정답은 '교재 밖에서', 오답은 '교재 안에서' 작성하는 것도 하나의 방안이 될 수 있을 것이다.

예 학교운영위원회를 설치하여 새로운 학교운영 모습을 구현하고자 한다. 옳은 것은?
① 학부모 및 지역사회 등 교육수혜자의 요구가 반영되지 않는 학교운영
② 소수가 비민주적 방식으로 의사결정을 하는 운영
③ 교육소비자의 요구를 적극적이고 체계적으로 반영하는 학교운영
④ 획일적이고 전문성이 미흡한 학교운영

◆ 이 문항은 정답 ③과는 달리 답지 ①, ②, ④에 사용된 용어나 문맥이 너무 부정적인 내용이기 때문에, 답지로서의 매력을 갖지 못한다. 또한 길이에 따라 답지 순서를 정렬함으로써 가독성을 높일 필요도 있다.

예 학교제도에서 단선형이란?
① 학교제도에서 모든 학교의 수업연한을 똑같이 한다는 것이다.
② 획일적인 교육을 의미하며 비민주적 제도이다.
③ 유럽형이라고 한다.
④ 민주적 이념에 의한 학교제도이다.

◆ 이 문항은 답지 ②와 ④가 서로 반대를 이룸으로써, 둘 중에 하나가 정답이 될 수밖에 없다. 즉, 4지 선다형이 아닌 2지 선다형 문항의 기능만을 할 뿐이다. 그리고 ①의 '수업연한을 똑같이'라는 어구와 ②의 '획일적인'

'비민주적'이라는 어구가 서로 유사하기 때문에 단선형이란 의미에 대해 잘 알지 못해도 정답이 ④임을 쉽게 추론할 수 있게 된다.

4. 용어의 정의나 개념을 묻는 문항은 용어로 질문하고, 답지에 그 정의나 개념을 나열한다.

용어를 이해하는 것은 학문 영역에서 중요한 기초 기능이며, 이에 따라 평가의 내용으로 많이 다루어진다. 대체로 중요한 용어나 혼돈이 자주 일어나는 용어에 대한 이해 여부를 묻기 위하여 자주 이용된다. 그러나 용어의 정의나 개념은 대개가 그 용어에 가까운 단어를 사용하여 진술되는 경우가 많기 때문에, 그 정의나 개념을 문제의 문두에 놓게 되면 '정답의 단서'를 줄 가능성이 커진다. 그리고 용어의 정의나 개념을 질문에 서술하고 답지에서 용어를 선택하게 하는 경우에는 학생이 용어를 정확히 이해하고 있는 정도를 측정하기 어렵다. 따라서 용어를 질문에 포함시켜 묻고, 그 용어에 대한 정의나 개념을 답지에 열거하여 가장 옳은 답지를 선택하게 하는 것이 바람직하다. 이 경우 용어의 정의나 개념에 대해 정확한 이해를 하지 못한 학생에게는 어려운 문항으로 기능하며, 문항의 교수 기능도 높다.

예 〈수정 전〉 평정 과정에서 "평정자가 가지고 있지 않은 특성을 학생이 나타내 보이면 점수를 좋게 주는 현상"은?

① 논리의 오류 ② 대비의 오류
③ 인상의 오류 ④ 집중경향의 오류

〈수정 후〉 평정 과정에서 평정자가 보일 수 있는 '대비의 오류'를 가장 적절히 나타낸 것은?

① 논리성을 갖추었으면 내용의 풍부성도 뛰어난 것으로 평정하는 현상
② 평소 평정자의 말을 잘 따르는 학생에게 좋은 점수를 부여하는 현상
③ 평정자가 가지고 있지 않은 특성을 학생이 보이면 좋게 평정하는 현상
④ 극단적인 판단을 꺼려 평정 점수가 중간 부분에 지나치게 모이는 현상

5. 정답에 대한 단서를 제공하지 않아야 한다.

원리 3에서 설명했듯이, 답지 중 오답은 매력적이어야 한다. 그러나 답지들이 매력적이고 제 기능을 다하기 위해서는, 문법적 구조, 언어적 연상, 정답의 길이나 위치, 절대적인 어구나 일반화를 강조하는 말 등에 의해 정답의 단서를 제공해서는 안 된다. 문장 진술에 있어서 '......은', '......는', '......이', '......가' 등의 토씨 사용에 주의를 기울여야 하고, 정답의 길이나 위치가 주는 단서도 배제해야 한다. 또한 진위형 문항에서 다루었듯이, 답지에서 절대적인 어구나 일반화를 강조하는 어구 사용을 피해야 한다.

예 듀이(Dewey)의 교육은 "경험의 재구성이다"에서 '경험'의 뜻은?
① 인간과 그 자신을 둘러싼 환경과의 상호작용을 통해 얻어지는 결과의 총체
② 사회생활을 통해 얻어지는 직접적 경험
③ 논리적인 지식체계에 의해 얻어지는 간접적 경험
④ 절대적 진리

예 이상적인 교사의 자질에 대하여 가장 잘 설명하고 있는 것은?
① 아동들의 개성을 존중하는 교사
② 한 개인으로서 인격을 존중하는 교사
③ 전문가로서의 교사
④ 인격자로서 뿐만 아니라 전문가로서의 자질을 갖춘 교사

◆ 위 문항들은 정답이 되는 답지가 다른 오답지에 비해 매우 길기 때문에 정답의 단서를 제공하고 있으며, 특히 그 답지의 내용들은 다른 답지의 내용을 포괄하는 바람직성을 포함하고 있다는 것도 문제이다.

예 교직이 전문직이어야 하는 이유로 잘못된 것은?
① 교직이 단순한 지식의 전달이 아닌 인간을 대상으로 한 점이다.
② 교사는 목표설정에 진단, 실제수업, 그리고 평가에 이르는 교육과정의 운영에 효율성을 요한다.
③ 교사는 교육을 잘 수행하기 위하여 자기 교과에 대한 지식과

전문성만을 높인다.

④ 교사는 인간을 대상으로 교육자 자신이 모방의 대상으로 전문성을 기하여야 한다.

◆ 교직과 전문직의 개념을 정확히 이해하지 못해도, 답지③의 '지식과 전문성만'이라는 절대적인 어구 때문에 정답을 찾을 수 있다.

6. 답지들의 내용은 상호 독립적이어야 한다.

답지에 비슷한말이 두개 있거나 혹은 기간, 온도 등의 숫자간격이 중첩되면 안 된다. 답지에서 숫자, 연대, 양(量), 정도 등을 다룰 때 분류를 잘못하면 중복되는 수가 흔히 있다. 비록 그것이 답의 선택에는 별로 관계가 없고 학생들 모두 묵시적으로 같은 뜻으로 해석한다고 해도 문항으로서는 좋지 않다. 문항은 어디까지나 정확·정밀해야 한다. 예컨대, ①5~10, ②10~15, ③15~20, ④20~25와 같은 경우 답지의 정확성 또는 정밀성이 결여되어 있는 것이다. 한편, 답지간에 비슷한 말(유사어)이 사용되는 경우, 그 답지들은 하나의 답지 기능밖에 할 수 없다는 점에도 유의해야 한다.

7. 모든 답지에 공통으로 반복되는 어구는 문두에 포함시켜 답지를 간결하게 표현한다.

학생이 문항의 의미를 이해하는 데 지장을 초래하지 않는 범위 내에서, 문항을 간결하게 표현하는 것이 좋다. 특히 모든 답지에 공통적으로 반복되는 용어나 어구가 있을 때는 이를 문두에 넣음으로써 문항을 단순화하고 간결하게 하는 것이 바람직하다.

예 〈수정 전〉 헝가리 국민들이 투쟁하여 얻고자 했던 것은?

① 중국의 지배로부터의 해방
② 소련의 지배로부터의 해방
③ 동독의 지배로부터의 해방
④ 이탈리아의 지배로부터의 해방

〈수정 후〉 헝가리 국민들의 투쟁은 어느 나라의 지배로부터의 해방을 위한 것이었는가?
① 중국 ② 소련
③ 동독 ④ 이탈리아

8. 유사한 내용끼리 인근 답지가 되게 배열하고, 논리적 혹은 시간적인 순서가 있는 경우 그 순서에 따라 답지를 제시한다.

학생이 문제를 읽고 푸는 데 혼돈을 방지하고 불필요한 시간을 낭비하지 않도록 하기 위해서는 답지를 체계적으로 제시할 필요가 있다. 답지 간에 유사한 내용이 있는 경우 서로 인접하도록 배열하거나, 그림으로 제시된 답지의 경우도 유사한 그림을 인접하게 배열하면 좋다. 또한 답지의 길이, 논리적 순서 혹은 시간적 순서 등 어떤 계열성이 있으면 그에 따라 배열하는 것이 바람직하다. 대체로 답지의 길이에 따라 짧은 것부터 긴 것의 순으로 배열하고, 답지들이 수나 연도로 서술될 때에는 작은 수부터 큰 수로 배열한다. 그리고 답지들이 간단한 하나의 단어로 표기될 때에는 가나다 순 혹은 a, b, c 순으로 나열한다.

9. 정답 번호가 특정한 형태를 띠지 않도록 무선적이어야 하고, 특정한 답지에 치우치지 않아야 한다.

정답들이 모여 어떤 특정한 경향을 보이면 학생들은 정답을 모르고서도 그 정답 분포의 패턴에 따라 정답을 찾을 수 있다. 예컨대 4지 선다형 20문항 시험에서 문항 순서대로 5문항씩 묶어 동일한 정답 번호를 부여한다든지, '①, ②, ③, ④, ③, ②, ①, ②, …'와 같은 지그재그 형태의 정답 분포를 보인다면, 그 규칙에 따라 정답을 추측할 수 있다. 따라서 이러한 특정한 형태가 나타나지 않도록 정답을 무선적으로 위치시켜야 한다.

한편 정답은 각 답지에 고르게 분포하는 것이 좋다. 추측에 의하여 정답할 확률은 4지 선다형의 경우 25%, 5지 선다형의 경우 20%이다. 그런데 특정 답지에 정답이 치우치게 되면 아무 것도 모른 상태에서 모든 문항에 대해 그 답지에 정답 표기를 했을 경우, 정답 확률이 너무 높게 나올 수 있기 때문이다. 정답을 고루 분포시킨다는 것이 항상 모든 답지가 갖는 정답 수가 똑같아야 함을 의미하지 않는다. 한 개를 제외한 모든 문항을 정확히 푼 학생의 경우, 답지 수에 따라 나머지 한 개 문항에 쉽게 정답할 수 있기 때문이다.

5 서답형 문항 제작의 원리

최근 학교교육에서는 서답형 문항, 특히 서술형 · 논술형 문항의 활용을 적극 권장하고 있다. 지필식 선택형 평가 위주의 학생 평가 방식으로는 고차적 사고력과 창의성 함양을 위한 교육을 유도하기 어렵기 때문이다. 이 절에서는 서답형에 해당하는 단답형, 서술형 · 논술형 문항을 제작할 때 고려해야 할 원리를 순차적으로 소개한다.

가. 단답형 문항 제작의 원리

1. 질문은 명료하게, 답은 간단한 형태가 되도록 한다.

질문의 내용이 간결하고 명확할 때, 여러 개의 정답이 될 수 있는 가능성을 배제할 수 있다. 그러므로 질문에서 어떠한 답을 원하는지를 묻는 정확한 용어가 사용되어야 한다.

2. 정답 수는 가급적 한 개가 되도록 하되, 부득이한 경우에는 그 수를 한정해야 한다.

단답형에서는 가능한 한 정답이 한 개인 것이 바람직하다. 부득이한 경우 문항의 내용상 2-3개도 무방하다. 그러나 정답이 4개 이상 넘는 것을 단답형으로 출제하는 것은 적절하지 못하다.

예 〈수정 전〉 소비물가를 올라가게 하는 주된 원인을 들어라.
〈수정 후〉 우리나라의 소비물가를 올라가게 하는 주된 원인을 중요성의 차례로 세 개만 들어라.

3. 정답이 여러 가지로 표현될 수 있는 경우, 정답이 될 수 있는 유사답안을 함께 작성하여야 한다.

가급적 단답형 문항에서는 이러한 문항을 피하는 것이 좋다. 부득이 정답을 여러 가지 표현으로 나타낼 수 있는 경우, 「교사가 생각하는 정답」 이외에도 정답으로 인정할만한 유사 내용이면 모두 정답으로 간주해야 한다. 이를 위해 교사는 정답 이외에 유사답안을 사전에 준비하고, 채점 과정에서 교사가 생각하지 않은 유사답안이 나오면 이를 기록하고 적용하여야 한다.

예 시간이 오래 걸리는 멀리 떨어진 지역에 고기를 운반할 때 고기가 썩는 것을 방지하는 방법을 쓰시오. (⇒ 답: 냉동하는 것)
※ 유사답안: 얼음을 채우기, 통조림으로 만드는 것, 소금에 절이는 것, 연기소독법 등

◆ 위와 같이 유사답안까지 마련해놓아도 학생들의 반응은 매우 다양할 수 있다. 예컨대, '소금에 절여 얼음을 채우기', '훈제로 만들기', '대형 냉장고를 설치하기' 등의 답안도 제시될 수 있다. 이에 채점기준이나 유사답안에 "정답과 유사한 내용이라 판단되는 것은 모두 정답으로 처리함"이라는 조건을 함께 제시할 필요가 있다.

4. 계산 문제의 경우 계산의 정확성 정도나 계산 절차의 수준을 명시하고, 정답이 수로 표기될 때는 단위를 표기해야 한다.

계산하여 간단한 답을 쓰는 계산 문제의 경우 소수 셋째 자리에서 반올림하여 계산하라든지, 혹은 계산 절차를 어느 수준까지 제시하라는 지시가 포함되어야 한다. 또한 정답이 어떠한 단위에 의한 수라 할 때 단위를 표기하지 않는다면 학생들은 어떤 단위로 환산된 정답을 써야 되는지 혼

돈하게 된다. 채점 과정에서도 정답이 여러 개가 될 수 있으므로 번거로움이 따른다. 따라서 어떤 수가 정답으로 제시될 때는 질문이나 답란에 단위를 표기할 필요가 있다.

5. 교과서에 있는 문장을 그대로 사용하지 않는다.

선택형 문항 제작 원리에서도 언급했듯이, 교과서에 있는 문장을 그대로 출제한다면 학생들이 교과서에 있는 내용을 이해하기보다는 암기한다. 새로운 문장으로 질문을 할 때, 단순 암기 위주의 학습에서 벗어나 정확한 이해를 바탕으로 한 사고 학습을 유도할 수 있다. 따라서 정답을 얻을 수 있는 단어나 구를 우선 결정하고 질문을 만들기 위하여 선택된 단어나 구를 배열하여 문장을 구성하는 것이 좋다.

나. 서술형 · 논술형 문항 제작의 원리

여기에서 다루는 서술형 · 논술형 문항의 제작 원리는 일반 글쓰기 능력보다는 교과 관련 능력을 측정하는 문항에 초점을 맞춘 것이다.

1. 평가 대상, 즉 학생 집단의 특성을 고려해야 한다.

선택형 문항은 주어지는 문항상태가 학생에게 비교적 같은 자극치를 갖지만 서술형 · 논술형 문항은 반응의 자유도를 많이 허용하고 있기 때문에 학생이 어떤 성질을 띤 집단인지를 분명히 파악하지 않으면 반응이 지나치게 다양해질 가능성이 있다. 따라서 학생의 수준에 적합하도록 문항의 내용과 어휘를 사용하는 것이 중요하다. 문항의 내용이나 지시문 내용이 너무 난해한 수준으로 표기되면, 학생들이 질문의 요지를 파악할 수 없어 의견을 서술할 기회를 상실하게 되고 때로는 재고자 하는 능력 이외의 인지능력이나 독해력이 포함되어 학생의 능력 추정이 부정확해질 수 있기 때문이다.

또한 문항 수를 학생의 능력에 맞게 조절해야 한다. 즉, 각 문항에 충실히 답할 수 있도록 문항별 시간 배정에도 유의해야 한다. 서술형·논술형 검사에서는 어차피 많은 문항을 출제할 수 없다. 그렇다고 학생의 학습내용을 고루 잴 수 없을 정도로 1-2개에 한정해서도 곤란하다. 그러므로 제한 시간 내에 학습한 것을 고루 평가할 수 있을 정도로는 출제해야 한다.

2. 지식보다는 고등정신능력을 측정하도록 제작해야 한다.

다른 형식에서 측정할 수 있는 정신기능은 구태여 서술형·논술형을 사용하여 측정할 필요가 없다. 서술형·논술형 문항의 장점은 다른 문항형식에서는 측정하기 어려운 사고력, 추리력, 종합력, 비판력, 분석력, 응용력, 표현력, 창의력과 같은 정신기능을 비교적 쉽게 측정할 수 있다는 데 있기 때문이다. 이러한 장점을 최대한 살릴 수 있도록 문항을 제작해야 한다.

3. 구체적인 학습 결과를 측정할 수 있도록 질문을 구조화시키고 제한성을 갖도록 한다.

서술형·논술형 문항이 흔히 가지는 약점 중의 하나는 너무 모호하고 일반적이라는 점이다. 문항이 애매모호하면 학생은 어떻게 응답해야 할지 혼란을 빚게 된다. 또한 학생의 반응이 너무 다양해져 채점 과정에서 어려움을 겪을 가능성도 커진다. 그러므로 문항이 요구하는 영역을 규정하고, 제한하며, 이것을 잘 구조화시킬 필요가 있다. 반응의 자유도를 허용하되 답의 표현은 「이곳으로」라는 방향을 지시해 주는 문항이 되어야 한다.

4. 여러 문항 중에서 선택해서 쓰도록 하지 않는다.

흔히 서술형·논술형 평가에서 보는 현상으로, 3개 혹은 5개 정도의 문항을 주고 「택1」, 「택2」 등의 옵션을 주어 학생이 자유로이 선택해서 쓰게 하는 경우가 있다. 그러나 이러한 경우 학생의 부담을 덜어준다는 입장에서는 긍정적으로 보일지 모르나 여러 가지 문제가 야기된다. 첫째, 5개 문항이 서로 이질적인 내용일 경우 시험의 타당도가 떨어지게 된다. 즉, 각기 다른 문항을 선택해서 답을 했을 경우 그에 대한 채점 점수는 학생들의 서로 다른 능력을 재고 있기 때문에 점수를 상호 비교하는 것은 적절치 못하다. 둘째, 채점의 노력과 시간이 배가된다. 셋째, 옵션 문항에 익숙해진 학생들은 넓은 교과내용 중 본인이 원하는 내용만을 공부하는 부분학습 습관과 요행심을 키우게 될 가능성이 높아진다.

5. 응답 요소를 나열하도록 할 경우에는 가지 수를 한정한다.

단답형을 포함한 서답형 문항에서 흔히 볼 수 있는 것으로, '○○을 ○가지 이상 제시하시오'라고 묻고 채점기준에서 지정된 ○가지 이상을 제시하면 '상' 혹은 '최고점'을 주는 경우가 있다. 이러한 문항에 대해 지정된 몇 가지만 서술한 학생도 있고 몇 가지 이상을 제시하는 학생도 있다. 그런데, 지정된 ○가지만을 정답으로 쓴 경우와 ○가지 보다 많은 답을 열거하면서도 틀린 내용을 포함하고 있는 경우에 어떤 점수를 부여해야 할지 혼란에 빠지게 된다. 후자의 경우에도 모두 전자와 동일하게 준다면 불공정성이 야기되고, 한편으로 후자의 점수를 낮게 줄 논리도 문항 내에서는 찾기 힘들기 때문이다. 따라서 요소를 나열하도록 할 경우에는 '○가지(만) 제시하시오'라고 한정하고, 채점 과정에서는 지시한 ○가지까지만 채점하고 뒤에 나열되는 요소에 대해서는 채점을 하지 않아야 함을 원칙으로 해야 한다.

예 〈수정 전〉 발전소에서 고전압을 송전했을 때의 장점을 2가지 이상 제시하시오.

[채점기준] 상: 고전압 송전 시 장점을 2가지 이상 제시함
중: 고전압 송전 시 장점을 1가지만 제시함
하: 고전압 송전 시 장점을 전혀 제시하지 못함

◆ 장점 2가지(모두 정답)만 제시한 학생과 5가지를 제시했으나 2가지만 정답인 학생의 경우 모두 동일 점수를 준다면 전자 학생이 불공정하다

고 주장할 수 있다. 또한 어차피 맞는 정답 2가지만 써도 될 것을 무의미하게 맞는 정답 4가지를 쓴 학생의 경우에도 시간적인 낭비뿐만 아니라 상대적 박탈감을 느낄 수도 있다.

예 〈수정 후〉 발전소에서 고전압을 송전했을 때의 장점을 2가지(만) 제시하시오.
[유의사항] 2가지만 제시할 것(※3번째부터는 채점하지 않음)
[채점기준] 상: 고전압 송전 시 장점을 2가지 제시함
중: 고전압 송전 시 장점을 1가지만 제시함
하: 고전압 송전 시 장점을 전혀 제시하지 못함

6. 가능하면 채점기준 및 문항점수를 미리 제시한다.

채점기준을 미리 제시하면 학생의 반응을 한 곳으로 방향 짓게 하는 데 도움이 될 뿐만 아니라, 학생이 어떻게 반응하는 것이 유리한 것인지를 아는 데도 도움이 된다. 또한 문항의 점수가 제시될 때 학생은 문항의 점수를 고려하여 문항에 응답하는 전략을 세울 수 있다. 한편 출제자는 문항 제작과 함께 모범답안(유사답안 포함)을 제작할 필요가 있다. 모범답안을 통하여 검사 문항의 오류 가능성을 배제할 수 있을 뿐만 아니라 문항에 포함시킬 채점기준을 명료히 할 수 있다. 즉 그 문항이 어떤 자료를 동원해야 하는지, 어떤 조직이 타당한지, 또 결론이 어떻게 되어야 하는지에 대한 채점기준의 방향을 시사 받을 수 있다.

7. 채점기준은 포괄성과 배타성의 원칙을 준수해야 한다.

채점기준에서 '상, 중, 하' 혹은 '5단계 등급' 등의 수준을 설정할 때 지켜야 할 기본 원칙은 포괄성(망라성)과 배타성이다. 포괄성(망라성)이란 채점기준을 설정했을 때 학생들이 제시한 답안상의 반응을 모두 포함할 수 있어야 함을 뜻하며, 배타성이란 채점기준의 범주 혹은 수준 구분이 서로 겹쳐서는 안 됨을 뜻한다. 즉, 상, 중, 하 등의 수준이 의미하는 능력의 진술이 재고자 하는 평가목표(혹은 능력)의 범위를 총 망라해야 함과 동

시에, 수준 간에 겹치는 부분이 있어서는 안 된다.

예 〈수정 전〉
상: 글 전체의 내용과 관련된 질문을 3~5가지를 만들었다.
중: 글 전체의 내용과 관련된 질문을 3~5가지를 만들었으나, 부적절한 질문이 끼어 있다.
하: 글 전체의 내용과 관련된 질문을 2개 이하를 만들었거나 부적절한 질문이 2개 이상 끼어 있다.

◆ 이는 배타성의 원칙을 위배한 경우이다. 예컨대, '관련 질문을 5가지 만들었으나, 2개가 부적절한 것이었다.'의 답안이 나왔을 경우 상, 중, 하 모두에 해당할 수 있기 때문에 배타성 원칙을 위배한다.

예 〈수정 후〉
상: ---관련하여 적절한 질문을 4가지 이상(혹은 4~5가지) 만들었다.
중: ---관련하여 적절한 질문을 2~3가지 만들었다.
하: ---관련하여 적절한 질문이 1개 이하이다.

8. 논쟁을 다루는 문항은 경우, 어느 한편을 지정하여 그 입장에서만 논술하라고 제한하는 방식은 지양한다.

자신이 평소 관심을 가지고 있거나 어떤 입장을 분명히 할 경우에는 그 관심 내용에 대하여 혹은 그 입장에서 말하거나 글 쓰는 것이 훨씬 수월하다. 따라서 논쟁을 다루는 문항에서 평소의 입장과 다른 견해에서 답을 작성하라고 하는 경우에는 문항에서 요구하는 입장을 가진 학생의 경우보다 불리할 수 있다. 예를 들어 '안락사'에 대한 논쟁을 다룰 때, 이에 대한 찬성·반대 문제를 학생에게 먼저 선택하도록 하고 그 논거를 열거하는 것이 바람직하다. 찬성의 입장에서만 논술하도록 하는 경우, 기본적으로 반론을 지니고 있는 학생의 논리적 사고를 평가하는 데 한계가 있다. 왜냐하면 '안락사'에 대하여 반대 의견을 논리적·분석적으로 전개할 수 있는 능력이 더 뛰어난 학생도 있기 때문이다.

한편 서답형 문항에서는 채점의 중요성이 매우 크기 때문에, 채점의 객관성과 합리성을 높이기 위한 노력이 절실히 요구된다. 아무리 좋은 문항이라 해도 채점이 제대로 이루어지지 않는다면, 그 결과는 신뢰롭게 해석·활용될 수 없기 때문이다. 따라서 서답형 평가에서는 능력 있는 문항 제작자와 함께 우수한 채점자, 그리고 다음과 같은 채점(평정) 오류를 최소화하는 합리적인 채점 과정이 더욱 요구된다.

채점 과정에서 유의해야 할 일반 원칙을 소개하면 다음과 같다.

① **학생(답안지) 단위가 아닌 문항 단위로 채점한다.** 채점기준이나 결과가 다른 문항에 영향을 주는 것을 극소화하기 위해서도 필요하며 채점자의 내적 일관성을 유지하게 하고 채점을 보다 신속히 하게 하는 데도 도움을 주기 때문이다. 학생(답안지) 단위로 채점을 하게 되면, 어떤 문항의 점수가 앞/뒤 문항의 응답 내용에 의해 영향을 받게 되는 경우가 많다. 그리고 학생(답안지)별로 1번, 2번, 3번 등 문항의 내용과 채점 기준이 계속 왔다 갔다 교차하기 때문에 문항별 채점의 일관성을 유지하기 어렵고 시간도 많이 소요된다.

② **답안지를 개략적으로 한번 읽고 난 뒤, 구체적으로 채점한다.** 학생에 따라 서술하는 방법이 다르므로 응답의 내용이 다른 순서에 의하여 기술될 수 있기 때문이다. 또한 출제자가 예측하지 못한 반응이 나올 수도 있어 사전에 마련된 채점기준(유사답안 포함)에서 일부 보완할 수도 있기 때문이다.

③ **출제자가 채점에도 참여하고 또 여러 사람에 의해 채점이 이루어져야 한다.** 채점자는 출제 의도와 채점기준에 대해 충실히 이해할 수 있어야 한다. 이를 위해서는 출제에 참여한 사람이 채점 과정에도 참여하는 것이 좋다. 특히 유사답안의 인정 범위를 결정해야 하는 경우에 더욱 그렇다. 또한 한 사람의 채점보다는 능력을 갖춘 여러 사람에 의해 채점되는 것이 채점의 객관성과 신뢰성을 높일 수 있기 때문에 2인 이상이 채점에 참여하는 것이 좋다.

채점(평정) 오류

- 집중화 경향의 오류(error of central tendency): 극단적 판단을 꺼리는 인간 심리와 수험자를 잘 모르는 데서 기인하여 채점(평정) 결과가 중간 부분으로 지나치게 모이는 경향
- 표준의 오류(error of standard): 채점자가 표준(채점기준)을 서로 다르게 설정하는 데서 기인하는 오류(보통 수준의 답안에 대해 후한 채점자는 4점, 엄격한 채점자는 2점 등으로 서로 다르게 점수를 부여하는 경우)
- 인상의 오류(error of halo effect): 수험자에 대한 선입견에 따라 채점자의 후함과 관대함이 작용하여 생기는 오류
- 대비의 오류(contrast error): 채점자와 수험자 간에 공통된 견해나 다른 견해에 대해 인색하거나 혹은 후하게 평정하는 오류
- 논리적 오류(logical error): 채점자가 전혀 다른 두 가지 행동특성을 비슷한 것으로 생각해서 평정하는 현상('사교성이 있는 사람은 명랑하다', '비판적인 글은 창의적이다' 등)
- 근접의 오류(approximate error): '시간적으로 혹은 공간적으로' 가까워 평정하는 특성 사이에 상관이 높아지는 현상(앞/뒤 문항에 의해 영향을 받는 현상 등)

④ **충분한 휴식을 취해가며 맑은 기분으로 차분하게 채점한다.** 흔히 채점과정에서 저지르는 오류는, 초반에는 답안을 정독하고 채점기준과 일일이 대조해가며 꼼꼼하고 엄격하게 채점하다가 후반에 이르러서는 피로와 싫증이 누적된 나머지 대충 훑어보고 적당히 채점해 버리는 일이다. 이렇게 되면 답안지의 뒷부분에 있는 학생이 득 혹은 실을 보게 된다. 왜냐하면 채점자가 자신의 채점결과에 대하여 자신을 갖지 못하는 경우에는, 중간 부분의 점수를 주는 경향이 있기 때문이다.

⑤ **동일한 문항에 대해서는 모든 학생에 대하여 동일한 채점자가 채점할 수 있도록 한다.** 이는 채점자간 차에서 올 수 있는 오류를 줄이기 위함이다. 한편 채점자 수와 채점 기간은 채점의 긴박성, 그에 따른 일인당 채점 분량, 능력 있는 채점자 차출가능성 등이 충분히 고려되어 설정되어야 한다. 이 때 동일한 채점자의 경우에도 시간의 흐

름에 따라 오차가 발생할 소지가 크기 때문에 가급적 기간을 길지 않게 하는 것이 좋다.

⑥ **답안지에 있는 학생의 성명과 번호를 가리고 채점한다.** 답안지가 어떤 학생의 것인지를 알 경우, 자칫 그 학생에 대한 교사의 평소 인상이나 관점이 반영될 소지가 있다. 따라서 채점의 객관성과 공정성을 위해서는 답안지(혹은 문답지)에서 학생의 성명과 번호를 가려야 하며, 그 경우에도 학급 번호 순서에 따르지 말고 무작위로 섞어서 묶어야 한다.

참 고 문 헌

박도순(2000). 문항작성방법론. 서울: 교육과학사.

박도순 외(2007). 교육평가-이해와 적용-. 서울: 교육과학사.

박도순, 홍후조(2006). 교육과정과 교육평가. 서울: 문음사.

성태제(2004). 문항제작 및 분석의 이론과 실제. 서울: 학지사.

양길석(2005). 서술형·논술형 평가 문항의 제작 원리. 서술형·논술형 평가 예시문항 자료집(국어, 사회, 수학, 과학, 영어 - 5권). 서울특별시교육청.

CHAPTER 13

평가도구(검사)의 양호도

모든 인간이 모든 면에서 동일하다면 구별을 할 필요가 없을 것이다. 그러나, 인간은 신체적, 정의적, 인지적으로 다른 모습을 가지고 있기 때문에, 무엇이 얼마만큼 다른 가 하는 것이 많은 경우 관심의 초점이 된다. 인간의 키나 다른 가시적 특성은 정의적, 인지적 특성에 비해 상대적으로 구분하기가 용이하다. 다시 말해, 물리적인 특징인 키, 몸무게 등은 직접적으로 차이를 구분한다는 것이 가능하지만, 눈에 보이지 않는 특징인 지능, 성격, 흥미, 태도, 성취도 등은 검사도구를 사용하여 간접적으로 구별해야만 한다. 이처럼 직접적으로 측정이 불가능한 인간의 특성을 간접적으로 측정하기 위해 사용하는 도구를 평가도구라고 정의할 수 있다.

이처럼 개인의 비가시적 특성을 측정하기 위한 평가도구는 물리적인 측정과는 달리 무엇을 평가해야 하는지, 어떻게 평가해야 하는지 등이 명확치 않은 제한점을 가지고 있다. 따라서, 평가도구를 사용하고 그 결과를 활용하기 위해서는 물리적인 측정을 하고 그 결과의 활용을 위해 요구되는 것보다 훨씬 많은 지식과 경험을 필요로 한다.

평가도구의 또 다른 제한점은 개인의 비가시적 특성의 전체를 재는 것이 아니라 일부분만을 재고 그 결과를 전체로 확대해서 해석한다는 것이다. 예를 들면, '김하늘'의 띄어읽기 능력을 수업 도중의 관찰법 수행평가로 평가하여 '상'수준을 부여하였다면, 우리는 관찰이 이루어진 상황에서만(여기서는 교실의 특정 수업 상황) '김하늘'의 띄어읽기 능력이 높다고 판단하지 않고, 관찰이 되어지지 않은 때를 포함한 일반 상황에서도 '김하

늘'의 띄어읽기 능력이 높다고 판단하는 것이다. 이는 추리통계학에서 모집단(population)으로부터 표본(sample)을 표집하여 실험을 하고 표본의 특성을 가지고 모집단의 특성을 설명하는 추론화(inference)와 비슷하다고 할 수 있다.

이처럼 제한점을 가지고 있는 평가도구를 사용하고 그 결과를 활용하기 위해서는 그러한 제약을 얼마나 극복했는가를 검증하는 절차, 다시 말해 평가도구의 질(즉, 양호도)을 검증하는 절차가 필요하다.

1 평가도구의 사용 목적과 양호도

학생들에게 무엇인가를 가르칠 때 무슨 목적으로 그 것을 가르쳐야 하는지를 모른다면, 잘 가르치고 있는지 잘 배웠는지를 판단하는 것은 불가능할 것이다. 다시 말해, 교수의 목표가 없이는 제대로 교수가 되었는지를 확인할 수가 없다. 이와 유사하게, 무슨 목적으로 평가도구를 사용해야 하는가를 모르고는 평가도구가 제대로 역할을 하는지 판단하는 것이 불가능 할 것이다.

평가는 의사결정을 위하여 필요한 정보를 제공하는 과정이라고 정의할 수 있다. 따라서, 평가도구로부터의 결과는 특정한 목적을 위하여 사용된다. 예를 들어, 준거지향검사의 결과는 학생의 잘하는 부분과 부족한 부분에 관한 정보 등을 제공함으로써 진단 목적을 위해 사용될 수 있고, 규준지향검사는 상대적 정보를 제공함으로써 진급 결정이나 선발목적을 위해 사용될 수 있다. 평가도구의 질의 척도라고 할 수 있는 양호도를 보기 위해서는 먼저 평가도구의 사용 목적을 명확히 하고 평가도구로부터의 결과가 그 사용 목적에 적합할 정도의 신뢰성을 가지고 있는지, 타당성을 가지고 있는지, 실용성을 가지고 있는지를 판단해야 할 것이다.

2 검사 점수의 신뢰도

일반적으로 신뢰성이 있는 사람이란 신의가 있는 사람, 믿을 만한 사람을 칭한다. 그러면 검사 점수의 신뢰도가 높다는 것은 무엇을 의미하는 것인가? 여기서 먼저, 엄밀히 말해서 평가도구만으로는 신뢰도를 가질 수 없고 평가도구를 사용하여 얻은 결과가 신뢰도를 가지는 것임을 확실히 한다. 즉, 신뢰도란 검사의 특성이 아니고 검사 점수의 특성이라는 것이다. 특정 집단이 특정 검사 상황에서 특정 검사를 치른 후에 그 검사 점수가 신뢰도를 가지는 것이다. 따라서, 신뢰도는 집단, 검사 상황, 검사 자체로부터 복합적으로 영향을 받는다.

검사 점수의 신뢰도가 높다는 것은 검사의 결과가 일관적이라는 것을 의미한다. 어느 집단이 치르던, 어느 상황에서 치르던 검사 점수가 동일하다는 것이다. 교육평가에서 말하는 '신뢰로움'과 일반적 의미의 '신뢰로움'의 차이는 검사점수의 신뢰도는 가치 중립적이라는 것이다. '신뢰로운 사람', '신뢰로운 교사'라고 하면 무언가 긍정적인 가치가 포함되어 있다. 그런데 어느 자동차가 날씨가 영하로 되기만 하면 한번도 어김없이 시동이 걸리지 않는다면 이는 '일관성'을 가지고 있으므로 교육평가의 눈으로 보면 '신뢰로운' 자동차가 된다. 이를 검사와 연결시켜 보면, 예를 들어, 특정 검사를 치르면 학생들의 점수가 원래의 능력보다 낮게 나온다면 일반적인 의미로 신뢰성이 있다고 하기가 힘들다. 그러나 매번 검사 상황마다 동일하게 학생들의 점수가 원래의 능력보다 낮게 나온다면 일관성이 있는 것이고, 따라서 검사 점수의 신뢰도가 높다고 할 수 있다.

일관성이 높다는 것은 검사의 유형에 따라 다르게 해석될 수 있다. 규준지향검사에서는 집단 내 서열이 중요성을 가진다. 따라서 특정 규준지향검사의 점수가 신뢰도가 높다면, 이는 그 검사를 치른 학생들이 비슷한 검사 조건에서 비슷한 검사를 치른 경우에 학생들의 점수 서열의 변동이 거의 없다는 것을 의미한다. 즉, 점수 자체의 변화가 있다 할지라도 1등은

1등으로, 2등은 2등으로, …, 꼴등은 꼴등으로 유지가 된다면 일관성이 높다고 할 수 있다. 준거지향검사에서는 서열보다는 성취도의 수준 혹은 통과/비통과 의사결정이 중요성을 가진다. 따라서, 통과/비통과 결정을 내리기 위한 특정 준거지향검사의 점수가 신뢰도가 높다면(즉, 일관성이 높다면), 이는 그 검사를 치른 학생들이 비슷한 검사 조건에서 비슷한 검사를 치른 경우에 통과/비통과 결정에 변동이 거의 없다는 것을 의미한다. 결국, '일관성'은 신뢰도의 근간이 된다고 할 수 있지만, 특정 검사 상황에서 '일관성'을 규정하는 것은 검사 점수가 어떠한 목적으로 사용되는 가에 따라 변한다고 할 수 있다.

여기에서는 신뢰도의 개념과 추정방법이 규준지향검사를 염두에 두고 설명되어진다. 준거지향검사에서의 신뢰도에 대한 설명은 바로 이어서 '검사점수의 객관도'라는 이름으로 설명되어진다.

더하여, 신뢰도가 높은 검사 점수는 정확한 점수를 의미한다. 무게를 재는 저울과는 달리 직접적으로 측정이 불가능한 인간의 특성을 간접적으로 측정하는 검사의 점수는 당연히 오차를 가지고 있을 것이다. 학생의 실제 성취정도와 검사의 점수사이에는 당연히 어느 정도의 불일치가 있을 것이고 이 불일치의 정도는 오차라고 할 수 있다. 이를 휴대전화에 빗대어서 설명할 수 있는데, 휴대전화를 통해서 신호와 잡음이 섞여진 소리를 듣게된다. 여기서 신호는 학생의 실제 성취정도에 비할 수 있고, 들리는 소리를 신호와 달라지게 만드는 잡음은 오차에 비할 수 있다.

교육평가에서는 한 번의 검사를 치러서 눈으로 보이는 학생의 점수를 관찰점수라고 표현하고, 학생의 진짜 점수는 관찰이 불가능하다고 본다. 관찰불가능의 문제를 해결하기 위하여 기대값을 개념을 도입하여, 학생이 동일한 검사를 무한 번 반복하여 얻은 점수를 평균한 값을 진점수(관찰이 불가능한 진짜 점수)라고 부르고 관찰점수와 진점수와의 차이를 알 수 없는 값, 즉 오차라고 부른다. 만약 관찰점수가 진점수와 동일하다면, 오차는 '0'이 되고 그 관찰점수는 완벽하게 정확한 점수이고, 모든 학생들의 관찰점수가 진점수와 동일하다면 검사 점수의 신뢰도는 완벽하게 '1'이 될 것이다.

그런데, 실제로 동일한 검사를 무한 번 반복한다는 것은 불가능하기 때문에, 이론적 가정과 절차를 통하여 신뢰도를 개념화한다. 먼저, 학생의 눈에 보이는 관찰점수(X)는 이론적인 진점수(T)와 오차점수(E)로 구성되어 있다고 본다. 따라서, 오차점수는 관찰점수에서 진점수를 뺀 값이 된다. 이를 수식으로 보이면, X = T + E가 된다.

〈표 13-1〉 **관찰점수, 진점수, 오차점수의 예**

	관찰점수	진점수	오차점수		관찰점수	진점수	오차점수
준서	31	28	+3	가은	35	40	-5
민석	25	27	-2	나연	35	32	+3

〈표 13-1〉에 있는 남학생들은 진점수가 비슷하나 오차점수의 영향으로 관찰점수는 상당한 차이를 보이고 있고, 여학생들은 진점수는 다르나 오차점수의 영향으로 관찰점수는 동일함을 보이고 있다. 여기서, 남학생들보다는 여학생들의 검사 점수의 오차가 큰 것을 볼 수 있다.

가. 신뢰도 추정하기

앞에서 관찰점수는 진점수와 오차로 구성된다고 하였다. 신뢰도를 계산하기 위해서는 진점수가 얼마인지를 계산하는 것이 선행되어야 하는데 이는 불가능하다. 따라서 신뢰도를 계산하는 것은 불가능하고 간접적으로 관찰점수를 사용하여 신뢰도를 추정하게 된다. 여기서, 추정이란 말을 사용하는 이유는 진점수를 이용하여 직접적으로 신뢰도를 계산하지 못하고 관찰점수로부터의 정보(예, 전체 검사점수의 분산, 문항점수의 분산)를 이용하여 특정 값을 구하고 그 값을 이용하여 신뢰도에 관련된 해석을 하기 때문이다. 이 과정에서 구해진 값은 신뢰도의 추정값이 되고, 신뢰도 계수라고 불려진다. 예를 들면, 전체 검사점수의 분산과 문항점수의 분산을 이용하여 신뢰도 계수를 구하고, 그 값을 이용하여 검사점수의 일관성 및 정확성에 관한 해석을 하게 된다.

(1) 검사-재검사 신뢰도, 동형검사 신뢰도

신뢰도가 높은 검사 점수는 일관적이며, 정확하다고 할 수 있다. 신뢰도는 검사 자체가 가지고 있는 것이 아니라 검사를 치르는 학생들, 검사의 상황, 검사의 내용에 따라 달라지는 특성이다. 그런데, 여러 신뢰도 추정 방법이 이러한 세 가지 요소(학생, 상황, 내용)를 동일한 정도로 고려할 수 가 없다. 따라서, 특정 평가 환경에서 관건이 되는 요소를 잘 잡아낼 수 있는 신뢰도 추정방법을 선택 사용하게 된다. 여러 신뢰도 추정 방법 중 먼저 검사-재검사 신뢰도 계수와 동형검사 신뢰도 계수를 살펴보자.

검사-재검사 신뢰도는 한번 검사를 치르고 시간이 상당 정도(보통 1주일 이상)흐른 후에 동일한 검사를 동일한 학생들이 다시 치르고 처음과 나중 검사점수의 상관계수를 이용하여 신뢰도를 추정한다. 그런데 시간이 경과하는 사이에 검사가 재고자 하는 특성 자체에 변화가 일어나면 검사-재검사 신뢰도는 이를 오차로 간주하기 때문에, 재고자 하는 특성이 일정기간 동안 쉽사리 변하지 않는 경우에 한하여 사용할 수 있는 신뢰도 유형이다. 따라서, 검사-재검사 신뢰도는(재고자 하는 특성이 단기간에 쉽게 변하지 않는) 지능검사, 태도검사, 성격검사 등에 적합하지만, (첫 번째 치른 검사의 문제를 암기 할 수 있음, 첫 번째 검사를 치른 후 검사에 출제된 내용을 학습할 수 있음 등의 이유로) 학력검사에는 적합하지 않다.

동형검사 신뢰도는 내용이 다르지만 동일한 능력을 측정하는 두 동형검사를 동일한 학생들이 연속하여 두 번 치르고 두 검사점수의 상관계수를 이용하여 신뢰도를 추정한다. 따라서 (검사-재검사 신뢰도의 경우처럼) 시간 경과와 관련된 문제가 나타나지 않는다. 그러나 동형검사를 만드는 것 자체가 너무 어렵기 때문에 현실적으로 거의 사용되지 않는 신뢰도 추정방법이다.

(2) 내적 일관성 신뢰도

학교에서 가장 관심이 되는 검사는 학력을 재는 학력검사인데, 동일한 검사를 시간의 차이를 두고 두 번 치러서 신뢰도를 추정하는 방법은 학력 검사에 적합하지 않고, 동형검사를 개발하는 것은 너무 어렵다. 이에 따라 현실적으로 활용 가능한 방법으로 검사를 한번 치르고 그 검사 자체 내의 정보를 이용하여 검사점수의 신뢰도를 추정한다.

내적 일관성 신뢰도(internal consistency reliability)란 하나의 검사를 구성하는 부분검사, 또는 개별 문항들이 재고자 하는 특성을 얼마나 일관성 있게 재고 있는가를 보여주는 수치라고 할 수 있다.

가) 반분검사 신뢰도(split-half reliability)

반분검사 신뢰도란 한번 실시한 검사를 둘로 나누고, 나누어진 두 부분검사 점수간의 상관계수를 구하고, 부분검사로부터 구해진 상관계수를 전체 검사의 값으로 확대한 수치이다. 검사를 둘로 나눌 때 많은 경우 짝수 번째 문항들을 모은 부분검사와 홀수 번째 문항들을 모은 부분검사로 만든다. 부분검사로부터의 상관계수를 전체 검사의 값으로 확대하기 위해서 일종의 통계적 조정방법인 스피어만-브라운(Spearman- Brown) 공식을 사용한다. 이를 수식으로 보이면 다음과 같다.

$$\text{전체검사의 신뢰도} = \frac{(2 \times \text{부분검사 점수간의 상관계수})}{(1 + \text{부분검사 점수간의 상관계수})}$$

이는 반쪽 자리 검사점수간의 상관계수를 구하고, 검사의 길이가 두 배로 늘어난 원래 검사의 신뢰도 값을 추정하기 위하여 구해진 상관계수를 공식을 사용하여 증가시킨 것이다.

반분검사 신뢰도를 구하는 예를 보이면 다음과 같다. 10문항으로 이루어진 10점 만점 검사에서 준서는 8점, 민석이는 7점, 가은이는 10점, 나연이는 5점을 맞았다. 10문항 검사를 짝수(2번, 4번, 6번, 8번, 10번 문항) 검사와 홀수(1번, 3번, 5번, 7번, 9번) 검사로 나누어서 점수를 다시 구한 결과가 다음과 같다면,

	준서	민석	가은	나연
짝수 검사점수	4점	4점	5점	3점
홀수 검사점수	4점	3점	5점	2점

짝수 검사점수와 홀수 검사점수와의 상관계수는 0.95이다. 이를 스피어만-브라운 공식에 대입하면, (2 x 0.95) ÷ (1 + 0.95) = 0.97이 되어, 전체 검사점수의 신뢰도 추정값은 0.97이다.

나) 문항 내적 일관성 신뢰도

위처럼 검사를 반분하지 않고 문항 하나하나를 독립적인 검사로 보고 각 문항들이 일관되게 동일한 능력을 측정하고 있는 정도를 수치화 하는 방법이 문항 내적 일관성 신뢰도이다. 문항 내적 일관성 신뢰도 추정 방법으로는 케이알 20(K-R 20), 케이알 21(K-R 21), Hoyt 신뢰도, 알파(Alpha) 계수를 들 수 있는데, 제일 먼저 문항의 점수가 1(= 맞음) 혹은 0(= 틀림)인 경우에 사용 가능한 케이알 20이 개발되었다. 이어서 라이커트 척도의 1/2/3/4/5 경우처럼 부분점수가 있는 형태의 문항 점수에 사용 가능한 케이알 21이 개발되었다. 최종적으로 문항의 점수가 1 혹은 0인 경우와 1/2/3/4/5 경우에 모두 사용 가능한 Hoyt 신뢰도와 알파계수가 개발되었는데, Hoyt 신뢰도는 계산방법이 복잡하여 보편화되지 못하였고 계산 공식의 유도과정과 개념이 보다 간단한 알파계수가 광범위하게 사용되고 있다.

$$\text{알파계수} = \left[\frac{\text{문항수}}{\text{문항수} - 1}\right] \times \left[1 - \frac{\text{각문항의 분산의 합}}{\text{전체 검사점수의 분산}}\right]$$

위의 공식을 사용하여 알파계수 신뢰도를 구하는 방법의 예를 보이면 다음과 같다. 4명의 학생이 5문항으로 이루어진 검사를 치러서 다음과 같은 문항 점수(1= 맞음, 0= 틀림)와 총점수를 받았다.

	1번	2번	3번	4번	5번	총점수
준서	1	1	1	1	1	5
민석	1	0	0	0	1	2
가은	1	1	1	0	0	3
나연	1	1	1	0	1	4
평균	1	0.75	0.75	0.25	0.75	3.5
분산	0	0.1875	0.1875	0.1875	0.1875	1.25

여기서, 5개 문항의 분산의 합은 0.75(= 0 + 0.1875 + 0.1875 + 0.1875 + 0.1875)이고, 전체 검사점수의 분산은 1.25이고, 문항수는 5이다. 따라서 알파계수는 (5/4) × (1 − (0.75/1.25)) = (5/4) × (1 − 0.6) = 0.5이다. 즉, 4명의 학생이 치른 5문항 검사점수의 알파계수 신뢰도는 0.5이다.

나. 신뢰도 계수(알파 계수)에 영향을 주는 요인

앞에서, 신뢰도란 검사의 특성이 아니고 검사점수의 특성이며, 특정 집단이 특정 검사 상황에서 특정 검사를 치른 후에 그 검사점수가 신뢰도를 가진다는 것을 강조하였다. 따라서, 신뢰도에 영향을 미치는 요인은 검사에 관련된 요인, 치른 집단에 관련된 요인, 검사 상황에 관련된 요인으로 나누어 볼 수 있다. 각각의 요인을 고려할 때 한가지 유의할 점은 다른 요인들이 동일하고 특정 요인에서 차이가 있을 때 신뢰도가 영향을 받는다는 것이다. 따라서, 신뢰도가 높은 검사점수를 얻기 위해서는 여기에 제시된 여러 요인들을 종합적으로 고려해야 한다. 또한 여기에 보여지는 요인들은 신뢰도 자체에 영향을 준 다기보다는 신뢰도의 추정값인 신뢰도 계수(특히, 알파계수 신뢰도)에 영향을 미치는 것이다. 따라서, '신뢰도에 영향을 주는 요인'이라는 표현을 사용하지 않았다.

(1) 검사에 관련된 요인

- 검사의 길이: 대부분의 경우 검사의 길이가 증가함에 따라 신뢰도가 증가하게 되는데, 문항의 수가 늘어남에 따라 신뢰도가 증가하기 위해서는 추가되는 문항의 질이 이전의 문항의 질과 동등해야 하고(즉, 동일한 능력을 측정해야 하고 문항의 특성이 동일해야 함) 학생들이 추가되는 문항을 풀 때 지겨워하거나 피곤해 해서는 안 된다. 이론적으로 검사의 길이를 무한정 증가시키면 신뢰도는 '1'이 되겠지만, 실제로는 현실적 제약으로 인하여 일정 수준 이상 검사의 길이를 늘리는 것은 권장되지 않는다.
- 검사내용의 범위: 검사가 재고자 하는 내용이 좁은 범위의 내용일 때 문항들이 동질성을 가지며, 검사의 문항들이 동질일수록 신뢰도는 증가한다. 예를 들어, 다른 조건이 동일할 때, 독해력 30문항으로 구성된 영어검사의 신뢰도가 독해력 15문항과 듣기능력 15문항으로 구성된 영어검사보다 신뢰도가 높다.
- 문항의 변별도: 능력이 높은 학생은 문항을 맞히고 능력이 낮은 학생이 문항을 틀리는 것이 바람직한 문항일 것이다. 또한 이러한 문항이 많을수록 좋은 검사가 될 것이다. 즉, 검사를 구성하는 문항의 변별도가 높을수록 이러한 문항들의 집합인 검사의 신뢰도는 증가한다.
- 문항의 난이도: 문항의 쉽고 어려움의 정도를 문항의 난이도로 나타내는데, 일반적으로 문항의 난이도(맞은 학생 수의 전체 학생 수에 대한 비율)가 .40에서 .80정도일 때 문항의 변별도가 증가한다. 너무 어려운 문항은 능력이 높은 학생이나 낮은 학생이나 모두 틀리게 되고, 너무 쉬운 문항은 대부분의 학생이 맞게 되어 두 경우다 변별도를 증가시키지 못한다. 문항의 난이도는 변별도에 직접적으로 영향을 주고 변별도가 증가하면 신뢰도가 증가하게 된다.
- 가능점수 범위: 상이한 점수가 나올 수 있는 범위를 가능점수 범위라고 하는데, 가능점수 범위가 클수록 신뢰도가 증가한다. 동일한 수의 문항으로 구성된 검사라 할지라도 진위형 100문항으로 구성된 검사

는 가능점수의 범위가 50점(무작위로 선택 시 맞을 수 있는 확률이 1/2 임으로 능력이 낮은 학생도 전체 100문항 중 50 문항은 맞을 수 있다고 본다) ~ 100점이고 4지선다 100문항으로 구성된 검사는 가능점수의 범위가 25점(무작위로 선택 시 맞을 수 있는 확률이 1/4 임으로 능력이 낮은 학생도 전체 100문항 중 25 문항은 맞을 수 있다고 본다) ~ 100점이다. 당연히 4지선다 검사의 경우가 가능점수 범위가 크고 이는 신뢰도를 증가시킨다.

(2) 치른 집단에 관련된 요인

- 집단의 동질성: 검사를 치르는 집단이 검사가 재고자 하는 능력을 비슷하게 가지고 있을수록 신뢰도가 높아지기 힘들다. 학생들의 성취정도가 비슷비슷한 경우에는, 문항이 학생들의 성취정도를 구분하는 능력인 변별력이 높아지기 힘들기 때문이다. 따라서, 신뢰도가 떨어지게 된다. 동일한 중학교 1학년 검사를 성적이 중간인 학생 100명이 치른 경우보다 성적이 아주 낮은 학생, 중간 정도 학생, 매우 우수한 학생이 섞여있는 100명이 치른 경우에 신뢰도가 높아지게 된다.
- 검사 요령의 차이: 일부 학생은 검사 치르는 것에 익숙하고 다른 학생은 익숙하지 않아서 실수를 저지른다면 이는 일종의 오차로 작용하고 이에 따라 신뢰도는 떨어지게 된다. 따라서, 모든 학생들이 일정 수준이상으로 검사를 치르는 요령을 터득하고 있는 것이 신뢰도에 도움이 된다. 실제로 10세 미만의 아동에게 집단검사를 실시하는 것은 그리 권장되지 않는다.
- 동기유발의 차이: 검사 요령의 차이와 동일한 논리인데, 일부 학생은 검사를 진지하게 열심히 치르고 다른 학생은 관심을 가지지 않고 치른다면 이도 신뢰도를 떨어뜨린다. 가능하면 모든 학생들이 일정 정도의 성취 동기를 가지고 검사를 치르는 것이 바람직하다.

(3) 검사 상황과 관련된 요인

• 부정행위: 부정행위는 당연히 오차를 일으킨다. 또한 변별도를 떨어뜨리게 된다. 쉬운 문제를 틀린 학생이 부정행위로 어려운 문제를 맞혔다면, 이는 전체적으로 문항 응답의 일관성을 떨어뜨리고 이는 당연히 신뢰도를 떨어뜨린다.

다. 신뢰도 계수 해석

신뢰도는 문항의 양호성을 판단하기 위해 가장 먼저 보아야 하고, 볼 수 있는 중요한 지표이다. 신뢰도를 해석 사용 할 때 다음의 사항들을 함께 생각할 수 있다.

1. 신뢰도와 상관계수의 차이를 구분해야 하는데, 신뢰도는 두 동형검사간의 상관값으로 볼 수 있다. 신뢰도 계수의 값은 0과 +1사이에 있게 된다. 그러나 상관계수는 −1과 +1사이에 있게 된다.
2. 신뢰도 계수가 어느 정도여야 적절한 가에 대한 명확한 해답은 없다. 단지 검사 결과가 가지는 중요도가 높을수록 신뢰도가 높아야 하고, 다른 평가를 통해 검사 결과를 보완할 수 있는 기회가 없을수록 신뢰도는 높아야 한다. 예를 들어, 교실에서 교사가 만든 진단검사에 비해 내신 성적에 포함되는 학기말 고사의 신뢰도는 당연히 높아야 할 것이다. 또한, 모의고사의 신뢰도보다는 실제 시험의 신뢰도가 높아야 할 것이다. 이블과 프리스비(Ebel & Frisbie, 1991)는 검사의 결과가 개인에 대한 결정에 쓰이는 경우에 신뢰도가 .85 이상, 집단에 대한 결정에 쓰이는 경우에 신뢰도가 .65 이상, 교사가 교실에서 사용목적으로 만든 검사는 .50 이상, 외부기관에서 만든 검사는 .80 이상이 되어야 한다고 제안했다.
3. 여러 종류의 신뢰도 계수 중에서 어느 것을 사용해야하는 가를 결정할 때는 검사가 치러졌을 때 어느 종류의 오차가 발생할 가능성이 높은 가를 따지고 이러한 오차를 잘 잡아낼 수 있는 신뢰도 계수를 사

용한다. 그러나, 실제로 알파계수를 사용하는 것이 대부분의 경우 무난하다. 지능검사, 태도검사, 성격검사의 경우, 재고자 하는 특성이 시간이 경과해도 상당 정도 항상적이므로 알파계수와 함께 검사-재검사 신뢰도를 사용하는 것이 바람직하다.

3 검사 점수의 객관도: 준거지향검사 결과의 일관성

지금까지는 검사점수 자체의 일관성이라는 차원에서 신뢰도를 살펴보았는데 이는 규준지향검사 상황에 보다 적합한 개념이다. 그런데 이전에 비해 교육현장에서 준거지향검사의 가치가 인정받고 있고, 또한 준거지향검사를 위해 보다 적합한 평가 방식인 수행평가가 빠르게 확산되고 있다. 검사의 결과가 일관성을 가져야 한다는 것은 상대적 정보가 중요성을 가지는 규준지향검사뿐만 아니라 절대적인 준거(예, 학습목표)에 비추어 점수를 해석하는 준거지향검사에서도 여전히 검사의 양호도를 보기 위한 주요한 잣대이다.

가. 준거지향검사에서 사용되는 점수 체계

준거지향검사의 신뢰도를 이해하기 위해서는 준거지향검사의 점수를 이용하여 어떠한 해석 혹은 결정을 하는가를 살펴보는 것이 도움이 된다.

- 절대 수준 해석을 위한 점수: 성취정도를 보여주는 몇 개의 단계를 만드는데, 여기서 상위 단계의 점수가 하위 단계의 점수보다 더 높은 수준의 성취를 나타낸다. 각 단계의 점수 자체는 의미를 가지지 못하며, 단계의 점수에 따라 기술되어진 내용이 의미를 가지게 된다. 예를 들어, 공통사회과에서 학생들이 지도의 종류와 의의를 파악하고 대축

척 지도를 활용할 줄 아는가를 보기 위하여 지역조사보고서법으로 평가를 하고 점수를 상/중/하(3/2/1)로 부여하였다면 그 점수 자체는 학습목표에 비추어 해석을 하는데 별로 도움이 되지 않는다. 그러나 "상수준은 '지형도를 실제 생활에 응용한다.', 중수준은 '대축척 지도에서 거리, 지형, 토지 이용 등을 파악한다.', 하수준은 '지도의 종류와 의의를 파악한다.'"라고 각 수준에 대한 명료화된 진술이 있으면 점수를 이용하여 '지도의 종류와 의의를 파악하고 대축척 지도를 활용한다.'라는 학습목표에 관한 해석을 하는데 큰 도움이 될 것이다.

이처럼 절대 수준 해석을 위해 점수가 몇 개의 단계로 주어지는 경우에는 두 검사점수간의 상관계수를 이용한 신뢰도는 별로 의미가 없으며 복수의 검사에서 동일한 단계에 속하는 정도를 보여주는 신뢰도가 보다 의미가 있다. 즉 여러 번의 검사에서 검사점수는 달라져도 일관되게 동일한 단계로 속하게 된다면 신뢰도가 높은 것이다.

- 통과/비통과 해석을 위한 점수: 검사점수에 근거하여 통과/비통과의 결정을 하게 되는 경우에는 점수보다는 의사 결정 자체가 중요성을 가진다. 이러한 경우의 예로 '면허 시험을 통과하기 위해서는 총 50문제 중 40개 이상을 맞아야 한다.', '수학 판별검사의 총 문항 중 70% 미만에 해당하는 문항을 맞으면 학습부진아로 규정한다.'를 들 수 있다.

  이처럼 의사결정의 결과가 중요성을 가지는 경우는 검사점수의 상관계수를 이용한 신뢰도보다는 의사결정 자체의 일관성이 의미가 있다. 즉 여러 번의 검사에서 검사점수는 변동이 있다 하더라도 일관되게 통과를 하거나 일관되게 비통과를 하면 신뢰도가 높은 것이다.

나. 통과/비통과 결정을 위한 준거지향검사의 신뢰도 계수

(1) 일치비율(Percent of Agreement: PA로 표현함)

의사결정의 일관성이 중요성을 가지는 경우에 사용할 수 있는 계수로서 일치비율을 들 수 있다. 일치비율이란 일관된 의사 결정이 내려진 경우

(통과와 통과, 비통과와 비통과)가 전체 경우에서 차지하는 비율을 구한 값이다.

동일한 학생들이 비슷한 두 과제를 1차시와 2차시에 치르고, 통과/비통과 결정이 얼마나 일관되게 내려졌는가를 보기 위해 일치비율을 계산하는 예가 다음 표에 나와 있다.

〈표 13-2〉 일치비율 추정을 위한 예

	1차시 통과	1차시 비통과	
2차시 통과	A (명)	B (명)	A + B (명)
2차시 비통과	C (명)	D (명)	C + D (명)
	A + C (명)	B + D (명)	A + B +C +D (명)

여기서, 일치비율(PA)은 1차시와 2차시에서 모두 통과를 받은 A명과 1차시와 2차시에서 모두 비통과를 받은 D명을 합한 명수가 전체(A + B + C + D)명수에서 차지하는 비율을 구한 값이다. 이를 수식으로 보이면 다음과 같다.

$$PA = \frac{(A+D)}{(A+B+C+D)}$$

더하여, 다음은 학생들의 수행을 보고 복수의 평정자(예, 교사)가 내린 결정이 얼마나 일관되는가를 보기 위해 일치비율을 계산하는 예이다.

〈표 13-3〉 복수의 평정자가 내린 결정의 일치비율 추정 예

		김선생님		
		통과	비통과	
이선생님	통과	15	3	18
	비통과	2	5	7
		17	8	25

이 경우 PA = (15 + 5) ÷ 25 = 0.80이 된다.

그런데, 일치비율의 해석상의 단점은 완벽하게 일관된 의사결정의 경우 '1'이 되는 것이 가능하나, 비일관적인 의사결정의 경우에도 거의 '0'이 되지 않는다는 것이다. 그 이유는 우연에 의해 일관되게 의사결정이 내려지는 경우도 일치비율에 포함되기 때문이다. 예를 들어, 200명을 무작위로 A, B, C, D의 경우에 배치할 때 일치비율은 0이 아닌 .50이 된다.

(2) 평정자간 신뢰도: 상관계수

체육 실기 시험 등의 수행평가 상황에서 복수의 평정자가 학생들에게 부여한 점수간에 일치하는 정도를 상관계수로 구한 값을 평정자간 신뢰도라고 부른다. 평정자간 신뢰도는 계산이 간편하다는 장점을 가지며 실제로 빈번하게 사용되는 지수이다. 그러나 평정자간 신뢰도는 학생의 능력의 차이, 평정자의 엄격성의 차이, (학생들이 복수의 과제를 수행한 경우) 과제간 난이도의 차이에 복합적으로 영향을 받게 된다. 따라서 평정자간 신뢰도가 낮은 경우에는 어디에서 문제가 발생했는지를 찾는 추가 절차가 필요하다. 반대의 경우로 평정자간 신뢰도가 충분히 높은 경우에는 복수의 평정자가 부여한 점수간에 일관성이 있음을 보여준다.

	김하나	박지연	정세민	…	장민수	김가연
김선생님	30	25	25	…	20	10
이선생님	25	25	30	…	15	15

위의 표는 학생들의 수행을 보고 두 교사가 부여한 점수를 표로 나타낸 것이다. 둘째 줄과 셋째 줄 점수들간의 상관계수를 구하면 바로 평정자간 신뢰도가 된다.

4 검사의 타당도

타당도란 앞에서 보인 평가도구의 사용 목적과 신뢰도를 포함하는 개념이라고 할 수 있다. 즉, 검사점수가 목적을 위해 얼마나 적합하게 이용될 수 있는지, 검사가 본래 재고자 하는 것을 잘 재고 있는지 등을 보여주는 지표가 타당도라고 할 수 있다. 타당도는 검사도구의 양호성을 평가하기 위해서 가장 중요한 잣대가 된다.

학생들의 검사점수를 사용하여 어떠한 결정을 내리고자 할 때(예를 들어, 특정 점수 미만의 점수를 받은 학생들을 재이수 시키고자 하는 경우) 사용하고자 하는 목적에 비추어 검사점수가 충분한 타당도를 가지고 있는가가 관심의 초점이 된다. 그리고 검사점수가 충분한 타당도를 가지고 있음이 증명되지 않는다면, 목적을 위해서 검사점수를 사용하는 것을 심각하게 고려해보아야 할 것이다. 목적에 부적합한 검사점수를 사용하는 것은 사용하지 않는 경우보다 더 나쁜 결과를 초래할 수 있음을 기억해야 한다. 예를 들어, 교장이 학교의 교사들을 불공정하게 평가를 하였고 그 평가 결과에 따라 상여금을 차등 지급한다면, 차라리 평가하지 않고 상여금을 균등 배분하는 것이 보다 공정할 것이다.

타당도를 설명하기 전에 평가도구 자체가 타당도를 가지는 것이 아니고 평가도구의 결과가 타당도를 가지는 것임을 확실히 한다. 즉, 타당도란 검사의 특성이 아니고 검사점수의 특성이라는 것이다. 이에 더하여 타당도란 있고/없고의 개념이 아니고 높고/낮고의 개념이라는 것도 확실히 해야 한다. 즉, 특정 검사점수가 '타당도가 있다.'라고 말을 하기보다는 '타당도가 높다.'라고 말을 하는 것이 보다 정확하다.

또한, 신뢰도는 타당도의 필수조건임을 기억해야 한다. 아무리 목적에 적합한 검사를 개발하기 위해 노력했다 할지라도 최종 검사점수가 오차투성이라면 목적에 적합한 정보를 제공한다고 말할 수 없기 때문이다. 더불어, 신뢰도는 타당도의 충분조건이 아님을 기억해야 한다. 아무리 오차가 없고 일관성 있는 검사점수라도 목적에 적합하지 않는 것을 재고 있다면 아무 소용이 없을 것이다.

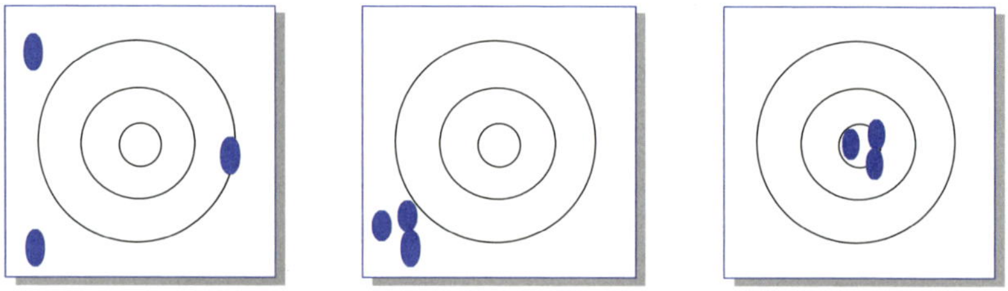

낮은 신뢰도 & 낮은 타당도 / 높은 신뢰도 & 낮은 타당도 / 높은 신뢰도 & 높은 타당도

위의 과녁 그림은 신뢰도가 타당도를 위한 필수조건이지만 충분조건이 아님을 잘 보여주고 있다. 가운데 그림을 보면, 과녁에 일관되게 맞았지만 정 가운데가 아닌 곳에 일관되게 맞았기 때문에 타당도는 높을 수가 없다.

극단적인 예로, 영어 회화능력이 우수한 학생을 선발하기 위하여 영어 문법검사를 치렀다면 검사점수의 신뢰도가 0.99라 하더라도 검사점수를 원래의 목적에 사용하는 것을 정당하다고 볼 수 없을 것이다. 결국 타당도가 낮은 것이다.

검사점수가 충분히 높은 타당도를 가지고 있다는 것을 입증하기 위해서 여러 가지 증거를 보이게 되고 이러한 증거들을 타당도 증거라고 부른다. 타당도 증거는 내용 타당도 증거, 준거 타당도 증거, 구인 타당도 증거로 나누어 볼 수 있다. 물론, 많은 경우 내용 타당도, 준거 타당도, 구인 타당도로 불리지만 엄격한 의미에서 타당도는 하나의 개념이고 타당도가 충분히 높다는 것을 보이기 위해 제시하는 타당도 증거라고 칭하는 것이 정확할 것이다. 모든 경우에 세 가지 타당도 증거를 모두 보일 수 있는 것은 아니다. 각 상황에서 보일 수 있는 타당도 증거만을 보이게 된다. 물론 여러 타당도 증거를 보일수록 타당도는 높아진다.

가. 내용 타당도 증거

앞에서 검사는 관심이 있는 능력 혹은 특성의 전체를 재는 것이 아니라 일부분만을 재는 것임을 밝혔다. 대부분의 검사는 재고자 하는 영역의 모든 내용을 포함하지 못하고 일부분만을 포함하게 된다. 그리고 부분을 재고 있는 검사로부터의 결과를 내용 전체의 결과로 확대하여 해석하게 된다. 예를 들어, 특정 학기에 습득해야 하는 어휘의 수가 200개 일 때 시험을 치를 때는 이 중 20개를 골라서 시험 치르게 된다. 학생이 이 중 80%인 16개를 맞았다면 교사는 그 학생이 전체 200개의 80% 정도를 습득했다고 해석하게 된다. 다시 말해 검사의 내용은 전체 내용의 표본(sample)이 된다. 이처럼, 부분을 시험 치른 결과를 전체로 확대해석 하는 것이 얼마나 타당한가는 다음 과정을 통하여 판단한다.

① 검사가 재고자 하는 전체적 내용을 확인한다.
② 문항 하나하나가 문항이 재고자 목적한 내용을 적절하게 재는가를 확인한다.
③ 문항의 집합인 검사의 내용이 재고자 하는 전체적 내용을 충분히 대표하는가를 확인한다.

즉, 위의 과정을 거쳐 검사의 내용이 재고자 목적하고 있는 내용을 적절하게 그리고 대표적으로 재고 있는가를 판단하게 된다. 실제로 그렇다고 판단될 때 내용 타당도 증거가 있는 것이고, 내용 타당도 증거가 충분히 확보가 되어야 검사의 결과를 전체 내용에 대해 안심하고 확대해석할 수 있다.

예를 들어, 어떤 운전면허 시험이 자동차의 기계적인 지식을 물어보는 문항으로만 구성되었다면, 그 시험의 내용은 안전한 운전을 위해 필요한 지식을 적절하게 재고 있으며, 내용은 운전에 필요한 여러 지식(예를 들어, 기계적 지식, 운전 상식, 운전 법규 등)을 충분히 대표하고 있으며, 높은 검사점수를 받은 학생이 운전에 필요한 지식을 충분히 갖추었다고 확대해석하는 것이 가능할 것인가?

내용 타당도 증거를 위해서는 문항이 목적한 내용을 적절하게 재고 있는가와 검사내용이 재고자 하는 전체 내용을 충실히 대표하는가 하는 것이 관건이 된다. 따라서 문항이 재고자 하는 내용을 잘 알고 있는 내용 전문가(예, 담당 교사)의 역할이 중요하다. 통계적 절차나 실제 학생의 검사점수보다는 내용 전문가가 전문적 지식 및 경험에 근거하여 검사 내용의 적절성과 대표성에 대해 내리는 판단이 내용 타당도 증거가 된다.

충실한 이원분류표는 내용타당도 증거를 위해 큰 도움이 된다. 이원분류표의 내용소를 개발할 때 전체 내용을 충실히 대표하도록 노력하고, 검사의 문항 하나하나를 개발할 때 이원분류표의 계획을 충실히 따른다면 최종 검사가 적절성과 대표성을 가지는데 큰 도움이 된다.

나. 준거 타당도 증거

준거 타당도 증거는 검사점수가 타당성을 가지고 있음을 보이기 위하여 그 검사점수를 제 3의 평가도구(준거)의 점수와 비교하는 것이다. 예를 들어, 지필검사를 대신하기 위하여 컴퓨터를 이용한 검사를 개발하였는데 학생들의 컴퓨터이용 검사의 점수와 지필검사의 점수가 비슷하다면 이는 컴퓨터이용 검사의 준거 타당도 증거가 된다.

준거 타당도 증거를 위해서는 통계적 방법인 상관계수 혹은 회귀분석 등이 사용되며, 준거 타당도 증거는 공인(concurrent) 타당도 증거와

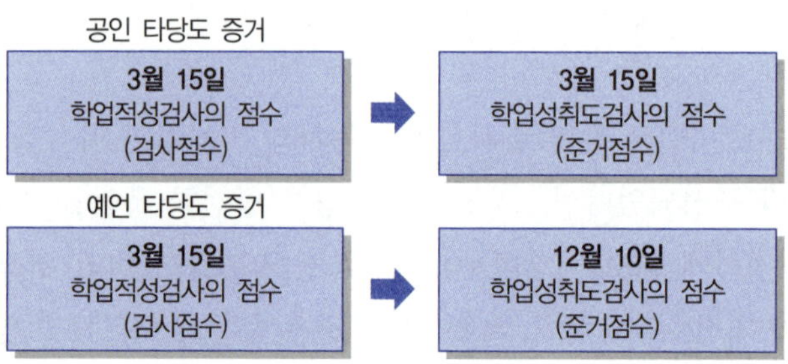

예언(predictive) 타당도 증거로 나누어진다. 둘 사이의 극렬한 차이는 검사점수와 준거 점수가 얻어지는 시간적 간격에 있다. 다음 그림에 있는 것처럼 동일한 검사와 준거가 사용된다 하더라도 동일한 시간에 얻어졌는지 많은 시간적 간격을 두고 얻어졌는지에 따라 달라진다.

(1) 공인(concurrent) 타당도 증거

공인 타당도 증거는 동일한 능력 혹은 특성을 재고 있는 두 평가도구(즉, 검사와 준거)가 동일한 시기(예, 같은 날)에 치러졌을 때 사용하는 타당도 증거이다. 예를 들어, 현재 영어권 나라의 대학에서 공부하기 위해 필요한 영어능력을 재기 위해서 토플(TOEFL) 검사를 사용하고 있는데 새로운 유학영어 검사를 개발했다면, 새로운 유학영어검사의 점수가 높은 타당도를 가지고 있음을 입증하기 위한 하나의 방법으로서 새 검사의 점수와 토플검사의 점수를 비교하는 공인 타당도 증거를 사용한다. 동일한 학생들이 새로운 유학영어검사와 토플검사를 같은 날에 치르고 이 두 검사점수간의 상관계수가 충분히 높다면, 이는 새로운 유학영어검사를 사용하는 것이나 준거인 토플(TOEFL)검사를 사용하는 것이나 결과에 거의 차이가 없다는 것을 의미한다. 즉, 새 검사점수와 준거점수와의 높은 상관계수는 새 검사의 공인 타당도 증거가 된다.

(2) 예언(predictive) 타당도 증거

예언 타당도 증거는 선발 시험, 입학 시험 등에서 중요성을 가지는 증거라고 할 수 있는데, 관심 되는 검사의 점수(여기서는 예측 도구라고 할 수 있음)와 미래의 실제 수행의 적절한 평가 결과(여기서는 준거 점수라고 할 수 있음)사이의 관련 정도를 통해 타당도를 입증하는 것이다. 예를 들어, 대학교에서 학업에 충실할 수 있는 신입생을 선발하기 위하여 특정 검사의 점수를 사용하여 선발하는 경우, 특정 검사의 점수와 입학생들의 대학교에서의 학업성적(준거점수)간의 상관계수가 높다면, 이는 특정 검사의 점수가 학생들의 대학교에서의 학업의 충실도에 대한 예측 도구의 역할을 충실히 수행한 것이고, 따라서 검사 점수의 타당도에 대한 하나의 증거가 된다. 그런데 많은 경우 예언 타당도 증거를 위해서는 상관계수보다는 통계적으로 복잡한 회귀분석을 사용하게 된다. 예를 들어, 위의 신입생 선발에서 검사의 점수, 고등학교 학업 성적, 면접 점수를 고려한다면, 위의 세 결과 점수를 독립변수로 하고 대학교에서의 학업성적을 종속변수로 하는 회귀분석을 통하여 검사점수가 어느 정도의 예측력을 가지는지를 분석한다.

다. 구인(construct) 타당도 증거

구인이란 직접 측정하거나 관찰하는 것이 불가능한 인간의 인지적, 심리적 특성을 칭한다. 예로서, 지능, 문장 독해력, 수학 문제해결력, 도덕성, 불안감을 들 수 있다. 많은 경우, 학생이 구인을 어느 정도 가지고 있는가를 파악하기 위해 검사를 치르게 된다. 예를 들면, 수학 추론능력이 어느 정도인가를 보기 위해 수학검사를 실시하고, 여기서 얻어진 점수를 보고 단지 수학문제 몇 개를 맞았다고 해석하는 것이 아니라 수학 추론능력이 어느 정도라고 해석을 한다.

구인 타당도 증거는 세 가지 타당도 증거 중 가장 핵심적이라고 할 수 있는데, 검사가 재고자 하는 것을 실제로 재고 있다는 것을 보여주는 증거이다. 검사 점수가 목적한 것을 실제로 보여주고 있다는 것이 밝혀지지 않고서 검사 점수를 사용하여 의사결정을 내리는 것은 무척 위험한 행위이다. 예를 들어, 학습부진아 판별검사를 개발하여 실시한다면, 그 검사에서 낮은 점수가 실제로 학습부진임을 보여준다는 것이 증명된 후에 검사점수를 사용하여 의사결정을 하여야 할 것이다. 이처럼 검사 점수가 사용목적에 적합한 의미를 가지고 있다는 것을 보여주는 것이 구인 타당도 증거라고 할 수 있다.

구인 타당도 증거를 위해서는 먼저, 검사가 재고자 하는 것을 충분히 재고 있는가 하는 것이 점검되어야 한다. 예를 들어, 환경오염에 대한 검사를 치르면서 수질오염에 관해서만 물어본다면 대기오염, 토양오염 등은 물어보고 있지 않으므로 검사점수는 재고자 목적하는 구인을 충분히 재고 있다고 말하기 힘들다. 또한, 재고자 목적하지 않거나 혹은 부수적인 능력이 검사점수에 영향을 미치는가 하는 것이 점검되어야 한다. 예를 들어, 수학 문제해결력을 재기 위해서 문장제 문제로 이루어진 수학검사를 시행하는데 문장제 문제를 풀기 위해 적정 수준이상의 국어 능력이 요구된다면 이는 목적하지 않았던 능력이 검사 점수에 영향을 끼치게 되는 것으로서 구인 타당도 증거에 악영향을 끼친다. 결국, 구인타당도 증거가 있다면 이는 검사가 재고자 목적한 것을 재고 있고 또한 충분하게 재고 있다는 것이다.

구인 타당도 증거를 위해서는 통계적 방법인 다중특성(또는 구인)다중도구(또는 방법) 상관계수 분석방법, 요인분석, 공변량 구조 방정식 모형 방법 등이 사용된다.

5 검사의 실용성

검사의 양호성을 보기 위해 추가로 고려할 사항은 그 검사가 얼마나 실용성이 있느냐 하는 것이다. 어떤 검사가 의사 결정을 내리는데 필요한 신뢰롭고 타당한 정보를 제공해 준다 할지라도 그 검사를 실제 이용하거나 개발, 사용하는데 필요한 비용이나 노력, 시간을 고려할 때, 때로는 이러한 검사를 치르지 않고 결정을 내릴 적에 초래하는 손해보다 더 많은 비용이 드는 경우도 있을 수 있다.

예를 들어, 학생이 과학 기자재를 사용하여 실험을 할 수 있는 능력을 재기 위하여 실제 실험을 하게 하는 평가방법을 사용하는 것이 이상적일 것이다. 그러나 컴퓨터를 이용한 모의 실험을 통해서도 그러한 능력을 재는 것이 가능하다면, 평가에 필요한 시간, 노력, 실험에 따른 사고위험, 비용, 공정성 등의 문제들을 고려할 때, 실제 실험을 하는 평가 방법이 최선이 아닌 경우가 있을 수 있다.

검사의 실용성을 보기 위해 점검해야 하는 사항을 들면 다음과 같다.

- 검사 시행이 너무 복잡하지 않은가?
- 검사 시행에 너무 많은 시간이 필요하지 않은가?
- 검사 결과를 해석하고 활용하는 것이 너무 어렵지 않은가?
- 검사관련 비용이 너무 많지 않은가?

참고문헌

박도순, 홍후조(1998). **교육과정과 교육평가**. 서울: 문음사

성태제(1995). **타당도와 신뢰도**. 서울: 양서원.

Ebel R. L. & Frisbie D. A.(1991). *Essentials of educational measurement.* New Jersey: Prentice Hall.

Linn, R. L. & Gronlund, N. E.(2000). *Measurement and Assessment in Teaching.* 8th Edition. New Jersey: Prentice Hall.

Traub E. R.(1994). *Reliability for the social sciences*. London: SAGE Publications.

CHAPTER 14

평가 결과의 보고 및 분석

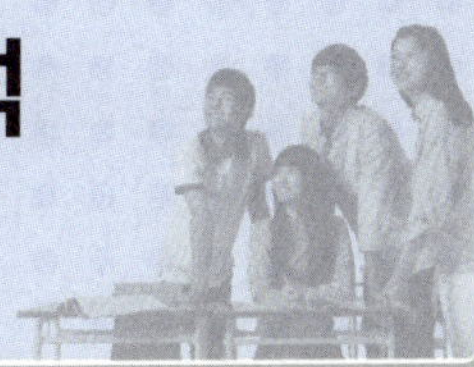

평가를 시행하고 얻어진 결과는 대부분 수량화되어진다. 그리고 목적에 적합하게 결과를 해석하기 위해서는 다양한 방법을 사용하여 수량화된 평가 결과를 정리, 가공하게 된다. 예를 들어, 전체 학생 중 상위 10명을 선발하고자 한다면 검사 점수 자체보다는 각 학생의 전체에서의 서열을 보아야 할 것이고, 개별학생이 어느 과목에서 뛰어나고 어느 과목에서 부족한 가를 판단하고자 한다면 각 과목의 점수들을 상호 비교할 수 있게 해주는 별도의 점수체계가 필요할 것이다. 이처럼 수량화된 평가 결과를 정리, 가공하기 위해서는 통계적 개념과 기법을 활용하게 되며, 통계적 개념과 기법을 이해하는 것은 목적에 맞게 검사 점수를 보고하고 해석하는데 필수적이라고 할 수 있다.

열심히 검사 계획을 수립하고 또한 충실히 문항 및 검사를 개발했다 할지라도, 학생들이 실제로 검사를 치른 결과가 목적에 적합한 양질의 정보를 제공한다고 무조건 확신할 수는 없다. 따라서, 학생들이 검사를 치른 결과가 얻어지면 13장에서 보인 양호도 검증에 더하여 검사 및 문항의 질을 추가로 점검하는 절차가 필요하다.

본 장에서는 먼저 평가 결과를 보고하고 해석하기 위해 필요한 여러 통계적 개념과 기법을 살펴보고, 고전검사이론 및 문항반응이론을 사용하여 검사 및 문항의 결과를 분석하는 방법을 보이고자 한다. 본 장에서 설명되는 통계적 개념과 기법을 이해하는 것은 13장에서 보인 평가도구의 양호도 검증 방법을 이해하는 데도 도움이 될 것이다. 본 장에서는 사용

목적에 적합하도록 검사의 결과점수를 요약, 정리하기 위해 필요한 통계적 개념과 기법에 국한하여 설명하고자 하므로 본 장에서 설명되는 수준을 넘어서는 통계적 개념과 기법은 통계학 서적을 참조 바란다.

1 평가결과 해석을 위해 필요한 통계적 개념과 기법

평가를 위해 가장 먼저 해야 하는 일은 평가의 목적을 확인하는 것이다. 그리고 평가를 시행하고 얻어진 결과(즉, 점수)는 처음에 설정된 특정 목적을 위하여 사용된다. 그런데, 결과 점수 전체를 그대로 보고한다면 그로부터 목적에 적합한 정보를 끄집어내는 것이 어려운 경우가 많이 있다. 예를 들어, 100명의 학생이 검사를 치르고 이 중에서 1등과 2등을 선발하고자 할 때, "희석-98점, 준하-85점, …, 재욱-90점"처럼 점수가 정렬되지 않은 채로 보고가 된다면 어떤 학생이 1등과 2등을 했는지 찾아내기 위해서는 상당 정도의 노력이 필요하게 된다.

평가 결과로부터 효율적으로 필요한 정보를 얻기 위해서는, 검사 점수를 보고하는 사람(예, 교사)은 점수 전체의 특성을 정리하고, 요약하여 보여주는 작업을 수행해야 하며 이를 위해 다양한 통계적 개념과 기법을 활용하게 된다. 더불어 검사 점수를 활용하는 사람(예, 교육청 관계자)은 보고된 수치가 어떻게 만들어졌으며 무엇을 의미하는지를 파악해야 하며 이를 위해 통계적 개념과 기법에 대한 이해가 필요하다.

가. 도수분포표와 그래프

도수분포표와 그래프는 학생들의 점수의 대략적 특성을 한눈에 파악하기 위하여 사용된다. 모든 학생들의 점수를 쭉 나열해 놓은 자료로부터는 대부분의 학생들이 몇 점을 맞았는지 등의 평가 결과의 특성을 파악하기가 쉽지 않다. 그러한 점수들을 체계적으로 정리하여 도수분포표를 만들거나 그림의 형태로 제시하면 보다 쉽게 점수들의 특성을 파악할 수 있다. 예를 들어, 그래프를 통하여 점수들이 어떤 값을 중심으로 모이는가와 어느 정도 흩어지는가를 쉽게 알아볼 수 있다.

(1) 도수분포표

도수분포표는 두 열로 되어진 표인데, 첫째 열에는 검사점수를 적고 두 번째 열에는 해당 점수를 받은 학생의 수를 적는다. 도수분포표는 전체에서 특정 점수의 상대적 위치를 파악하는 경우와 전체 학생들의 성취 정도를 개략적으로 파악하고자 하는 경우에 많은 도움이 된다. 도수분포표를 작성할 때 한 가지 유의할 것은 해당 점수를 받은 학생이 아무도 없더라도그 점수를 첫째 열에 적어야 한다는 것이다. 다음에 도수분포표가 제시되어 있는데, 25점 받은 학생이 아무도 없지만 25점은 첫째 열에, 그리고 해당되는 빈도인 '0'은 둘째 열에 제시되어 있다. 이 표에 의하면, 19, 20, 21점에 학생들의 점수가 몰려있고 양쪽 끝으로 갈수록 해당 점수를 받은 학생의 수가 줄어든다.

〈표 14-1〉 도수분포표의 예

점수	빈도
25	0
24	1
23	2
22	2
21	5
20	5
19	4
18	3
17	3
16	2
15	2
14	1
13	0
중략	중략
0	0

(2) 그래프

그래프는 학생들의 점수의 특성을 쉽게 이해시키기 위하여 일목요연하게 표시된 그림이다. 즉, 점수를 체계적으로 정리하여 시각적으로 요약하여 쉽게 설명하는 기능을 한다. 다음의 그래프는 위에서 제시된 도수분포표의 점수와 빈도를 이용하여 만들어 졌다. 전체 점수의 특성을 한눈에 파악하기에는 도수분포표보다 그래프가 용이하다.

아래의 그래프에 의하면 20점, 21점을 받은 학생이 가장 많으며 이 두 점수를 정점으로 양쪽 끝으로 갈수록 해당 점수를 받은 학생의 수가 줄어들고 있다.

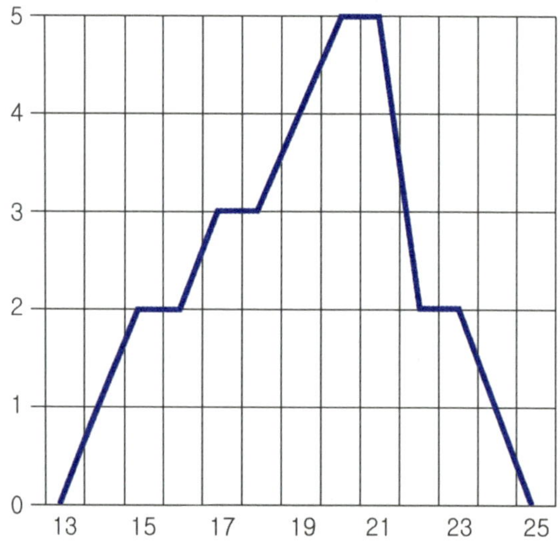

[그림 14-1] 그래프의 예

이처럼 그래프를 그리면 점수의 특성을 파악하기가 용이한데, 그래프를 해석할 때는 대칭성, 편포성, 최빈성, 첨도를 중심으로 살펴본다. 대칭성은 그래프가 가운데를 중심점으로 좌우가 똑같은가를 보는 것이고, 편포성은 그래프가 왼쪽 혹은 오른쪽으로 몰려 있는가를 보는 것이고, 최빈성은 빈도수가 상대적으로 많은 점수(혹은 점수 범위)가 몇 개이며 그 위치가 어디인가를 보는 것이고, 첨도는 그래프가 전체적으로 평평한지 뾰족한지를 보는 것이다. 위에 제시된 그래프는 대칭성은 어느 정도 만족하고, 오른쪽으로 약간 몰려서 왼쪽으로 꼬리가 늘어져 있으며, 하나의 점수범위(20-21)에서 빈도수가 상대적으로 많고, 전체적으로 뾰족한 분포를 보이고 있다.

다른 예로, 학교에서 시험을 치른 학생들의 점수 그래프가 아래와 같을 때, 교사는 다음과 같은 해석을 내릴 수 있다.

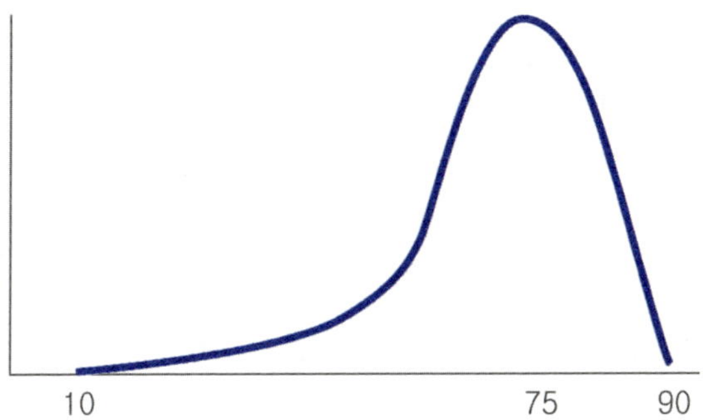

① **대칭성**: 대칭이 아니다. 잘하고 못하고가 균형적이 아니다. 즉, 잘하는 쪽 혹은 못하는 쪽으로 몰려 있다.

② **편포성**: 오른쪽으로 몰려 있고 꼬리가 왼쪽으로 늘어져 있다. 상대적으로 높은 점수인 75점 부근에 점수가 몰려 있고 낮은 점수인 10점 가까운 점수를 받은 학생들의 수는 적다.

③ **최빈성**: 최빈점은 하나이고 그 위치는 75점 부근이다. 학생들의 점수가 하나의 점수 부근에 몰려 있다. 즉, 많은 수의 학생들이 75점 정도를 맞았다.

④ **첨도**: 꽤 높다. 학생들의 점수가 75점 부근에 꽤 많이 몰려 있다.

나、 중심경향값

학교에서 평가 결과로부터 가장 흔하게 그리고 가장 먼저 얻고자 하는 두 가지 정보는 학생들의 점수가 어떤 점수를 중심으로 모여 있는가, 점수가 어느 정도나 흩어져 있는가 하는 것이다. 점수들이 어떤 점수를 중심으로 모이는 특성을 중심경향이라고 하고 이때 중심이 되는 점수를 중심경향값이라고 한다. 중심경향값은 전체 점수를 대표하는 전형적인 점수가 된다. 많은 경우 중심경향값의 하나인 평균을 사용하여 "우리 반 수학 기말고사의 평균은 80점이다."라는 식으로 전체 학생들의 점수를 하나의 점수로 대표하게 된다.

중심경향값으로 평균, 중앙값, 최빈값을 사용할 수 있는데, 각각은 구하는 방법이 다르므로 가지고 있는 특성이 다르다. 따라서, 점수들의 중심경향을 보기 위해서는 세 가지를 모두 참조하는 것이 바람직하다. 일반적으로 평균만을 중요시하고 중앙값과 최빈값은 덜 중요시하는 경향이 있는데, 중앙값과 최빈값은 평균이 제공할 수 없는 정보를 제공하므로 상대적으로 어느 것이 우수하다고 단정지을 수는 없다.

평균은 모든 점수를 더한 후에 총 학생의 수로 나누어준 값으로서 가장 익숙한 중심경향값이다. 평균은 모든 점수를 고려하여 계산이 되고 수리통계적으로 다른 값들에 비해 우수하다는 장점을 가진다. 중앙값은 서열상으로 보아 전체 점수 중에 가장 중앙에 위치한 값이다. 예를 들어, 8, 9, 10, 11, 22의 점수가 있다면 중앙값은 10점이 된다. 그런데, 점수의 분포가 대칭성을 가지지 못하고 한 방향으로 심하게 편포가 되어진 경우에는 평균보다는 중앙값이 전체점수를 보다 잘 대표한다. 위의 예에서 보면 평균은 12점인데, 중앙값은 10점이 된다. 평균은 조그마한 점수의 변화에도 민감하다는 특성을 가진다. 그러나 이러한 특성 때문에 대부분의 점수와 동떨어진 극히 큰 값이나 극히 작은 값, 즉 극단값이나 극소값에 지나치게 많은 영향을 받는다. 큰 값인 22점의 영향을 받은 평균 12점은 중앙값 10점에 비해 다섯 점수에 대한 대표성이 떨어진다. 결론적으로, 점수의 분포가 편포성이 강할 때는 평균보다는 중앙값이 전체 점수에 대한 대표성이 높으므로 중심경향값으로 보다 적합하다. 최빈값은 앞에서 보인 대로 해당 점수를 받은 학생의 수가 가장 많은 점수인데, 이는 눈을 감고 전체 점수 중 하나를 뽑는다면 뽑힐 확률이 가장 높은 점수라고 할 수 있다.

최빈값은 도수분포표를 보면 바로 그 값을 알 수 있는 편리함이 있지만 하나의 값이 아닌 복수의 값이 될 수 있다는 단점이 있다. 앞에서 제시된 도수분포표를 보면 최빈값은 20점과 21점 두 값이 된다.

상황에 따라서 적합한 중심경향값을 사용해야 한다. 예를 들어, 영어회화 시험을 치른 후 대부분의 학생들의 점수가 20점 근방에 있고 외국 거주 경험이 있는 극소수 학생들의 점수가 100점 근방에 있는 경우, 평균은 20점보다 훨씬 높은 값이 된다. 이러한 경우, 전체 점수가 어떤 점수를 중심으로 몰려있는가를 파악하고자 하는 목적에서 보면 평균보다는 중앙값이나 최빈값이 보다 적합하게 된다.

다、분산도 지수

중심경향값이 점수들이 특정 값을 중심으로 모이는 경향을 보여주는 것이라면 분산도 지수는 점수의 흩어진 정도를 보여준다. 점수의 흩어진 정도는 학생들 간의 성취 차이를 보여주고, 차이 정도에 따라 교수 방법, 교재 구성 등이 달라질 수 있다. 같은 중심경향값을 가졌다 하더라도 점수의 분포가 넓게 퍼졌는지 뭉쳐져 있는지를 파악하는 것은 점수의 전체적 특성을 파악하는데 큰 도움을 준다. 예를 들어 같은 수학시험을 치른 1반과 2반의 점수 그래프가 아래와 같다면,

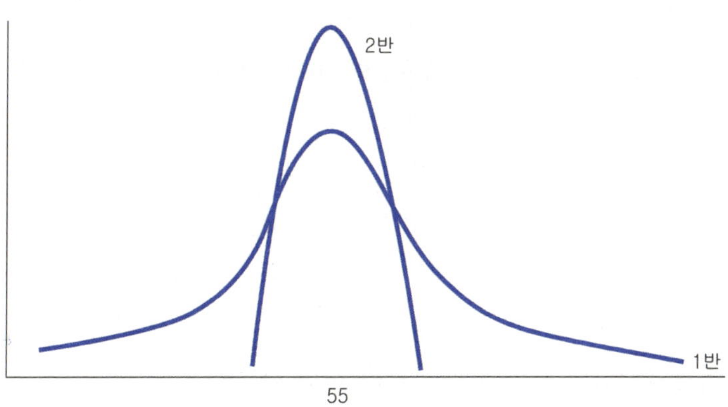

두 반 학생들의 수학 점수의 중심경향값은 55점으로 동일하지만 1반 학생들은 아주 높은 점수와 아주 낮은 점수를 받은 학생도 있을 정도로 점수가 흩어져 있고, 2반 학생들의 점수는 55점 부근에 뭉쳐져 있다. 결국, 두 반 학생들의 수학점수는 다른 특성을 보이고 있는 것이다.

분산도 지수로 범위(range)를 사용할 수 있다. 최고점수에서 최저점수를 빼고 1을 더한 값이 범위가 되는데, 이는 계산이 편리하다는 장점이 있으나 단지 두 개의 값만을 고려하기 때문에 중간에 있는 점수들이 뭉쳐 있는지 퍼져 있는지 전혀 알 수가 없다는 단점을 가진다. 또한, 사분위 편차(quartile)를 사용할 수 있는데, 이는 하위 점수부터 해당점수까지의 누적빈도수를 전체 빈도수와 비교하여 전체 중 밑에서부터 25%에 해당하는 점수를 제1사분위점수, 50%에 해당하는 점수를 제2사분위점수, 75%에 해당하는 점수를 제3사분위점수라고 하고, 제3사분위점수에서 제1사분위점수를 뺀 값을 반으로 나눈 값을 사분위 편차라고 한다. 이를 식으로 보이면 다음과 같다.

$$\text{사분위 편차} = (\text{제3사분위점수} - \text{제1사분위점수}) \div 2$$

그런데, 이러한 지수들의 공통된 문제점은 전체점수의 흩어진 정도를 고려하지 못하고 특정 몇 개의 점수만을 고려한다는 것이다. 예를 들어, 1반의 점수는 최고점수가 90점이고 최저점수가 11점이고 다른 점수들은 여러 점수대에 퍼져 있으며, 2반의 점수는 최고점수가 90점이고 최저점수가 11점이고 다른 점수들도 85점부터 89점 사이에 몰려 있는 경우에 두 반 점수의 범위는 동일한 80이 된다.

전체 모든 점수들의 흩어진 정도를 고려할 수 있는 분산도 지수로서 편차 절대값의 평균, 분산, 표준편차를 사용할 수 있다. 편차란 해당 점수가 평균에서 떨어진 정도이다. 예를 들어, 점수가 8, 10, 12점일 때 평균은 10점이 되고 편차는 -2, 0, 2가 된다. 여기서 편차들을 더하여 사례수로 나누어준 값(즉, 편차의 평균)을 사용하면 간단하겠지만, 편차들의 합은 언제나 0이 되기 때문에 편차의 평균은 당연히 0이 된다. 이 문제를 해결하기 위해 편차들의 절대값을 구하여 이를 더하고 사례수로 나누어준 값인 편차 절대값의 평균을 사용할 수 있다. 또 다른 방법으로 편차의 절대값 대신에 편차의 제곱을 사용할 수 있다. 편차를 제곱한 값들을 더하여 사례수로 나누어준 값을 분산이라고 하며, 이 분산에 제곱근을 한 값을 표준편차라고 한다. 많은 경우 분산도 지수로서 표준편차를 사용하는데 성글게 말하면 표준편차는 평균적으로 점수들이 평균에서 얼마나 떨어져 있는가를 보여주는 지수라고 할 수 있다. 이 값이 클수록 점수들이 평균을 중심으로 많이 흩어져 있는 것이고 작을수록 평균 부근에 뭉쳐있는 것이다.

표준편차는 TOEFL, 대학수학능력시험 등에서 복수의 검사간에 점수 비교가 가능한 표준점수를 만드는데 사용되며, 분산은 검사점수의 신뢰도를 이해하고 또한 신뢰도계수의 추정과정을 이해하는데 도움이 되는 개념이다.

라. 정규분포

점수의 분포가 대칭성을 가지고, 하나의 최빈값을 가지고, 중간정도의 첨도를 가지고, 분포의 모습이 종모양일 때, 점수의 분포는 정규분포가 된다. 정규분포는 점수의 분포를 표현할 때 중요한 참조 분포가 되는데, 예를 들어, "분포가 거의 정규분포다", "분포가 정규분포보다 평평하다"라는 표현을 사용한다. 일단 점수의 분포가 정규분포와 비슷하면 정규분포가 가지고 있는 여러 특성들을 사용하여 점수를 해석하는 것이 가능하기 때문에 정규분포의 특성을 이해하는 것은 많은 도움이 된다.

정규분포는 평균, 중앙값, 최빈값이 동일하므로 어느 중심경향값을 사용해야 하는지의 고민을 할 필요가 없다. 또한 다음 그래프에서 보이는 대로 전체 점수의 34%가 평균점수(그래프에서 0으로 표현됨)와 평균점수보다 한 표준편차 많은 점수(+1s로 표현됨)사이에 위치하게 된다. 다음을 기억하면 점수를 해석할 때 매우 편리하다: 점수의 분포가 정규분포일 때,

(1) 전체 점수의 68%가 -1s와 +1s사이에 위치한다, (2) 약 95%의 점수가 -2s와 +2s사이에 위치한다, (3) +2s를 넘는 점수는 약 2.5%이고 -2s보다 밑의 점수는 약 2.5%이다.

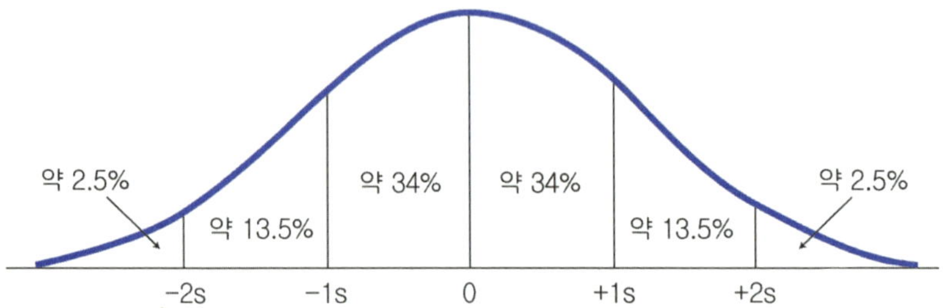

[그림 14-2] 정규분포

예를 들어, 1000명 학생들이 수학시험을 치렀고 전체 학생의 점수의 분포가 정규분포와 흡사하며 평균 점수가 70점이고 표준편차가 10점이라면 다음의 해석이 가능해 진다. '용준'이의 점수가 70점이라면 '용준'이는 전체에서 정확히 중간인 500등을 한 것이고, '유진'이의 점수가 80점이라면 '유진'이 보다 더 잘한 학생은 전체의 16% 정도이므로 '유진'이는 전체에서 160등 정도를 했다.

대부분 사례수가 많을수록 점수의 분포가 정규분포처럼 되어질 확률이 높다. 그런데, 점수의 분포가 정규분포가 아닐 때 정규분포의 특성을 사용하여 점수를 해석하는 것은 정확하지 못한 해석이 될 수 있다. 따라서, 정규분포의 특성을 이용하여 점수를 해석하기 전에, 실제 점수분포가 정규분포에 얼마나 근사하지를 확인하는 절차가 선행되어야 한다. 손쉬운 방법으로 앞에서 배운 세 가지 중심경향값(평균, 중앙값, 최빈값)이 일치하거나 거의 비슷하다면 정규분포와 매우 근사할 가능성이 크다.

마 백분위

검사를 치른 학생들이 동일하다 할지라도, 치른 검사가 다르면 두 검사

점수의 평균, 표준편차, 분포의 모습은 달라질 수 있다. 또한, 같은 검사라 하더라도 치른 집단이 달라지면 두 검사점수의 평균, 표준편차, 분포의 모습은 달라질 수 있다. 이 경우 다른 검사 상황으로부터 얻어진 점수들을 비교하기 위해서는 표준화되어진 점수가 필요하게 된다. 예를 들어, '영수'가 기말고사에서 영어를 80점, 수학을 80점 받았을 때 두 80점이라는 원점수를 가지고는 '영수'가 어느 과목을 잘 했는가를 알 수 없다. 만약 영어 검사가 어려웠고 수학 검사는 쉬웠다면, 영어의 80점은 수학의 80점보다 높은 성취정도를 나타낼 것이다. '영수'가 영어와 수학 중 어느 과목을 잘했는가를 알고자 한다면 영어와 수학점수를 비교할 수 있는 제3의 점수가 필요하게 된다. 영어검사점수와 수학검사점수를 각각 표준화된 점수로 바꾸어서, 표준화된 점수끼리 비교하여 상대적으로 어느 과목을 잘 했는가를 판단할 수 있다. 이러한 표준화된 점수는 일반적으로 규준지향검사에서 사용되는데, 대표적으로 백분위와 표준점수를 사용한다. 교육청 혹은 국가단위에서 주관하여 실시하는 대규모 검사에서는 성적통지서에 원점수와 함께 백분위와 표준점수를 보고하는 것이 일반적이다.

백분위는 해당 점수보다 낮은 점수를 받은 학생 수의 전체 학생 수에 대한 백분율(%)이다. 예를 들어 '영수'의 백분위가 80이라는 것은 '영수'의 점수보다 못한 점수를 받은 학생의 비율이 전체의 80%라는 것을 뜻하고, 또한 '영수'의 점수는 상위 20%에 든다고 말할 수 있다. 실제로, 특정 학생의 백분위를 구하기 위해서는 다음의 식을 사용한다.

$$\text{특정 학생의 백분위} = \frac{(\text{전체학생수} - \text{특정학생의등수} + 1) - (\text{특정학생의점수를받은학생의총수} \div 2)}{\text{전체학생수}} \times 100$$

예를 들어, 총 48명의 학생이 검사를 치렀고, '영수'는 90점을 받았고 3등을 했으며, 90점을 받은 학생은 '영수'를 포함해서 모두 4명이었다면, 이 경우 영수가 받은 90점의 백분위는 $[(48-3+1)-(4 \div 2)] \div 48 \times 100 = 91.66$, 반올림하여 92가 된다.

백분위는 등수 정보를 세련화 한 것으로서, 집단 내에서 한 개인의 상대적인 위치를 나타내 주므로 그 의미가 단순하고 직접적이며 이해하기 쉽다는 장점을 가지지만, 만점을 받은 학생의 백분위가 '100'이 되지 않는 특성을 가지며 경우에 따라서는 일반인이 이해하는데 어려움이 있을 수 있다.

백분위와 관련해 일어날 수 있는 잘못된 사용방법은 복수의 백분위를 평균하는 것이다. 예를 들어, '성호'의 수학, 영어, 국어의 백분위가 각각 80, 70, 90일 때, 세 과목 점수를 더한 총 합산 점수의 백분위를 80 [=(80+70+ 90)÷3]이라고 생각하는 것은 잘못된 것이다. 백분위는 원점수가 가진 여러 특성 중 서열 정보만을 이용하여 만들어진 점수이기 때문에 복수의 백분위를 합하여 개수로 나누어주면 원점수가 가진 원래의 의미와는 다른 의미를 가지게 되므로 이러한 사용은 지양해야 한다.

바. 표준점수

백분위와 마찬가지로 다른 검사로부터 얻어진 점수들을 비교하기 위해 표준점수를 사용할 수 있다. 표준점수는 점수가 평균으로부터 떨어진 거리(편차)를 표준편차를 단위로 하여 나타낸 점수이다. 가장 기본적인 형태의 표준점수는 Z 점수인데, 이는 다음의 간단한 변환식을 통해 구해진다.

해당 점수의 Z 점수 = (편차: 해당 점수 − 평균) ÷ 검사점수의 표준편차

예를 들어, '영수'가 영어와 수학시험에서 똑같이 80점을 맞았고, 영어검사의 평균이 70점이고 표준편차가 5이며, 수학검사의 평균이 75점이고 표준편차가 2.5일 때, '영수'가 어느 과목을 더 잘했는지는 원점수를 가지고는 알 수가 없다. 평균과의 차이인 편차를 이용하면 영어에서의 편차는 +10(= 80−70), 수학에서의 편차는 +5(= 80−75)로써 '영수'가 영어를 더 잘한 것처럼 보인다. 그러나 편차를 표준편차 단위로 나타내면 영어에

서는 +2(= +10 ÷ 5), 수학에서도 +2(= +5 ÷ 2.5)로써 차이가 없는 것으로 나타난다. 이처럼 평균과 표준편차를 모두 사용하여 원점수를 변환한 표준점수를 사용할 때 보다 적절한 상대적 비교가 가능해진다.

다음의 세 그림은 평균과 표준편차를 사용할 때 상대적 비교가 가장 적절하다는 것을 보여주고 있다. 첫 번째는 두 검사점수의 평균이 다르므로 두 검사의 점수를 서로 비교하는 것이 부적절하다. 두 번째는 두 검사점수의 평균은 50점으로 동일하지만 표준편차가 다르므로 점수를 비교하는 것이 부적절하다. 세 번째는 두 검사점수의 평균과 표준편차가 모두 다르므로 점수를 비교할 수 없다. 두 검사점수의 평균과 표준편차가 다른 세 번째의 경우가 가장 흔하게 볼 수 있는 경우이다. 이는 대부분의 상황에서 편차만을 사용하여서는 적절한 상대적 비교가 될 수 없고 편차를 다시 표준편차를 단위로 나타낸 표준점수를 사용해야만 적절한 비교가 가능함을 보여준다.

수학검사와 영어검사 점수의 평균이 다르고 표준편차가 같은 경우

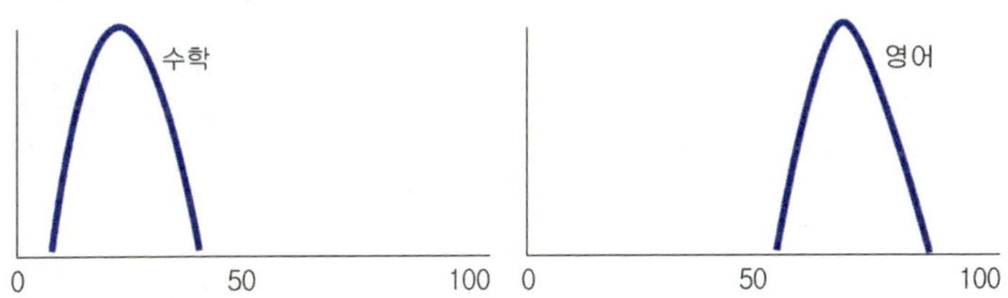

수학검사와 영어검사 점수의 평균은 같지만 표준편차가 다른 경우

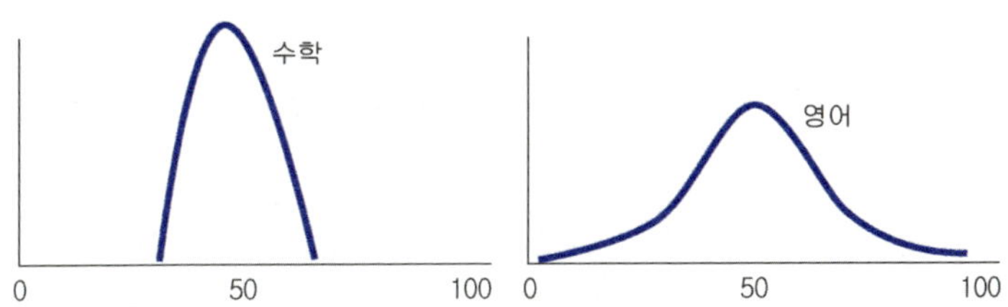

수학검사와 영어검사 점수의 평균과 표준편차가 모두 다른 경우

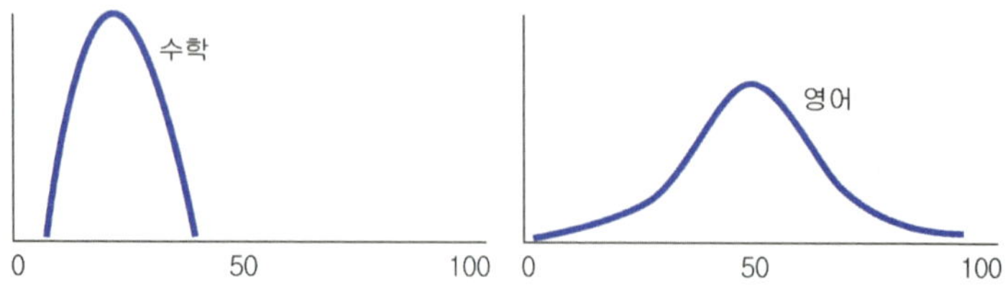

Z 점수와 원점수간의 몇 가지 간단한 대응 관계를 이해하면 Z 점수를 해석하는데 도움이 되는데, 먼저 원점수에서 평균에 해당하는 점수는 Z 점수로 무조건 '0'이 된다. 이 경우 편차가 '0'이 되므로 표준편차가 어떠한 수이던 Z 점수는 무조건 '0'이 되기 때문이다. 원점수에서 평균보다 한 표준편차가 큰 점수는 Z 점수로 무조건 '+1'이 된다. 위의 예에서는 '영수'의 영어점수 80점이 평균보다 두 표준편차 큰 점수이므로 Z 점수로 '+2'가 되었다. 물론, 평균보다 작은 경우에는 음수의 Z 점수가 구해지게 된다([그림 14－2] 참조).

일반적으로 대부분의 검사점수들은 평균보다 세 표준편차 크거나 작은 범위 안에 포함되게 되며, 따라서 Z 점수도 대부분 －3부터 +3사이에 위치하게 된다. 그런데 Z 점수는 점수 단위가 작고 음수를 포함하여 실제 활용하기가 곤란한 단점이 있다. 이러한 단점을 해결하기 위하여 Z 점수를 또 다른 점수체계로 변환시킬 수 있는데 이 중 대표적인 점수가 T 점수이다. 실제로 표준점수로는 대부분의 경우 T 점수가 사용되어(예, 대학수학능력시험의 표준점수), 표준점수하면 T 점수라고 인식되어진다. T 점수는 일단 Z 점수를 구하고 이를 다음의 식을 사용하여 변환하게 된다.

$$T \text{ 점수} = 10 \times Z \text{ 점수} + 50$$

위의 식에 의하면 Z 점수 '0'은 T 점수 '50'으로, '+1'은 '60'으로, '+2'는 '70'으로, '+3'은 '80'으로 변환됨을 알 수 있다. 따라서 T 점수는 대부분 20

점부터 80점 사이에 위치하여 점수 단위도 충분하고 음수를 포함하지 않게 된다. T 점수와 원점수간에도 간단한 대응 관계가 성립되는데, 원점수 평균에 해당하는 점수는 T 점수 50점으로, 원점수에서 평균보다 한 표준편차가 큰 점수는 T 점수로 무조건 60점이 된다. 예를 들어, 특정 학생의 T 점수가 40점이라면 이 학생의 원점수는 평균보다 한 표준편차 아래라는 것을 알 수 있다.

만약 여러 검사가 동일한 만점을 가진다면, 각 검사의 T 점수들을 단순 합산하여 표준점수 총점으로 사용할 수 있다. 예를 들어, '호성'이의 수학, 영어, 국어의 T 점수 표준점수가 각각 50점, 60점, 70점이고 세 검사의 만점이 모두 100점일 때, 세 과목의 표준점수를 모두 더한 180점을 표준점수 총점으로 사용할 수 있다. 이는 백분위에 비해 표준점수가 가지는 편리함이 될 수 있다.

사. 스테나인(Stanine) 점수

표준 점수의 다른 종류로 1점부터 9점까지 정수 점수이며 좁은 범위를 가진 스테나인(Stanine) 점수를 사용할 수 있다. T 점수는 소숫점을 포함하며 넓은 점수 범위를 가지므로 개인 간의 성취 차이를 보다 세밀하게 구별하는데 반하여, 스테나인 점수는 구간단위로 성취를 성글게 구별한다. 실제 원점수가 차이가 있다하더라도 동일 구간에 속한 점수는 모두 동일 점수가 부여되며 동일한 성취로 간주된다.

아래는 정규분포에 기초하여 스테나인 점수와 그에 해당하는 Z 점수, T 점수를 표시한 그림이다.

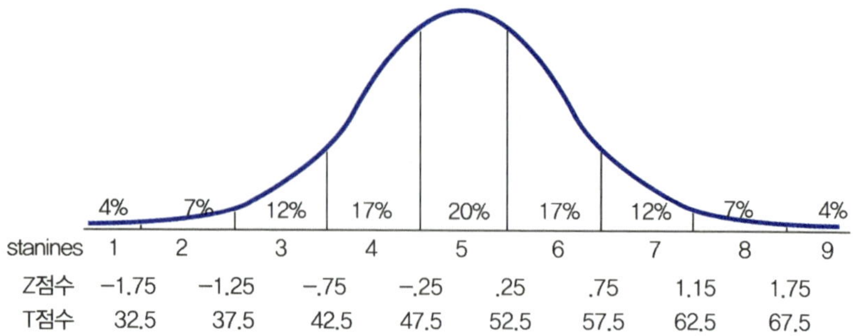

스테나인 점수의 평균은 5점이고 표준편차는 대략적으로 2이다. 정규분포에서 정중앙 20%에 해당되는 원점수는 모두 스테나인 5점이 부여된다 (원점수는 백분위 40에서 59 해당된다). 스테나인 5점 구간은 T 점수의 경우 47.5점에서 52.5점 범위에 해당되며, 스테나인 점수를 사용한다면 T 점수 48점, 49점, 50점을 받은 학생들은 동일한 5점이 부여된다.

하위 4% 점수에 1점을, 그 다음 7% 점수에 2점을 , …, 상위 4% 점수에 9 점을 부여한다. 상대비교평가에서 작은 점수 차이로 인한 영향력을 줄이기 위해 사용되는 점수로서 우리나라의 경우 대학수학능력시험에서 사용하고 있다. 다만 1점을 9점으로 그리고 9점을 1점으로 바꾸어 사용한다.

아、 상관계수

상관계수란 두 변수가 관련이 있는지 없는지 그리고 있다면 어느 정도나 있는지를 보여주는 값이다. 예를 들어, 도시의 자동차의 대수라는 변수와 도시의 대기오염도라는 변수간에 어떠한 관련이 있는가를 보기 위해 상관계수를 구하여 높은 값이 나왔다면, 이는 자동차의 수와 대기오염도간에 깊은 관련이 있음을 의미한다. 자동차의 수가 증가할수록 도시의 대기오염도는 높아지고 자동차의 수가 줄어들수록 도시의 대기오염도는 낮아지므로, 두 변수 간에는 깊은 관련이 있는 것이다.

두 변수간의 관계가 깊다는 것은 두 가지로 나타난다. 두 변수가 관련이 있는데 그 관계가 비례적일 수도 있고 반비례적일 수도 있는 것이다. 키와 몸무게는 관계가 깊은데 키가 큰 사람이 일반적으로 몸무게가 많이 나가고 키가 작은 사람이 몸무게가 적게 나가게 된다. 따라서 키와 몸무게라는 두 변수간의 관계는 비례적이고 상관계수의 값은 + 값을 가지게 된다. 온도와 (따뜻한) 커피 판매량은 관계가 깊은데 온도가 올라갈수록 커피 판매량은 줄어들고 온도가 내려갈수록 커피 판매량은 증가하게 된다. 따라서, 온도와 커피 판매량이라는 두 변수간의 관계는 반비례적이고 상관계수의 값은 - 값을 가지게 된다. 두 변수간에 관계가 거의 없으면 상관계수의 값은 '0'에 근사하게 된다. 예를 들어, 몸무게와 IQ 지능지수간에는 관계가 거의 없는데 몸무게가 많고 적고와 지능지수가 높고 낮고와는 연관이 거의 되지 않는다.

상관계수를 구하는 공식은 다음과 같다.

$$X\text{와 }Y\text{변수의 상관계수} = \frac{X\text{와 }Y\text{변수의 공분산}}{X\text{의 표준편차} \times Y\text{의 표준편차}}$$

여기서, X와 Y변수의 공분산은 X변수에서의 편차와 Y변수에서의 편차를 곱한 값들을 모두 더하여 사례수로 나누어준 값이다. 이러한 공식을 통해 구해진 상관계수는 그 값이 −1과 +1 사이에 위치하게 되며, −1에 가까울수록 두 변수간에 반비례적 관계가 강한 것이고, +1에 가까울수록 비례적 관계가 강한 것이고, '0'에 근사할수록 관계가 없는 것이다.

상관계수는 두 변수간의 관계를 보여주는 값이지 어느 하나가 원인이 되어서 다른 하나가 결과가 된다는 인과관계를 보여주지 않는다. 예를 들어, 학생들의 수학시험 성적과 영어시험 성적의 상관계수 값이 +1에 가까울 때, 이는 수학성적이 높은 학생이 일반적으로 영어 성적이 높고 수학성적이 낮은 학생이 일반적으로 영어 성적이 낮다는 것을 의미하는 것뿐이다. 이를 보고, 수학을 잘하는 것이 원인이 되어 영어를 잘하게 된다거나 혹은 영어를 잘하는 것이 원인이 되어 수학을 잘하게 된다고 생각하는 것은 너무나 성급한 결론이다.

2 고전검사이론을 이용한 검사 및 문항 분석

평가는 의사결정을 위하여 필요한 정보를 제공하는 과정이라고 정의될 수 있다. 검사를 치르고 그 검사가 양질의 정보를 제공하는지 여부를 판단하기 위해서는 검사 결과 및 문항을 분석하는 과정이 필요하다. 먼저, 이러한 과정을 통해서 평가의 결과를 교수-학습의 향상을 위해서 피드백하는 것이 가능해진다. 예를 들어, 중간고사에서 학생들의 성적이 전반적으로 높았으나 특정영역에 관련된 문항들에서는 성적이 낮았다면, 해당 영역을 다시 설명해 주거나, 방법을 달리하여 지도하는 방식으로 수업 방법을 개선할 필요가 있을 것이다. 둘째, 검사 및 문항의 분석 과정을 통하여 평가의 결과를 보다 타당하게 해석하는 것이 가능해진다. 예를 들어, 시험을 치른 학생들의 성적이 전반적으로 낮은 경우에 검사의 신뢰도가 매우 낮다면 이는 검사 점수의 일관성 및 정확성이 낮다는 것으로써, 낮은 학생들의 성적은 검사도구 자체의 문제에 기인했을 수 있다. 셋째, 시험을 치르고 그 결과를 분석하여 저장하는 것은 검사은행 혹은 문제은행을 위한 기초 자료를 제공한다. 마지막으로, 교사들이 검사 및 문항을 분석함으로써 평가에 대한 전문성을 신장할 수 있다.

검사의 질이 높기 위해서는 검사를 구성하는 문항 하나 하나가 질이 높아야 한다. 검사의 분석과 문항의 분석은 서로 별개의 것이라기보다는 상호 연관되어 있다. 문항들의 질이 낮다면 당연히 검사의 질도 낮아지기 때문이다. 본 장에서 보여지는 대부분의 문항분석기법은 규준지향검사를 염두에 두고 개발되었으나 준거지향검사에서도 유용하게 사용될 수 있다.

가、점검해야 할 검사의 특성

앞장에서 보았던 검사의 양호도에 추가하여 검사의 질을 판단하기 위해서 점검해야 할 검사의 특성으로는 성취기준 적합성, 균형성, 효율성,

객관성, 전문성, 속도성, 난이도, 변별도를 들 수 있다. 이러한 검사의 특성은 검사를 개발할 때도 고려되어야 하는 특성들이다. 검사를 개발할 때 이러한 특성들이 만족될 수 있도록 검사를 개발하고 검사를 실시한 후에 그 결과가 이러한 특성들을 얼마나 만족시키는 가를 점검하는 것이다. 물론, 검사가 규준지향검사인지 준거지향검사인지에 따라 각 특성들의 상대적 중요성은 달라진다.

(1) 성취기준 적합성

성취기준 적합성이란 검사의 문항들이 이원목적분류표의 성취기준에서 요구하는 내용과 능력을 적절하게 측정하고 있는가의 정도이다. 이를 위해서는 양적인 분석보다는 질적인 분석이 필요하다. 일반적으로 교육과정과 검사의 내용에 익숙한 내용전문가(예, 교사)가 각 문항별로 문항 내용이 성취기준 에 부합되는가? 성취기준에서 요구하는 인지 능력을 재고 있는가? 등을 점검하게 된다. 성취기준 적합성은 특히 준거지향검사의 질 판단을 위해 중요한 특성이라고 할 수 있다.

(2) 균형성(Balance)

검사가 어느 한 내용영역 혹은 행동영역에 편중되어 있으면 그 검사는 전체를 대표한다고 할 수 없을 것이다. 13장에서 보인 내용타당도 증거를 확보하기 위해서는 문항들이 적절성과 균형성을 만족시켜야 한다. 이러한 검사의 균형성을 보장하기 위하여 검사 개발 시 이원목적분류표가 사용되는데, 검사 결과가 균형성을 가지기 위해서는 이원목적분류표상의 내용 요소, 행동 요소의 영역간 상대적 가중치가 균형적이어야 하며, 또한 이러한 가중치가 실제 검사에서 올바로 구현되어야 한다. 균형성의 기준은 준거지향검사의 질 판단을 위해 중요한 특성이다.

(3) 효율성(Efficiency)

같은 조건에서 더 많은 정보를 주는 검사가 보다 효율적인 검사라고 할 수 있다. 효율성은 상대적인 특성으로서, 정해진 검사 시간에 더 많은 수의 문항을 치를 수 있는 검사가 효율적이라고 할 수 있다. 그러나 효율성은 판단 시 상당히 주의를 요하는 특성이다. 일반적으로 선택형 문항은 서답형 문항에 비해서 정해진 시간 내에 많은 수의 문제를 치를 수 있으므로 효율성이 높다고 할 수 있다. 그러나, 문제 자체에 오류를 가지고 있는 선다형 문항은 질 높은 서술형 문항에 비해 효율성이 떨어질 수 있다. 또한, 성취기준 적합성은 효율성보다 먼저 고려되어야 하는 특성이다. 즉, 성취기준 적합성에 문제가 있다면 아무리 효율성이 높다고 해도 검사의 질이 높다고 할 수 없다.

(4) 객관성

객관성이란 객관식 평가에서는 복수의 전문가들이 정답에 동의하는 정도라고 정의할 수 있으며, 수행평가 상황에서는 같은 응답에 복수의 평정자들이 동일한 점수를 주는 정도라고 할 수 있다.

(5) 전문성

시험이 재고자 하는 내용이나 능력을 갖추지 못한 사람이 교과 외의 지식 등을 이용하여 쉽게 맞힐 수 있는 문항으로 구성된 검사는 질이 높다고 할 수 없을 것이다. 전문성이란 내용적 지식은 없지만 세상적 지식이나 시험을 치르는 요령이 뛰어난 학생이 정답을 하지 못하는 정도이다. 물론, 선다형검사의 경우에는 이러한 학생도 우연히 맞힐 수 있는 만큼은 맞힐 수 있을 것이다. 예를 들어, 4지선다 20개 문항으로 구성된 시험을 이러한 학생이 치렀다면 이 학생은, 무작위로 답을 골라도, 확률적으로 5개 문항을 맞힐 수 있을 것이다.

(6) 속도성

학생들이 검사를 치르는데 얼마나 속도가 영향을 미치는 가는 검사의 질에 영향을 끼칠 수 있다. 일반적으로, 속도성은 마지막 문제에 반응한 학생 수의 전체 학생 수에 대한 백분율로 나타내는데, 이 백분율이 90% 이상이면 문제를 푸는 속도가 검사에 영향을 거의 미치지 않는다고 말할 수 있다. 일반적으로 지나치게 속도화된 시험은 검사가 재고자 하는 능력 이외에 속도가 점수에 영향을 줌으로써 검사의 타당도를 떨어뜨린다. 물론, (적성검사의 수리능력 검사처럼) 계산속도를 재고자 하는 검사처럼 문제를 푸는 속도가 재고자 하는 능력에 포함된다면 속도화된 검사는 검사의 타당도를 떨어뜨리지 않는다.

(7) 난이도

검사가 치른 학생들에게 얼마나 어려웠는가의 정도인 난이도는 검사의 목적과 밀접하게 연관되는 특성이다. 규준지향검사에서는 학생들간의 능력 차이를 구분해내야 한다. 이러한 상황에서는, 중간수준의 난이도를 보이도록 검사를 개발하는 것이 필요하다. 예를 들어, 10개의 단답형 문항으로 구성된 검사의 경우 평균이 5점 근방이면 적절하다고 할 수 있다. 이상적 평균점수는 선택형 문항으로 구성된 검사의 경우 우연적으로 맞을 수 있는 점수와 만점의 중간이 된다. 즉, 5지선다 10문항으로 구성된 검사의 경우 2점과 10점의 중간인 6점이 이상적 평균이 된다. 검사의 난이도는 문항의 난이도가 모여서 이루어지게 되는데, 문항의 난이도는 난이도 지수(해당 문항에 정답을 한 학생 수의 전체 학생 수에 대한 비율)로 표현된다. 예를 들어, 5지 선다형 문항의 이상적 난이도는 0.2와 1.0의 중간인 0.6이 된다. 이러한 이상적 난이도를 가진 문항들이 모인 검사의 평균은 이상적 평균에 근사하게 된다.

규준지향검사의 개발자는 문항이 적절한 난이도를 가질 수 있도록 문항을 조작해야 한다. 그런데, 준거지향검사의 경우에 검사가 재고자 하는 준거(예, 학습목표)자체가 난이도를 내포하고 있을 수 있다. 예를 들어,

이원목적분류표 상의 성취기준이 쉽고 어려움의 정도가 다를 수 있으며, 이 경우 문항이 아닌 문항이 재고자 하는 성취기준 자체가 난이도를 가지고 있는 것이다. 준거지향검사의 개발자는 문항의 난이도를 조절하기 위해서 문항을 조작한다는 것이 정당화되지 않는다. 예를 들어, 문항 자체가 어려운 성취기준에 근거하여 출제되는 경우 문항을 쉽게 만들기 위해서 문항의 진술을 조작하다가 문항의 성취기준 적합성이 떨어진다면 득보다는 실이 훨씬 크게 된다. 또한, 준거지향검사에서는 점수의 평균이 극히 높거나 극히 낮은 것이 문제가 되지 않을 수 있다. 다시 말해, 준거지향검사에서는 검사의 난이도를 적절하게 만드는 것이 중요한 것이 아니라 이원분류표를 충실히 반영하여 검사를 개발하는 것이 중요하다는 것이다. 예를 들어, 99%의 학생이 정답을 한 문항은 규준지향검사라면 그리 좋은 문항이 될 수 없지만 준거지향검사의 경우 이원목적분류표를 충실히 반영하여 성취기준 적합성이 높다면 좋은 문항이 될 수 있다.

또한, 엄밀히 말해서 검사 자체가 난이도를 가지는 것이 아니고 검사의 결과가 난이도를 가지는 것임을 확실히 한다. 즉, 같은 검사라 하더라도 치르는 학생 집단이 변하면 난이도는 바뀔 수 있다는 것이다. 극단적인 예로, 동일한 영어시험을 중학교 1학년 학생들이 치르면 어려울 수 있지만 중학교 3학년 학생들이 치르면 쉬울 수 있다. 또 다른 예로, 작년에 중학교 1학년 학생들에게 어려웠던 검사를 올해 1학년 학생들에게 치렀을 때 쉬워질 수도 있다. 물론, 가능 이유로는 학생들의 능력이 높아졌거나, 작년의 검사가 누출되었거나, 교수 내용이 개편되었을 수 있다.

(8) 변별도

검사가 재고자 하는 능력을 많이 가진 학생들이 높은 점수를 받고 그렇지 못한 학생들이 낮은 점수를 받을수록 좋은 검사라고 할 수 있다. 이처럼 능력이 높은 학생과 능력이 낮은 학생을 구별하는 정도를 변별도라고 한다. 변별도는 규준지향검사의 질을 결정하는 가장 중요한 특성이라고 할 수 있다. 검사의 변별도는 문항들의 변별도를 보고서 알 수가 있는데,

문항의 변별도는 문항의 난이도와 직접적으로 관련되어 있다. 너무 어려운 문항은 능력이 높은 학생이나 낮은 학생이나 모두 틀리게 되고, 너무 쉬운 문항은 대부분의 학생이 맞게 된다. 따라서, 앞에서 보인 것처럼 이상적 평균 근처의 난이도를 가진 문항의 변별도는 그렇지 못한 경우에 비해 높게 된다.

준거지향검사의 경우에서도 변별도는 점검해야 할 특성이다. 그러나 학생들을 변별하는 것이 검사의 목적이 아니므로 낮은 변별도를 가진 문항이 질이 낮은 문항이라고 할 수 없다. 그러나 문항이 역으로 변별을 한다면, 즉 능력이 높은 학생들은 문항을 틀리고 능력이 낮은 학생들은 문항을 맞았다면 이는 당연히 질이 나쁜 문항이다.

나. 문항 분석

문항에 대한 학생들의 반응을 분석하는 것은 문항을 수정하거나 양질의 문항을 선택하기 위해 필수적인 과정이다. 그런데, 문항 분석의 주된 기능은 문항이 무엇이 잘못되었는가를 보여주는 것이지 왜 그러한 잘못이 일어났는가를 보여주는 것이 아니다. 예를 들어, 문항 분석을 통하여 특정 문항이 지나치게 어렵다는 것을 밝힐 수는 있으나, 왜 어려웠는지 (예, 문제가 재고자 하는 내용이 어려워서인지, 문제 자체의 진술이 잘못되었는지)를 밝히기 위해서는 별도의 노력이 요구된다.

(1) 난이도

문항의 어렵고 쉬움의 정도는 난이도 지수로 표현하는데, 역사적으로 두 가지 난이도 지수가 사용되었다. 첫째는 문항에 오답을 한 학생 수의 전체 학생 수에 대한 비율이다. 이 지수가 높을수록 문항을 틀린 학생이 많은 것이고, 따라서 문항이 어려운 것이다. 둘째는 문항에 정답을 한 학생 수의 전체 학생 수에 대한 비율이다. 이 지수가 높을수록 문항을 맞은 학생이 많은 것이고, 따라서 문항이 쉬운 것이다.

예를 들어, 100명의 학생들이 검사를 치렀고 1번 문제를 맞은 학생이 40명이라면, 첫 번째 방법에 의한 1번 문항의 난이도 지수값은 0.60(=60÷100)이 되고 두 번째 방법에 의한 지수값은 0.40(=40÷100)이 된다.

대부분의 경우 두 번째가 난이도 지수로 사용되는데, 이 지수의 단점은 '난이도 지수가 높다는 것은 문항이 쉽다는 것'을 의미하기 때문에 개념적으로 혼란스럽다는 것이다. 그러나 이러한 개념적 혼란에도 불구하고 본 책에서도 둘째 난이도 지수를 사용하고자 한다.

난이도를 이용하여 문항을 분석할 때는 난이도는 시험 자체와 시험을 치른 학생 집단의 능력에 의해 결정됨을 염두에 두어야 한다. 따라서, '이 문항의 난이도는 .63이다'라고 하는 것보다 '특정 학생 집단에게, 이 문항의 난이도는 .63이다'라고 하는 것이 보다 정확한 표현이다.

(2) 변별도

문항의 변별도란 문항이 능력이 높은 학생과 낮은 학생을 변별해내는 정도를 나타낸다. 이를 문항을 맞고 틀리는 것과 연관시키면, 능력이 높은 학생들은 문항을 맞히고 능력이 낮은 학생들은 문항을 틀렸을 때 그 문항은 학생들을 능력에 따라 변별하는 기능이 높은 것이고 따라서 문항의 질이 높다고 할 수 있다(높은 변별 문항의 경우). 그런데 반대의 경우로 능력이 높은 학생들은 문항을 틀리고 능력이 낮은 학생들은 문항을 맞혔다면 그 문항은 '역으로' 변별하는 기능을 한 것이고, 이러한 역변별 문항은 당연히 수정되거나 제거되어야 한다. 능력이 높은 학생이나 능력이 낮은 학생이나 모두 다 문항을 틀리거나 혹은 맞았다면 그 문항의 변별하는 정도는 '0'이 된다(0 변별 문항의 경우). 이를 난이도와 연결시켜 설명하면, 문항이 너무 쉬워서 모두가 다 맞힐 수 있거나 혹은 문항이 너무 어려워서 아무도 맞힐 수 없다면 그 문항의 변별도는 '0'이 된다. 중간 정도의 난이도를 가진 문항(예, 난이도 지수가 .60)의 변별도가 난이도가 아주 높거나(예, 난이도 지수가 0.1) 아주 낮은(예, 난이도 지수가 0.9) 문항의 변별도보다 높게 된다.

점검해야 할 검사의 특성으로 변별도를 설명하면서 역변별 문항은 준거지향검사에서도 바람직하지 않다고 밝혔다. 문항의 변별도와 검사유형과의 관계를 표로 정리하면 다음과 같다.

	규준지향검사에서	준거지향검사에서
높은 변별 문항	OK	?
낮은 변별 문항	NO	?
0 변별 문항	NO	?
역변별 문항	NO	NO

규준지향검사에서는 변별도가 높은 경우에만 문항의 질이 높지만, 준거지향검사에서는 변별도가 이차적으로 판단되는 특성이기 때문에 역변별만 일어나지 않았다면 변별도에 관한 한 그리 문제될 것은 없다. 물론, 성취기준 적합성의 충족여부에 따라 준거지향검사의 문항의 질이 최종적으로 결정된다.

변별도 지수를 구하는 방법으로 상-하위집단을 나누어 상위집단에서 문항을 맞힌 학생의 비율과 하위집단에서 문항을 맞힌 학생의 비율의 차이를 사용할 수 있다. 학생의 능력이 높고 낮음에 대한 기준으로는 검사의 총점수를 사용한다. 물론, 검사의 총점수보다 학생의 능력을 더 잘 보여줄 수 있는 정보가 있다면 그 정보를 사용할 수 있을 것이다. 그러나 학생들이 검사가 재고자 하는 능력을 얼마나 가지고 있는가를 가장 잘 보여줄 수 있는 것은 대부분 해당 검사의 총점수이다. 변별도 지수를 구하는 방법은 다음과 같다.

① 검사의 총점수에 근거하여, 전체 학생의 상위 27%를 상위집단으로 규정하고, 하위 27%를 하위집단으로 규정한다.
② 상위집단 중 해당 문항에 정답을 한 학생의 수를 상위집단 학생의 수로 나누어 상위집단에서 문항에 정답을 한 학생의 비율을 구한다.

③ 하위집단 중 해당 문항에 정답을 한 학생의 수를 하위집단 학생의 수로 나누어 하위집단에서 문항에 정답을 한 학생의 비율을 구한다.
④ ②에서 구한 비율에서 ③에서 구한 비율을 빼서 최종적으로 변별도 지수를 구한다.

다음은 전체 40명이 치른 문항의 상-하위집단 변별도 지수를 구하는 가상적 예이다.

① 40명 중 상위집단은 11명(40의 27%)인데, 이는 1등부터 11등까지이다. 40명 중 하위집단은 11명(40의 27%)으로, 이는 30등부터 40등까지이다.
② 상위집단에서 9명이 문항을 맞았다면 상위집단에서 문항에 정답을 한 학생의 비율은 0.82(=9÷11)이다.
③ 하위집단에서 3명이 문항을 맞았다면 하위집단에서 문항에 정답을 한 학생의 비율은 0.27(=3÷11)이다.
④ ②에서 구한 비율에서 ③에서 구한 비율을 빼면 0.55이며, 따라서 상-하위집단 변별도 지수는 0.55이다.

①번 과정에서 상위 및 하위집단을 규정하기 위해서는 동일한 %를 사용해야 하지만 반드시 27%를 사용할 이유는 없다. 즉, 25% 혹은 30%를 사용하여도 변별도 지수를 해석, 활용하는 데는 문제가 없다. 그러나 일반적으로 33% 이상을 사용하는 것은 권장되지 않는다.

또한, 변별도 지수로서 상관계수를 사용할 수 있다. 상관계수란 두 변수간의 관계를 보여주는 지수이다. 예를 들어, 도시의 자동차 대수와 도시의 대기오염도간에 높은 양수의 상관값이 구해졌다면, 이는 자동차의 수가 증가할수록 대기오염도가 높고 자동차의 수가 줄어들수록 대기오염도가 낮아짐을 의미한다. 이를 총 검사점수와 문항점수(맞은 경우 1점, 틀린 경우 0점)사이의 상관계수로 적용시켜 보면 둘 간의 상관계수가 높다는 것은 총 검사점수가 높은(능력이 높은) 학생들은 대부분 문항을 맞았고 총 검사점수가 낮은(능력이 낮은) 학생들은 대부분 문항을 틀렸다는 것을 의미한다. 결국 이러한 문항은 학생의 능력에 따른 변별력이 높은 문항이 된다. 총 검사점수와 문항간의 상관계수가 음수라는 것은 총 검사점수가 높은(능력이 높은) 학생들이 대부분 문항을 틀렸고 총 검사점수가 낮은(능력이 낮은) 학생들이 대부분 문항을 맞았다는 것을 의미하고, 이러한 문항은 제거되거나 수정되어야 할 역변별 문항이다. 또한, 문항이 너무 쉬워서 능력이 높은 학생들이나 낮은 학생들 모두 다 맞았거나 문항이 너무 어려워서 모든 학생들이 다 틀렸다면, 능력과 문항의 맞고 틀림은 관계가 없다는 것이고 따라서 이러한 문항의 상관계수는 '0'이 되게 된다.

다음은 30명이 가상적으로 검사를 치른 후 총 검사점수와 4개 문항의 문항점수와의 상관계수(즉, 변별도)를 정리한 표이다. 역변별 문항은 변별도(상관계수)가 음수값을 가짐을 볼 수 있다.

	총검사점수 (30명)	문항점수 (맞으면 1, 틀리면 0)			
		높은 변별 문항	낮은 변별 문항	0 변별 문항	역변별 문항
	82	1	1	1	0
	80	1	0	1	1
	79	1	1	1	0
	77	1	0	1	0
	76	1	1	1	1
	76	1	0	1	0
	75	1	1	1	0
	74	1	1	1	0
	71	1	1	1	0
	71	1	1	1	0
	70	0	0	1	0
	69	0	0	1	0
	69	0	0	1	0
	68	0	1	1	0
	68	0	0	1	0
	68	0	0	1	0

	총검사점수 (30명)	문항점수 (맞으면 1, 틀리면 0)			
		높은 변별 문항	낮은 변별 문항	0 변별 문항	역변별 문항
	68	0	0	1	0
	68	0	0	1	1
	67	0	0	1	1
	67	0	0	1	1
	67	0	0	1	1
	67	0	0	1	1
	66	0	1	1	0
	65	0	0	1	0
	65	0	0	1	1
	64	0	0	1	1
	62	0	1	1	1
	61	0	0	1	1
	59	0	1	1	0
	59	0	0	1	0
변별도(상관)		0.83	0.25	0	-0.21

(3) 답지 반응 분포

선다형 문항은 문항의 난이도, 변별도에 더하여 답지 반응 분포를 통하여 문항의 질을 점검할 수 있다. 선다형 문항의 오답지는 문항이 재고자 하는 능력을 가지지 못한 학생이 정답을 선택하지 못하게 하는 기능을 한다. 즉, 능력이 없는 학생이 보았을 때, 정답인 것처럼 보이는 매력을 가지고 있어야 한다는 것이다. 예를 들어, 4지 선다형 문항에서, 능력이 없는 학생들도 특정 오답지가 정답이 아님을 쉽게 파악하여 아무도 선택하지 않았다면 그 문항은 실제로 3지선다형 문항의 수준밖에 되지 못하는 것이다. 전체 학생 중 특정 오답지를 선택한 학생들의 비율을 구하여 특정 오답지의 매력도를 점검하게 된다. 예를 들어, 검사를 치른 100명의 학생 중 1번 오답지를 고른 학생이 30명, 2번 오답지를 고른 학생이 25명, 3번 오답지를 고른 학생은 1명, 4번 정답지를 고른 학생은 44명이라면, 1번 오답지의 응답비율은 0.30, 2번 오답지의 응답비율은 0.25, 3번 오답지의 응답비율은 0.01이 된다. 이 경우 3번은 오답지의 매력도가 극히 떨어지므로 수정이 필요하다.

더하여, 오답지의 선택여부(선택 시 1, 비선택 시 0)와 총검사점수간의 상관계수를 이용하여 오답의 질을 판단할 수 있다. 오답지의 선택여부와 총검사점수간의 상관계수는 '답지 변별도'라는 용어로 불리기도 한다. 오답지는 능력이 높은 학생들보다는 능력이 낮은 학생들이 선택하여야 한다. 즉, 각 오답지의 선택여부와 총검사점수간의 상관계수는 음수값을 가져야 한다. 그런데 능력이 높은(검사점수가 높은) 학생들이 대부분 그 오답지를 선택했고 능력이 낮은(검사점수가 낮은) 학생들은 대부분 그 오답지를 선택하지 않았다면 그 오답지의 선택여부와 총검사점수와의 상관계수는 양수값이 된다. 정답지의 경우는 선택여부와 총검사점수와의 상관계수가 당연히 양수가 되어야 하지만, 오답지의 선택여부와 총검사점수의 상관계수가 양수라는 것은 오답지가 비정상적인 기능을 수행한 것이기 때문에 당연히 수정되어져야 한다.

다음은 30명이 가상적으로 검사를 치른 후 한 문항의 오답지 선택여부와 총검사점수의 상관계수를 보여주는 예이다. 3번 오답지는 능력이 높은 학생들이 많이 선택했고 능력이 낮은 학생들은 별로 선택하지 않음으로써 양의 상관계수값을 가지고 있다.

	총검사점수 (30명)	답지			
		1번 오답지	2번 오답지	3번 오답지	4번 정답지
	82	0	0	0	1
	80	0	0	0	1
	79	0	0	0	1
	77	0	0	1	0
	76	0	0	1	0
	76	0	0	1	0
	75	0	0	1	0
	74	1	0	0	0

	총검사점수(30명)	답지			
		1번 오답지	2번 오답지	3번 오답지	4번 정답지
	71	1	0	0	0
	71	1	0	0	0
	70	1	0	0	0
	69	1	0	0	0
	69	0	1	0	0
	68	0	1	0	0
	68	0	1	0	0
	68	1	0	0	0
	68	1	0	0	0
	68	1	0	0	0
	67	1	0	0	0
	67	0	1	0	0
	67	1	0	0	0
	67	1	0	0	0
	66	0	0	1	0
	65	0	0	1	0
	65	0	0	1	0
	64	0	0	1	0
	62	1	0	0	0
	61	1	0	0	0
	59	0	1	0	0
	59	1	0	0	0
답지 선택여부와 총검사점수의 상관계수		-0.32	-0.24	+0.13	+0.63

(4) 문항분석 결과 이용

검사를 위해 적합한 문항을 선택하거나 수정하기 위하여 문항분석의 결과를 이용할 때는 먼저, 검사의 목적을 고려해야 한다. 준거지향검사의 경우, 문항의 난이도, 변별도, 답지 반응 분포에 우선하여 문항이 재고자 목적하는 성취기준을 적절하게 재고 있는가(성취기준 적합성)를 점검해야 한다. 물론, 규준지향검사의 경우 문항의 변별도가 가장 중요한 준거가 된다. '문항의 변별도가 얼마이면 문항의 질이 어떻다'하는 절대적 기준은 없지만 이블과 프리스비(Ebel & Frisbie, 1991)가 제안한 기준은 다음과 같다.

〈표 14-2〉 변별도 지수에 의한 문항의 평가

변별도 지수값	문항에 대한 평가
0.40 이상	매우 양호한 문항
0.30−0.39	괜찮은 문항, 수정의 여지가 있음
0.20−0.29	쓸 수는 있는 문항, 수정이 필요함
0.19 이하	나쁜 문항

다음은 규준지향검사 상황에서 5지 선다형 문항을 수정하기 위하여 문항분석결과를 활용하는 예이다.

문제. 어떤 회사가 1년에 1426톤의 비료를 판매하였다. 다음 해에 이 회사의 판매량이 15% 줄었다면, 그 해에 판매한 비료의 양에 가장 가까운 양은 다음 중 어느 것인가?
① 200 ② 300 ③ 1200
④ 1600 ⑤ 1700

이 문항에 대한 문항분석의 결과는 다음과 같다.

내용 영역	문항내용	정답	난이도	변별도	답지반응분포(N=765)				
분수와 수 감각	판매된 비료의 무게의 근삿값(톤)	③	0.74	0.14	① 13.2 (-0.25)	② 5.1 (-0.15)	③* 73.6 (0.14)	④ 7.4 (0.05)	⑤ 0.7 (-0.04)

문항의 수정 여부를 판단하기 위해,

① 문항의 내용영역과 문항내용에 비추어 문항이 재고자 목적하는 바를 재고 있는가를 질적으로 분석한다. 위의 분석이 이루어진 후에 양적으로 분석을 하게 된다. 일단 문제가 없다고 가정한다.

② 변별도는 0.14로서 학생들의 능력을 변별하는 기능을 충분히 수행하지 못했다고 볼 수 있다.

③ 문항의 난이도는 0.74로서 전체 765명의 학생 중에서 566명이 정답을 한 매우 쉬운 문항이다. 이는 5지 선택형 문항의 이상 난이도인 0.6보다 높은 값이다.

④ 답지반응분포를 보면, 모든 오답지를 학생들이 선택하였고 ①번 오답지가 가장 매력이 있었고(매력도 = 13.2%), ⑤번 오답지는 매력이 떨어진 것으로(매력도 = 0.7%) 판명되었다.

⑤ ①, ②, ⑤번 오답지의 선택여부와 총검사점수와의 상관계수는 음수 값을 가지는데, ④번 오답지는 양수 값을 가지고 있다.

종합해보면, 문항이 조금 더 어렵게 되도록 수정할 필요가 있고, ⑤번 오답지의 매력도를 높이는 것이 바람직하고, ④번 오답지는 능력이 높은 학생들이 선택하는 경우가 줄어들도록 수정해야 한다.

앞에서 밝힌 것처럼 문항 분석의 주된 기능은 문항의 문제점을 지적하는 것이지 문제의 근본 원인과 해결책을 제공하지는 못한다. 교사가 ④번 오답지가 양수의 상관계수값을 가지게 된 가능한 이유를 파악하여 수정하고자 하는데, 예를 들어, 대부분의 학습지나 익힘책에서 위와 비슷한 문제가 '판매량이 증가한 경우'로 제시가 되어져 있다면 이러한 문제에 익숙한 학생 중 침착성이 떨어지는 학생들이 ④번을 선택했을 수 있다.

문항은 문제를 제시하는 지문, 정답지, 오답지로 구성되어 있다. 문항을 수정할 때는 세 부분의 어느 곳을 어떻게 수정해야 하는 가를 결정해야 한다. 위의 경우에는 지문의 '줄었다면'에 굵은 글씨를 사용하거나 밑줄을 첨가하는 방법을 사용하거나, 오답의 1600, 1700을 600, 800으로 바꿀 수도 있다.

문항의 수정은 간단한 몇 가지 방법을 익히면 되거나 단 시간에 터득할 수 있는 것이 아니고 충분한 평가학적 지식과 검사 개발에 대한 오랜 경험이 필요하다.

3 문항반응이론을 이용한 문항 분석

고전검사이론은 시험치는 집단에 따라 문항의 특성(예, 난이도, 변별도)이 달라진다. 즉, 동일한 문항이라 하더라도 우수한 집단이 치르면 쉬운 문항이 되고 우수하지 못한 집단이 치르면 어려운 문항이 된다. 따라서, 예비검사의 문항 분석을 통하여 얻어진 난이도, 변별도, 답지 반응 등은 실제 시험을 치르는 학생 집단이 이러한 자료를 얻기 위해 사용된 학생 집단과 매우 비슷한 경우에만 유용하다. 예를 들어, 서울의 학생들을 대상으로 변별도가 높은 문항을 선택하여 검사를 만들고 이 시험을 제주도의 학생들이 치른 경우에, 처음에는 변별도가 높았던 문항이 제주도의 학생들에게는 변별도가 낮아 질 수도 있다. 따라서, 문항분석 결과의 유용성을 위해서는 실제 시험을 치르게 되는 집단을 충분히 균형적으로 대표할 수 있는 집단을 선택하여(혹은 표집하여) 예비검사를 치르는 것이 필수적이다.

또한, 학생들의 성취도를 직접적으로 비교하기 위해서는 이론적으로 모든 학생들이 동일한 문항들로 구성된 같은 시험을 치러야만 한다. 동일한 학생이라도 쉬운 시험을 치르면 높은 점수를 받고 어려운 시험을 치르면 낮은 점수를 받는 것이 당연할 것이다. 따라서, 다른 시험을 치른 학생들의 점수를 직접적으로 비교한다는 것은 정당치 않다. 예를 들어, 쉬운 시험의 90점과 어려운 시험의 50점 중 어느 점수가 더 높은 성취도를 보이는지는 쉽게 판단할 수 없다.

고전검사이론의 사용에 따른 위의 제한점을 극복하기 위해서는 문항

분석을 위해서 문항반응이론을 사용하여야 한다. 물론, 고전검사이론에 의한 정보보다 문항반응이론에 의한 정보가 우수하다는 식의 생각은 잘못된 것이다. 문항분석을 위하여 고전검사이론에 의한 문항분석에 더하여 문항반응이론을 이용한 분석을 사용한다면 보다 다양하고 정확한 분석이 가능할 것이다. 본 책에서는 문항반응이론을 극히 제한적인 수준에서 언급하고자 한다. 보다 자세한 설명은 문항반응이론 관련 서적을 참조 바란다.

가. 문항반응이론의 장점

문항분석과 관련하여 가장 먼저 꼽을 수 있는 문항반응이론의 장점은 문항모수불변성과 능력모수불변성이다. 문항모수불변성이란 문항의 특성(예, 문항의 난이도)이 문항을 치른 학생에 따라 바뀌지 않고 일정하다는 것이다. 예를 들어, 중학생 대상의 특정 문항의 난이도가 .80이라면 그 문항을 우수한 학생이 치르던지 우수하지 못한 학생이 치르던지 난이도 .80은 변하지 않는다는 것이다. 이는 앞에서 보인 고전검사이론을 통해 구해진 문항의 특성이 시험을 치른 집단에 따라 변하는 단점을 극복하는 장점이다.

능력모수불변성이란 어느 검사를 치르던지 구해지는 학생의 능력값이 변하지 않는다는 것이다. 즉, 이론적으로 한 학생이 쉬운 문항으로 구성된 검사를 치르고 받은 능력값과, 그 학생이 어려운 문항으로 구성된 검사를 치르고 받은 능력값은 동일하다는 것이다. 이는 앞에서 보인 동일하지 않은 시험을 치른 학생들의 성취도를 비교할 수 없었던 고전검사이론의 제약을 극복하는 장점이다.

나. 문항반응이론의 가정

고전검사이론이 성립하기 위해서는 관찰점수는 진점수와 오차점수로 구성되어 있다는 가정을 하는 것처럼 문항반응이론이 성립하기 위해서는 검사의 일차원성 가정과 지역독립성 가정을 필요로 한다. 검사의 일차원성 가정이란 검사가 단일 능력을 재고 있어야 한다는 것이다. 예를 들어, 검사가 학생들의 수학적 능력, 영어 듣기 능력 같은 한 가지 능력을 재고 있어야 문항반응이론을 사용할 수 있다는 것이다.

지역독립성이란 한 문항에 대한 학생의 응답은 다른 문항에 대한 응답과 통계적으로 독립적이라는 것이다. 문항반응이론의 통계적 수식을 사용하기 위해서는 한 학생이 다른 문항들에 정답을 할 확률은 상호독립이 되어야 한다. 간단한 예를 보이면, 두 문항에 대한 응답이 독립적인 경우에 1번 문항과 2번 문항을 모두 맞힐 확률은 1번 문항을 맞힐 확률과 2번 문항을 맞힐 확률의 곱이 된다. 이를 등식으로 보이면

P(1번 정답 & 2번 정답) = P(1번 정답) × P(2번 정답) 이 된다.

그런데, 두 문항에 정답을 할 확률이 독립적이지 않으면 위의 등식은 성립하지 않고, 결국 문항반응이론의 통계적 수식은 사용이 불가능하다.

지역독립성과 연계하여 한 가지 확실히 해야 하는 것은 지역독립성은 전체 학생에 관한 가정이 아니라 한정된 능력값을 가진 학생에 관한 가정이라는 것이다. 전체 학생들을 고려하면 당연히 1번 문항을 맞출 확률이 높은 학생이 2번 문항을 맞출 확률이 높을 것이다. 그러나 일단 고정된 능력값을 가진 학생들(성취 수준이 동일한 학생들)만을 본다면 1번 문항을 맞출 확률과 2번 문항을 맞출 확률은 독립적이 되어야 한다.

다. 문항특성곡선

문항반응이론을 이해하기 위해서는 가장 먼저 문항특성곡선을 이해해야 한다. 문항반응이론은 검사내의 모든 문항마다 다음에 보이는 문항특성곡선을 구한다. 문항특성곡선의 수평선(X축)은 학생의 능력을 나타낸다. 대부분 전통적인 방법은 0점부터 100점까지로 표현되나 문항특성곡

선에서는 학생의 능력이 이론적으로 -∞(무한대)에서 +∞까지 걸쳐있다고 본다(많은 경우 편리함을 위해 능력의 범위를 -2에서 +2로 제한하여 표현한다). 능력값을 θ로 표현하는데, 능력값 θ가 +2인 학생은 θ가 +1인 학생보다 능력이 높은 것이다.

문항특성곡선의 수직선(Y축)은 학생이 해당 문항을 맞출 확률을 나타낸다. Y축 값이 .50이라면 이는 그 문항을 맞출 확률이 .50이라는 것으로, 두 번 치르면 한번은 맞고 한번은 틀린다는 것이다. 다음의 문항특성곡선을 보면 능력값 θ가 0.6 정도인 학생이 이 문항을 치른다면 맞출 확률이 .50이다. 당연히 능력값 θ가 1.0인 학생이 이 문항을 맞출 확률은 0.6정도로 증가하고 θ가 0인 학생이 이 문항을 맞출 확률은 0.25정도로 감소한다.

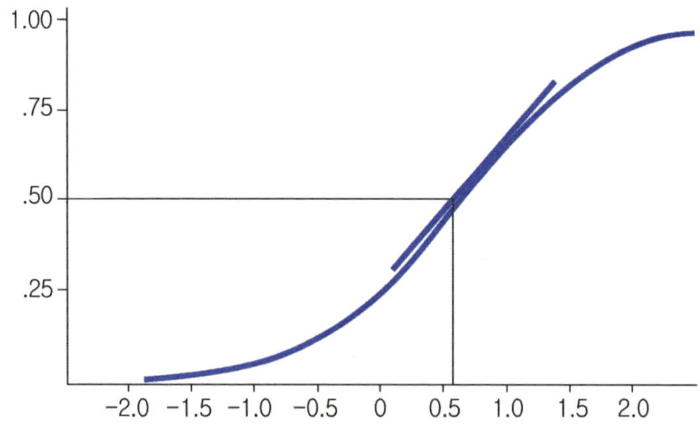

[그림 14-3] 문항특성곡선의 예

라. 문항반응이론의 지수

고전검사이론에서 문항 분석을 위하여 난이도, 변별도, 답지 반응분포를 보았던 것처럼, 문항반응이론에서는 각 문항에 대하여 문항난이도(a로 표현), 문항변별도(b로 표현), 문항추측도(c로 표현)의 3가지 지수를 구하여 문항분석에 사용한다. 문항반응이론에서는 각 문항의 맞고, 틀림의 정보만을 이용해서 3가지 지수를 구하게 되므로, 학생의 오답에 대한 반응은 고려하지 않는다.

(1) 문항난이도

문항난이도는 문항특성곡선에서 보인 x축의 능력값 θ와 수학적으로 연계됨으로써, 이론적으로 -∞에서 +∞까지의 값을 가질 수 있다. 그러나, 문항난이도는 대부분 −2에서 +2사이의 값을 가지게 된다. 문항특성곡선과 연계시켜 설명하면, 문항난이도는 해당 문항을 맞출 확률이 이론상 반이 되는 점에 해당하는 능력값을 나타낸다. 위의 문항특성곡선에서는 문항난이도(b 값)가 0.6이 되는데, 문항을 맞출 확률이 0.5에 해당하는 θ가 0.6이기 때문이다. 난이도 지수는 높을수록 문항이 어렵다는 것을 뜻하는데, 1번, 2번 문항의 문항난이도(b 값)가 각각 -1, 0.5라면 1번 문항이 상대적으로 쉬운 문항이다.

앞에서 설명된 고전검사이론의 난이도와 문항반응이론의 난이도의 표면적 차이점은 고전검사이론의 난이도는 음수값을 가지는 것이 불가능하지만 문항반응이론의 난이도는 음수값을 가진다는 것이다. 따라서 고전검사이론의 난이도가 0.5 부근에 있을 때 해당 문항은 중간 정도 어렵다고 말할 수 있는 반면 문항반응이론의 난이도는 0 부근에 있을 때 중간 정도 어렵다고 말할 수 있다. 많은 경우 고전검사이론의 난이도와 문항반응이론의 난이도는 매우 강한 상관관계를 가진다. 동일한 문항들의 고전검사이론의 난이도와 문항반응이론의 난이도를 이용하여 상관계수를 구하면 −1에 근사하게 된다. 따라서 문항 분석을 위해 고전검사이론의 난이도와 문항반응이론의 난이도 중 어느 것을 사용하던지 비슷한 해석을 하게 된다.

(2) 문항변별도

문항반응이론에서 변별도의 의미는 고전검사이론에서 변별도의 의미와 크게 다르지 않다. 그러나 구하는 방법이 달라지는데, 문항반응이론에서는 문항특성곡선의 문항난이도(b 값) 점에서 문항특성곡선의 기울기를 구하여 그 값을 문항변별도로 사용한다. 위에서 보인 문항특성곡선에서 사선의 기울기 값을 구하면 문항변별도가 된다. 대부분의 경우, 능력값 θ가 증가하면 문항을 맞출 확률이 증가하기 때문에 문항변별도는 양수값이 된다. 문항변별도가 '0'이라면 능력이 증가해도 문항을 맞출 확률은 변동이 없다는 것이고, 문항변별도가 음수라면 능력이 증가하면 문항을 맞출 확률이 줄어든다는 것을 뜻한다. 따라서, 고전검사이론의 경우와 마찬가지로 문항변별도가 '0'이나 음수인 문항은 적절한 조치가 필요하다.

앞에서 설명된 고전검사이론 변별도와 문항반응이론 변별도의 표면적 차이점은 고전검사이론 변별도는 '1'을 넘을 수 없지만 문항반응이론 변별도는 '2' 가까이도 될 수 있다는 것이다. 따라서 고전검사이론 변별도가 0.9 부근에 있을 때 해당 문항은 변별력이 매우 높다고 말할 수 있는 반면 문항반응이론 변별도는 0.9 부근에 있을 때 변별력이 보통 정도라고 말할 수 있다. 두 변별도의 가장 큰 차이는 고전검사이론 변별도는 시험을 치른 모든 학생들을 대상으로 한 변별도인 반면 문항반응이론 변별도는 문항의 난이도(b 값) 점 부근의 능력을 가진 학생들을 주 대상으로 한 변별도이다. 예를 들어 특정 문항의 난이도(b 값)가 1.0이고 변별도(a값)가 1.5라면 이 문항은 능력값(θ)이 1.0보다 약간 적은 학생집단과 능력값(θ)이 1.0보다 약간 큰 학생집단을 변별하는 정도가 1.5라는 것을 의미한다.

(3) 문항추측도

문항추측도(c 값)란 문항의 답을 알지 못하는 학생이 우연히 답을 맞추게 되는 확률을 뜻한다. 이는 능력값 θ가 −∞인 학생이 문항을 맞출 수 있는 확률인데, 위에서 보인 문항특선곡선에서는 θ가 -∞인 점에서 문항을 맞출 확률이 거의 '0'이므로 문항추측도(c 값)가 거의 '0'이 된다. 일반적으로 5지 선다형 문항의 경우 우연히 정답을 할 수 있는 확률이 0.2이므로 문항추측도가 0.2보다 높은 문항은 검토를 필요로 한다.

마、 문항분석에서의 활용

검사를 위해 문항을 수정하거나 선택하기 위하여 앞에서 보인 난이도, 변별도, 답지 반응분포와 함께 문항반응이론에 의한 문항난이도(b값), 문항변별도(a값), 문항추측도(c값)를 참조하게 된다. 많은 경우 난이도와 문항난이도, 변별도와 문항변별도는 상관관계를 가진다. 예를 들어, 문항변별도(a값)가 낮은 문항은 변별도도 낮은 경우가 대부분이다.

다음에는 고전검사이론을 이용한 문항분석결과이용 시에 보았던 동일한 문제의 문항분석결과에 추가적으로 문항반응이론에 의한 문항난이도, 문항변별도, 문항추측도 값이 주어진 경우가 제시되어 있다.

내용영역	문항내용	정답	난이도	변별도	답지반응분포(N=765)					문항반응이론		
					①	②	③*	④	⑤	문항난이도	문항변별도	문항추측도
분수와 수 감각	판매된 비료의 무게의 근삿값(톤)	③	0.74	0.14	13.2 (-0.25)	5.1 (-0.15)	73.6 (0.14)	7.4 (0.05)	0.7 (-0.04)	-2.36	0.26	0.03

먼저, 문항난이도는 -2.36으로서 매우 쉬운 문항이었음을 보여주며, 이는 고전검사이론 난이도가 0.74로 높은 것과 일맥상통한다. 문항변별도는 0.26으로서 능력값(θ)이 -2.36 부근인 학생집단 (하위 능력 집단) 내에서 학생들의 능력을 변별하는 정도가 별로 높지 않다는 것을 보여준다. 고전검사이론 변별도는 0.14로서 765명 전체학생집단 내에서 학생들의 능력을 변별하는 정도도 높지 않은 것을 알 수 있다. 문항추측도는 0.03으로서 5지 선다문항에서 우연적으로 맞힐 수 있는 확률인 .20보다 훨씬 적음으로써 이 문항이 추측에는 별로 영향을 받지 않았음을 보여준다.

참고문헌

김신영, 구창현, 임 형, 박 정(1998). 대학수학능력시험 결과 보고 및 분석 방안 연구. 한국교육과정평가원 연구보고.

성태제(1991 역). 문항반응이론 입문. 서울: 양서원

성태제(1995). 현대 기초통계학의 이해와 적용. 서울: 양서원

성태제(1996). 문항제작 및 분석의 이론과 실제. 서울: 학지사

성태제(2000). 문항반응이론. 서울: 교육과학사

Ebel R. L. & Frisbie D. A.(1991). *Essentials of educational measurement.* New Jersey: Prentice Hall.

Hambleton K. R. & Swaminathan H.(1985). *Item response theory-principles and applications*. Boston: Kluwer · Nijhoff Publishing.

〈인명 찾아보기〉

〈주제 찾아보기〉

저자약력

김재춘(金載春)

약력

서울대학교 사범대학 교육학과 졸업
서울대학교 대학원 교육학과 졸업(교육과정 전공 석사)
미국 UCLA 대학원 교육학과 졸업(교육과정 전공 박사)
한국교육개발원 연구원
한국교육과정평가원 책임연구원
세계교과서학회(IARTEM) 아시아 대표이사
대통령비서실(청와대) 교육비서관
교육부 차관
영남대학교 사범대학 교육학과 교수(현)
한국교육개발원 원장(현)

저서 및 논문

들뢰즈와 교육: 차이 생성의 배움론(공저, 학이시습, 2016)
교육과정: 이론과 실제를 겸비한 인재 양성 지도서(교육과학사, 2016)
교수·학습활동의 이론과 실제(공저, 교육과학사, 2009)
중등학교 교육과정 개선을 위한 8년 연구 이야기(공역, 교육과학사, 2002)
수준별 교육과정의 이해(증보판)(교육과학사, 2002)
동서양 주요 국가들의 교육(공저, 문음사, 1997)
교과서 자유발행제의 의미탐색(2004)
선택과목의 이수기회를 확대하기 위한 원격교육의 활용 방안(2004) 외 다수

연구보고서

미래형(2009) 교육과정 방향 및 실행체제 연구 외 다수

박사학위 논문

Displacing a Politics of E Pluribus Unum for a Politics of Difference: An Ideology Critique of Mainstream School Reform Discourses (1996)
E-Mail Address: ccgim@yumail.ac.kr

부재율(夫在律)

약력

고려대학교 사범대학 영어교육과 졸업
미국 University of Iowa 경영대학원(경영학석사)
미국 University of Iowa 대학원 교육학과, 교육평가 전공(문학석사)
미국 University of Iowa 대학원 교육학과, 교육평가 전공(철학박사)
한국교육과정평가원 연구원
전주교육대학교 교수(현)

저서 및 논문

효과적인 교수법(공역, Prentice Hall, 2002)
컴퓨터활용검사(교육과학사, 2002)
Computerized and Paper-and-Pencil Versions of the Rosenberg Self-Esteem Scale: A Comparison of Psychometric Features and Respondent Preferences(2001)
차등 비율 공통문항을 사용한 학년점수비교연구(2001) 외 5개

연구보고서

컴퓨터를 이용한 학력검사 지원체제 구축 연구 외 15권

박사학위 논문

Computerized versus Paper-and-pencil Assessment of Educational Development: Score Comparability and Examinee Preferences(1997)

E-Mail Address: jayboo@jnue.ac.kr

소경희(蘇京姬)

약력
이화여자대학교 사범대학 교육학과 졸업
이화여자대학교 대학원 교육학과, 교육과정 전공(문학석사)
이화여자대학교 대학원 교육학과, 교육과정 전공(문학박사)
미국 University of Pittsburgh, University of Wisconsin 객원 연구원
한국교육개발원 박사후과정
한국교육과정평가원 연구원
서울대학교 사범대학 교육학과 교수(현)

저서 및 논문
교육과정의 이해(교육과학사, 2017)
비교교육학: 접근과 방법(공역, 교육과학사, 2017)
미래교육, 교사가 디자인하다(공저, 교육과학사, 2016) 등 다수

연구보고서
주요국의 핵심역량 중심 교육과정 운영 실태 조사 연구 등 다수

박사학위 논문
현대교육과정이론에 나타난 지식관의 문제(1996)
E-Mail Address: sohee@snu.ac.kr

양길석(梁吉錫)

▼ 약력

고려대학교 사범대학 교육학과 졸업
고려대학교 대학원 교육학과, 교육평가 전공(문학석사)
고려대학교 대학원 교육학과, 교육평가 전공(교육학박사)
미국 University of California at Los Angeles(CRESST 연구소) 객원연구원
한국교육과정평가원 선임연구위원
가톨릭대학교 교수(현)

▼ 저서 및 논문

교육평가 -이해와 적용- (공저, 교육과학사, 2007)
노명완-한우리 독서종합검사(한우리, 2008)
2008학년도 대학수학능력시험 점수체제(9등급제)에 대한 비판적 고찰 외 25개

▼ 연구보고서

국가수준 학업성취도 평가 연구 외 40여 권

▼ 박사학위 논문

준거지향평가의 기준 설정 방법 비교 -수행평가 논술형을 중심으로- (2000)
E-Mail Address: ksyang@catholic.ac.kr

〈제5판〉
예비·현직 교사를 위한 **교육과정과 교육평가**

2000년 8월 10일 1판 1쇄 발행
2002년 2월 10일 1판 5쇄 발행
2002년 8월 5일 2판 1쇄 발행
2004년 8월 30일 2판 8쇄 발행
2005년 2월 20일 3판 1쇄 발행
2010년 2월 20일 3판 11쇄 발행
2010년 8월 31일 4판 1쇄 발행
2017년 3월 5일 4판 8쇄 발행
2017년 8월 30일 5판 1쇄 발행
2024년 2월 28일 5판 5쇄 발행

공저자 : 김재춘 부재율
소경희 양길석
발행인 : 한 정 주
발행처 : 교육과학사

공저자와
협의하에
인지생략

경기도 파주시 광인사길 71
전화 (031) 955-6956~8/ 팩스 (031) 955-6037
Home-page : www.kyoyookbook.co.kr
E-mail : kyoyook@chol.com
등록 : 1970년 5월 18일 제2-73호

낙장 · 파본은 교환해 드립니다.
Printed in Korea.

정가 22,000 원
ISBN 978-89-254-1195-8